1.哈德良長城

哈德良長城與羅馬競技場和古羅馬廣場一樣，都是羅馬世界最顯著的遺跡，當然它也是英國最有名的遺跡。從泰恩河口的沃爾森德（Wallsend）到索威河口灣的波尼斯（Bowness），綿延七十多英里的哈德良長城現在是聯合國教科文組織的世界遺產。西元一二〇年代，羅馬軍隊的工程師盡其所能利用自然地形特徵為基礎，以泥炭、木材和石造防禦工事加強結構。這座長城原本要發揮的功能和其他沒那麼有名的羅馬邊境防禦體系一樣，包括修建到三世紀末為止包圍萊茵河與多瑙河上游三角形區域的日耳曼邊界圍牆（German Limes）、撒哈拉沙漠以北北非內地的阿非利加邊界道路（Fossatum）、帝國晚期建於敘利亞沙漠的「戴克里先之路」（Strata Diocletiana），以及沿著多瑙河下游建造的一連串四棟塔樓堡壘與前哨站。這座長城橫亙的地域如此之廣，即便沿路設置成百個瞭望台，並且在各個戰略點駐紮大軍，也不能有效防止進犯的蠻族。不過哈德良長城可以疏導蠻族的活動，讓羅馬軍隊在有利位置監督長城以外，也就是現在的蘇格蘭低地蠢蠢欲動的敵人，以及看守長城內可能叛變的人民，例如居住在坎布里亞（Cumbria）和本寧山（Pennines）的當地人，被羅馬征服之後的好幾世代還是時常叛變。

2. 里布徹斯特頭盔

目前收藏於大英博物館的里布徹斯特頭盔，在十八世紀於蘭開夏和其他一小批金屬器物一起被發現，這是羅馬騎兵在軍事演練時戴的幾種特定樣式的頭盔之一。里布徹斯特頭盔由青銅製作，幾乎重達三磅，有時也會鍍上一層厚重的銀，因此這種頭盔在戰場上不太實用，不過其非寫實的面具掩蓋住騎兵的個別性，將他們變成訓練精良的羅馬軍隊的純粹象徵，在遊行時卻很引人注目。士兵在遊行和儀式典禮，以及皇帝前來閱兵時都會配戴這樣的頭盔，例如二世紀初哈德良皇帝就曾經在阿非利加的駐防地蘭貝西斯校閱騎兵，他對駐軍的評語刻在石頭上，流傳至今（見第二章）。

3. 盧多維西戰役石棺

西元二與三世紀，羅馬菁英人士往往以極其繁複的戰爭場面裝飾石棺。角鬥士競賽長久以來都是羅馬人葬禮的特色，不過羅馬軍隊激烈地制伏刻板形象蠻族的想像畫面，在羅馬帝國極盛時期的墓葬裝飾中特別流行，而且石棺上會運用常見於希臘化風格勝利紀念碑的藝術主題。一六二一年在羅馬提布地納門（Porta Tiburtina）發現，目前存放於羅馬國家博物館（Museo Nazionale）的盧多維西戰役石棺，是大約二十四個二世紀與三世紀戰爭石棺的其中之一，這些石棺全都是出自於羅馬工作坊技術精良的雕刻家之手。雕刻家將人物切得很深，看起來彷彿脫離了底下的大理石，因此觀者能感受到構圖細部的深度與流動性。其產生的效果就是將敵人痛苦扭曲的軀體和屈辱感，與右方那位羅馬將軍文風不動、居高臨下的冷靜態度形成對比（他可能是某位三世紀軍人皇帝，但所有試圖辨認他身分的人提出的證據都不足以為信）。這座石棺不但是優秀的藝術品，它也特別強調一種永恆的羅馬帝國軍隊的優越感——除了如阿伯里圖斯戰役（第九章）等極少數的例外，對於住在羅馬北方邊境沿線與邊境之外、受到羅馬帝國主義掠奪的務農人口而言，上述情形再真切不過。

4. 薩爾馬提亞騎兵

薩爾馬提亞人是一群關係鬆散的半游牧戰士，他們一開始居住在黑海北邊，之後在古典時期不同薩爾馬提亞氏族形成政權更迭的國家，到了西元前四世紀，羅馬最大的薩爾馬提亞敵人出現在多瑙河與喀爾巴阡山脈之間的匈牙利大平原（即匈牙利語的puszta或Alföld）。薩爾馬提亞人是歐洲唯一主要仰賴重騎兵的軍事貴族，這種重騎兵也是波斯伊朗貴族的主要特色。這幅相當粗糙的濕壁畫，發現於一八七二年博斯普魯斯王國黑海與亞速海交會的城市克赤（Kerch）的一座墳墓中。數世紀以來黑海海岸一直分布著許多希臘聚落，在潘提卡帕尤姆（Panticapaeum）這座城市（位於現今的克赤城內）出現了一個繁榮的希臘化王國，它一直延續到西元三世紀中，最後在四世紀滅亡。這幅濕壁畫描繪一名博斯普魯斯王國步兵堅守陣地，對抗身穿鎖子甲手持長矛衝上前來的薩爾馬提亞騎兵，面對可怕敵人的英勇姿態。

5. 切爾蘇斯圖書館

目前名列聯合國教科文組織世界遺產的切爾蘇斯圖書館，曾經是小亞細亞愛奧尼亞海岸的主要港口城市，它在希臘前古典時期已經重要，並經歷羅馬統治之下一場文藝復興的眾多希臘城市之一。在小亞細亞各地，希臘城市裡的本地菁英分子利用羅馬時代的自由與和平創造出某種與典型城邦（polis）相仿的城市，競爭為地方服務的公職，並且大規模贊助藝術活動。切爾蘇斯圖書館反映出在羅馬統治下飛黃騰達並成為羅馬公民的希臘領導人士，大肆表現出的本地愛國主義熱情。這座圖書館是蓋烏斯·尤利烏斯·阿奎拉（Gaius Julius Aquila，西元一一〇年擔任執政官）為了紀念父親提庇留·切爾蘇斯·波勒梅安努斯（Tiberius Celsus Polemaeanus，西元九二年擔任執政官）所建，後者是最早行使羅馬公民權利、踏上元老職涯的希臘人之一，他在皇帝圖拉真統治下擔任亞細亞行省的延任執政官。這座圖書館有多種用途，包括它是送給以弗所公民的禮物，用來存放數百卷包含希臘文學寶藏的卷軸；它也是一座陵墓，許多偉人的遺骸安葬在主要建築體之下的一間地窖內；此外它還是一棟公共紀念館，使人們記得切爾蘇斯這個名字，替他在世間的子孫增光，確保他們一直是城市生活中的重要人物。圖中的建築物立面是一九七〇年代考古工作的成果，考古學家重建在十一世紀一次地震後被埋藏於廢墟中的遺跡。由於許多建築元素都沒有完整的考古背景，表示儘管這座重建後的圖書館雖是羅馬帝國統治下的希臘文化代表樣貌，它卻可能無法正確反映出建築物的原始立面。

6. 大萊普蒂斯劇院

大萊普蒂斯是說拉丁語的北非最東邊行省黎波里塔尼亞最主要的城市（第五章）。大萊普蒂斯原本是布匿人的根據地，在被併入帝國領土之前，這座城市一直是羅馬的盟友。羅馬於西元一世紀將大萊普蒂斯設為「自治城市」（municipium，這是帝國早期擁有特殊權利的城市地位），之後圖拉真將其升格為「殖民地」（colonia）。在哈德良統治期間，大萊普蒂斯出現第一位元老，而他領導之下的公民（例如塞提米烏斯．塞維魯與弗爾維烏斯．普勞提安努斯的祖父）當時在義大利半島已經擁有資產。這座城市非常富有，建築富麗堂皇。圖中是該城市的劇院，讀者可以越過舞台上列柱林立的背景望向地中海。這座建於西元一或二年的劇院不斷增建到二世紀，可容納至少三萬名觀眾。由於大萊普蒂斯在古典時代之後就無人居住，它的城鎮風景非常特殊地被保留下來，甚至還逃過目前利比亞的戰火摧殘。

7. 羅馬軍隊退伍令

羅馬帝國現存有數百份退伍令，時間是克勞狄烏斯統治期到西元三世紀之間。絕大多數退伍令都是發給輔助兵團（auxilia）的軍人，他們是從帝國非羅馬人中招募而來的軍隊。三世紀之前，帝國軍隊一部分由招募自羅馬公民的軍團、一部分由非公民的輔助兵團組成（後者是所謂的異邦人，是大多數行省的主要人口）。服役於輔助兵團是允諾非羅馬行省人民成為羅馬公民和取得社會資本最主要的途徑之一。在輔助兵團服役二十五年之後，政府會將公民權及其擁有的各種合法特權授予榮譽退役的軍人。為紀念這重要的事件，政府會頒發一份青銅製的退伍令給剛拿到公民權的退役老兵，上面記錄他們的軍種，並且證明他們擁有在帝國各地法庭都適用的新法律地位。現存頒發給輔助兵團的退伍令有上百份，有些完整，有些殘缺，然而圖中的這份退伍令（收藏於德國波昂的萊茵河邦立博物館）比較特別。雖然形狀與大小都和一般輔助兵團退伍令相仿，這份三世紀文件紀錄卻是一位名叫塞提米烏斯・布巴斯（Septimius Bubas）的士兵，退伍令由下日耳曼尼亞總督頒發。如果將退伍令上的拉丁文縮寫還原，文字的翻譯是：「皇帝握有法務官權力的代表奧菲狄烏斯・科雷尼烏斯・馬可盧斯，將榮譽退伍令頒發給塞維魯・亞歷山大的第一米涅爾瓦軍團的塞提米烏斯・布巴斯；他是……職位的候選人……。」我們不知道如何解釋與輔助兵團相較，頒發給一般軍團的退伍令數量相對稀少的現象，這或許是因為一般軍團只有在特殊狀況下才頒發退伍令，或者退伍令頒發的時間侷限在很短的一段歷史時期之內。

8. 赫羅狄斯．阿提庫斯

赫羅狄斯．阿提庫斯是克勞狄烏斯．阿提庫斯的兒子，後者是西元二世紀初的雅典富人（第一章）。當時雅典已經成為類似古代希臘文化博物館的地點，熱愛希臘文化的人們湧入這座城市，以便沐浴在數世紀歷史映照出的榮光中。同時雅典也是個徹頭徹尾的羅馬城市，城內的菁英分子一方面涉足過去的傳統希臘文化，另一方面卻置身於更廣大帝國的政治生活，雅典大部分的顯要人士都有元老身分。眾所周知是一位希臘文化愛好者的羅馬皇帝哈德良，年輕時曾經受到克勞狄烏斯．阿提庫斯的接待，在雅典度過一段時光，之後才成為圖拉真的接班人。西元一二四年哈德良以羅馬皇帝的身分回到雅典時，便利用皇帝贈予個人元老身分的特權，拔擢赫羅狄斯．阿提庫斯進入元老院。這表示赫羅狄斯擁有低階元老的所有特權（也就是擔任元老階級中最低階的行政長官財務官才能擁有的特權），卻無須真正任職元老階級中的年輕人通常必須先擔任的次要官職，才能取得元老身分。之後赫羅狄斯將持續在二世紀文化圈中扮演深具影響力的角色，甚至在安東尼烏斯．庇烏斯統治期間成為執政官。這尊赫羅狄斯．阿提庫斯的胸像身穿希臘長袍「希瑪純」（himation），而不是較為寬大的羅馬托加公民袍，此外修剪整齊的鬍鬚也一直是希臘男性常見的外貌。

9. 密特拉神

密特拉教的祭祀集中在神祕的神性拯救與啟示的祕儀中。雖然該教信奉的密特拉來自於瑣羅亞斯德教的神祇密特拉（Mitra），現在我們所知的密特拉教卻是從羅馬帝國邊境發展出來，在羅馬軍人之間尤其盛行。密特拉教缺乏有系統的神話或神學理論流傳後世，很有可能它們從來就不存在，不過從零星文獻資料、密特拉神狂熱崇拜者所做的大量銘文以及一致與可靠的考古學紀錄，都可以使後人透澈理解密特拉教。密特拉地下神廟（mithraea）裡的圖像，主要描繪的是「密特拉屠牛像」（tauroctony，也就是密特拉頭戴弗瑞吉亞便帽屠殺一頭神聖公牛的場景），如圖九所示。還有其他現存於世的密特拉作為的圖像（如他從石頭中誕生，以及他的信徒相聚飲宴），不過這個宗教的訴求似乎是強調教徒的祕密集會，這些教徒依不同的入教階級排列身分，並依此辨識來自帝國各地的教友，參與密特拉帶來的拯救。正是這種「國際性」，使得這個宗教對必須時常旅行的軍人和其他擔任公職的人而言格外有吸引力。

10.帕提亞貴族

帕提亞帝國在西元前與西元後叱咤伊朗與美索不達米亞地區長達數百年，其領土從敘利亞沙漠邊境延伸至現代的土庫曼與阿富汗。有關帕提亞歷史的文字紀錄稀少得令人失望，不過藝術品與考古研究顯示，最初為半游牧草原戰士的帕提亞統治菁英迅速採取了被他們征服地區的定居文化習俗。除了波斯的好戰精神與美索不達米亞繁瑣的政府傳統之外，帕提亞人也發展出對希臘化宮廷生活的強烈嗜好。不過幾世紀以來，阿薩希德王朝的皇室家族與其關係親密的家臣還是堅守他們與大草原的意識形態連結。從這座帕提亞皇族或貴族雕像中看得出上述連結。此人身穿長褲和一件合身的短外套，而不是大部分帕提亞帝國人民穿的斗篷與長上衣。雕像正面朝前，姿態僵硬，可看出與近東人像藝術風格一致，然而線條流暢的長袍和頭髮與臉部特徵的自然主義表現方式，卻是受到希臘化文化影響的證據。

12. 塞提米烏斯·塞維魯

11. 弗爾維烏斯·普勞提安努斯

這兩個來自的黎波里塔尼亞大萊普蒂斯的男人，於一九〇年代聯手征服羅馬帝國。雖然都出身的黎波里塔尼亞這偏僻行省唯一重要的大城市，塞維魯卻追求元老職涯，普勞提安努斯則是維持騎士階級身分。塞維魯在謀殺佩提納克斯之後稱帝時，普勞提安努斯支持他，在征服義大利後成為他的禁衛軍統領。他們是羅馬帝國內強而有力的夥伴，普勞提安努斯的女兒弗爾維亞·普勞提拉嫁給塞維魯的兒子卡拉卡拉。但是塞維魯卻嫉妒他的特權，普勞提安努斯的雕像在大萊普蒂斯與皇帝的雕像並列展示，兩個男人之間遂產生嫌隙，導致普勞提安努斯在西元二〇五年被塞維魯處死（第六章）。這兩座頭像都是典型的塞維魯王朝風格；頭髮與鬍鬚的刻紋很深，眼睛望向側面，避開觀者；整個三世紀初期與中期的數十年，羅馬雕像都表現出類似強烈的性格特徵，與之後直到四帝共治時代愈來愈抽象與非個人化的人像風格不同。

13. 塞維魯家族圓形蛋彩畫

這是羅馬最著名的藝術品之一，是羅馬帝國現存非常稀有的木板蛋彩畫作品。目前保存於柏林國立博物館的這幅畫來源不明，或許是從不同形狀的木板上裁切下來，原畫可能更大。這幅圓形蛋彩畫描繪的是塞提米烏斯．塞維魯一家人，皇帝在右手邊，皇后尤莉雅．多姆娜在左手邊，下方是他們的兩個兒子卡拉卡拉和傑塔。傑塔本來在尤莉雅下方，但在他被卡拉卡拉謀害，並處以「記憶抹煞」（damnatio memoriae）刑罰之後，他的臉部畫像被人除去。記憶抹煞是羅馬帝國對付真正或想像政敵的常見手段。將處以記憶抹煞的人的名字和圖像從銘文與公眾紀念文物上抹除，既是為了消除他們過去的正式官方紀錄，同時也能永遠提醒世人，曾經真實存在的這些人不能被承認。缺少現代安全機構的羅馬帝國，當權者雖然理論上想這麼做，卻永遠無法完全消除某人的紀錄。不過傑塔的記憶抹煞倒是執行得很徹底，例如在許多上面曾經有卡拉卡拉與傑塔兩人畫像的錢幣上，傑塔的畫像都被鑿掉；而在這幅圖畫裡，他也像幽靈般不存在（參見本書第六章、第七章）。

14. 李錫尼瑪瑙浮雕

這個裝在黃金鑲搪瓷的纏絲瑪瑙浮雕在十六世紀時就已經是法國王室的收藏品，從一八五一年至今收藏於法國國家圖書館。一般稱為「李錫尼的勝利」（Triumph of Licinius'）或李錫尼瑪瑙浮雕的這件藝術品，描繪一位四世紀羅馬皇帝在凱旋式隊伍中，然而他到底是不是李錫尼還有待商榷。不過這個瑪瑙浮雕呈現出羅馬帝國凱旋式正式慶典中的所有圖像特色。皇帝坐在四匹馬拉的戰車上，手握皇權寶球和權杖，有六個敵人被馬匹踐踏。他的兩側是兩位勝利女神，左邊那位拿著一個戰利品（從戰敗者奪來的一套盔甲），右邊那位拿著一幅軍旗，上面畫有兩位皇帝的胸像。在皇帝左後方，頭戴王冠的太陽神手持火炬，皇帝右後方的月亮女神也一樣。每次皇帝進入一座城市（也就是所謂的歡迎入城儀式〔adventus〕），城內都公開隆重地歡迎皇帝，不過其禮儀形式可以追溯至共和國時期的正式凱旋式，卻是重要性完全不同的一件大事。

16. 普皮埃努斯

17. 巴爾比努斯

15. 馬克西米努斯

尤利烏斯・維魯斯・馬克西米努斯於日耳曼尼亞軍團在二三五年三月叛變時稱帝，他殺了皇帝塞維魯・亞歷山大（第七章）。他出身軍旅，但軍階不明，之後成為騎士階級。元老院與軍隊都承認他登基的合法性，然而他的屬下卻一直不怎麼擁戴他。西元二三八年有些阿非利加行省元老在延任執政官安東尼烏斯・戈爾迪安努斯的支持下反叛馬克西米努斯，雖然這位戈爾迪安和他的兒子的叛變很快就被鎮壓，羅馬的元老院卻承認了他們，宣布馬克西米努斯為人民公敵。他們以一種奇怪而又庸俗的姿態，向古老的元老院寡頭政治傳統靠攏，指派二十位元老組成的委員會（二十人團）領導國家，對抗馬克西米努斯；二十人團中的其中兩位元老是富有的地方行政長官克洛狄烏斯・普皮埃努斯和職業軍人凱里烏斯・巴爾比努斯，兩人聯合稱帝。馬克西米努斯入侵義大利，但卻在一場叛變中被殺；羅馬的禁衛軍造反，殺了普皮埃努斯與巴爾比努斯，推舉戈爾迪安的孫子為皇帝。如圖中的雕像與錢幣上顯示，這三人的頭像有著強烈對比。鬍鬚剃得很短的馬克西米努斯正在沉思，他看起來就是個不折不扣的軍人；巴爾比努斯很胖，下顎寬厚，既像個平民又像有教養的老派人士；留著鬍子的普皮埃努斯一臉嚴肅，穿著像是共和國時期的行政官員，夾在兩者之間顯得格格不入。風格迥異的頭像幾乎可以當作是轉變中的塞維魯王朝的象徵：巴爾比努斯與昔日元老貴族的鋒芒，逐漸被如普皮埃努斯這樣受到塞提米烏斯・塞維魯政權偏愛的軍人所掩蓋，但是真正的帝國未來責任卻落在馬克西米努斯這樣長期在軍中服役、有才華而且又鴻運當頭的普通軍人身上。

18. 羅馬束腰上衣

這件目前收藏於莫斯科普希金博物館的西元四或五世紀羅馬束腰上衣，是一件非常稀有而完整的羅馬帝國晚期服飾。羅馬人雖然有適用於不同特殊場合穿的不同種類服飾，但從帝國極盛時期以降，樣式簡單、搭配腰帶並且蓋住褲子的束腰上衣是大多數人每天穿的衣服。圖中的這件衣服相當昂貴，以羊毛和亞麻製成，並且用常見的古典主題，用阿提米絲、阿波羅、半人半羊神薩提爾和追隨酒神的女人們來裝飾。

19. 努比亞人造型油燈

學者之間關於羅馬人對我們今日所認為的種族的認知程度，意見不一。羅馬人當然曉得民族之間的差異，大致來說也察覺到人的性格與長相受到居住地區的氣候所影響；此外他們也很清楚各地方人的膚色有極大的不同，他們稱為努米比亞人的下撒哈拉非洲人膚色非常黑，而他們稱為凱爾特人或日耳曼人的歐洲人膚色往往相當淺。然而並沒有一致的證據顯示古代人對膚色與種族關係的聯想與現代西方人相同。但話雖如此，異鄉人的圖像是羅馬藝術作品中基礎的一部分。在雅典市民廣場（agora）發現的這盞油燈是西元二世紀的文物，形狀是一名坐著的北非人，他的鼻子、嘴唇和捲髮都很顯眼，身上的斗篷（cucullus）是羅馬工人階級的衣著特色。

20. 貴霜人濕壁畫

在西元一到四世紀之間，貴霜帝國是歐亞的十字路口，當時它控制的地區包括巴克特里亞、犍陀羅國和信德平原，這大片狹長地帶位於現代的阿富汗、巴基斯坦和前蘇維埃共和國的中亞地區。擺盪在伊朗、歐亞大草原、印度與中國等文化之間的貴霜帝國成為不同傳統的熔爐，尤其是亞歷山大大帝和他在巴克特里亞與印度的馬其頓王國繼業者的希臘化遺產。這幅目前收藏在紐約大都會博物館的三世紀壁畫可以做為整體貴霜文化的隱喻：一位神祇和一名信徒依照伊朗的習俗以同樣大小描繪，他們並排站立，構圖中沒有其他人物。右邊留鬍鬚的神祇可以被視為希臘的宙斯，融合不同宗教的希臘化神祇塞拉比斯（Serapis），或伊朗宇宙論中最崇高的神祇歐馬茲特（即阿胡拉．馬茲達）。在左邊的信徒身穿伊朗的短束腰上衣，雙手合十表示崇敬；右邊的神祇則身穿南亞風格服飾，他伸出手指的動作在伊朗聖像學中十分常見。然而神祇和信徒都以非制式化的自然主義風格描繪，衣服下襬的垂墜很寫實，他們擺出的姿勢也像是真人會做的動作——這完全是希臘化文化的代表性風格，有別於伊朗傳統藝術中人像靜止的姿勢。

21. 貴霜（犍陀羅）佛陀像

早期佛教年表頗多爭議，但毫無疑問的是，在西元一世紀，這個宗教已經在今日的巴基斯坦與印度西北部創立。在貴霜王國統治下，該區域的佛教藝術一般被稱為「犍陀羅」，這名稱來自於現代巴基斯坦白沙瓦附近的城市犍陀羅。正如圖中的這座雕像所示，犍陀羅藝術的特色是以明確希臘化風格表現的南亞與東亞宗教主題，例如雕像的五官與姿態都以自然主義風格表現，衣服以寫實的方式從人體垂下。各種歐亞傳統和諧地融為一體是貴霜文化的特色，這也說明貴霜帝國何以能成為東西往來的門戶，商品與概念從東方滲入西方，反之亦然。

22. 阿爾達希爾一世位於法拉什班德的宮殿

這座薩珊王朝宮殿位於一座堅固堡壘對面，離法拉什班德（Firuzabad）不遠，這裡是薩珊人發動對阿薩希德王朝叛變的據點之一（第八章）。這座宮殿的目的不是做為防禦地點，而是一座宏偉的會面場所。它模仿古都波斯波利斯，以大量灰泥裝飾，還有更古老波斯典型建築特色的大反射池。圖中有著巨大拱門的集會堂在建築遺址的東北角，在過去可以從此處俯瞰反射池。在整個薩珊王朝時代地位一直相當重要的法拉什班德沒有被挖掘，因此阿爾達希爾的這座宮殿成為薩珊王朝現存最早期的重要遺跡。我們的確能想像國王在此和伊朗位高權重的貴族家庭協商，來如何接掌帝國並鞏固地位的情形。

23. 沙普爾的勝利

阿爾達希爾的繼承人也就是他的兒子沙普爾一世，征服了中亞與南亞的廣大領土，合併庫珊薩爾的大部分地區，並且征服敘利亞沙漠其餘與他敵對的阿拉伯人。然而在紀念碑上，沙普爾較有興趣展現的是他比數次被他打敗的羅馬人更優秀（參見第九章、第十章）。沙普爾利用納克歇－洛斯塔姆的阿契美尼德王朝的國王陵墓，以銘文記錄他的豐功偉業，也以這幅石雕訴説他戰勝兩位羅馬皇帝，包括菲利普跪在他面前懇求他，站著的瓦勒良手腕被他抓住，這在波斯傳統中是被捕的姿態。在比沙普爾（Bishapur）還有一幅相同但雕刻更精細的淺浮雕，甚至在沙普爾坐騎腳邊加上死去的戈爾迪安三世。

24. 奧勒良長城

西元二七〇年代義大利半島數世紀以來首次遭異族入侵，皇帝奧勒良下令在羅馬城外建造巨大的城牆（第十一章）。這座城牆不只包圍了羅馬七座山丘，還圍住戰神廣場以及台伯河對岸的賈尼科洛山和部分現代的特拉斯提弗列。這座奧勒良長城周長十二英里，由十英尺厚的磚面混凝土建造，每隔一百英尺就設置一座突出的塔樓。這座城牆的目的是遏阻攻擊者，向羅馬公民保證皇帝會好好保護他們。但話雖如此，就算有大批駐防部隊，這種長度的城牆也根本抵擋不了敵人太久。因此奧勒良長城最主要是發揮象徵性功用，在往後直到古典時期結束，如果羅馬人無法在阿爾卑斯山或義大利平原北部阻擋入侵軍隊，敵軍就能朝羅馬長驅直入。

25. 卡狄爾的功績

在薩珊王朝全盛時期，瑣羅亞斯德教祭司卡狄爾是留下紀念碑銘文的唯一非薩珊王朝人。他在沙普爾一世統治期間崛起，隨同皇帝旅行各地，但是沙普爾一世無意強制推行卡狄爾偏好的瑣羅亞斯德嚴格教義。然而在沙普爾死後，卡狄爾變得更有勢力，他被指派為「祭司中的祭司」（模仿「萬王之王」）。卡狄爾在建於他服侍的四位君主中的第四位——瓦拉蘭二世的石碑銘文中告訴觀者，他孜孜不倦地建造拜火神廟，支持瑣羅亞斯德教祭司，以便侍奉善神歐馬茲特，因此不利於惡神阿里曼。為了達到這個目的，他尤其迫使在神聖命令中占有一席之地的基督教和猶太教徒臣服於他，不過卻迫害在沙普爾統治期興盛的摩尼教徒，以及他認為信奉異教的那些瑣羅亞斯德教徒。

26. 馬克西米安

這座令人震懾的四帝共治時期的皇帝馬克西米安頭像，出土於法國土魯斯西南三十英里外加隆河河畔的奇哈根（Chiragan）別墅中。它發現於十七世紀，十九世紀開始挖掘，裡面有大量雕刻品，因而成為羅馬帝國西部最驚人的鄉村遺跡。除了有許多著名希臘雕像的優秀羅馬複製品之外，奇哈根別墅還以描繪海克力斯的十二項任務為主題的繁複淺浮雕裝飾外牆，此外這裡也發現史上數量最龐大的羅馬帝國人物胸像。與刻在錢幣上刻板的頭像相比（圖二十九），這座目前收藏在土魯斯聖雷蒙博物館裡的馬克西米安頭像，或許是這位皇帝現存最不制式化的肖像或雕像，它並不符合試圖讓所有皇帝外型盡可能相像的四帝共治標準肖像。雖然頭像的鼻子損毀，我們仍可以看出馬克西米安被描繪為一位三世紀軍人皇帝，他的肌肉粗壯，下巴長滿鬍鬚但並不長。他的五官也有意被刻畫得令觀者想起傳統的海克力斯形象，他的十二項任務是這棟別墅的主要裝飾主題，也是皇帝馬克西米安的守護神與所謂的神聖父親。

27. 限制最高價格法

戴克里先頒布於西元三〇一年十一或十二月的限制最高價格法，是為了設法抑制在二七〇年代試圖改革貨幣、恢復某種程度秩序的假象時不小心引發的嚴重通貨膨脹；當時的皇帝奧勒良重新訂價在市場上流通的錢，或多或少意外造成羅馬經濟停滯不前的混亂狀況（第十至十一章）。這項法令試圖替數量驚人的貨物與服務制訂最高價格，它在帝國東方各行省頒布，不過在拉丁西方公布的地區卻少得多，或許在君士坦提烏斯治理的高盧行政區完全沒有公布此一法令。雖然對此極為熱中的戴克里先或許希望能抑制價格，限制他視為對國家有害的套利與投機活動，但他卻不可能控制買方與賣方實際的行為，因此這項法令從頒布的那一刻起就是一份無效的文件。話雖如此，在東方行省還是留下許多法令的斷簡殘篇，讓我們能重建一份堪稱完整的法律文件。四塊殘留碎石碑以重複利用的形式被保留在希臘葉拉奇（Geraki）的金口約翰教堂，照片上這一塊石碑被拿來當門框的一部分。

28. 弗絲塔

這座頭像來自於四帝共治晚期或君士坦丁時代的一位皇室公主（請注意它與圖三十二君士坦提烏斯二世頭像之間的風格類似處）。一般認為這是弗絲塔的肖像，也就是馬克西米安的女兒和君士坦丁第二任妻子。君士坦丁和弗絲塔的父親因利益而結盟，她還是個小女孩時就與君士坦丁訂親，在未婚夫的宮廷中長大，到適婚年齡時與他成婚，之後經歷父親馬克西米安的失寵與死亡。她成為未來三位皇帝的母親，但三二六年她不是被處死就是被迫自殺。她失勢的經過並不明朗，不過顯然是受到使克里斯普斯垮台的陰謀牽連。克里斯普斯是君士坦丁第一任妻子米涅維娜所生的長子，他直到三一〇年代末為止擔任君士坦丁的凱撒。年齡相仿的弗絲塔與克里斯普斯或許曾有一段情，也或者克里斯普斯在弗絲塔的默認下謀反篡位。後人無法揭露真相，被判記憶抹煞刑罰的克里斯普斯的地位也一直沒有被恢復。不過在兒子君士坦提努斯、君士坦提烏斯二世與君士坦斯於三三七年平分帝國之後，三人恢復了去世母親弗絲塔的名譽。

29. 四帝共治

西元二五〇年代晚期以降，從羅馬帝國錢幣上的頭像只能隱約看出皇帝的個人特色，不過戴克里先和與他共治的皇帝使這趨勢更進一步，導致極具藝術性的印模雕刻師（celatores）消失：四位皇帝在錢幣上的雕像強調他們緊密的兄弟情誼、共同目的，以及密不可分的共同統治權。畢竟錢幣算是政府最常見的宣告形式，帝國各地的人們每天都會經手成千上萬的錢幣。人民會有意識或無意識地吸收錢幣傳達的訊息。看見這些頭像的人看到的不會是戴克里先、馬克西米安、君士坦提烏斯或伽列里烏斯。觀者應該看到唯一的帝國統治權，無所不在並且團結一致抵禦外侮。只有銘文能告訴我們錢幣上是誰的頭像（順時針由左上開始分別是戴克里先、馬克西米安、伽列里烏斯和君士坦提烏斯）。我們只能藉由發行錢幣的鑄幣廠風格而非錢幣上的頭像分辨上面印的是哪位皇帝。三十多年來，四帝共治的錢幣頭像是羅馬各地錢幣的標準風格，直到君士坦丁建立了一套抽象、理想化頭像的新模範：年輕、下巴光滑的頭像取代四帝共治時期熟齡、留著鬍鬚的軍人形象。

30.沙普爾二世獵野豬

薩珊王朝銀飾的登峰造極是該文明引以為傲的事物之一。在古代近東文化中長久以來代表皇室特權與威嚴的狩獵場景，是現存大量金銀器皿的重要主題。這張圖中沙普爾二世（他的身分從皇冠得知）以弓箭射中一頭野豬。較簡單的銀盤由兩片銀板製成，一片是底部，一片是淺浮雕，然而照片上的銀盤由十九片銀片組合而成，有些是鍍金（就是從鍍金雕刻邊緣滲出的發亮金箔背後的水銀與金混合物）。從下方那隻野豬剝落的臀部可以看出它周圍的其他銀片是如何安裝的。奇怪的是，許多薩珊王朝銀器出現在遙遠的俄國東北部，或許是來自高加索山脈的搶匪將它們賣給西伯利亞部族；從波斯來的戰利品成為換取北方毛皮的方式。目前在史密森尼博物館（Smithsonian）的這個銀盤，十九世紀曾是斯特羅加諾夫家族（Stroganov family）的收藏品，在一九一七俄國革命之後他們逃出俄國，將銀盤帶到美國。

31.薩珊王朝皇室胸像

圖中的銀製頭像目前收藏在紐約大都會博物館，來源不明，可能是獨立的頭像，也可能是整具雕像的一部分。以一片銀片搥打而成，再搥入金子做為裝飾的這個頭像是薩珊王朝現存最精緻的金屬工藝典範之一。雖然往往有人認為它是沙普爾二世（第十七至十八章）的頭像，但其身分無法肯定。通常我們會以統治者皇冠的圖像學辨識薩珊王朝的人像，因為每一位統治者的皇冠都不同。然而在足以提供明確證據的錢幣上，找不到這個頭像皇冠上的新月與球體。那麼很有可能這個作品代表一般性的皇權，而不是某位特定統治者。

32. 君士坦提烏斯二世

雖然我們無法從現存於世的數量得知，青銅雕像曾經出現在希臘與羅馬的所有公共場所，因為其中絕大多數在古典時期或之後被融化做為他用。這座發現於十五世紀、目前收藏於卡必托里博物館的頭像是現存與君士坦提烏斯最相像的作品。我們可以看出它基本上與君士坦丁王朝人像的相似處——與眾不同的鼻子、凝視某處的眼神，以及跟四帝共治時期留鬍鬚的人像成對比的光滑下巴。從邊緣捲曲的特殊髮型就能很容易辨認出君士坦提烏斯（第十六至十八章）的頭像。

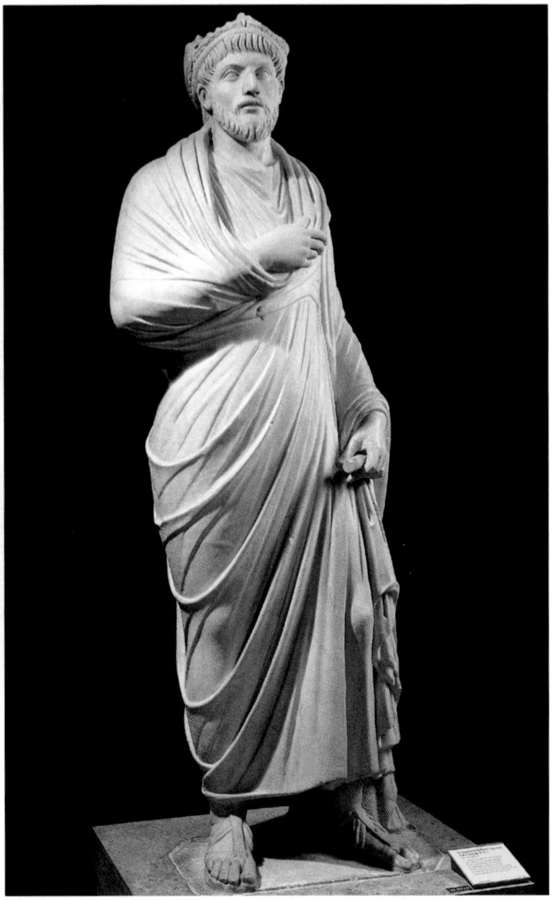

33. 尤利安

這座目前收藏於羅浮宮的尤利安雕像將他描繪成一位傳統的哲學家，擺出他終其一生都喜愛的姿態（第十七至十八章）。他以演説家正要開始進行一場專題演講的姿態拉住希臘長袍圍在身上，右手手臂不自然地包在長袍裡。他故意和其他君士坦丁王朝剃光鬍鬚的人相反，留著鬍鬚，而且不像四帝共治時期人像裡剃短的鬍鬚，而是整個下巴都留著凌亂的鬍子，因為哲學家不問世事，不在意外表。在尤利安所寫的大量作品中可以看出他不僅是做做樣子：他太過嚴肅以致於許多同時代人覺得他有點可笑。

34. 海倫娜石棺

這個斑岩石棺長久以來都被認為是描述君士坦提烏斯一世的第一任妻子，也是君士坦丁母親海倫娜的故事。十八世紀它從羅馬城牆外位於拉比卡納大道（Via Labicana）的陵墓被送往梵諦岡的皮奧－克萊門蒂諾博物館（Museo Pio-Clementino），之後就收藏在此。我們無法確定這就是海倫娜自己的石棺，不過這絕對是某位皇室成員的石棺：在古代，這種紫紅色的斑岩只有在埃及東方沙漠裡唯一一個斑岩採石場才能開採，斑岩從這個採石場經過所謂的「斑岩大道」（Via Porphyrites）運至尼羅河畔的馬克西米亞諾波利斯（Maximianopolils，現在的基納，基納仍舊是經由東方沙漠到紅海岸邊觀光點的要道）。因為產量稀少，顏色又是代表羅馬皇室的紫色，在羅馬帝國時期斑岩幾乎只被用來製作羅馬皇室的紀念性建築。斑岩非常堅硬，比大理石難刻得多，因此這石棺上充滿細節的深浮雕人物，足以代表四世紀工匠的最高水準。雖然主題與盧多維西戰役石棺（圖三）並無不同，海倫娜石棺的象徵性更抽象，人物的動作似乎是發生在時間與空間之外的平面上。

35. 帕里斯的仲裁

羅馬帝國的鄉村與郊區別墅，以及希臘－羅馬菁英住的都市並排住宅中，地上鋪了成千上萬幅馬賽克地磚，各地都有。許多普通家庭都負擔得起一兩幅簡單幾何形狀的馬賽克地磚，不過有錢人可以在每個房間都鋪著以精緻人物構成的馬賽克地磚。圖中這幅地磚是一幅馬賽克的局部，主題是帕里斯做為三位奧林帕斯女神選美比賽的仲裁，卻不慎引發特洛伊戰爭。畫中我們看到奧林帕斯的天后希拉坐在中央，左邊是戴著頭盔的智慧與戰爭女神雅典娜，右邊是靠在石頭上炫耀自己美貌的愛神阿芙蘿黛蒂。這幅目前收藏於羅浮宮的馬賽克地磚，來自東地中海第二大城也是最富有的城市之一安條克的一棟房子裡（就是所謂的「中庭屋」〔Atrium House〕）。馬賽克地磚的年代是西元二世紀，這幅地磚裝飾在屋裡的餐廳（triclinium），也就是接待大廳，主人與客人可以在這裡用餐、倚在沙發上，並且觀賞腳邊的藝術作品。

名家談古代世界史系列④

從哈德良到君士坦丁的羅馬世界

帝國的勝利

IMPERIAL TRIUMPH

THE ROMAN WORLD FROM HADRIAN TO CONSTANTINE

AD 138 - 363

麥可·庫利科斯基◎著 何修瑜◎譯 翁嘉聲◎審定

MICHAEL KULIKOWSKI

目次

地圖列表

照亮歷史的黑暗山洞：《帝國的勝利：從哈德良到君士坦丁的羅馬世界》導讀

成功大學歷史學系教授　翁嘉聲

「晚期古代」的誕生

吉朋參觀羅馬廢墟時多所感慨，開始構想他的《羅馬帝國衰亡史》。他說若有機會在人類歷史中選擇一個自己要生活的時代，那會是從西元九六到一八〇年羅馬五賢帝的「黃金時代」。但他也相信自己正處於衰落的時代，而羅馬帝國的命運似乎可以提供借鏡。《羅馬帝國衰亡史》的羅馬於是從黃金時代結束後開始衰亡，一直要等到一四五三年君士坦丁堡被攻陷為止。他說衰亡是因為羅馬再也無法負荷她那「毫無節制的偉大」（immoderate greatness），再加上羅馬人皈依基督教以及野蠻外族同步入侵等的內憂外患。但有個疑問會立即浮現心中：羅馬的衰亡何以會長達千年之久？這是如何的衰亡呢？

吉朋認為羅馬帝國黃金時代結束後步入衰亡，淪落到中古基督教黑暗世界。如此「衰亡」概念其實是文藝復興學者最先提出來的。他們將歷史分為古代、中古及現代，並認為自己所處的現代初期是從中古黑暗世界中「復甦」、「復興」，是古典世界的「再生」。這種架構長期影響我們，而大學相關科系的課程結構也接受如此前提，推波助瀾，因為在五十年前歐美大學有關古典文化（classics）教學，反映出這樣的偏見。例如相關科系所教授的希臘文及拉丁文作品幾乎沒有二〇〇年之後的作家，而儘管（例如）拉丁文作品最多產的作家是聖奧古斯丁（St. Augustine of Hippo，三五四至四三〇年）。

另外，希臘羅馬古典歷史的教學強調政治、軍事及外交，而五賢帝時代結束後，羅馬帝國在這些方面每況愈下，因此五賢帝時期幾乎變成羅馬史教學的最後一章。此外，《劍橋古代史》第一版在一九二〇年代起開始編輯，在一九三九年出版的最後一冊（第十二冊）最後一篇作者貝恩斯（Norman Baynes）說，當君士坦丁大帝在尼西亞宣布大公會議開始時，正式宣告歐洲中古時代的來臨。無論哪種說法，古代世界結束，直接進入中古世界，而且中古黑暗時期都來得相當早。

但牛津學者彼得．布朗（Peter Brown）在一九七一年出版《晚期古代的世界》（*The World of Late Antiquity*）完全改變整個希臘羅馬古典歷史研究的格局。「晚期古代」這概念最先出現在十九世紀末藝術史研究裡，但現在被布朗用來劃分出一段古代世界逐漸轉變成中古時期的過渡時期，是段希臘羅馬古典異教文化及基督教文化融合、創造出屬於自己特色的時代。晚期古代的文化融合最後分別轉化為羅馬帝國西方的日耳曼後繼國家、羅馬帝國東方的拜占庭帝國，以及占有相當大羅馬幅員、沿用羅馬典章制度，但融合更多其他文化元素的伊斯蘭文明王朝。

布朗認為，晚期古代約從二五〇至七五〇年，是從羅馬「三世紀危機」或「黑暗時期」起（二三五至二八四年），到伊斯蘭阿巴斯（Abbasid）王朝在七五〇年以巴格達為首都的五百年。哈佛學者格倫．博爾索克（Glen Bowersock）甚至將這段時間延長到八八八年卡洛琳王朝滅亡為止。因為晚期古代在知識領域上的出現，所以在一九七〇年代重新編寫《劍橋古代史》第二版時，便將古代史結束時間延到皇帝莫里斯（Maurice，五八二至六〇二年在位）被殺為止。如今「晚期古代」或（根據不同語境）「晚期羅馬帝國」或「早期拜占廷帝國」，已經是古典文化及古代史研究的顯學之一。

麥可．庫利科斯基（Michael Kulikowski）是專研這段晚期古代歷史的高手。他將這段複雜、但精采的晚期古代歷史分成兩部分來寫。本書《帝國的勝利：從哈德良到君士坦丁的羅馬世界》涵蓋哈德良於一一七年即位，到君士坦丁王朝（或稱為新弗拉維王朝）最後一位皇帝「叛教者」尤利安於波斯遠征陣亡為止。這主要是討論晚期帝國的「主宰政治」（Dominate）型態如何出現以及有何特色。接下來的故事則出現在《帝國的悲劇：從君士坦丁到羅馬義大利的毀滅》（暫譯），交代其餘到約六〇〇年的故事。

台灣歷史教學及文化出版在介紹羅馬歷史時，常集中在共和時期及早期帝國，但晚期古代或晚期羅馬帝國史在內容上其實更加精采，除了羅馬帝國歷史本身外，還包括（例如）早期教會史、人才輩出的教父文學（patristics）、日耳曼民族歷史以及薩珊波斯歷史等等。這段歷史中出現的議題也常更具現代關連性，例如國家治理、宗教流變、教會與帝國、族群衝突及遷徙，和文明轉化及系統崩潰等等。庫利科斯基巨細靡遺的兩冊著作在馬可孛羅出版的翻譯及引介下，適時且適當地填補這段重要歷史該有的知識。

二三五至二八四年是羅馬史的暗黑山洞？

《帝國的勝利》詳細交代羅馬政治及體制如何歷經「元首政治」（Principate）時期的安東尼時代、塞維魯王朝、三世紀危機，到「主宰政治」（Dominate）時期的戴克里先改革，最後在君士坦丁王朝確立晚期帝國格式及規模的敘事史。[1]我們在學習及教授這段歷史時，時常面臨在塞維魯王朝結束，進入二三五至二八四年危機時代的羅馬黑暗時期時，立即陷入史料真空的黑暗狀態，以及面對不忍卒睹的帝國徹底混亂及失序的另種黑暗，因此常匆匆交代這羅馬黑暗時期的大致輪廓後，便急忙進入格局及氛圍截然不同的戴克里先改革及體制。或用個比喻說，我們從早期帝國的元首政治，通過二三五至二八四年這段時間的「暗黑的歷史山洞」，然後不知何故地在山洞另個開口，浮現出與之前不同的主宰政治，悄然開始晚期羅馬帝國的歷史。這種歷史斷裂感在一般羅馬史的敘述中常被強調，彷彿三世紀危機的時代是座隔屏，隔出一邊是好的帝國、鼎盛帝國、黃金時代，但另邊則是壞的、極權專制、高壓統治的中古黑暗時期。除了上述文藝復興及吉朋的影響外、這危機時代的文獻史料十分不足，而特別是羅馬帝國在這段時間面臨空前的艱巨挑戰，加起來形同「黑暗時

1 奧古斯都建立的元首政治（皇帝為「元首」〔*princeps*〕，為「同儕之首」〔*primus inter pares*〕，以共和表象來掩飾皇帝是軍事獨裁者的實質。他所建立的政體我們稱為「元首政治」。有關「元首政治」的性質，請參考馬可孛羅出版《帝國的誕生》收錄的導讀。「主宰政治」則是指從戴克里先以降所建立的中央集權政治體制，因為人民需以「主宰」（*dominus*, "master and lord"）來崇拜（*adoratio*）掌控複雜官僚體系及政治大權的皇帝。

期」。

但《帝國的勝利》這本書強調的不是絕望，因為羅馬帝國畢竟挺過去，進而開啟晚期古代的歷史。庫利科斯基藉助錢幣、碑銘、考古以及對文字史料的重新詮釋，加上他對羅馬人勇敢和創意的信心，使得這段之前大部分人避之唯恐不及的時代，經過他的敘述後，變得相對清晰、正面。他指證出：羅馬領導人在二三五至二八四年危機時代中，勇敢面對多種併發的內外挑戰，開始或持續改造、轉化之前的元首政治，創造出新體制來應付變局。戴克里先從二八四年起復興帝國及完成的「主宰政治」，必須以這段黑暗時期的成果為基礎。庫利科斯基的目的是要填補這歷史斷裂，照亮這黑暗的歷史山洞，所以這段被吉朋認為是「衰亡史」初步階段的歷史，原本是黯淡、沮喪、甚至失敗的歷史，最後卻在庫利科斯基的寫作下，成為帝國的「勝利」。「勝利」若有所指，那或許應該指在二三五至二八四年充滿危機的時代中，羅馬克服種種挑戰，成功建立晚期羅馬帝國新政治體制的「勝利」。

與之前相關羅馬史研究相比，這樣的「勝利」是本書最大的貢獻。我最先百思不得其解，何以此書命名為《帝國的勝利》。若換成像是《羅馬帝國三世紀危機》、《羅馬黑暗時代》或《漫長的羅馬危機時代》，或許更能更符合部分主旨，但這些都無法傳遞作者認為那時代羅馬領導人顯示出的堅持、勇氣、創造力以及成就。

所以「元首政治」經過二三五至二八四年黑暗時期的危機，最後在戴克里先統整，再加上君士坦丁鞏固、確定「主宰政治」的體制。但那是如何的變化？我們首先要理解一下在這所謂危機時代「隔屏」兩側之一的「元首政治」（西元前二七至西元二三五年）是如何一回事，然後再論述羅馬黑暗時代如何面對危機提出對策，最後如何整合到戴克里先所啟動的「主宰政治」（二八四至六一〇年）系統；如何從以結構簡單的城邦體制來統治幅員遼闊、族群複雜的世界，在經過黑暗時期的轉化後，變成以皇帝為中心，建立複雜的中央官僚機制來統治帝國。首先我們先說「元首政治」。

元首政治：政治威權≠行政治理

羅馬共和是寡頭政權，權力由人數有限的元老貴族把持。「共和」（*Res Publica*）是指這群少數人的共和，而「自由」（*libertas*）是這少數人爭權奪利的自由。其他平民則享有法律保障以及分享戰利品。羅馬在對外擴張過程中經常透過結盟方式，開放公民權給其他社區，因為這公民權擴大分享不會動搖寡頭統治的基礎，反而為羅馬帶來龐大的人力物力資源，提供更進一步擴張的基礎。這些盟邦菁英在自己社區裡經常複製羅馬的寡頭政體及制度，並主動效忠羅馬，為羅馬執行徵兵、徵稅等政府基本功能，同時治理地方。羅馬則以保障這些菁英的地位及福址來回饋。統治者與受統治者因此有相同的利益來一起經營羅馬這帝國共同體。即使奧古斯都在西元前二七年結束共和，開始元首政治，這種羅馬與盟友合作治理帝國的型態仍然持續，並在五賢帝時期到達顛峰。[2]羅馬以三

---

2 例如圖拉真在一一〇年左右指派小普林尼前往東方解決這些地方菁英因為出於「單純的願意」（sheer willingness），競爭服務地方的榮耀，結果造成投資浪費及導致地方財政危機。只有地方出現類似危機時，羅馬才會出手干預，這到後來會愈來愈常見到。在元首政治時期，羅馬（誇張地說）對其臣服的盟友，除基本徵兵徵稅的要求外，採取一種自由放任的政策。

十左右個專業兵團上提供「羅馬和平」（*Pax Roman*）的繁榮環境，保證忠誠的地方議員階級能夠創業積財，享有在地的政治地位及榮華富貴；在地菁英則投桃報李，深信效忠服務帝國是對自己的最好選擇，成為一群「願意的子民」（willing subjects）。所謂「羅馬化」（Romanization）常是帝國子民主動模仿羅馬、調整自己的結果。

因此二世紀小亞細亞希臘作家阿里斯提德斯（Aelius Aristides，一一七至一八一年）在獻給皇帝安東尼烏斯．庇烏斯的《論統治權力》（*On Ruling Power*）演說詞中，將羅馬比喻為城邦聯盟之首，正如奧古斯都是「同儕之首」。這種將羅馬帝國視為城邦聯盟的說法經常被嘲笑，但我認為卻是洞見，因為這隱含對羅馬帝國運作的一個理想化想像圖像，更是禮讚這套簡潔的政府治理藝術。這策略使得羅馬成為有史以來在帝國治理成本最為經濟的巨型政體。根據加恩西和沙勒（Garnsey & Saller）研究，在二世紀五賢帝（九六至一八〇年）時期，帝國以不到兩百位官僚來經營五千萬人口和五百萬平方公里，而其所依賴的便是地方社區菁英階級主動願意與羅馬中央合作。

無論不到兩百這數字是否正確，重要的是羅馬的治理方式十分特殊，完全不同於我們常見頭重腳輕或由上而下的帝國治理方式，如晚期羅馬帝國主宰政治的中央集權便是典型例子：甚至當一位皇帝及集權官僚無法控制帝國時，則繼續將帝國一分為二、為四，但每個帝國所統轄的地區仍比現在法國或土耳其大上許多倍，因此需要複雜的官僚組織架構來治理。晚期羅馬皇帝權力透過這各層級的治理機構，滲透到帝國每個角落、落到帝國每位子民身上。但奧古斯都「元首政治」建立的早期帝國，卻充分利用地方社區的高度自治及菁英階級認同羅馬的心願，一起經營帝國。以比喻來說，元首政治的羅馬帝國像是現在流行的「雲計算」方式，數以千計組織簡單的地方城邦，在帝國網路裡擔任功能簡單的運算節點，配合絕佳軟體串連，同步進行運算，解決複雜問題。所以當元首政治時期的羅馬向帝國境內各地城邦發送如徵兵、徵稅指令，各地高度自治的議員階級菁英主動為羅馬效勞，自行吸收行政成本，執行普查、徵稅及徵兵的任務。相形之下，我們所熟悉的帝國，包括晚期羅馬帝國或像一些現代集權國家，則像部有強大處理器及大量隨取記憶體的超級電腦，藉著無所不在的大量官僚科層，以極大治理成本，到處派出官員執行法令。晚期羅馬帝國皇帝的政治威權透過行政治理而無所不在。

元首政治時期的羅馬帝國容許因地制宜及不同在地傳統的治理方式同時並存，極具彈性。因此我們見到在元首政治下，例如，皇帝和元老院分別管轄不同類型的行省，外加特殊地位的義大利及羅馬，還有由皇帝親派騎士出任總督的埃及。中央、行省及在地城邦也沒有明顯階層化情形，而治理方式及規範（特別是稅收）常因地制宜，尊重在地傳統，十分多樣。從受統治者的心理狀態來看，大部分羅馬帝國子民想必除了承認、心領神會遙遠羅馬皇帝那無比威嚴的政治威權外，其實甚少感受到「被羅馬統治」的實際治理，而是繼續生活在羅馬統治之前熟悉的環境中。簡單說：在「元首政治」的早期羅馬帝國中，皇帝或元首的「政治威權」，並未透過「行政治理」傳達下去。相對之下，在晚期羅馬帝國的每個帝國子民都透過官僚系統的行政治理，清楚感受到皇帝威權，深刻感覺自己是「被羅馬統治」。

這種被學者稱為元首政治時期的「雙重法律系統」（double legal systems）或甚至更多重的彈性，使得羅馬皇帝在面對新問題，需創造出新行政位置（*nova officia*）來面對時，變得更為方便，但這些主動權多落入皇帝手中。那些原來由元老院或地方所執行的功能，卻因為與元老院政治地位的滑落，以及羅馬從一九二年起（或更早）的動亂，社區開始萎縮，而逐漸處於被動，無法參與。所以我們會見到像是哈德良設法派任四位總督級官員治理義大利，降低其特殊地位到與其他行省地位相當；這種平等化（levelling）讓傳統心態的羅馬元老院極為不安不滿。另外，從圖拉真開始起，羅馬皇帝逐漸不再出身義大利，而是從伊比利、高盧、北非及帝國各地入主羅馬，更加重皇帝從帝國各地延引人才的趨勢。羅馬帝國變得愈來愈「帝國」，而愈來愈不「羅馬」。皇帝也不斷擴大在正規外的民事及刑事司法權。整個二世紀及三世紀初帝國治理的總體趨勢可以看出皇帝逐漸擴張權力，犧牲其他如元老院、人民及地方自治的權力。

這過程在塞維魯王朝更是加速，特別是皇帝權力在財政上大幅擴權。這一方面是塞維魯在皇位爭奪的內戰及之後的政治整肅中，沒收對手資產，數量大到必須設立專職單位處理。另方面，這時軍需不斷增加（如軍隊員額增加、屢次加薪及為籠絡軍心而頻繁出現的賞金），皇產及皇帝私產在國家財政上的比重愈來愈大，皇帝指派到各地的各類財務官員（procurators）愈形重要，甚至取代正式官員，在國家財政以及其他領域上的角色凌駕在傳統機構之上。但特別是二一二年卡拉卡拉的安東尼烏斯法令（*Constitutio Antoniniana*）的公布，使帝國內所有自由人均成為羅馬公民，更是將之前那複雜多樣、量身訂作、因地制宜的各種法律給均一化：在法律上，帝國內的每個人從此都直接是皇帝子民，適用相同的法律。塞維魯王朝中出現多位法學大家，常位居行政系統頂峰的禁衛軍統領；他們詮釋、編整法律以及管理帝國，都可理解為企圖理性化、合理化及體制化皇帝那愈來愈乾綱獨斷的絕對權力。之前元首政治中的種種特例、特權，現在逐漸被取消，而被整合到一個為皇帝服務的官僚系統中。法律文獻中逐漸浮現初以官員職權的概念來整合皇帝具體及詳細的法律權力，取代之前元首政治那種籠統代表元首特殊地位的「較高延任執政官權力」（*imperium pronconsulare maius*）及「護民官權力」（*tribunicia potestas*）的憲政地位。

庫利科斯基用「騎士化」（equestrianization）這名詞來形容這趨勢以及官僚系統的建立過程。這名詞當然主要是指帝國治理的人事。我們一向認為傳統元老會被摒除在外，主要是因為外省出身的皇帝不喜歡或蓄意打壓傳統羅馬菁英。但庫利科斯基認為，雖然元老菁英有時還是有無法接受是皇帝「僕人」這種有些「共和」的想法，但根本上還是因為他們無法在變局中勝任這些新變化。另方面，這些「騎士」來源廣泛，皇帝可以從全國選才，適才適用。因此除了傳統騎士階層（如經歷過「三種軍職」〔*tres militiae*〕的軍事基層歷練）出身者外，還包括那些軍隊行伍出身、脫穎而出者。這些人會受命去統治行省及率領軍隊，以致於所有兵團軍團長（legate）最後都是騎士階級或行伍出身，而沒有元老。另外，還有那些不屬於上述，但受過教育、有能力的各地人士，則擔任各地皇家財務官員，或在朝廷各部門及祕書處服務。皇帝在元首政治初期會使用家奴或解放奴（這所謂的*familia Caesaris*）擔任皇帝機要及部門負責人，這從塞維魯王朝起完全不見：所有為皇帝服務的人都是出身自由（*ingenui*）、常與皇家沒太多直接關連的人，而升遷多憑能力。帝國官僚系統正朝著理性化、體制化的目標前進。

晚期羅馬帝國如何從黑暗時期的挑戰與回應中學習

所以當二三五年塞維魯・亞歷山大被殺害，結束元首政治，馬克西米努斯拒絕到帝國中心的羅馬即位，象徵元老院與控制軍隊的皇帝的許多矛盾，之前雖曾藉著元首政治的偽裝來緩和，但現在正式終結。但這也立即導致三世紀危機中常見的「合法化危機」，約五十年的黑暗時期出現了二十六位皇帝、三位合法副皇帝以及四十一位僭位者；皇帝更迭不斷，政治十分動盪。黑暗時期的皇帝們究竟要如何確定合法或僭位？他們嘗試過王朝世襲或舉才收養，但更發展出將皇權與神明緊密連結（如奧勒良的「所向所向無敵太陽神」〔*Sol Invictus*〕）。這在將在世皇帝視為神明，在元首時期原本只發生在那些被人認為瘋狂的壞皇帝，例如卡利古拉、尼祿、圖密善或康茂德身上，其中一些人還遭受死後「記憶抹煞」（*damnatio memriae*），但現在皇帝是神或神的在世代表，則是義正嚴詞、理所當然。

另外，皇帝認清遼闊帝國已經無法由一人從羅馬中央來指揮控制。所以加里恩努斯在父親瓦勒良兵敗波斯被俘後，接受帝國被割據成三塊（波斯杜姆斯的高盧、帕邁拉人奧登納圖斯的東方，及自己控制帝國其餘部分）來治理，並未企圖重新統一，坦然接受帝國分而治之是面對當代危機的方法。因此戴克里先「四帝共治」（tetrarchy）將帝國一切為二、為四，或君士坦丁最後由三位兒子分治帝國的政治體制，便是將黑暗時期這些君權合法化、穩定繼承，以及有效治理帝國的成果給統整起來而成為新的系統。在將皇權神聖化中，無論是戴克里先為四帝共治設計的朱比特（Jupiter）王朝及海克力斯（Hercules）王朝，或君士坦丁決定皈依基督教（無論他是否真正相信），都是奧勒良「所向無敵太陽神」的不同呈現；君士坦丁甚至在錢幣上使用「所向無敵太陽神」的圖像及頭銜。從這裡也開始發展出凡跟皇帝有關的都變成「神聖」，臣民只可遠觀、不可近褻；臣民無法再以元首政治時期的「致意」（*salutatio*）、而是必須以「崇拜」（*adoratio*）來接近被種種繁複威儀包圍的皇帝本尊。他們宛若神明。

但羅馬黑暗時期更承受同時且連續發生日耳曼民族、波斯及柏柏人從各方面入侵，所以軍事也是皇帝的重要關切。元首時期的三十個上下的兵團及人數相當的輔助兵團（auxiliaries）兵力規劃及部署設計，都是將軍力沿邊界安排，並假設這些外族入侵不會同時發生，因此軍力可以彼此調動支援，運用沿邊界修築的道路快速移動換防，堵住缺口，甚至越界出擊。但黑暗時期外族的同時入侵讓羅馬人措手不及，無力有效回應，因此發展出類似「縱深防禦」（defense in depth）的機動部署：羅馬皇帝一方面繼續沿用邊界駐紮邊防軍，擔任預警功能、初步阻擋及延緩入侵的功能；但同時在戰略地點集中部署機動打擊部隊，隨時反應打擊成功入侵的敵軍。機動性極高的輕、重裝騎兵因此變得極為重要，特別是在加里恩努斯任內；他廣泛雇用善騎的外族及裝配及更具彈性的任務編組來保護帝國。也因此，指揮騎兵的司令常權傾一時（如奧瑞魯斯），甚至問鼎皇位（如克勞狄烏斯二世和奧勒良）。戴克里先繼續沿用這規劃，但到君士坦丁則正式化為守邊的邊防軍（*limitanesis*）以及兩位分控騎兵及步兵的首長（*magister equitum*及*magister peditum*）所指揮的機動中央軍（*Comitatensis*），而都使用可能更高比例的外族。君士坦丁將黑暗時期發展出來的戰略及戰術給體制化。另方面，當君士坦丁在三一二年擊敗馬克森提烏斯，入主羅馬時，因為禁衛軍部隊曾支持他，因此被解散，而統領則被正式文職化，形同帝國行政及司法首長或是宰相（viceroy），但這禁衛軍統領文職化的趨勢早已在塞維魯王朝出現過。晚期帝國軍職及文職的兩種仕途確立，但晚期帝國高度的軍事化，使得文官也有軍階。

黑暗時期也是羅馬經濟陷入極大困難的時代。農業及其他產業因為政治不穩、內戰頻仍及外族入侵，而受到很大破壞。元首政治時期經營地方的議員階級也因為經濟凋敝，再也無力、無意願負擔治理及建設地方，或配合中央徵稅徵兵。在黑暗時期除了防禦工事外（如奧勒良擴大羅馬城牆），甚少出現新公共建物；既有社區普遍萎縮到以自保為主的規模，或乾脆棄城。元首政治時期星羅棋布的城邦世界面貌，開始改變。財政現在完全專注在續命的軍隊維持上。但整個問題更被如脫韁野馬的通膨，弄得更難以對付。有學者認為二〇〇年時花費零點五第納里烏斯銀幣（denarius）能買到約五十公升（一個 *medimnos*）穀物，到三〇〇年則必須花費三百第納里烏斯銀幣。換言之，主食在這一世紀的通膨率是六百倍。法定通貨的銀幣最後其實只是個位數百分比銀含量的洗銀銅幣。黑暗時期的皇帝一直想克服這通膨的問題，但解決通膨一向都是財政學的難題，至今仍是，所以在黑暗時期進展有限。

戴克里先繼承這樣的問題，但他多管道面對。他首先要了解帝國有多少資源，所以以土地及人頭做為稽徵單位來進行普查，計算出帝國有多少單位。他計算出全國所需預算（主要是軍需），然後除以這些人頭及土地單位後，按單位徵稅，部分以現物（包括當兵的「人」）來支付軍隊，部分以貴金屬。帝國每隔五年、之後每隔十五年，重新普查一次。如果說之前元首政治時期的國家財政常是「混過去」（muddle through），以臨時徵稅、沒收充公或如哲學家皇帝拍賣皇產來應急，那主宰政治則是首次以類似預算的理性方式來處理國家財政。而這能如此是因為自塞維魯王朝以來皇家財政官員大幅擴張，建立需要的機制來運作，這繼續在黑暗時期被保留運作，現在被戴克里先的改革正式體制化。這些工作在元首政治時期常由地方議會來進行，但現在則是由皇帝手下專職的財務官員來執行。普查、徵稅、徵兵等財政措施對一般帝國子民而言，想必是他們最有感的「政府治理」，直接充分具現何謂「羅馬威權」。雖然共和及元首政治時期的包稅法人團體（*publicani*）並未完全消失，但在晚期帝國皇帝的各類財務官員，形同我們的國稅局官員，來直接向我們要錢要人。

就統治者來看，為了方便控制資源，必須立法限制職業、身分及遷徙的變動。所以原來地方議員階級現在被迫繼續承擔他們愈來愈無能為力的任務，而其他不同行業也開始管制，甚至世襲。上述預算措施以及這些管制，使得我們有時稱呼晚期羅馬帝國採行所謂的「指令經濟」或「管制經濟」（command economy, dirigisme），以指令及管制方式來運作政府治理，特別是經濟。這也造成晚期羅馬是個高壓專制統治的形象。最能代表這種由上而下來運作「指令經濟」，莫若三〇一年公布的「最高物價指令」（Edict of Maximum Prices）。這是戴克里先因為自己幣制改革無法解決通膨問題，所做出的新嘗試。在這道對多達一千四百件物品及服務項目設定最高價格的巨細靡遺指令中，貴金屬被定價相對地低，似乎暗示對貴金屬持有者（多是富人）較為不利，但這反而造成貴金屬變得稀缺，加劇通膨。最後君士坦丁（據說）沒收異教徒神廟數百年的廟產為儲備金，發行以一羅馬鎊七十二枚金幣為單位的通貨：*solidus*，解決這通貨不穩及通膨的問題。*solidus*直到十一世紀一直是地中海國家、拜占廷帝國，甚至伊斯蘭世界最受歡迎、最具公信力的通貨。今天在一英鎊金屬幣的邊緣，仍可看到*solidus*的字樣。[3]

這時期在文化、道德及精神上雖也被認為是個危機時代，但大巨變下的精神生活是既豐富又躁

3「最高物價指令」在實施上極不成功，這顯示出所謂的「指令經濟」可能只能專門針對政府某些部門來運作，但市場經濟的力量始終難以完全掌握。

動。多茲（E. R. Dodds）說這是「焦慮的時代」（Age of Anxiety）；神廟籤文常看到對自己未來命運的忐忑不安：「我會變得如何？」或「我會被賣掉嗎？」這時期沒有與維吉爾（Virgil）或尤維納（Juvenal）齊名的古典作品留存。但學者注意到這時代出現所謂「禁欲衝動」（ascetic impulse），一種決定「跳脫離」（opt out）世界的決心；另外，認為宇宙最終只有一神，並在各民族各有化身的「單一神論」（henotheism）普遍流行，如已經提及的「所向無敵太陽神」。這些傾向在古典哲學上最終體現於新柏拉圖主義（Neo-Platonism）那摒棄物質世界，追求無限超越，如這思想的開山祖師普羅提諾（Plotinus）的巨作《九章集》（*Enneads*）。新柏拉圖主義除了促成晚期希臘哲學（Late Greek Philosophy）的發展外，更是將古典哲學導入到基督教神學，形成所謂的「柏拉圖基督教化」或「基督教柏拉圖化」的必要人物，啟發如拉丁西方聖安博若修（St. Ambrose of Milan）及聖奧古斯丁，但特別是希臘東方幾位卡帕多奇亞（Cappadocia）教父。這些人都是基督教文明吸收、轉化古典文明精華的代表關鍵人物。

另方面，黑暗時期也是基督教發展極為迅速的時候，出現古代希臘基督教最偉大的聖經學者及神學家俄利根（Origen）。黑暗時期的亞歷山卓及安提阿教會也分別對三位一體及基督論發展出各自的獨特觀點、傳統，甚至流派；羅馬和迦太基教會也對教會紀律問題（如再洗禮）表達不同觀點。最後，基督教會在度過德西烏斯皇帝二五一年及瓦勒良皇帝二五八年兩次全國大迫害後，在接下來的四十年的發展更加迅速、扎根更深，所以當三〇三年戴克里先「大迫害」來臨時，基督教已經準備好面對這最後的全面性考驗。這些發展都指出：當君士坦丁決定支持基督教、面對北非多納圖斯教派紀律爭議以及處理東方的亞流教義爭執時，這些多是在黑暗時期已經出現的發展現象。

「主宰政治」：政治威權＝行政治理

所以晚期羅馬帝國許多體制及思潮已經在元首政治及黑暗時期開始萌芽發展，而戴克里先及君士坦丁則加以統整及系統化，變成晚期羅馬帝國的主宰政治，與黑暗時期前的元首政治有截然不同的風貌。整個成效可以從晚期羅馬帝國基本上解決了黑暗時期所面對的各種考驗：皇位繼承穩定、內戰歇止或偶爾發生、有效壓制通膨以及治理帝國等等。這些若沒有黑暗時期的基礎，勢必未定在天。

但這些要付出代價。「主宰政治」是個由上而下，將政治威權透過官僚化的治理，來延伸、擴散到帝國每位子民身上；每個人「理論上」都生活在皇帝監視下來「被治理」，生活在相對高度管制的社會中，與元首政治時期許多百姓可能會有「帝力於我何有哉」的感覺，或許很不一樣。現在皇帝不是「眾人之首」，而是遙遠、但十分強大，且無所不在、無不干預的「主人」（*dominus*），甚至是神明（*deus*）本尊或神的在世代理，有龐大有效的官僚體系協助他治理帝國，讓子民直接感受到皇帝那無比的威嚴。

如果帝國太大，那切割為二、為四，然後再將行省細切為更多省，派更多官員治理。這些不只是為了防止官員坐大，威脅皇權，因而蓄意將權力碎裂化；更是為了將皇帝的威權觸角延伸更廣、更有效治理、統治。正如庫利科斯基所言「興起的新騎士階級比之前的羅馬政府形式更深入行省生活」（頁一八四）。所以五世紀狄奧多西二世的法典編定前的最重要兩部法典，分別是戴克里先任內的荷默金尼斯（Hermogenes）及格雷戈里亞斯（Gregorius）所完成，這象徵將戴克里先的治理給合法化、合理化、系統化，甚至理性化。但這些改革並非從戴克里先一人憑空擘畫，而是由他從黑暗時代裡的前輩在政府治理、軍事部署、財政規劃、社會政策，甚至更抽象的宗教思想等各方面，來進行統整。他一方面確保帝國各項指令在根本上的一致，另方面更強調皇帝權威出現在帝國各地，皇帝指令被有效執行。這系統性的努力以及權力透過治理來散布，才是戴克里先四帝共治的新穎之處。君士坦丁及後繼者除了提倡基督教的宗教政策外，根本上是繼續這趨勢。我想沒有一件事會比君士坦丁決定放棄「舊羅馬」以及其所象徵的舊傳統，在三三〇年建立並遷都君士坦丁堡的「新羅馬」和新傳統，來得更具象徵性：象徵晚期羅馬帝國的正式上場。

對《帝國的勝利》的一些意見

庫利科斯基的《帝國的勝利》成功陳述元首政治時期、黑暗時期及主宰政治時期的歷史延續性。他的敘事清晰條理，內容扎實詳細，令人在閱讀完後，能清楚掌握這段複雜的歷史，特別是充滿危機的黑暗時期其實並非那麼「黑暗」。黑暗時期是之前羅馬史連貫敘述的missing link；一些教科書喜歡強調黑暗時期的「軍營皇帝」出身巴爾幹偏遠行省、粗魯不文、不夠「羅馬」等等，因此一事無成，不值得「懷念」（missed）。但黑暗時期皇帝的成就經過庫利科斯基的陳述，融入到晚期羅馬帝國的主宰政治體制。無論如何，他的歷史絕非羅馬帝國「衰亡史」，而是清楚指認出三世紀那黑暗時期的問題解決努力「催生了全新的羅馬帝國」（頁三五二）。這是「帝國的勝利」。

我個人受益最多的是這段對我十分「黑暗」的二三五至二八四年危機時代。在閱讀後我欣賞在危機時代裡如加里恩努斯或奧勒良那種大破大立的「創造性毀滅」，有勇氣去想去問那傳統格局的人不敢碰的可能性，如羅馬為何需只由一人統治？為何如此強大的皇帝在世時何以不是神或神的在世代表？另外，庫利科斯基雖然焦點在羅馬，但第八章「歐亞歷史與羅馬帝國」將羅馬邊疆問題放在全球視野裡（雖然當代人或許不清楚這些複雜民族遷徙的更人圖像），使得羅馬史透過這些入侵外族，而成為世界史的一部分。羅馬滅亡後出現的三大文明：西歐日耳曼後繼國家、拜占庭帝國及伊斯蘭文明帝國，則又再次將晚期古代的羅馬帝國連接到更廣大的世界史。

翻譯者克服晚期羅馬那些十分繁複的官職名稱，但仍維持行文流暢，實在功不可沒。最後，本書選擇的圖片十分精美，說明也相當清楚，讓閱讀的經驗更加圓滿充分。但地圖集中在一處（原文即以如此），讓人必須時常回去翻閱查詢，有些不便。有些時候行文中提及的地名（如埃及尼羅河畔的托勒密城〔Ptolemais〕）沒出現，反而出現它處的同名、但正文似乎沒提及的城市（如在利比亞的托勒密港）。不知是否製圖人將這兩地混淆？另外，我想本書若能有幾個皇帝系譜，那將更加完美，因為系譜能顯示出王朝結構，特別是君士坦提烏斯一世及君士坦丁一世各有兩次婚姻（他們的第二次婚姻使父子兩人有相同的岳父馬克西米安），對王朝後來的發展有極大影響。這本書中若能有以下王朝的系譜，一定更能促進理解：安東尼王朝、塞維魯王朝，以及戴克里先和君士坦丁王朝。所幸這些都可以方便地在網路上找到。

我想大家都會如我一樣，衷心期待庫利科斯基《帝國的悲劇》能儘早出版，聽完這整段晚期古代歷史。

最後我說一些個人與庫利科斯基不同的看法，謹供大家指教。雖然彼得·布朗用文化史的角度開創「晚期古代」這領域，但庫利科斯基的《帝國的勝利》對黑暗時期裡的文化及宗教著墨較少，但這方面的成就相較之下其實是相對可觀，特別是教會史及哲學史方面。因此當進入到《帝國的勝利》君士坦丁王朝的教會爭議時，不熟悉早期教會史的讀者可能會覺得有些唐突，缺乏脈絡感。庫利科斯基在這方面著墨有限，或許可以辯稱說許多宗教及文化上的發展並非黑暗時期皇帝所直接導致的。這有道理。但若缺乏這些方面的陳述，總是會讓黑暗時期和晚期羅馬之間的聯繫少了些關鍵線索。這特別是因為君士坦丁在宗教政策上的一些決定，是與三世紀的教會有關。例如北非多納圖斯教派繼承二、三世紀之交特土良（Tertullian of Carthage）以降的強悍、不與世俗（這最後包括君士坦丁的羅馬帝國）妥協的北非聖靈教會傳統，堅持潔淨、小教派的想法，十分不利於君士坦丁統一帝國的普世教會理念。他因此在面對北非基督教時，沒選擇在北非人數更多的多納圖斯教派，而寧可偏袒在北非彷彿孤島的少數城邦菁英所接受的正統教會。

君士坦丁普世帝國及普世教會的理念也影響到他處理亞流教義。關於這點我個人覺得他雖可能受到歐西烏斯（Ossius of Cordoba）影響，但他自己對教義可能不是很堅持：他只想要帝國所有基督教徒都願意接受一個相同的教義，無論這是聖父聖子「本質相同」（*homoousia*）或多一個 i[4] 的聖父聖子「本質相似」（*homoiousia*），可能都一樣好，都能完成他一個上帝、一個教會、一個皇帝、一個帝國的理念。所以他才會在書信中要求主教們要能像哲學家一樣，對教義那種小問題能「彼此同意彼此不同意」（agree to disagree）！所以他可以在通過尼西亞信經不久後，輕易接受亞流回到教會（雖然後者在和解前突然暴斃）；他也接受被定罪的亞流教義大將優西比烏（Eusebius of Nicomedia）違反尼西亞大公會議通過的教會法，像蝴蝶一樣從貝魯特斯（Berytus）轉調到尼科米底亞（Nicomedia），然後在君士坦丁堡完成後，再轉調到這「新羅馬」擔任主教，甚至為君士坦丁臨終洗禮。結果是：君士坦丁在晚期帝國正統教會史家筆下變成有些像是佛地魔那「不可說的名字」，因為他最後終究接受了異端的洗禮，使得他在教會史的歷史性貢獻被壓低或忽略。他身為皇帝不拘小節、求大格局的做法，我會覺得是更合理的說法。附帶一點，我對庫利科斯基對尼西亞信條最堅強的護衛者亞歷山卓主教亞他那修（Athanasius）的低評，一樣訝異和不解。

另外，我無法同意庫利科斯基對戴克里事先將馬克西米安及君士坦提烏斯一世都有親生兒子的事實，列入四帝共治的接班考量。如果君士坦丁在約克獲得他父親軍隊擁戴稱帝，那是因為血緣世襲原則以及他本人在現場，提供軍隊的誘惑實在難以抗拒，這應該不是原定接班計畫，而是「篡位」。相反地，我們何不認為君士坦丁之前被扣留在尼科米底亞當人質，正是戴克里先希望四帝共治的接班原則，不受血緣世襲的干擾？否則君士坦提烏斯何以在馬克西米安退位時，會直接選擇老戰友塞維魯當凱撒？

連帶地，我對君士坦丁何以會支持基督教的真正理由一向比較抱持著「不可知論」的立場，無法接受庫利科斯基將啟動「大迫害」的動機，關連到東方皇帝（特別是伽列里烏斯）為防止基督徒君士坦丁將繼承其父的皇位，因此啟動「大迫害」，宣布基督徒是非法，讓君士坦丁無法如願。我覺得史料似乎無法以持這樣的論點。

但這些個人意見絕不會降低我對《帝國的勝利》的*adoratio*（崇拜）。

---

4 希臘字母iota，意為最小的東西。所以有人感嘆如此多帝國及教會的精力及資源竟會花在iota這個希臘字母或這最小的東西上。

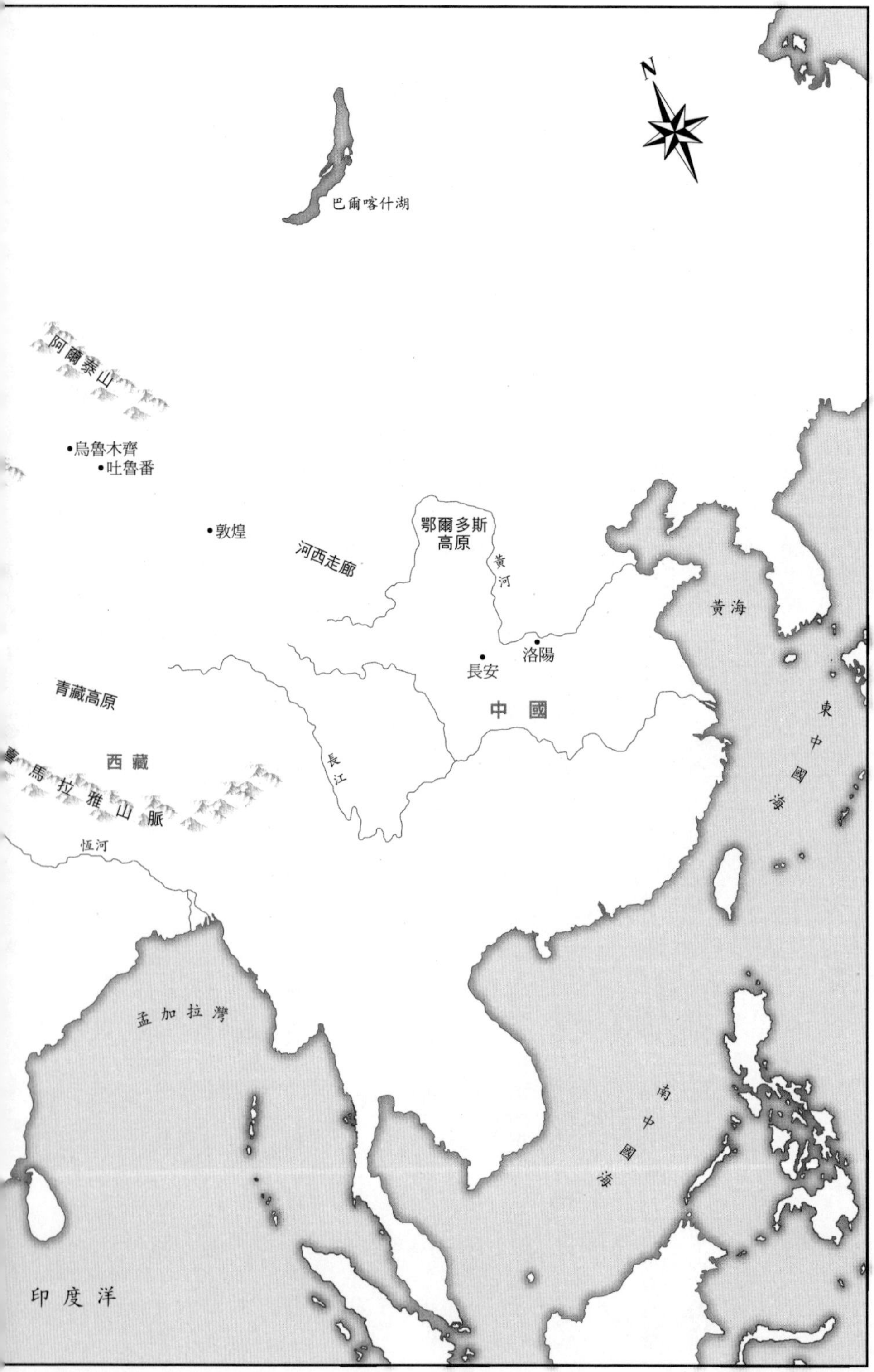

N
巴爾喀什湖
阿爾泰山
烏魯木齊
吐魯番
敦煌
河西走廊
鄂爾多斯
高原
黃河
洛陽
長安
黃海
青藏高原
中國
西藏
喜馬拉雅山脈
長江
東中國海
恆河
孟加拉灣
南中國海
印度洋

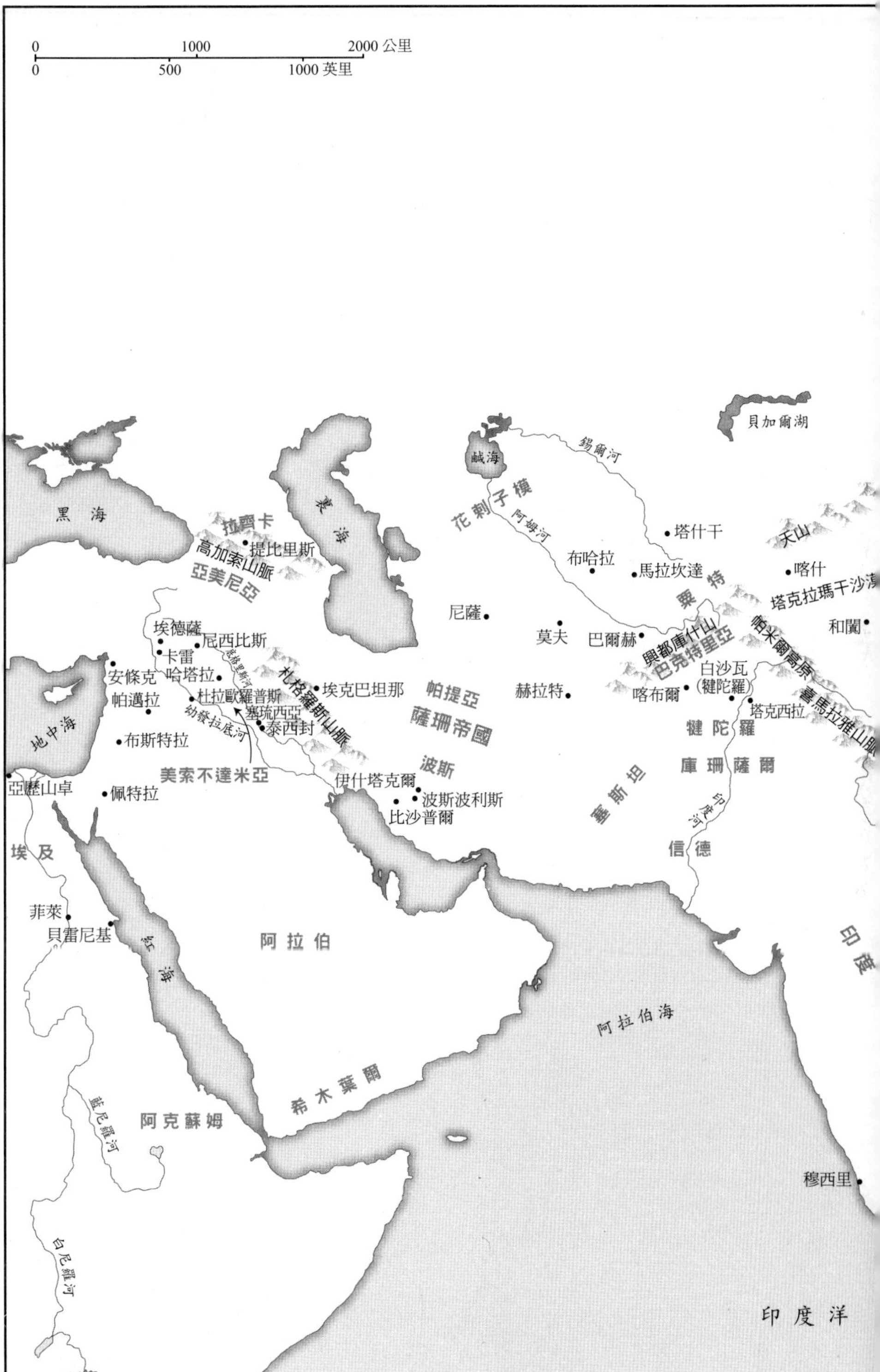
0
1000
2000 公里
0
500
1000 英里
貝加爾湖
鹹海
錫爾河
花剌子模
阿姆河
塔什干
天山
布哈拉
馬拉坎達
喀什
粟特
塔克拉瑪干沙漠
和闐
尼薩
莫夫
巴爾赫
興都庫什山
巴克特里亞
帕米爾高原
白沙瓦
(犍陀羅)
喀布爾
赫拉特
塔克西拉
喜馬拉雅山脈
犍陀羅
庫珊薩爾
塞斯坦
印度河
信德
印度
黑海
裏海
拉齊卡
提比里斯
高加索山脈
亞美尼亞
埃德薩
尼西比斯
卡雷
底格里斯河
哈塔拉
安條克
杜拉歐羅普斯
帕邁拉
幼發拉底河
塞琉西亞
泰西封
埃克巴坦那
札格羅斯山脈
帕提亞
薩珊帝國
地中海
布斯特拉
美索不達米亞
波斯
伊什塔克爾
波斯波利斯
比沙普爾
亞歷山卓
佩特拉
埃及
菲萊
貝雷尼基
紅海
阿拉伯
阿拉伯海
希木葉爾
阿克蘇姆
藍尼羅河
白尼羅河
穆西里
印度洋

地圖1 歐亞世界

鹹海
裏海
黑海
下默西亞
多瑙河
色雷斯
拜占庭
俾斯尼亞與
本都
加拉太
亞細亞
卡帕多奇亞
亞美尼亞
亞述
帕提亞
底格里斯河
雅典
呂基亞與
旁非利亞
奇里乞亞
幼發拉底河
美索不達米亞
敘利亞
賽普勒斯
克里特
與
昔蘭尼加
猶地亞
亞歷山卓
埃及
阿拉伯
尼羅河
紅海

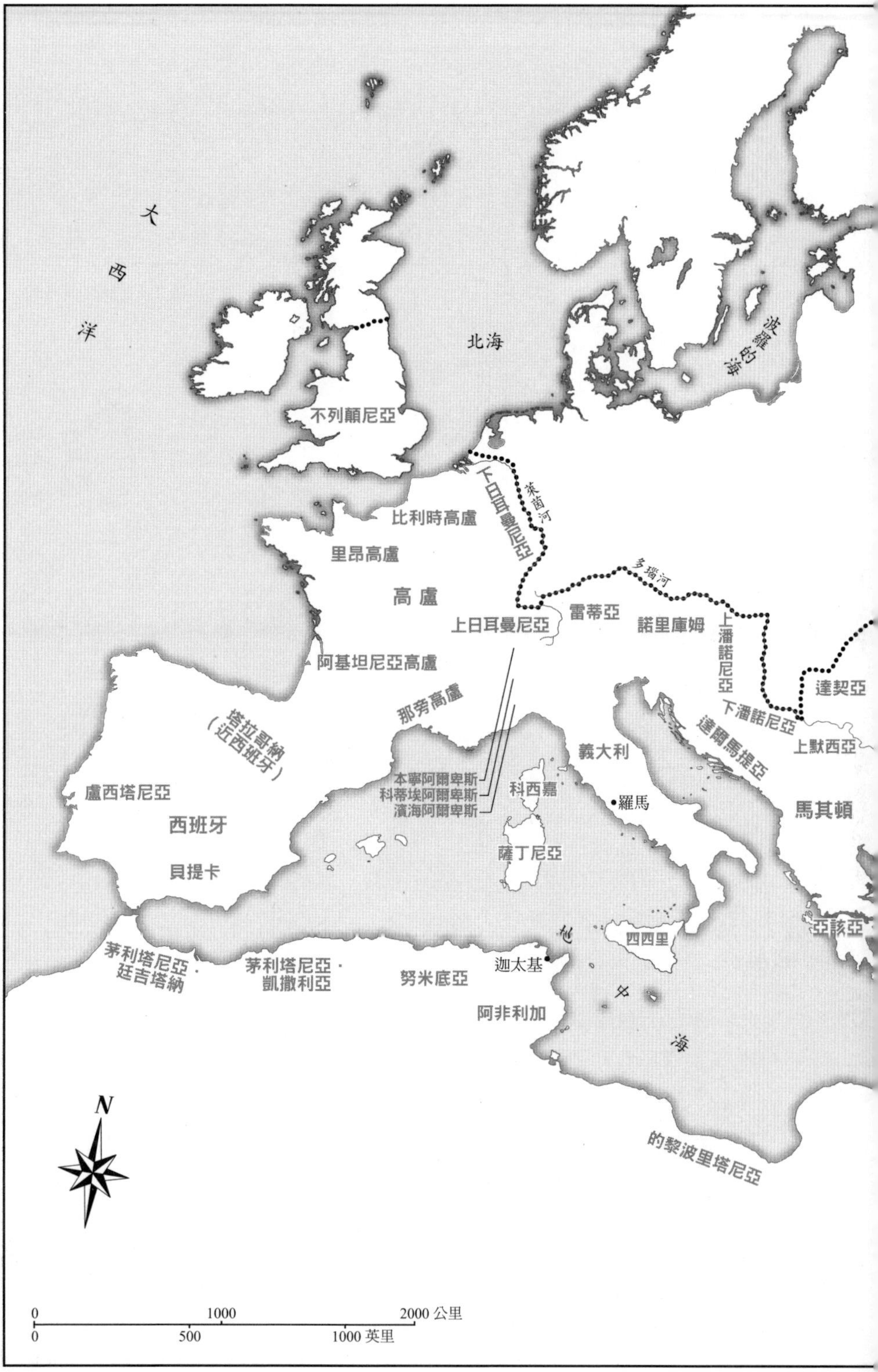

大西洋
北海
波羅的海
不列顛尼亞
下日耳曼尼亞
萊茵河
比利時高盧
里昂高盧
高盧
上日耳曼尼亞
雷蒂亞
諾里庫姆
多瑙河
上潘諾尼亞
下潘諾尼亞
達契亞
上默西亞
達爾馬提亞
阿基坦尼亞高盧
那旁高盧
塔拉哥納（近西班牙）
盧西塔尼亞
西班牙
貝提卡
本寧阿爾卑斯
科蒂埃阿爾卑斯
濱海阿爾卑斯
科西嘉
薩丁尼亞
義大利
羅馬
馬其頓
亞該亞
西西里
迦太基
茅利塔尼亞・廷吉塔納
茅利塔尼亞・凱撒利亞
努米底亞
阿非利加
地中海
的黎波里塔尼亞
N
0
1000
2000 公里
0
500
1000 英里

地圖2　哈德良時代的羅馬帝國

鹹海
裏海
黑海
多瑙河
下默西亞
色雷斯
拜占庭
俾斯尼亞
本都
亞美尼亞
加拉太
底格里斯河
帕提亞
亞細亞
呂基亞
卡帕多奇亞
奇里乞亞
雅典
旁非利亞
幼發拉底河
敘利亞
賽普勒斯
克里特
巴勒斯坦
敘利亞
亞歷山卓
埃及
阿拉伯
尼羅河
紅海

大西洋
安東尼長城
（約西元 142 年）
哈德良長城
（約西元 122 年）
北海
波羅的海
不列顛尼亞
下日耳曼尼亞
萊茵河
比利時高盧
里昂高盧
上日耳曼尼亞
多瑙河
馬耳科曼尼亞
高 盧
雷蒂亞
諾里庫姆
阿基坦尼亞高盧
上潘諾尼亞
科蒂埃阿爾卑斯
下潘諾尼亞
達契亞
那旁高盧
濱海阿爾卑斯
達爾馬提亞
上默西亞
盧西塔尼亞
塔拉哥納
（近西班牙）
義大利
科西嘉
羅馬
馬其頓
薩丁尼亞
貝提卡
亞該亞
西西里
茅利塔尼亞·
廷吉塔納
茅利塔尼亞·
凱撒利亞
努米底亞
迦太基
地中海
阿非利加
昔蘭尼加
的黎波里塔尼亞
N
0 1000 2000 公里
0 500 1000 英里

地圖3　安東尼時代的羅馬帝國

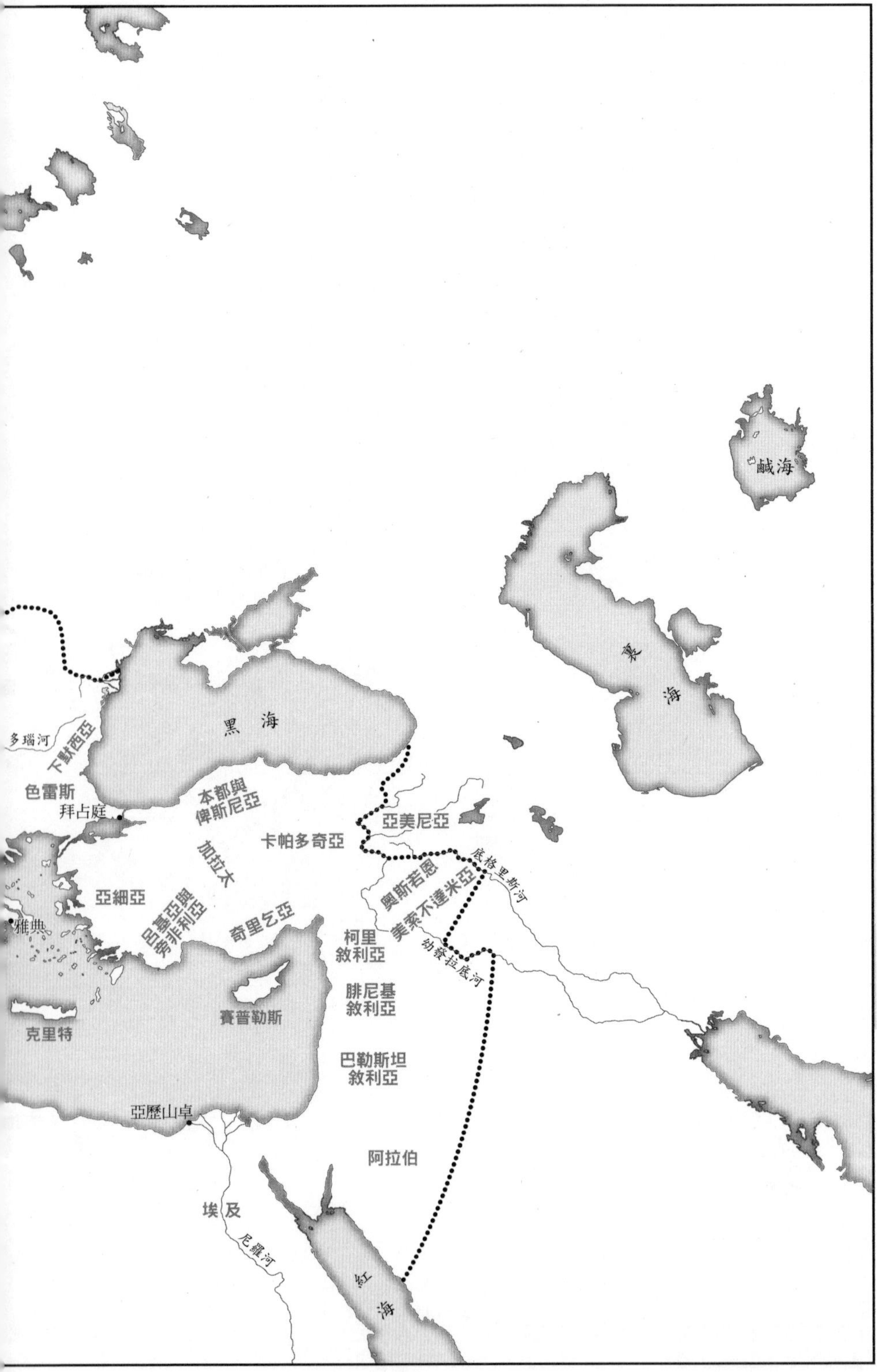

鹹海
裏海
黑海
多瑙河
下默西亞
色雷斯
拜占庭
本都與俾斯尼亞
卡帕多奇亞
亞美尼亞
加拉太
亞細亞
呂基亞與旁非利亞
奇里乞亞
雅典
柯里敘利亞
奧斯若恩
美索不達米亞
底格里斯河
幼發拉底河
腓尼基敘利亞
賽普勒斯
克里特
巴勒斯坦敘利亞
亞歷山卓
阿拉伯
埃及
尼羅河
紅海

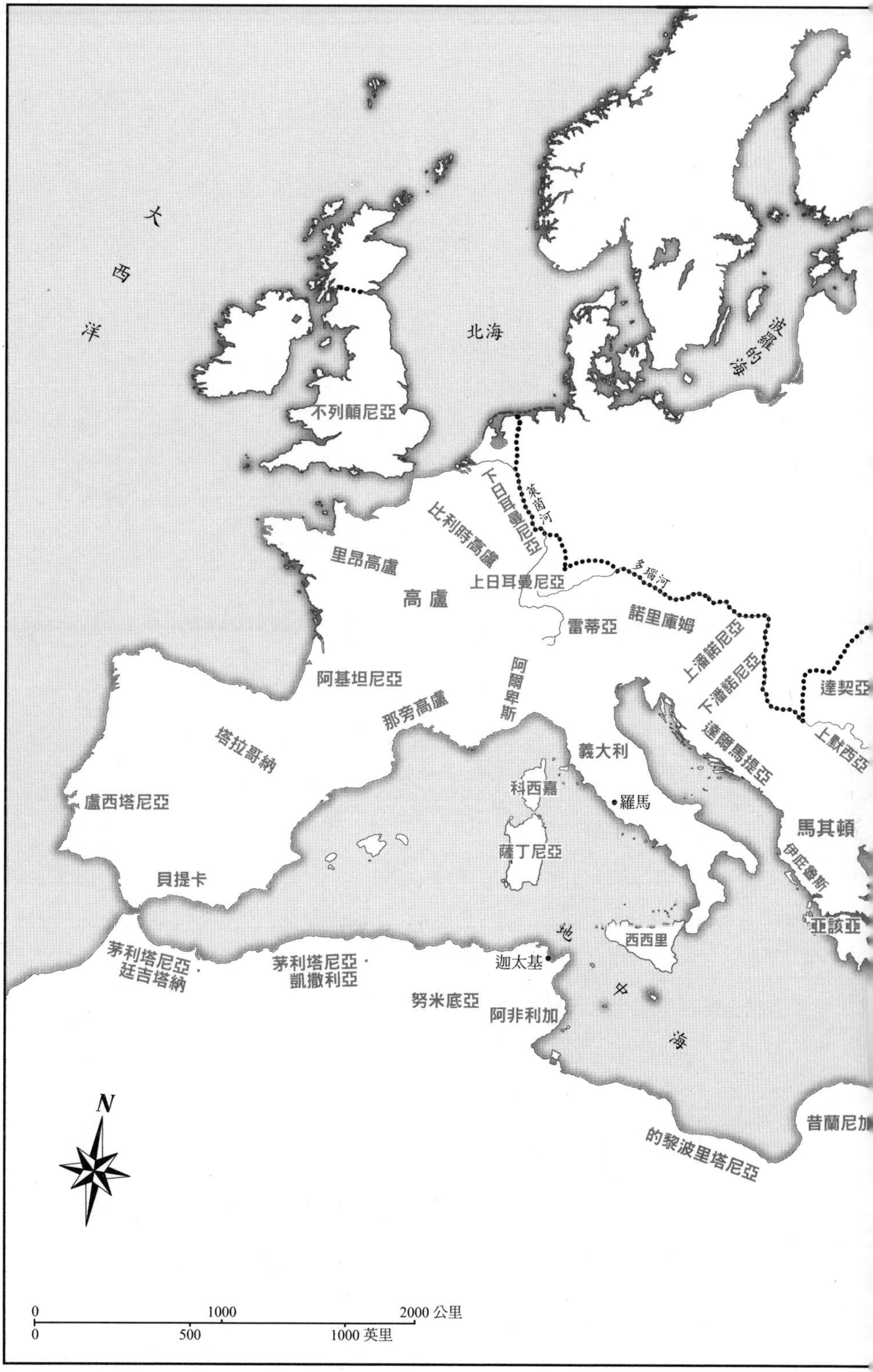

大西洋
北海
波羅的海
不列顛尼亞
下日耳曼尼亞
萊茵河
比利時高盧
里昂高盧
上日耳曼尼亞
多瑙河
高盧
諾里庫姆
雷蒂亞
上潘諾尼亞
下潘諾尼亞
達契亞
阿基坦尼亞
阿爾卑斯
那旁高盧
塔拉哥納
達爾馬提亞
上默西亞
義大利
盧西塔尼亞
科西嘉
羅馬
馬其頓
薩丁尼亞
伊庇魯斯
貝提卡
地中海
西西里
亞該亞
茅利塔尼亞．廷吉塔納
茅利塔尼亞．凱撒利亞
迦太基
努米底亞
阿非利加
昔蘭尼加
的黎波里塔尼亞
N
0
1000
2000 公里
0
500
1000 英里

地圖 4　塞維魯時代的羅馬帝國

鹹海
裏海
黑海
色雷斯管區
斯基泰
多瑙河
第二默西亞
色雷斯
赫米蒙圖斯
拜占庭
俾斯尼亞與本都
波里摩尼庫斯本都
狄奧斯本都
帕夫拉戈尼亞
小亞美尼亞
亞美尼亞
洛多皮
歐羅巴
本都管區
加拉太
海勒斯本都
卡帕多奇亞
底格里斯河
第一弗瑞吉亞
第二弗瑞吉亞
呂底亞
美索不達米亞
奧斯若恩
幼發拉底
皮西迪亞
奇里乞亞
亞細亞
卡里亞
雅典
伊蘇利亞
呂基亞與旁非利亞
柯里敘利亞
幼發拉底河
亞細亞管區
賽普勒斯
克里特
腓尼基
黎巴嫩
第一阿拉伯
巴勒斯坦
亞歷山卓
下利比亞
伊歐維亞
第二阿拉伯
東方管區
埃及
赫庫里亞
尼羅河
底比斯
紅海

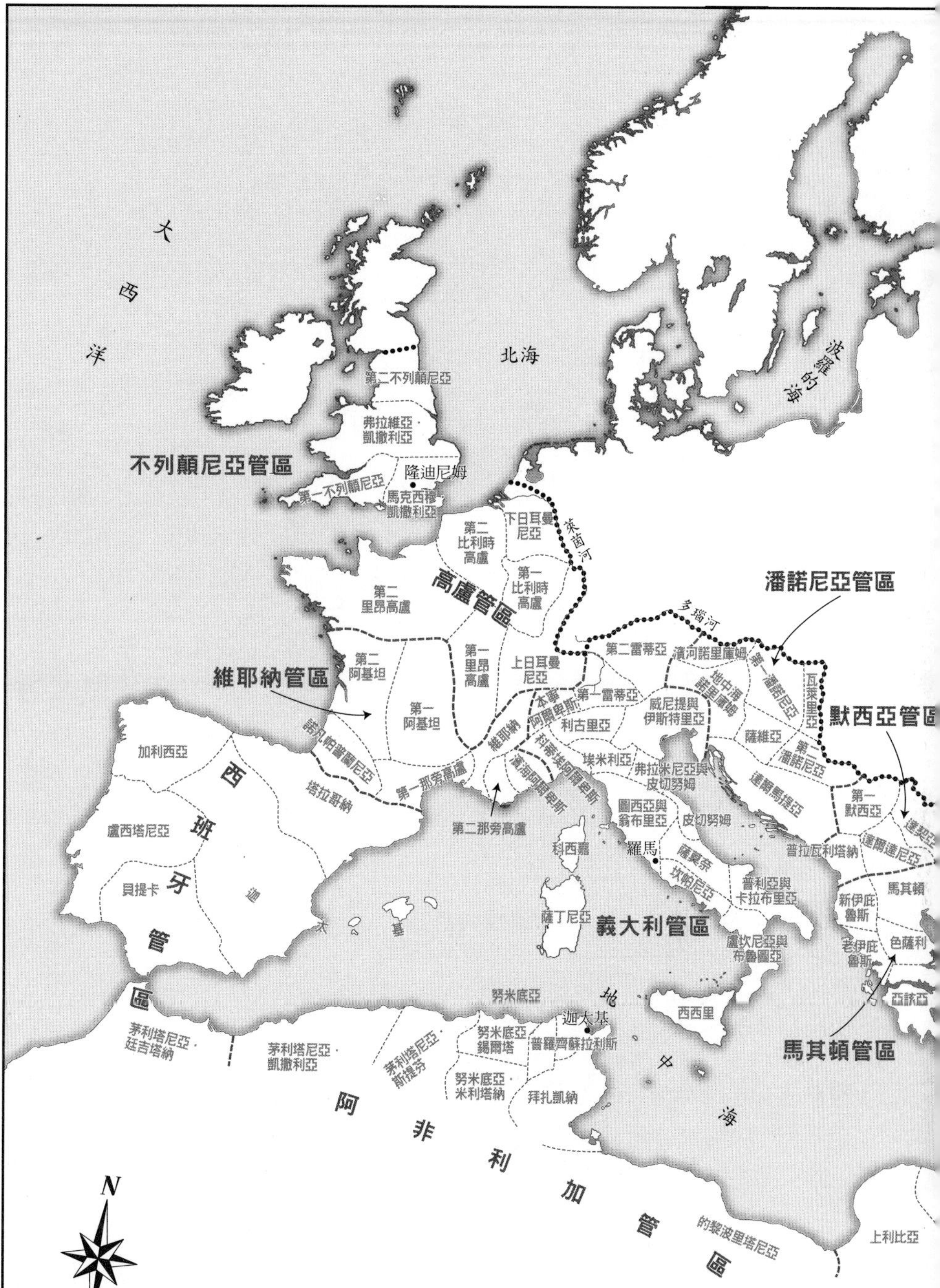
大西洋
北海
波羅的海
不列顛尼亞管區
第二不列顛尼亞
弗拉維亞·凱撒利亞
第一不列顛尼亞
隆迪尼姆
馬克西穆·凱撒利亞
第二比利時高盧
下日耳曼尼亞
萊茵河
第一比利時高盧
高盧管區
第二里昂高盧
多瑙河
潘諾尼亞管區
第二雷蒂亞
濱河諾里庫姆
第一潘諾尼亞
瓦萊里亞
第一里昂高盧
上日耳曼尼亞
第二阿基坦
維耶納管區
第一阿基坦
默西亞管區
第一雷蒂亞
地中海諾里庫姆
威尼提與伊斯特里亞
薩維亞
第二潘諾尼亞
利古里亞
加利西亞
西班牙管區
埃米利亞
弗拉米尼亞與皮切努姆
達爾馬提亞
塔拉哥納
第一那旁高盧
維耶納
圖西亞與翁布里亞
皮切努姆
第一默西亞
第二那旁高盧
盧西塔尼亞
科西嘉
羅馬
薩莫奈
坎帕尼亞
普拉瓦利塔納
普利亞與卡拉布里亞
馬其頓
貝提卡
新伊庇魯斯
薩丁尼亞
義大利管區
盧坎尼亞與布魯圖亞
老伊庇魯斯
色薩利
亞該亞
西西里
馬其頓管區
努米底亞
迦太基
茅利塔尼亞·廷吉塔納
茅利塔尼亞·凱撒利亞
努米底亞·錫爾塔
努米底亞·米利塔納
拜扎凱納
阿非利加管區
的黎波里塔尼亞
上利比亞
地中海
N
0 1000 2000 公里
0 500 1000 英里

地圖5　戴克里先的新帝國

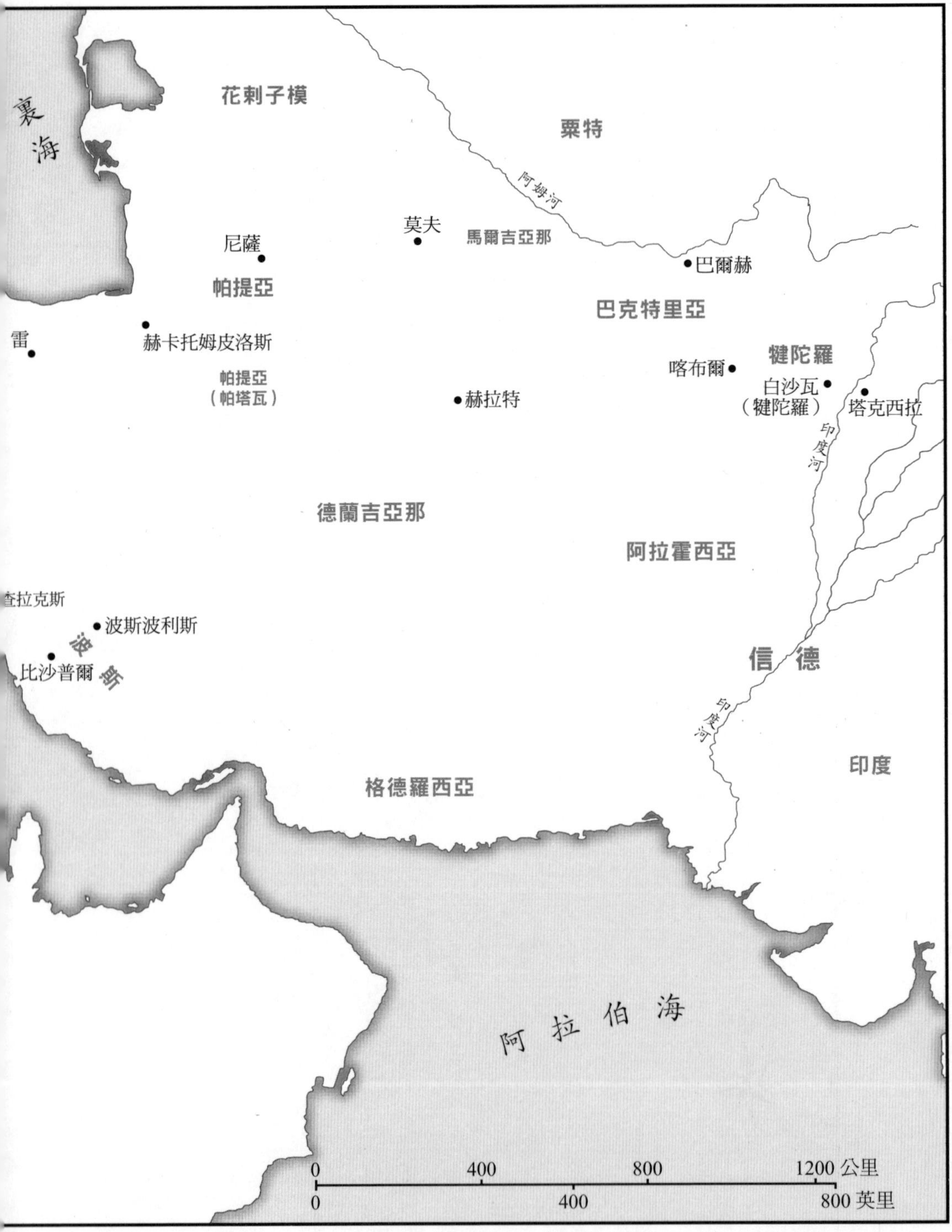
裏海
花剌子模
粟特
阿姆河
莫夫
馬爾吉亞那
尼薩
帕提亞
巴爾赫
巴克特里亞
雷
赫卡托姆皮洛斯
犍陀羅
喀布爾
帕提亞
（帕塔瓦）
白沙瓦
（犍陀羅）
塔克西拉
赫拉特
印度河
德蘭吉亞那
阿拉霍西亞
查拉克斯
波斯波利斯
波斯
比沙普爾
信德
印度河
印度
格德羅西亞
阿拉伯海
0
400
800
1200 公里
0
400
800 英里

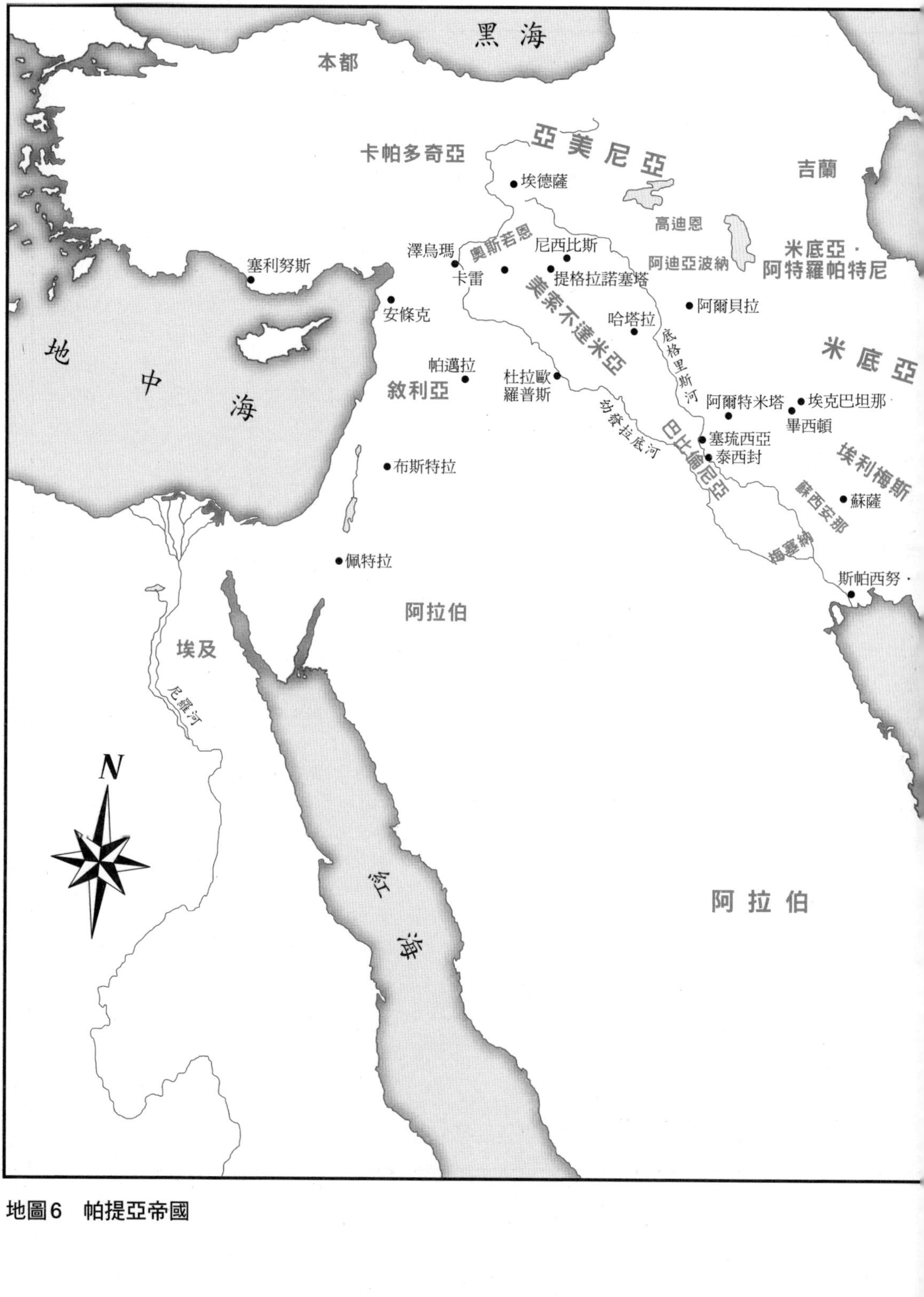
黑海
本都
亞美尼亞
卡帕多奇亞
吉蘭
埃德薩
高迪恩
澤烏瑪
奧斯若恩
尼西比斯
米底亞·
阿特羅帕特尼
塞利努斯
卡雷
提格拉諾塞塔
阿迪亞波納
安條克
美索不達米亞
阿爾貝拉
哈塔拉
地中海
底格里斯河
米底亞
帕邁拉
杜拉歐
羅普斯
敘利亞
阿爾特米塔
埃克巴坦那
畢西頓
幼發拉底河
塞琉西亞
泰西封
巴比倫尼亞
埃利梅斯
布斯特拉
蘇西安那
蘇薩
佩特拉
斯帕西努
阿拉伯
埃及
尼羅河
N
紅海
阿拉伯

地圖6　帕提亞帝國

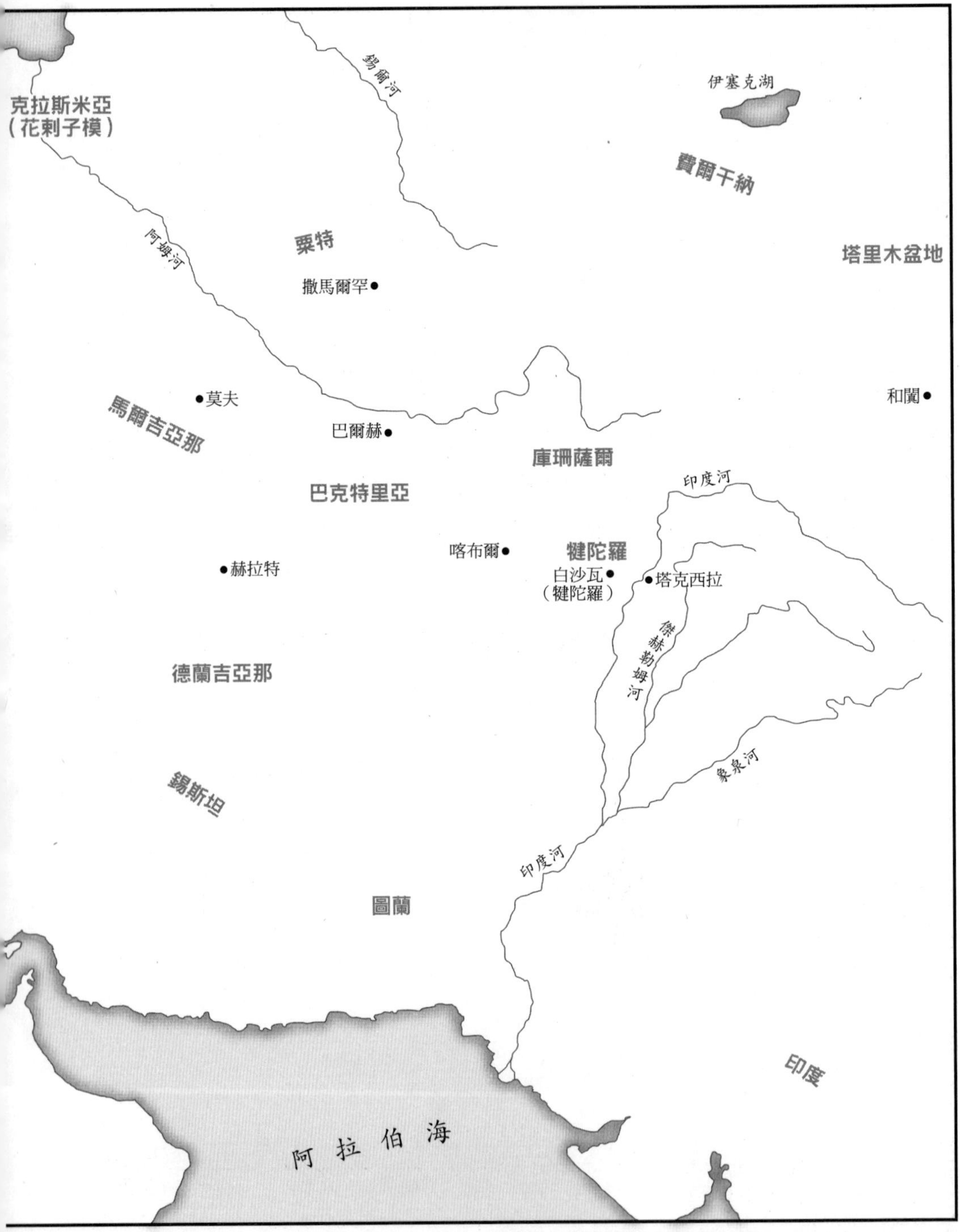

錫爾河
伊塞克湖
克拉斯米亞
（花剌子模）
費爾干納
阿姆河
粟特
塔里木盆地
撒馬爾罕
莫夫
和闐
馬爾吉亞那
巴爾赫
庫珊薩爾
印度河
巴克特里亞
喀布爾
犍陀羅
赫拉特
白沙瓦
（犍陀羅）
塔克西拉
傑赫勒姆河
德蘭吉亞那
象泉河
錫斯坦
印度河
圖蘭
印度
阿拉伯海

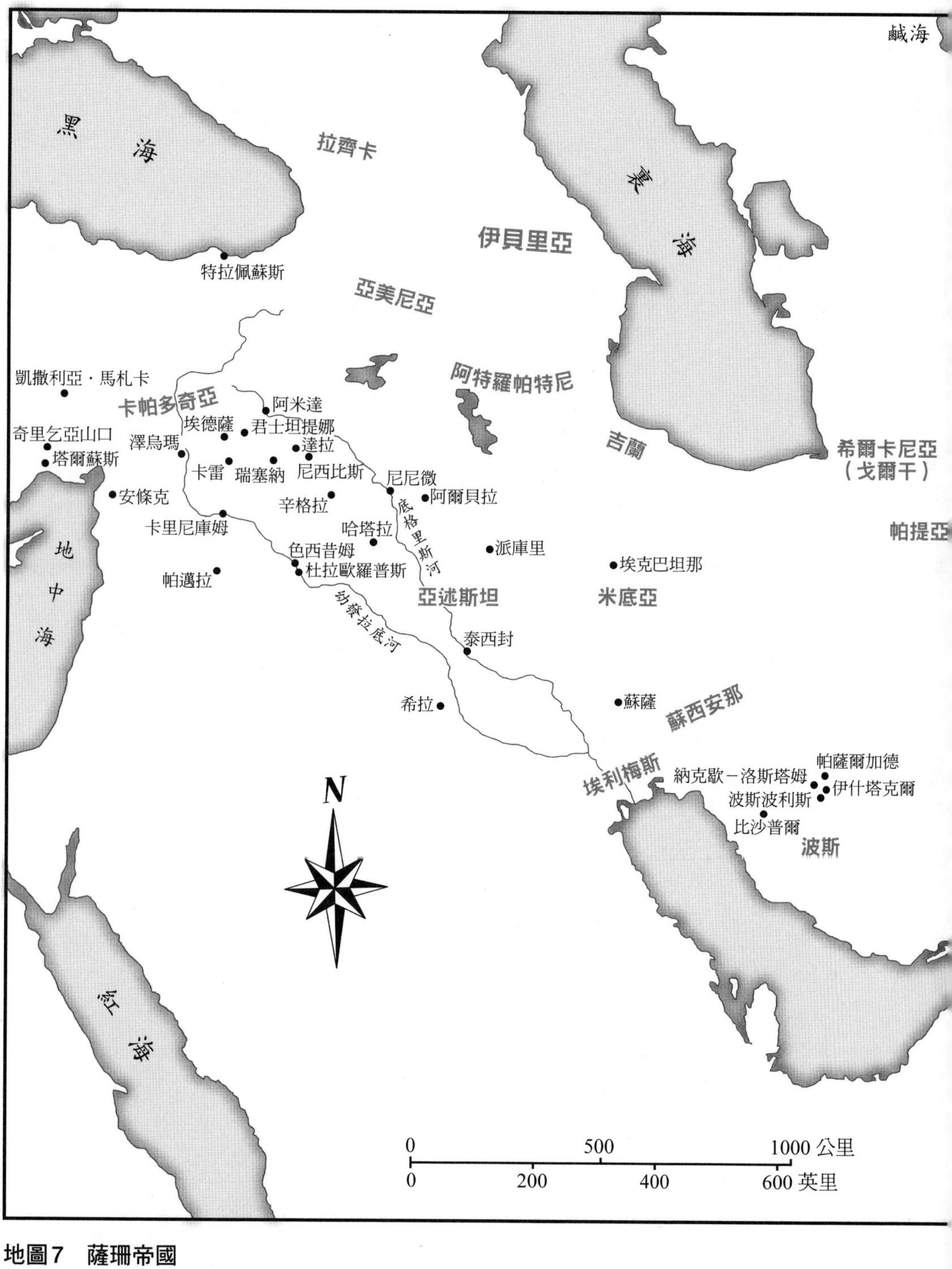
鹹海
黑
海
拉齊卡
裏
海
伊貝里亞
特拉佩蘇斯
亞美尼亞
阿特羅帕特尼
凱撒利亞・馬札卡
卡帕多奇亞
阿米達
埃德薩
君士坦提娜
奇里乞亞山口
澤烏瑪
達拉
吉蘭
希爾卡尼亞
（戈爾干）
塔爾蘇斯
卡雷
瑞塞納
尼西比斯
尼尼微
安條克
阿爾貝拉
辛格拉
底格里斯河
卡里尼庫姆
帕提亞
哈塔拉
派庫里
地
中
海
色西昔姆
埃克巴坦那
杜拉歐羅普斯
帕邁拉
亞述斯坦
米底亞
幼發拉底河
泰西封
希拉
蘇薩
蘇西安那
埃利梅斯
帕薩爾加德
納克歇－洛斯塔姆
伊什塔克爾
波斯波利斯
比沙普爾
波斯
N
紅
海
0
500
1000 公里
0
200
400
600 英里

地圖7　薩珊帝國

前言

大約在我們故事開始的一千年前，位於義大利中部台伯河畔的羅馬，從一個普通的小村莊逐漸發跡。之後幾世紀，它和鄰近地區大致上沒有什麼差別，不過到了西元前四世紀，它開始大肆向半島其他地方擴張。羅馬每年由一群公民選出行政長官擔任領導者，他們的選票傾向於替有權有勢的人發聲。這套制度某方面來說真實代表公民的意願，此外幾乎每一年，由公民組成的軍隊都會在兩位民選執政官率領下挺身而出，抵禦外侮。西元前三世紀征戰的速度加快，一百年後羅馬無疑已成為地中海世界的超級強國。然而在此同時，國內敵對的將軍們為了替自己與親信將大權攬於一身，羅馬的共和體制開始崩壞。數十年內戰摧毀了共和國，到了西元前最後一世紀，搖搖欲墜的共和國政府被一位統治者取代，也就是羅馬第一位皇帝：奧古斯都（Augustus）。

奧古斯都自西元前二七年以來被冠上這個稱號，原本叫做屋大維（Octavianus）的他是尤利烏斯・凱撒（Julius Caesar）的甥孫和養子，也是試圖獨自統治羅馬世界的第一位共和國軍閥。凱撒也出於同樣的僭越行徑遭到暗殺，但是共和政體沒有恢復，他於西元前四四年遇害之後，接踵而來的戰爭比之前更加血腥。等到西元前三一年內戰結束，羅馬共和國國力耗盡，遙遠的行省長達三個世代以來都成為戰場。與其發生更多內戰，人們欣然接受專制政體做為另一種選項，而動盪、腐敗的代議制共和政體永遠消失。奧古斯都比大多數同時代的人，以及比他年輕的人活得更長；在他死後，沒幾個還在世的人能記得他統治前的羅馬是什麼模樣。他稱自己為羅馬的「第一公民」（princeps），而不是「國王」或「皇帝」。這種彬彬有禮的託詞緩和了元老院的情緒（元老院是之前長久以來習於統治羅馬的行政組織）。不過奧古斯都把持實際權力而且又特別長壽，使得他能將羅馬政體改頭換面。

我們以奧古斯都的統治做為分界點，將羅馬劃分為共和國時期與帝國時期，來區別由選舉產生的行政官員統治的羅馬，和由一位專制君主統治的羅馬，不過共和國時期的羅馬已經是國土包括歐洲與地中海的龐大帝國。羅馬共和國由羅馬人為了大多數羅馬公民居住的義大利的利益、也為了羅馬城這個有史以來最大都會的利益進行統治。奧古斯都的革命逐漸改變了這一點。共和國的行省政府，尤其是一被羅馬征服之後，往往變得任性妄為，而且必定貪得無厭，甚至在羅馬政府替當地帶來新的基礎建設和經濟機會，結果也是如此。但在羅馬帝國皇帝的治理之下，行省變得更加穩定。羅馬政府准許統治當地人的首領、市民和貴族保留他們在本地的權力，不過有兩個簡單的但書。當地必須保持和平，羅馬公民也要能正常度日，此外帝國國庫必須保持充足。從西歐各部族的首領到希臘城鎮的議會，以及東方行省的王朝等，各地方的統治菁英都迫切地充分利用上述但書。他們和他們的臣民學會討好羅馬官員，許多人也學著怎樣生活得像個羅馬人。當地菁英積極配合帝國的統治規矩，也樂見它帶來的和平狀態，這是羅馬帝國得以成功的主要理由。

奧古斯都和繼任的皇帝不只獎賞配合的人，他們也將許多行省的人納為羅馬公民。這一點十分重要。沒有其他古代的國家像羅馬皇帝一樣大方授予公民特權。與其為保有帝國核心組成而施加控制，這些皇帝卻廣泛發放公民權。有時候皇帝會授予那些跟他們有私交的大人物，有時候是為了偏袒某些城市，有時候也發放給帝國的一整個區域。這表示在帝國的所有地方都有人享有跟羅馬公民一樣的法定權利。不管這些人前往帝國的哪個地方，在法律面前人人平等；無論這些人的居住地或旅遊地的司法權為何，他們身為羅馬人的財產與個人權利一樣有效力。各位讀者或許還記得使徒保羅（apostle Paul）的故事，保羅被不懷好意的猶太官員審判時，便援引他的羅馬公民身分，於是他的案子被移送到羅馬處理。羅馬公民的「國際性」或許正是它的最高價值。

在西元一世紀期間，帝國從臣屬於羅馬與義大利並被其剝削的領土集合體，轉變為由各個行省組成的多元文化熔爐，此時有愈來愈多羅馬公民居住的這些行省都聽命於羅馬皇帝。伊比利亞人和高盧人，摩爾人和敘利亞人，色雷斯人和希臘人——他們以及許多其他民族的人都逐漸認為自己是羅馬人，無論他們是否同時也有其他身分。這種身為羅馬人的認同感，在本書即將探討的幾世紀裡變得愈來愈深、也愈來愈強，也就是說行省的羅馬人即將在羅馬帝國政治史上愈來愈位居要角。羅馬城裡的羅馬人地位還是很重要，尤其是住在城市裡的大量人口，也就是所謂的「平民」（plebs）。當奧古斯都採取專制政治時，羅馬城的平民用正式參與政治和選擇領導人的權利，來換取和平、繁榮與盛世，因此諷刺詩人尤維納（Juvenal）曾以嘲諷的語氣說，「麵包與馬戲」[1]讓人民閉上嘴巴。

1 譯者注：「麵包與馬戲」說法出自尤維納的諷刺詩集：「自從失去投票權，無法買賣選票以來，人民就放棄了他們對於國家之義務。人民曾經是政治、軍事等幾乎所有事務的權威來源；但他們如今一心焦急地期盼兩件事：麵包與馬戲。」（Juvenal, *Satire* 10.77–81）麵包與馬戲指的是溫飽與娛樂。

這是個平民可以接受的交換條件，但它對皇帝而言得來不易。教化都市人不只需要錢，還要「露臉時間」（face time）。一位騙取該給平民的施捨或注意力的第一公民，可能會在街上引發騷動。

為理解我們敘述的故事，我們不只需要關注帝國的元老院、都市平民或行省的羅馬公民，更確切來說是要關注他們所有人以及皇帝本人與軍隊，是如何符合帝國的管理系統，以及它不成文的組織架構。這一點蓄意地曖昧不明，因為奧古斯都相當抗拒把真實暴露在臣民面前。曾經統治共和國與各行省的元老院願意接受新任第一公民的專制治理，不僅因為專制帶來和平，也因為它在舊有共和原則上，覆蓋上一層得體的順服外衣。元老院可以繼續以共和制的頭銜任職，像是財務官（quaestor）、市政官（aedile）和執政官（consul），即便他們不再能自由競爭贏得官位，不過這些人對於帝國的行政管理還是至關重要。人們對共和制的真實記憶逐漸淡去，曾經歷共和最後年月的人也逐漸凋零，菁英分子於是就能接受掩蓋專制統治真相的政治舞台。他們同時也接受稍微更令人訝異的統治者世襲制度。

共和國創立的神話，就是推翻羅馬最後一任國王「傲慢者塔克文」（Tarquin the Proud），根據推測是在西元前六世紀，並且創立由元老院元老組成的政府，從中選出一年一任的官員。「國王」（rex）這個字一直到共和制結束時都是嚴重的侮辱名詞；貴族認為凱撒想要稱王，這是他們合理化暗殺凱撒行為的主要理由之一。不過奧古斯都雖然在描述他的權力時小心翼翼斟酌字句，但他和他的臣民都沒有迴避世襲制的事實，猶如皇帝就是君王。奧古斯都把國家交給他的養子提庇留（Tiberius，西元一四至三七年在位），於是建立後人所稱的尤利烏斯─克勞狄烏斯王朝（Julio-Claudians），該王朝以他們所繼承的兩個共和國氏族命名。之後家族中有三位成員繼承提庇留的皇位。當尤利烏斯—克勞狄烏斯王朝於西元六八年滅絕之後，羅馬經歷短暫的內戰，勝利者弗拉維烏斯・維斯帕先（Flavius Vespasian，西元六九至七九年在位）創立新朝代，後人稱為弗拉維王朝（Flavian）。如此一來，他證明羅馬帝國即使沒有建城時的家族世系也可以延續下去，而且除了羅馬城，軍隊中或行省中也可以產生皇帝。這一啟示就是擔任元老的歷史學家塔西陀（Tacitus）所稱，「帝國的祕密」（arcanum imperii）。這表示其他家族也可以永久延續尤利烏斯—克勞狄烏斯王朝，如果他們能在戰場上贏得權力。

改朝換代使得帝國真正的權力基礎更為透明化。維斯帕先一開始在叛變中被東方幾個行省軍團擁立為皇帝，接著他也受到元老院與羅馬人民的支持，有助於將他的權力合法化。更值得注意的是，元老院投票通過，讓維斯帕先擁有過去曾經由尤利烏斯—克勞狄烏斯王朝皇帝行使的一整套特定的行政官權力。正是這些權力讓元首有別於國內其他人，他基於這個基本原則宣稱他有權採取行動。根據共和國選出的行政官在任職期間行使的權力，大權集於一身的皇帝就能擁有所有人的力量。皇帝有兩種權力最為重要，第一是「延任執政官指揮權」（proconsular imperium）。共和國時期，那些人以代理（pro）羅馬執政官的延任執政官身分，前往管理行省。延任執政官可以執行外交政策、對公民施行行政法律並維護公平正義，公民以及非公民都必須聽命於他，也就是他可以在羅馬城外的領土執行和一年一任執政官擁有的同樣權力。奧古斯都和繼任者的「延任執政官指揮權」不同於共和國之處，在於它的廣度。元首的「延任執政官指揮權」高於任何一位行省總督，因此他所做的決策在他想施行的每個角落都有約束力。兩種重要皇權中的第二種，同樣也源自於共和國歷史。元首擁有永久的「護民官權力」（tribunicia potestas），這是共和國在羅馬城內的護民官擁有的法律否決權，以及在該城聖界內指揮公民的權力。護民官權力和執政官的相同，只能在任職的一年內行使權力。但是在羅馬帝國皇帝統治下，只有元首能行使護民官權力，而且這是永久的權力。

元老院投票決定賦予維斯帕先護民官權力時，也確認元首擁有的某些權力是來自他的地位而非他這個人，因此不是他家族的人也能擁有奧古斯都的權力。但是制訂產生皇帝方式的規則卻不是這麼回事，這只表示無論眾人基於繼承、政變或軍事勝利而將哪一位繼任者認定為皇帝，這位皇帝必定能行使這些權力。但其中還是有模糊地帶，因為奧古斯都虛構出恢復共和制的假象，以致於沒有人能確切認定到底是什麼賦予了羅馬皇帝統治權。幾世紀以來，必須由軍隊、元老院和人民的共同合作才能讓某人當皇帝，但是這三者間的平衡一直不甚清楚，而且也不受制於透明或正式的規則。朝代接續成為基準規範，但它從來不是一項原則：羅馬帝國是一個專制國家，時時以繼承的方式延續，但它從來不是世襲君主國。

迄今我們只有附帶提及的軍隊，他們在擁立與罷黜皇帝一事上，跟元老院或羅馬人民扮演同樣關鍵的角色。帝國的羅馬軍隊是長期服役的職業軍人，享有跟廣大公民與行省的非公民截然不同的特權。軍人的信譽必須被時常關注，因為歸根究柢，帝國專制政治的成功必須取決於這份信譽：正是軍隊的忠誠度，尤其是不列顛尼亞、日耳曼、巴爾幹、安那托利亞和敘利亞等行省的大規模軍隊，使元首免於受到挑戰。更重要的是駐紮在羅馬城的皇帝私人軍隊（羅馬禁衛軍）的忠誠度，當統治者惹他們不高興時，他們絕對具有毀滅性。然而軍隊的需要和羅馬平民的需要大致來說都是可預期的。

菁英分子給皇帝惹的麻煩更多，尤其是元老院的元老，因為皇帝必須個別應付他們，不能當作一群人來安撫。為管理帝國，皇帝必須仰賴富裕且身分高貴（也就是元老們）的菁英組成的寡頭制度，以及非常富有但沒有身分地位的「騎士階級」（ordo equester）。在這種寡頭政治中，元老院的元老是自我增強的：他們擔任某些可授予元老地位的官職，這地位可延續三代，即使其中某一代並沒有做官。元老必須至少有一百萬賽斯特提銅幣的財產[2]才能維持元老地位（一個普通市鎮居民一年只要有大約一千賽斯特提銅幣，就可以過得很好），許多元老每年的收入其實遠超過這個數字。由於這種排他性，元老家族往往和社會上其他人有區別，形成一個獨特的「元老階級」（ordo senatorius）。但正因為和金錢密切相關，元老階級從來就不是一個封閉階級。

擁有一筆恰當資產淨值的富有公民可選擇謀求官職，從最基層的財務官做起，這給予可實際參與元老院的資格，成為其中一員。這些有錢人形成羅馬寡頭政治次要的一群人，即騎士階級（這個名稱來自羅馬相當早期的歷史，指的是有足夠的錢在騎兵隊中服役）。跟必須擔任特定官職才能維持地位的元老不同，只要有一筆最低金額的財產（四十萬賽斯特提銅幣），就能自動成為騎士階級。因此有錢人本來就屬於騎士階級，和他做什麼沒有關係，有無擔任官職都沒有差別。到了下一章我們的故事開始時，在哈德良（Hadrian）皇帝的統治下，元老階級和騎士階級形成國際性的統治菁英，只要帝國將羅馬公民權授予新成立行省的人民時，就能為這兩個階級注入新血，富有的非公民突然間轉變為羅馬騎士階級成員，而且如果有意願就有權在元老院謀得一席之地。漸漸的，騎士

2 譯者注：用於羅馬共和國和羅馬帝國的錢幣叫阿斯幣（as），有幾種不同阿斯分數和倍數的單位，賽斯特提銅幣（sestertius）等於二點五阿斯。

階級在羅馬寡頭政治中位居優勢，他們擔任愈來愈多項官職，透過這些官職管理帝國。但最基本的一點是，統治菁英廣納新成員的彈性做法，形成一個基本上穩定的寡頭政權；沒有這樣的政權，皇帝根本無法統治帝國。

這也就是為什麼在接下來的敘述裡，我們無法僅侷限於討論皇帝或皇帝的家族，也免不了必須介紹大量名字冗長得叫人記不得的羅馬人。這些將軍和官僚、金融家和演說家形成帝國的樣貌，即便他們的身影模糊難辨，我們只知道一長串他們擔任的職務和職權。我們往往無法察覺他們的行事動機，遑論他們的性格。然而如果像是在一般廣為流傳的史書裡那樣將這群人排除在外，就是以欺瞞讀者、違背過去事實的方式簡化了歷史。如果不提這些名字與職涯都十分複雜的寡頭統治成員，帝國歷史就化約為一個只有皇帝和皇帝家族的存在才有意義的夢幻世界。皇帝和皇帝家族當然有其重要性，但寡頭政治也同等重要，唯有透過寡頭政治的運作，以及在寡頭政治的同意之下，羅馬才能有效實行專制政治。

上述兩者是一種相互增強的關係，但我們只能在羅馬帝國的某一段期間才能找到這種關係，因為在羅馬帝國的不同時期，我們的引用史料在質和量上的差異極大。讀者很快就會明白，我們在某些時代的敘述比其他時代更詳細許多。例如西元二世紀中和三世紀末幾乎是一片空白；而二世紀末和三世紀初則有充足的文獻記載。不過除了證據分配不均之外，史料還有另一個問題。我們所擁有的史料中，幾乎所有敘事史料都是出自元老，或者和元老階級站在同一陣線的作者。因此，他們往往著重於描寫個別皇帝的性格，以及皇帝對於元老的生活和羅馬帝國產生的影響。卡利古拉（Caligula）和尼祿（Nero）對元老暴虐以待，對元老院有不良影響，因此他們被元老斥為僭主，縱使尼祿其實在廣大帝國的許多地區都受到歡迎。相對於僭主的另一種皇帝的類型是「親民元首」（civilis princeps），他們模仿奧古斯都，擔任彬彬有禮的首席元老角色。於是我們引用的菁英留下的歷史傳述，往往不是把帝王歸類為僭主，就是歸類為親民的元首。好皇帝維斯帕先的小兒子圖密善（Domitian）模仿卡利古拉和尼祿的壞榜樣。維斯帕先和圖拉真（Trajan）則是就美好的元首形象提供了良好的典範，因此為後人緬懷。把心力放在羅馬帝國敘事史料特性的同時，我們也必須關注其他可得的證據，尤其是大量石碑銘文，若非如此，我們無法洞悉許多無名人士在帝國中的生活與職涯。這麼做時，我們往往就能發現皇帝的性格，以及寡頭政治的上層社會階級對皇帝的統治的觀感，整體來說與帝國國運之間的關連性小得多麼驚人。

在尤利烏斯—克勞狄烏斯王朝時，情形就已經是如此，在我們主要的故事開始時的西元一一七年更是如此，當時皇帝圖拉真去世，他的遠親哈德良繼任皇位。哈德良的統治在許多方面決定整個二世紀王朝歷史，因此為了了解哈德良如何統治羅馬，我們必須簡短描述圖拉真時代的事件，以及寡頭政治中位高權重的是哪種人。維斯帕先和他的兒子是第一批不是出身羅馬城的羅馬皇帝，他們是來自義大利的大城市。他們是共和國最後一世紀被授予羅馬公民的義大利人後代，其中一方來自元老階級，另一方來自騎士階級。這是前所未有的狀況。尤利烏斯—克勞狄烏斯王朝是共和國晚期兩個有聲望的元老氏族的後代，因此增強了他們對自身合法性與權力的感受。但是在他們王朝的統治下，傳統上來自羅馬的羅馬公民與來自義大利的羅馬公民之間區別的重要性，已大幅降低，因為後者在帝國政府中的地位逐漸升高。

維斯帕先掌權時，有人嘲笑維斯帕先似乎對自己的鄉下土包子身分感到自鳴得意，但沒有人認為他的出身使他不適合統治羅馬。在他建立的弗拉維王朝統治下，人們開始在義大利半島之外感受到類似區域差異弭平的情形。來自西班牙南部與東部、以及來自高盧南部的殖民地菁英，也就是定居在被征服行省的共和國退役軍人的後代，進入元老院的人數愈來愈多。一群西班牙元老已經圍繞在尼祿的宮廷四周，而來自那旁高盧行省（Gallia Narbonensis）的羅馬元老已經被義大利貴族同化，以致於眾所周知在現存的證據中已經極難分辨兩者。正如義大利菁英在尤利烏斯─克勞狄烏斯王朝統治下已經經歷到的步步高升、仕途寬廣，在弗拉維王朝統治下的殖民地菁英也是如此。弗拉維王朝滅亡後，殖民地菁英新的重要性更加顯著。

西元九六年九月，維斯帕先的小兒子圖密善遭到暗殺。羅馬沒有像尤利烏斯─克勞狄烏斯王朝最後一任皇帝尼祿於西元六八年自殺後那樣爆發內戰。這次元老院迅速採取行動，推舉馬庫斯．寇克烏斯．涅爾瓦（Marcus Cocceius Nerva）當皇帝。他年高德劭，膝下無子，早在尼祿統治時代就已位居要職。他的元老院同僚喜愛並信任他。但是他不受平民與羅馬禁衛軍歡迎，而且他也體弱並優柔寡斷。前線軍隊因此不滿。出現某位偉大的將領發動政變看來只是遲早的問題，正和當初有位將領推翻尼祿並開啟內戰的情況一樣。謠言四起，但幾個月過去，政變沒有發生。我們必須想像在緊閉的門扉內正醞釀著陰謀，因為真實狀況被小心隱藏起來。但出人意表的是，西元九七年，涅爾瓦宣布收養一名有權勢的將軍馬庫斯．烏爾皮烏斯．圖拉雅努斯（Marcus Ulpius Traianus）做為他的兒子與共同統治者，他就是我們所知的圖拉真。圖拉真來自西班牙貝提卡（Baetica）的義大利迦（Italica），貝提卡是以科爾杜巴（Corduba，即現代的哥多華）為中心的富裕南方行省。涅爾瓦收養圖拉真達到預期效果，軍隊樂意接受他為皇帝，騷動因此平息。元老院也很滿意，因為圖拉真竭盡所能成為親民元首典範，和他曾經效忠的皇帝圖密善南轅北轍。

涅爾瓦不久便死了，據說他是自然死亡；成為唯一皇帝之後的圖拉真（西元九八至一一七年在位）盡可能對元老院百依百順，並賦予元老將領與行省總督相當的自由權。我們有幸能擁有普林尼．凱西里烏斯．塞孔都斯（C. Plinius Caecilius Secundus）的書信集，他就是人們熟知的小普林尼（Plinius the Younger），他與圖拉真的書信往來使我們得以一窺皇帝和元老院延任執政官之間的關係。小普林尼畢恭畢敬，深怕做出讓這位元首不悅的決定。小普林尼無論大小事務都要求皇帝給予指示，而圖拉真對這位行省總督的優柔寡斷也表現出異常的耐心。身為元首的圖拉真明白，當寫信給一位地位相當的同儕時，客氣的容忍才是合適的態度。他也知道他的指示至關重要。他一次又一次提醒小普林尼與身為元首的自己，分擔他所感受到對行省居民的種種掛慮，讓這些居民好好過日子，阻止他們傷害彼此。

後人緬懷圖拉真的德行，認為他是optimus princeps，也就是「最好的元首」，不只是因為他對自尊心強的元老們曲意奉承。他公開表示要保護臣民的安全，也替羅馬的名聲帶來新的榮耀。他在多瑙河畔大戰位於現今羅馬尼亞的達契亞王國（Dacia）國王德賽巴魯斯（Decebalus），還在達契亞設立三個新行省，將帝國領土擴張至喀爾巴阡山。這三個橫跨多瑙河的行省使羅馬得以控制羅馬尼亞中西部的外西凡尼亞重要礦脈，也便於帝國監督喀爾巴阡山東部與西部的蠻族附庸王。達契亞依附羅馬之舉，使圖拉真成為羅馬皇帝中的異數，他成了一位propagator imperii，也就是「開拓帝國邊界的皇帝」。確實，「最好」這個形容詞並非在圖拉真死後才出現；在他生前，這個詞有時已經被當成是他真正名字的一部分。

根據上述帝國曖昧不明的繼承方式看來，此時局勢十分複雜。圖拉真沒有子嗣，他在指定繼承人時猶豫不決：這位最好的皇帝實在很難公然以「王朝」行徑自居，揭露他的專制本質。然而在此同時，沒有明確的繼承計畫又會導致災難性收場，尼祿統治結束後的風波不斷就是最好的證明。此外，如果沒有明確指定繼承人，人們會胡亂臆測，宮廷黨派傾軋，後果將難以預料。圖拉真做出妥協方案，不情願地放棄他元首的地位。圖拉真有一名男性近親，名為普比留斯·埃利烏斯·哈德良努斯（Publius Aelius Hadrianus），他是圖拉真母親表親的兒子，是羅馬與西班牙殖民地菁英聯姻的後代。哈德良的父親阿法爾（Publius Aelius Afer）死於西元八六年，這時圖拉真成為年輕的哈德良和姊姊圖密提雅·保琳娜（Domitia Paulina）的監護人。據說圖拉真一直將哈德良視如己出，也就是說，早在哈德良披上象徵羅馬男性從孩童邁入成年期的成年服（Toga virilis）之前就是如此。

為了讓圖拉真的烏爾皮烏斯家族和哈德良的埃利烏斯家族親上加親，圖拉真把他的孫姪女薩賓娜（Sabina，她是圖拉真的姊姊馬奇亞娜〔Marciana〕的孫女）嫁給哈德良。在平均壽命短、生產死亡率高的世界裡，羅馬統治菁英會以聯姻的方式延續世系。哈德良與薩賓娜的婚姻十分重要，而他的姊姊保琳娜與聲名顯赫的將軍尤利烏斯·塞爾維安努斯（L. Julius Servianus）的婚姻也同樣重要，他的後代子孫將在整個二世紀的羅馬政局中嶄露頭角。圖拉真賦予家族女性大量榮耀，在這一點上他刻意仿效同樣賦予妻子莉維亞（Livia）尊榮的奧古斯都。圖拉真授予妻子普羅蒂娜（Plotina）和姊姊馬奇亞娜「奧古斯塔」（augusta）的封號，於是從這時候起，統治家族的年長女性一般而言都被稱為奧古斯塔。馬奇亞娜·奧古斯塔死於西元一一二年時，元老院將她封神，在這之後圖拉真也將奧古斯塔的封號授予她的女兒馬蒂迪亞（Matidia）。因此哈德良娶的是一位奧古斯塔的女兒，她也是封神後的皇后「天后馬奇亞娜」（diva Marciana）的孫女。

這一切在表面上看來似乎顯示圖拉真選出哈德良做為繼承人，然而同時卻也存在完全相反的跡象。圖拉真不准許這個年輕的親戚在cursus honorum之上有特殊的晉升（cursus honorum這個詞很難翻譯，字面意思是「榮耀之路」或羅馬寡頭政治成員擔任的「一系列官職」）。這條「榮耀之路」從一些有資格限制的低階職務開始，一路往上來到一連串從共和國時代就已存在的官職，像是財務官、市政官和法務官（praetor）。曾擔任法務官的人可以繼續擔任行省總督，接著在滿四十四歲之後，有時就能爭取到執政官職位。和執政官相同，這些傳統官職都有最低年齡限制，此外根據奧古斯都建立的規則，兩次任職之間也必須有間隔時間（這些規定叫做最低年齡法）。在有任職資格的第一年就能取得官職，是一項元老競相爭取的莫大榮譽，但在尤利烏斯—克勞狄烏斯王朝和弗拉維王朝統治下，統治王朝的年輕成員時常能免除此一法令限制，好讓他們跳過一般晉升順序，提早擔任官職，大大超前理論上應該是他們同儕的元老。圖拉真不讓哈德良跳級。根據推斷皇帝想證明他對整個元老院以及約束所有元老規範的敬意，但此舉也令人困惑。有耳語傳出圖拉真並不是真的那麼看中他的被監護人。

一直到西元一一三年，哈德良才確保做為圖拉真可能繼承人的地位，這時圖拉真指派他以「握有法務官權力的代表」（legatus pro praetore）的身分伴隨自己出征，意思是擔任皇帝的comes（「同伴」）和特別顧問。西元一一三年這一年，年邁的圖拉真決定發動另一次征戰。靜不下來的他不喜歡毫無行動，偏好戎馬生涯。達契亞的戰役使他備受讚揚，他很難抗拒在東方發起戰爭的誘惑。這誘惑有歷史因素，也有私人因素。羅馬東邊的鄰國是帕提亞（Parthia）帝國，是當時地中海或近東世界裡除羅馬外唯一一個有組織的國家。至少從西元前五三年開始，羅馬人就已經視帕提亞人為意識形態上的大敵，當時共和國偉大的將軍克拉蘇（Crassus）在卡雷（Carrhae，今日土耳其的哈蘭）的戰場上被殺，幾個羅馬軍團也一起被殲滅。從那時開始，任何一場對抗帕提亞的勝利，不只被當作是軍事上的勝利，同時也是精神上的勝利，即便帕提亞人並沒有和羅馬人一樣充滿敵意。為了追隨亞歷山大大帝的腳步，並決定性地替克拉蘇之死報一箭之仇，這是一場值得這位最好的皇帝著手進行的計畫。

圖拉真的藉口是各方爭奪帕提亞帝位，以及帕提亞介入亞美尼亞。在西元二世紀初，亞美尼亞就是夾在這兩大帝國之間的附庸國。文化上，它比較接近帕提亞，它的王朝和帕提亞歷任國王信奉相同的伊朗宗教。然而政治上，它早已落入羅馬的勢力範圍，傳統上亞美尼亞國王必須經由羅馬准許才能施行統治。現在，帕提亞國王已經罷黜羅馬方面指派的人選，任命新的統治者。此舉提供圖拉真需要的唯一藉口，於是在西元一一三年，他入侵帕提亞帝國，顯然就是想征服它，納入羅馬帝國版圖。哈德良做為繼承人的真正地位，在這次戰役中顯而易見。

與帕提亞開戰時圖拉真六十一歲，對羅馬人來說年紀已經很大，人們不認為他能活著回來。這場戰役浩大且成功，至少在軍事上是如此。亞美尼亞迅速投降，北高加索山深處的小國國王紛紛宣布效忠圖拉真。於是羅馬軍隊沿著幼發拉底河前進，攻占每一座經過的城市。帕提亞帝國首都泰西封（Ctesiphon）陷落，也因此圖拉真已經超越之前羅馬的所有將軍。但他還覺得不夠。他繼續往南挺進，來到幼發拉底河與底格里斯河匯流處，兩河一起流入波斯灣。來到波斯灣的圖拉真向海上望去，感嘆他過於老邁，無法一路追隨亞歷山大的英靈直到印度。他只能滿足於任命新的帕提亞統治者，藉此操縱羅馬大敵的政局。

圖拉真的成就並不完全如表面所見那樣偉大。尚未離開現今伊拉克巴斯拉（Basra）附近的底格里斯島（Tigris island）之前，東方事務就已陷入混亂。幾乎所有他征服的帕提亞領土以及一些結為聯盟的王國都群起反抗。更令人擔憂的是羅馬幾個行省裡的猶太人爆發叛變，他們推舉一位猶太國王，這是象徵猶太人期待救世主出現的危險徵兆。在正常的羅馬政策中，這種規模的叛變必須大舉鎮壓。圖拉真派出最優秀的將軍對付猶太人，他自己則是經由美索不達米亞進入羅馬領土，以極野蠻的手段撲滅帕提亞人的叛亂。他的健康一直走下坡，沒有明顯的方式能改善狀況。他原本應該摧毀美索不達米亞和亞美尼亞。正當回頭進入羅馬的小亞細亞領土時，圖拉真病重無法前進。西元一一七年八月八日，他死於奇里乞亞（Cilicia）的塞利努斯（Selinus）。羅馬隱瞞他死亡的消息，直到哈德良接到通知並出現在軍隊面前為止，軍隊也替哈德良歡呼。哈德良繼任羅馬皇帝，我們的故事將正式展開。

第一章　哈德良的早期統治

哈德良初期的統治並不順利。人們相信，或可能比較傾向於相信哈德良是因為圖拉真的寡婦普羅蒂娜才登上皇位，而不是出於這位死去皇帝的遺志。哈德良確實是普羅蒂娜最中意的人選，在許多元老的想像中，比起受尊貴遺孀皇后庇護的哈德良，他們自己是更稱職的繼承人。一些其他繼承人的名字四處流傳，而哈德良在立刻放棄圖拉真的偉大征戰計畫之後，形象就更差了。事後看來，我們知道這些征戰注定要失敗，甚至圖拉真也必須放棄。但圖拉真已死，眾人緬懷他的功績。哈德良還活著，而且人緣不佳，因此他必須背負惡名。但最糟的是幾樁殺人事件，若非有人試圖發動政變，就是大家把政變的謠言當真。無論原因如何，有四位執政官等級的人物，他們之前曾擔任過執政官，而現在在帝國中握有最高指揮權，在哈德良從東方回到羅馬前被處以死刑。哈德良從頭到尾否認自己必須為此事負責，但沒有人相信他。與前任皇帝圖拉真相較之下，更是相形見絀，因為甚至即使面對真正的陰謀，圖拉真也不過在統治期間流放了兩位元老，沒有處死任何人。

哈德良從容地回到羅馬，進城時他沒有受到熱烈歡迎。平民騷動不安，因為殺害四名執政官等級人物是一樁醜聞。哈德良必須發放大筆賞金來平息他們的怒氣。他也免除個人與城市積欠皇帝私人財庫（fiscus）的債務（皇帝私人財庫與帝國的國庫不同，後者叫做公共財庫〔aerarium publicum〕，有時也叫做農神財庫〔aerarium Saturni〕，因為它的建築物地點在農神廟附近）。哈德良在圖拉真廣場公開焚燒繳稅名冊，希望能贏得一些大眾的善意。他也必須巴結元老院，但這並不容易。他發誓自己沒有下令殺死那四位執政官，也立下現在已成慣例的誓言——未經元老院內部投票通過，不會處罰任何一位元老。但是元老院的懷疑已經無法扭轉，因此哈德良未曾被喜歡過。

哈德良將養父圖拉真封神，並且將其遺體葬在他為紀念這位皇帝在多瑙河畔的勝仗，而建造的圓柱底下。這根圖拉真柱高一百英尺，以螺旋狀圍繞其上的裝飾浮雕長六百英尺，上面描繪的是圖拉真皇帝對抗達契亞的戰役。直到現在，圖拉真柱還矗立在以圖拉真命名的廣場上，成為羅馬帝國主義具代表性的歷史遺跡之一。哈德良這種虔誠的舉動其實很不尋常，而且在某種程度上也是褻瀆的行為，因為圖拉真廣場設立在傳統上處於羅馬城的神聖範圍之內，這範圍就是所謂的「聖界」（pomerium），照理來說在聖界之內不能埋葬死者。甚至連皇帝都必須埋葬在聖界之外，也就是在戰神廣場（Campus Martius）上的奧古斯都陵墓（Mausoleum of Augustus）。與他所做的許多事相同，哈德良的舉動冒犯了那些想動怒的人，無論他的立意多麼良善。

哈德良採取其他鞏固皇位的手段。他解除了圖拉真的兩名禁衛軍統領（praetorian prefect）其中一位的職務，他們是帝國政府的最高行政官員，也是禁衛軍的統帥。此外他也接受另位的請辭，這位忠心耿耿的年老資深百夫長似乎不想在哈德良底下任職（百夫長是羅馬軍團中的資深士官，通常在退役後就獲得騎士階級，因此他們能擔任各式各樣只保留給騎士階級的帝國行政官職，例如禁衛軍統領）。為取代圖拉真的禁衛軍統領，哈德良指派另一名前百夫長馬奇烏斯・圖爾波（Marcius Turbo），他是哈德良的軍中舊識，當時正忙著在達契亞行省和默西亞行省整頓多瑙河邊境。第二位新任禁衛軍統領是賽普提修斯・克拉魯斯（Septicius Clarus），他生來就是騎士階級，我們認識這個人主要是因為小普林尼將書信集獻給這位友人。最後，哈德良指派一位新的書記官（ab epistulis），也就是負責起草與回覆皇帝書信的騎士階級官員：這人就是蘇埃托尼烏斯（Suetonius），他最有名的事蹟就是寫了一本《羅馬十二帝王傳》（*Lives of the Caesars*），這本書收錄從凱撒（被他錯誤地當成羅馬第一位皇帝）到圖密善等羅馬皇帝的一系列漫談式傳記，一直以來都是最受歡迎的拉丁文學著作之一。

其他的職位任命顯示出曾經在弗拉維王朝飛黃騰達的殖民地菁英，此時是如何成為政府中的主導力量。哈德良的羅馬城長官（urban prefect，這個職務負責的是羅馬城的日常運作，與禁衛軍統領不同）是西班牙元老馬庫斯・阿尼烏斯・維魯斯（Marcus Annius Verus）。他的仕途早在維斯帕先的時代就已開始，他成為羅馬歷史上擔任過三任執政官的最後一批普通公民的其中一人，因為在這之後執政官逐漸成為保留給皇帝與其子嗣的特權。這位老維魯斯的女兒阿妮雅・嘉樂麗雅・弗絲蒂娜（Annia Galeria Faustina），嫁給一位來自那旁高盧行省的內瑪蘇斯（Nemausus，在今日法國南部的尼姆）的元老。這位名字冗長拗口的元老名叫奧理略・弗爾維烏斯・波伊昂努斯・阿利烏斯・安東尼烏斯（T. Aurelius Fulvius Boionius Arrius Antoninus），之後他當上羅馬皇帝，也就是我們所知的安東尼烏斯・庇烏斯（Antoninus Pius，西元一三八至一六一年在位）。西元一二一年，年老的老維魯斯第二次擔任執政官，另一位阿尼烏斯・維魯斯，也就是這位執政官的孫子出生了，他就是之後的羅馬皇帝馬庫斯·奧理略（Marcus Aurelius，西元一六一至一八〇年在位）。這些家族關係將主導西元二世紀的王朝政治。

和哈德良一樣，老維魯斯和阿利烏斯·安東尼烏斯都與圖拉真所屬的上一代人不同。雖然他們都來自殖民地家族，在家鄉也都還有親戚和受庇護的侍從（client），他們都在羅馬長大，深受義大利的影響，很少造訪祖先居住的行省。出於這樣的理由，他們跟那些義大利菁英的關係也相當密切：哈德良指派的另一人是哈特里烏斯·尼波斯（Haterius Nepos），他是來自翁布里亞（Umbria）的城市騎士階級，在一一四至一一七年亞美尼亞曾是羅馬行省的短短三年間，他曾經治理該地。現在他快速晉升了好幾級，成為埃及行省的長官，這是個保留給騎士階級的精選職位，總是派給皇帝最信賴的人。哈德良的軍團指揮官有些是沿用圖拉真時代的人，有些是新面孔，因為新皇帝的權力並不穩固，他必須在用人的延續性以及安插自己信得過的支持者之間取得平衡。

有時對安全性的要求也帶來創新。在最近發現的一份銘文中顯示，緊接著西元一一五至一一七年的猶太戰爭之後，哈德良頒布一項奇特的命令，將猶地亞（Judaea）和阿拉伯兩個軍團的指揮併入單一軍團的指揮官之下。此舉的目的是威嚇猶太人的家鄉，防止散居外地的猶太人爆發叛變，不過結果沒有成功，我們很快就會提到。皇帝自己在羅馬城度過他統治期的前三年，雖然大體上他更喜歡東方，更確切來說是他喜歡旅行。一位西元二世紀的羅馬皇帝理應以元老院中的元老自居，即便他不受歡迎，只想往別處去。哈德良在他能忍受的時間內盡量在元老院「露臉」，但在這之後，只要有可能，他就前往廣大的帝國，遠離羅馬。

西元一二一年，他前往高盧和日耳曼，把人民和元老院留給圖爾波和老維魯斯照看。圖拉真的寡婦普羅蒂娜也留在羅馬過著退隱的生活。圖拉真的姪女也就是哈德良的岳母馬蒂迪亞死於一一九年，她和母親馬奇亞娜一樣被封為天后。她的女兒，哈德良的皇后薩賓娜現在已經成為奧古斯塔，與皇帝一起旅行。她和哈德良痛恨彼此，但是哈德良害怕這樣一個有權勢的女人如果放任她在羅馬自行其是，將會謀反。即便在旅行途中，而且在丈夫嚴密監控之下，薩賓娜還是讓哈德良起了疑心。例如西元一二二年底，禁衛軍統領克拉魯斯、書記官蘇埃托尼烏斯還有許多其他人出於不明原因跟皇后有來往，而突然遭到解職。或許其中確實有陰謀，也或許是薩賓娜單方面的魯莽行事（哈德良的感情生活都留給了少男），但我們其實毫無頭緒到底出了什麼事。薩賓娜還是皇后，但克拉魯斯的位子沒有人頂替，這表示自從哈德良第一次去羅馬時就已任職的圖爾波，直到哈德良在位的最後幾年都還一直獨自擔任禁衛軍統領。

哈德良花了十多年的時間周遊於廣大的帝國各行省。西元一二一年或一二二年，他造訪上多瑙河的雷蒂亞行省（Raetia）和諾里庫姆行省（Noricum），也就是今日瑞士、德國南部和奧地利等地的部分地區，在諾里庫姆他視察了帝國的礦場，並鑄造錢幣，表明紀念造訪皇帝行省之意。為了榮耀這兩個行省，他將幾個諾里庫姆社區升格至自治城市（municipia，依據羅馬法規定，這是擁有特殊權利的特別地位）；在總督居住的維魯納姆（Virunum，在現代奧地利南部的克拉根福附近）設置了一個新劇場，此外他也在雷蒂亞行省將奧古斯塔・溫德利庫姆（Augusta Vindelicum，在現代慕尼黑附近的奧格斯堡）升格為自治城市。他打算從這裡前往不列顛尼亞，或許從萊茵河乘船順流而下，一直抵達科隆尼亞・阿格里皮納（Colonia Agrippina），也就是今日的科隆，當時下日耳曼行省的首都（這地名是相對於更上游的上日耳曼行省）。很有可能的是，哈德良刻意開發包括部分現代法蘭德斯、當時還很荒涼的下日耳曼行省，也是在此時，東格羅魯姆市（civitas Tungrorum），也就是現代比利時的東格倫（Tongres），也升格為自治城市。西元一二二年，下日耳曼行省總督普拉托利烏斯．尼波斯（Platorius Nepos）隨同哈德良一起到不列顛尼亞，後來成為哈德良的不列顛尼亞長官，這個行省在之後的很長一段時間將一直是帝國最大的軍事總部之一。

圖拉真死後那年，不列顛尼亞不是發生叛變，就是邊境紛擾，因此需要一位有經驗的將軍。西元一二二年，普拉托利烏斯．尼波斯從下日耳曼行省的維特拉堡（Castra Vetera，在今日萊茵河與利珀河的匯流處克桑滕）帶來一整個軍團——第六凱旋軍團（Legio VI Victrix），和羅馬帝國軍隊一同來到不列顛尼亞的還有來自西班牙的大批援軍。之後不列顛尼亞一直是帝國最棘手卻最無利可圖的行省之一，而皇帝於西元一二二年造訪的主要成果就是哈德良長城的建造計畫，這或許可說是羅馬帝國在羅馬城以外最著名的羅馬歷史遺跡。哈德良大半年都在這島嶼省分度過，直到西元一二二至一二三年間的冬天才回到歐陸。

一旦到了高盧，哈德良便前往故鄉西班牙，因此他的故鄉現在也享有皇帝正式蒞臨的榮耀。哈德良經由那旁高盧行省南部海岸抵達西班牙，在圖拉真的遺孀也就是他的養母普羅蒂娜的家鄉內瑪蘇斯，替她建造一棟紀念性建築物。在阿普塔（Apta，今日的阿普特），他也替他最愛的坐騎波里森尼斯（Borysthenes）立起紀念碑；這匹馬死在這裡，墓碑上刻有由皇帝所寫但不怎麼高明的詩句。哈德良從那旁高盧沿著海岸邊的道路來到廣大的近西班牙行省（Hispania Citerior）首都塔拉哥（Tarraco，今日的塔拉哥納），他在這個城市度過冬天，待到西元一二三年。該年春天，在由弗拉維王朝於塔拉哥建造的廣場與神廟建築群裡，他召開一場由行省羅馬公民參與的大型集會（conventus）。

黑　海
黑　海
色雷斯
錫諾普
本都赫拉克利亞
阿米蘇斯
西代
特拉佩蘇斯
迦克墩
拜占庭
（君士坦丁堡）
尼科米底亞
克勞狄波利斯
蘭普薩庫斯
甘格拉
本都科馬納
尼西亞
俾斯尼亞與本都
基齊庫斯
阿卑多斯
普魯沙
尼科波利斯
伊里姆
亞歷山卓
・特羅斯
安卡拉
多里雷尤姆
亞美尼亞
納科萊亞
佩西努斯
帕加馬
斯特拉東尼切亞
愛
琴
海
米蒂利尼
亞細亞
卡帕多奇亞
提亞提拉
尼薩
士麥拿
薩第斯
加拉太
納齊安蘇斯
梅利德內
蒂格拉諾塞塔
阿米達
以弗所
特拉勒斯
勞迪奇亞
伊科尼烏姆
提亞納
薩摩斯
普利安
米利都
赫拉克利亞
哈利卡那索斯
阿芙蘿黛蒂西亞
薩加拉蘇斯
克雷姆納
弗絲蒂娜波利斯
薩摩薩塔
美索不達米亞
呂基亞與旁非利亞
伊薩烏拉
拉蘭達
阿那薩爾布斯
希拉波利斯
埃德薩
尼西比斯
斯特拉東尼切亞
特爾梅蘇斯
佩爾吉
阿達納
阿帕米亞
卡雷
歐諾安達
奇里乞亞
塔爾蘇斯
摩普索埃斯提亞
伊蘇斯
特密蘇斯
西代
克勞狄波利斯
希拉波利斯
阿里坎達
羅得城
塞琉西亞
敘利亞
塞利努斯
安條克
貝羅亞
阿內穆里烏姆
羅得島
N
薩拉米斯
賽普勒斯
地　中　海
尼亞波利斯
0　100　200　300 公里
0　100　200 英里

地圖 8　小亞細亞

之後，他造訪行省北部，包括第七雙子[1]軍團（Legio VII Gemina）的堡壘（今日西班牙的萊昂）和西北部行政中心如阿斯圖里卡・奧古斯塔（Asturica Augusta，今日西班牙的阿斯圖爾加）。我們不知道他是否造訪另外兩個西班牙行省貝提卡與盧西塔尼亞（Lusitania），但是他刻意拒絕前往他的故鄉——他祖籍所在的義大利迦。然而他確實慷慨資助這座市鎮，在他統治期間，義大利迦建造了全新的市政中心。在西班牙時，哈德良也開始為羅馬軍團向行省公民徵兵。他想增補帕提亞帝國邊界的兵員，因為他打算在西元一二四年向東挺進。

我們不清楚哈德良走哪條路到東方，但我們確實知道他親自與帕提亞談和，在帕提亞帝國內部糾紛中象徵性支持其中一方，好先發制人阻止兩個帝國開戰。平息爭端後，他在西元一二四年其餘時間遊歷東方各行省。我們知道他經由山巒起伏的卡帕多奇亞往北抵達黑海大港特拉佩蘇斯（Trapezus，今日的特拉布宗），並下令進行大規模整修港口。他也繼續往俾斯尼亞與本都（Bithynia et Pontus）這個行省的更東部地區，然後再進入俾斯尼亞本都，停留在首都尼科米底亞（Nicomedia，現代的伊茲密特）。雖然不能證實，但哈德良有可能在這裡遇見來自俾斯尼亞小鎮克勞狄波利斯（Claudiopolis）外的希臘少年安提諾烏斯（Antinous），他成為哈德良一生的至愛，直到現代都還是浪漫奇想的題材。

皇室一行人從俾斯尼亞渡過普羅龐提斯海（Propontis，今日的馬摩拉海）來到歐洲，或許造訪

1 審定注：Gemina是指羅馬主神朱比特的雙生子卡斯托爾（Castor）及波魯克斯（Pollux），被認為在西元前四九五年勒吉魯斯湖（Lake Regullus）戰役顯靈，協助羅馬戰勝拉丁人，後來在羅馬廣場（Roman Forum）建有神廟供奉。

了色雷斯行省的首都佩林蘇斯（Perinthus），然後才回到亞細亞行省。基齊庫斯（Cyzicus）是哈德良停留的第一站，或許也是最重要的一站，因為他給予基齊庫斯極度榮寵，重啟數百年前由帕加馬國王阿塔羅斯（Attalus of Pergamum）開始建造的一座偉大的神廟，並且賦予這座城市「神廟看守者」（neokoros）的地位，也就是說它是行省的帝國敬拜中心城市之一。在亞細亞行省，或大體而言在小亞細亞半島，成為「神廟看守者」，擁有一座崇拜封神後的皇帝以及統治羅馬的皇室家族的神廟，是各城市夢寐以求的地位。帕加馬、以弗所（Ephesus）、士麥拿（Smyrna）和薩第斯（Sardis）等古老城市已經享此殊榮，因為羅馬帝國的統治促使當地希臘人再次湧現都市主義、感傷與驕傲。唯有行省首都帕加馬，以及陪伴哈德良旅行的智辯士與哲學家帕勒蒙（Polemon）的家鄉士麥拿，才能比基齊庫斯受到更多榮寵，因為哈德良指定這兩個城市是「雙重神廟看守者」（twice neokoros），這是極高的恩典。難怪他開始得到希臘愛好者（Hellenophile）的名聲，而這在羅馬那些好吹毛求疵的拉丁元老眼裡，並不完全是個恰當的稱呼。雖然如此，哈德良造訪亞細亞行省，還是鼓勵許多出身高貴、已經是羅馬公民且擁有騎士階級財富的希臘人追求元老院職務。

西元一二四年八月，哈德良在以弗所逗留了一陣子，才經由羅得島抵達希臘本島。年輕時他曾經到過雅典，但那已是十年前的事，當時他初次顯露出對希臘一切人事物毫不掩飾的喜愛。現在他以羅馬統治者之姿回到希臘，他最主要的目標就是被引介參與艾盧西斯祕儀（Eleusinian Mysteries），這是古希臘阿提卡（Attica）地區的重要宗教儀式，於夏末或初秋舉行，長久以來令崇拜希臘文化的羅馬人著迷。哈德良也與老友如赫羅狄斯．阿提庫斯（Herodes Atticus）敘舊。赫羅狄斯是雅典最有錢的人之一克勞狄烏斯．阿提庫斯（Claudius Atticus）的兒子，十年前哈德良在希臘時，克勞狄烏斯曾經關照過他，赫羅狄斯之後將成為西元二世紀中期阿提卡最重要的恩庇者。現在，哈德良拔擢他以財務官的身分進入元老院。拔擢（adlectio，意思是標示在名單中）是羅馬皇帝讓自己寵信的人無須先擔任用來累積資歷的低階官職，就當上特定官階的元老，藉此榮耀這些人。赫羅狄斯現在享有的階級，彷彿他確實曾經擔任過財務官，他也成為皇帝的「朋友」（amici），這是個稀有而令人垂涎的地位，雖然它只是準官員的位置。

皇室宮廷以阿提卡為根據地，哈德良遊歷了伯羅奔尼撒半島和大部分希臘中部地區，修復舊建築物，興建新建築物。他想像自己正重建古希臘榮光，但他更常做的是在希臘地景上留下帝國的新印記。哈德良喜愛希臘的一片熱情，只是羅馬人更大規模復興古典希臘文化榮耀的徵兆之一，這是西元二世紀的特色。正是在這時期，來自小亞細亞的呂底亞（Lydia）、學識豐富的古物研究學者保薩尼亞斯（Pausanias）正著手撰寫他的巨著《希臘志》（*Description of Greece*），至今這本書仍是研究古希臘地理與歷史的重要資料。至於哈德良則是即時回到雅典，趕上一二五年的戴歐尼修斯狂歡競賽，他在其中擔任競賽主席（agonothetes）。接著他造訪德爾菲與科林斯，前者以阿波羅的神諭聖地聞名，而後者是由替凱撒打贏內戰的退役老兵創建的重要羅馬殖民地。然後哈德良越過科林斯灣往北航行到尼科波利斯（Nicopolis）[2]，這裡是紀念奧古斯都戰勝對手安東尼的最終勝利而建立的城市；接著他再到伊庇魯斯的底拉西烏姆（Dyrrachium，今日阿爾巴尼亞的都拉斯），他從這裡航行回到義大利的布林迪西姆（Brundisium，現代的布林迪西）。他已經離開羅馬四年。

2 審定注：亦即亞克興（Actium）。

哈德良在希臘與小亞細亞的旅居經驗，告訴了我們許多關於羅馬皇帝必須扮演的公眾角色。例如，他在那裡被選為雅典的最高統治者——年度執行官（archon），這是一種非常特定的親希臘主義形式，它對好幾世紀以來已成為空洞記憶的古希臘傳統表達象徵性的贊同。希臘菁英喜歡哈德良穿梭在他們的城市之間，彷彿進行歷史之旅。在亞該亞（Achaea）與亞細亞、敘利亞與埃及等行省，哈德良重新制訂與委託書寫希臘歷史。在無數其他例子中，他重建據說是在伊里姆（Ilium）的大埃阿斯（Ajax）墳墓，也就是小亞細亞的特洛伊戰爭地點；正如在希臘阿卡迪亞（Arcadia）的斯奇路斯（Scillus），他也造訪偉大的雅典將軍色諾芬（Xenophon）的墳墓。在另一次東方之旅，他在弗瑞吉亞（Phrygia，現今土耳其中西部）北方的梅利沙（Melissa）重建了雅典政治家阿爾西比亞德斯（Alcibiades）的墳墓。他在阿卡迪亞的曼提尼亞（Mantineia）也替死去四百年後被奉為希臘解放者的底比斯將軍伊巴密農達（Epaminondas）建造紀念碑。在雅典，哈德良也開啟一項在當地人與羅馬皇室的恩庇下於西元二世紀持續推動的建造計畫。哈德良個人對雅典城的主要貢獻，是下令完成奧林匹亞宙斯神廟。雅典僭主庇西特拉圖（Peisistratos）於西元前六世紀開始建造這座神廟，但直到哈德良的時代依然未完工。在德爾菲，他更露骨表現對希臘的喜愛。他解除由奧古斯都與尼祿加諸於近鄰同盟會議[3]管理德爾菲預言聖壇的少數主導權，將成員擴大至他想像中最原初的狀態，也就是由獨立的小城邦組成的希臘世界。這是夢幻的古希臘版本，但是正合群眾的胃口。西元一三〇年哈德良初次抵達埃及時，他又再次大肆做出歷史性的象徵舉動，先是修復佩魯西姆（Pelusium）的龐培墓，接著又從尼羅河順流而下。

哈德良的親希臘主義作風，標示出羅馬帝國歷史上一個有趣的階段。在他統治之下，挫敗的對手和討厭他的其他人，還是有可能嘲笑哈德良是軟弱無能的非羅馬人，是一個 Graeculus，意思是「小希臘人」。這麼做的同時，他們也回想起追溯至共和國時期的古老恐懼與嫉妒之心。希臘文化顯而易見比羅馬本地的傳統文化更古老、更成熟老練，因此羅馬人故意輕蔑一切希臘事物是具有防衛的功用。例如喜愛狩獵就是典型的希臘娛樂，羅馬貴族曾經認為這有損他們的尊嚴。浪漫或投入感情的同性戀也是同樣的道理，沒有人會在意羅馬男人偏好與另一個男人發生性關係，但其中不應該有浪漫愛情，果真如此就會是件令人尷尬的事。這兩種文化長久以來在許多方面都融合在一起。儘管希臘化時期的藝術與文學品味往往在希臘與拉丁的背景中占主導地位，但是在西元二世紀初，騎馬打獵或對年輕男性表現出情欲，或許還是會被人當成是「小希臘人」，老套的刻板印象還是語帶諷刺。哈德良長久的統治期間大量消除這種弊害，不是因為拉丁元老總是同情哈德良本人或他對希臘的熱情，而是哈德良欣然接受希臘貴族，因而促使更多希臘人成為羅馬元老院的上層元老，這象徵菁英分子愈來愈有跨國性質的情況。

3 譯者注：近鄰同盟會議（Amphictyonic council）是希臘諸城邦以某一神廟為中心結成的聯盟，除了討論盟邦事務，也商討神廟的管理問題。

第二章　哈德良的晚期統治與其繼位者

雖然在古典時期，人們對哈德良最深刻的印象就是他跟希臘文化的關係，以及羅馬帝國東部希臘諸城邦之間的關係，但現代人卻是提到哈德良就會想到橫跨現代英格蘭北部的長城，這大概是希臘世界可及最遠的地方，但它依舊在帝國境內。這座以哈德良為名的長城是一項龐大的工程，是充分發揮當地地形的一系列土木工程和防禦工事，象徵性阻絕從英格蘭東邊的南希爾茲（South Shields）到西邊的波尼斯（Bowness）之間，由泰恩—索威地峽（Tyne–Solway isthmus）形成的一條界線。

這位皇帝所到之處就劃定邊界，他在旅行至現今德國的同時，也建造由固定在地上的粗大柵欄構成的邊境設施。在西班牙時，哈德良似乎曾鎮壓毛里人（Mauri）的反叛（毛里人可能是來自直布羅陀海峽對岸的茅利塔尼亞．廷吉塔納行省的摩爾人部族）。他或許沒有親自越過海峽，但為了建造富裕和平的西班牙各行省，他開始著手將廷吉塔納建設為一座都市化的邊境堡壘。在努米底亞沙漠邊境，哈德良的統治以同樣方式標誌著另一個強化「疆界」（limes）防禦工事的最早期階段，規模大致與日耳曼的邊牆相同，其中努米底亞的駐軍第三奧古斯塔軍團（Legio III Augusta）的軍營整整往南移動一百五十英里，抵達蘭貝西斯（Lambaesis，在今日阿爾及利亞）；從這裡再往南一百五十英里，越過奧赫司山脈（Aurès）的半沙漠地形上還有綿延不斷的邊牆和挖出的壕溝。但在沙漠游牧民族每年季節性遷徙時，這些防禦工事並不完全能提供連續性的屏障，而是形成控制游牧民族行進在固定通道的手段。哈德良的總督盧基烏斯・弗拉維烏斯・阿利安努斯（Lucius Flavius Arrianus，我們較熟悉的名字是阿利安，他就是《亞歷山大遠征記》作者），也同樣在高加索山邊緣的本都行省最東部，重新建造以磚塊與石頭堆疊的防禦工事，取代原本各式各樣的木結構防禦工事。阿利安親自學到如果游牧民族越過高加索山的隘口，他要如何從這片歐亞草原趕走他們。

就非常真實的意義上而言，正是哈德良的建造計畫創造出穩定的羅馬邊境，拉丁文的limes這個字原本指的是「軍事或邊境道路」，此時它的意思開始成為「邊界、路障或國境」，這改變絕非巧合。這些防禦工事清楚說明，西元一世紀無限擴張的羅馬帝國已經不復存在，往後將是羅馬世界在邊境的一邊，蠻族世界在邊境之外的另一邊。這兩個世界無論在意識形態或在概念上一直是被分隔的，但是哈德良的活動決定了一個地理屏障，且或多或少視情況而定可以穿透。邊牆沒有改變羅馬人掌控全世界的自負心態，例如「世界」的拉丁文是orbis terrarum，或希臘哲學家喜歡以「人居世界」（oikumene）稱之，但是他們排除了進一步征服世界的可能性，這在奧古斯都的時代是無法想像的。

正如他處理邊界的做法，哈德良也努力做好軍隊的表率，在一個持續征戰已經不再可能的世界裡，必須以各式各樣的活動取而代之。在西元二世紀期間，羅馬軍團變身為營造專家，他們不只製

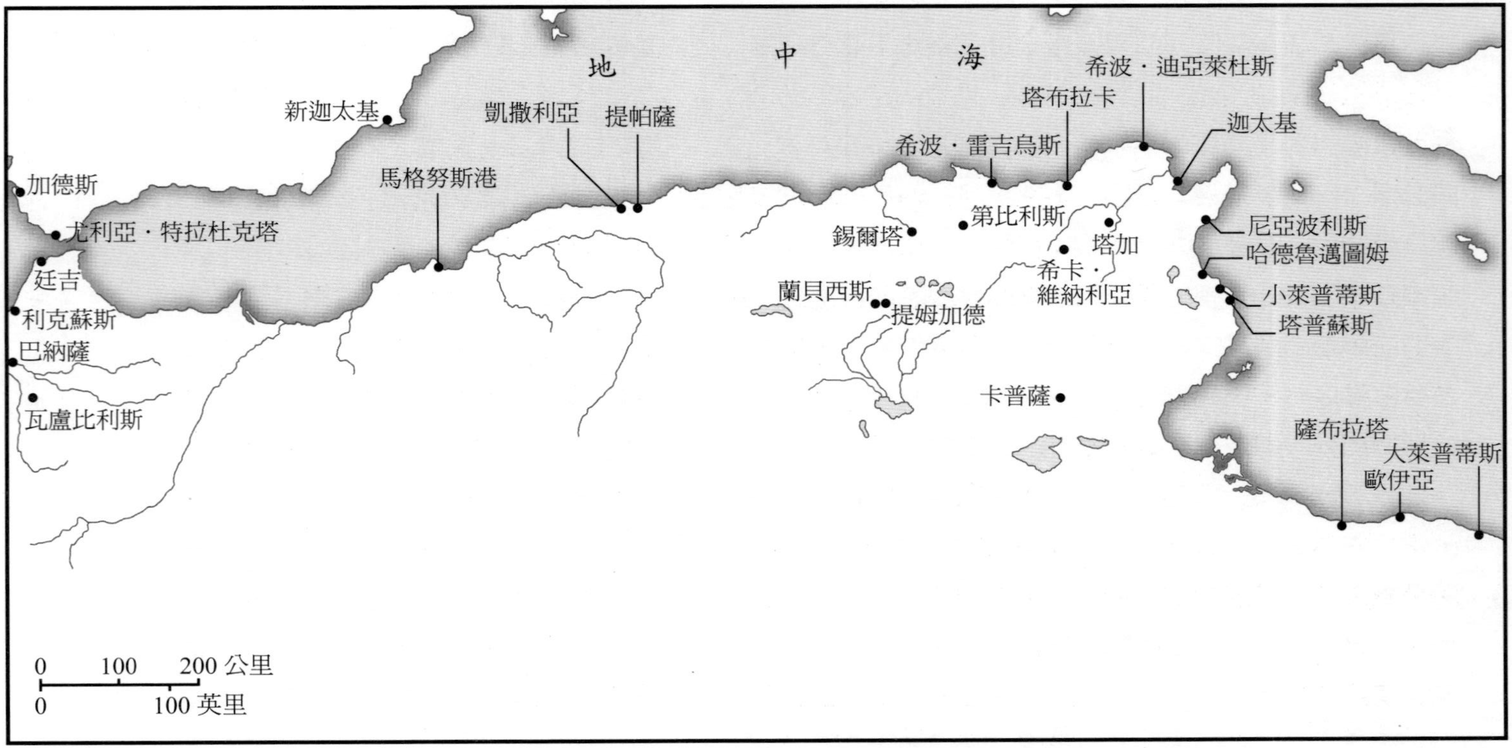
地
中
海
新迦太基
加德斯
尤利亞・特拉杜克塔
廷吉
利克蘇斯
巴納薩
瓦盧比利斯
馬格努斯港
凱撒利亞
提帕薩
希波・雷吉烏斯
塔布拉卡
希波・迪亞萊杜斯
迦太基
錫爾塔
第比利斯
塔加
希卡・
維納利亞
蘭貝西斯
提姆加德
卡普薩
尼亞波利斯
哈德魯邁圖姆
小萊普蒂斯
塔普蘇斯
薩布拉塔
歐伊亞
大萊普蒂斯
0 100 200 公里
0 100 英里

地圖9　北非

造圍城機具和防禦工事，也建造道路與城鎮，成為羅馬帝國的工程兵團。此外，哈德良也像一位優秀的將軍那樣，成為訓練士兵的好榜樣。他和士兵一起行軍，和他們吃一樣的食物，在野外與行軍時避免所有奢華事物，無論到哪裡都和軍隊裡所有人一樣走路或騎馬。

我們有一段特別的銘文，是以哈德良自己的話說出，從中透露出一位皇帝（或其實是任何指揮官）是如何審查他的軍隊。銘文來自蘭貝西斯，也就是努米底亞第三奧古斯塔軍團的新兵營。在銘文中，哈德良於西元一二八年春天向第二輔助兵團騎兵大隊發表演說。在稱讚他們的建築技術與作戰行動的同時，他也對開放或布陣（open-order）的騎兵策略提出批評，譴責這些策略根本性的危險，並且違反良好的軍事科學。哈德良的軍事訓練核心就在於策略與時常演練。

演說家弗朗托（Fronto），也就是哈德良收養的孫子、最後成為他繼位者的奧理略的家庭教師，於數十年後將會嘲笑哈德良堅持持續訓練軍隊，但卻不願意鬆開掌控，讓他們去打仗。弗朗托諷刺得沒錯，但是哈德良相信他訓練法的價值也是真的，這訓練法經由他的希臘友人阿利安的著作《戰術》（*Tactica*）證實有效，哈德良曾經指派阿利安擔任亞美尼亞邊境附近的卡帕多奇亞總督要職。阿利安在哈德良統治期接近尾聲時將《戰術》送給這位皇帝，在這本關於軍事戰略的小書裡，阿利安特別讚揚皇帝重新恢復這對軍隊有好處、但可能早已廢止的訓練法。阿利安所描述哈德良密集軍事訓練的例子，一直到西元五世紀為止都被視為良好的舊式訓練法。當羅馬皇帝想訴諸某種古老軍事指揮的模糊概念，或是古典時代晚期的作家感嘆著自己時代的標準下降時，他們就會想到哈德良的軍隊。更持久的軍事改革意味著確保可以在當地招募現在已永久駐守在邊境的軍團士兵。由於軍團必須由公民服役的歷史限制依舊存在，而邊境有羅馬公民居住的聚落數量又很少，在邊境地帶招募新兵依舊是個問題。早在共和國時代，只有被賦予公民權的羅馬人可以在羅馬軍團服役；非公民會被徵召進入輔助兵團（auxilia），服役期間長，薪資也低，但只要光榮退役之後就能取得渴望已久的羅馬公民身分。因為這種區別，邊境區域往往提供輔助兵團，而義大利本土和古老的海外行省如西班牙、阿非利加和愛琴海諸島的群島行省等，就能大量招募公民加入軍團。現在，哈德良將邊境要塞附近的一兩個城市升格至殖民地（coloniae）的地位，藉此將城市裡的居民變成羅馬公民，以確保可長久向當地駐軍提供合格的年輕男性，前往他們出生駐防地附近的軍團服役。

從這些結構性的反思，回到我們對哈德良統治的描述。我們發現這位離開羅馬四年的皇帝，在中途停留過往從未有羅馬皇帝造訪的西西里島之後，於西元一二五年返回義大利。我們不知道他回羅馬的確切路線，但是他很有可能途中在貝內文圖姆（Beneventum，今日義大利南部的貝內文托）親自替圖拉真凱旋門舉行落成典禮。西元一二五年夏末，他已經到了羅馬，之後沒多久他就退隱至提布爾（Tibur，今日的蒂沃利）的鄉村莊園，這裡有一座替他興建的巨大宮殿，取代原本樸素的別墅。

西元一二六年由老維魯斯開啟，在過去七年他都是羅馬城的長官，並且第三次擔任執政官。正如我們所見，這對於一個普通公民而言是莫大且獨一無二的榮耀。這預示哈德良終究偏好老維魯斯的孫子小維魯斯，他在父親死後被當了三次執政官的祖父收為養子。這位年輕的小維魯斯長時間待在皇帝身邊，五歲就成為騎士階級，七歲時成為薩里祭司（Salii是奧古斯都復興、也可能是他創造的古代祭司職，其職務是舉行保護羅馬軍隊的儀式）。由於小維魯斯之後繼承皇位，成為奧理略皇帝，有些人懷疑哈德良在西元一二〇年代已經考慮讓他成為羅馬皇帝候選人，但此事沒有確切的證據。另一方面，維魯斯的家族備受皇帝偏愛：不只是老維魯斯，還有他的女婿奧理略．安東尼烏斯（Aurelius Antoninus）與烏米迪烏斯．夸德拉圖斯（Ummidius Quadratus）兩人也都擔任執政官，躋身帝國最資深的政治家。

在外旅行多年之後，哈德良覺得羅馬城的生活十分無趣，雖然西元一二六年他待在羅馬城附近，一二七年大部分時間他卻周遊義大利鄉間，包括此時已極度都市化的波河北部地區，它們是帝國行政中心，在接下來的幾世紀裡，這樣的角色更加重要。西元一二七年八月初，哈德良在羅馬慶祝他的登基十週年紀念（decennalia），這時他也接受元老院讚揚他為「祖國之父」（pater patriae），先前他曾拒絕這項榮耀。西元一二八年，他又到北非旅行數月，遊歷那裡的羅馬行省。我們對此次的旅程所知甚少，但既然所有北非行省總督都是近期才指派，他有可能已經計畫遊歷每個角落。他絕對去過位於現代阿爾及利亞狹長海岸線上的努米底亞和茅利塔尼亞．凱撒利亞行省（Mauretania Caesariensis）。皇帝在他所到之處留下恩典，賦予優提卡（Utica）殖民地地位，替迦太基建造一條主要的新水道。還有其他城市也成為殖民地，許多異邦非公民（peregrini）的聚落也升格為自治城市，這就等於朝賦予當地城市官員自動取得羅馬公民權的步驟前進了一步。然而，北非行省在接下來的幾個世代，依舊是一塊由法律地位各不相同的地區組合成的拼布，經由羅馬賦予地位的殖民地與自治城市，以及居民未獲得公民權的異邦人，共同占有重疊在一起的行省空間。這種情形與西班牙行省和那旁高盧行省形成強烈對比，後兩者此時已經完全成為羅馬殖民地或自治城市，但是北非行省也跟絕大多數住著異邦人的北境高盧、不列顛尼亞和巴爾幹大相徑庭。

西元一二八年仲夏之前，哈德良回到義大利，但是他不打算久留，反而再次往東行。到了秋天他人已經在雅典，與不久之後就榮任執政官的克勞狄烏斯·阿提庫斯在一起，後者的兒子赫羅狄斯·阿提庫斯才剛結束首次元老職務財務官回到雅典。哈德良再次參加艾盧西斯祕儀，現在他獲准參加更高層的儀式等級，擔任叫做「見證者」（epoptes）的職務，這表示他不只在行進隊伍中並參與祈禱，也親自見證祕儀，而不管那是什麼，現代人都無從得知。哈德良更野心勃勃地計畫組織泛希臘同盟（Panhellenion），這是以雅典為中心、由所有「希臘人」（Hellene）組成的同盟或協會，聚會地點是早在西元前六世紀就由庇西特拉圖開始建造，但現在才將近完工的奧林匹亞宙斯神廟。和之前所有希臘同盟不同的是，這個同盟打算囊括所有在亞歷山大時代之前就創立的希臘城市，這是哈德良試圖替希臘重建想像中的古典世界的另一個跡象。哈德良對這項計畫的熱忱毋庸置疑，而他的希臘臣民也對他報以同樣的熱情，他們在這之後稱哈德良為「塞巴斯托·奧林匹亞」（Sebastos Olympios），意思是「奧林匹亞的皇帝」。[1]

西元一二九年離開雅典前往東方時，伴隨哈德良的是許多希臘的知識分子和大人物，其中包括雅典鼎鼎有名的費羅帕普斯（Philopappus）的寡婦，也是皇后薩賓娜的朋友尤莉亞·芭比拉（Julia Balbilla）；哈德良非常喜歡與這些人同行。哈德良的姊姊保琳娜或許也和皇室一同旅行，雖然他的姊夫，保琳娜的丈夫尤利烏斯·塞爾維安努斯還在羅馬。皇室一行人從雅典到以弗所，再穿越南方的小亞細亞諸省。我們可以發現哈德良到過卡里亞（Caria）的證據，他也遠達內陸的弗瑞吉亞和加拉太（Galatia），接著再經由卡帕多奇亞到呂基亞（Lycia）[2]，最後抵達托魯斯山脈另一邊的敘利亞。他在安條克（Antioch）待了一陣子，賜予當地大量特權，但他的恩寵也遍布其他敘利亞城市，包括泰爾（Tyre）、大馬士革與薩摩薩塔（Samosata）。現在這三個城市都和安條克一樣，獲准以希臘頭銜「大都會」（metropolis）自稱，正如「神廟看守者」地位被小心翼翼保護著。

在敘利亞時，哈德良介入當地猶太人和希臘人之間的爭執，他的希臘作風產生危險的新轉變。這兩個族群都在羅馬人的統治下享有特殊待遇，但他們也長久以來看彼此不順眼，每當被迫在一起時問題就浮現出來。哈德良卻貿然選擇支持希臘人。在一封明顯充滿希臘式反猶太主義措辭嚴厲的詔書中，哈德良禁止割禮，也因此使得猶太人宗教儀式的核心部分成為非法行為。他也決定將西元六〇年代猶太人叛變之後，被維斯帕先和提圖斯（Titus）摧毀的耶路撒冷改建為羅馬的殖民地，在猶太聖殿的原址建造朱比特・卡必托里神廟（Jupiter Capitolinus）。此舉雖然冒犯猶太人，但卻是禁止割禮規定所引發的最後一次、也是最粗暴的一次猶太人對抗羅馬人統治的叛變。

哈德良在敘利亞度過西元一二九至一三〇年的冬天，他冒險向東探索，遠至敘利亞沙漠中商隊停留的綠洲城市帕邁拉（Palmyra），接著在西元一三〇年夏天經由阿拉伯和猶地亞前往埃及。他走陸路從加薩到佩魯西姆，然後正如上一章提到的，他為滿足歷史癖好，在佩魯西姆重建龐培的墳墓，並且刻上自己寫的詩句。八月在亞歷山卓時，他恢復這座城市在西元一一六至一一七年猶太人叛變之後失去的特權，並且在那裡與托勒密一世所建的博物館（Museion，後來英文的museum就是來自這個字）[3]裡的學者對話。他或許也造訪在尼科波利斯的兩個羅馬軍團的軍營。駐紮在這裡的

1 編按：Sebastos就是希臘文中的「奧古斯都」。
2 審定注：疑為奇里乞亞，從呂基亞無法進入敘利亞。
3 譯者注：Museion這個希臘文的意思原指供奉繆斯女神的地方。

第二十二德奧托魯斯軍團（Legio XXII Deiotariana）和第二圖拉真軍團（Legio II Traina）組成駐守埃及的全部駐軍。他的計畫是在尼羅河每年氾濫期之後往上游航行進入上埃及。

哈德良造訪埃及的時間很長，而且和他之前的旅遊大不相同。但在埃及的希臘人和希臘聚落都非常少，他不像在其他東方各行省那樣能對他們慷慨施予特權，因此為了以不同的方式表現出對希臘的偏袒，他創立一個全新的希臘「城市」（polis）。這個城市將擁有所有polis該有的一切都市公共建築，它也將和亞歷山卓、諾克拉提斯（Naucratis）和托勒密城（Ptolemais）並列為埃及僅有的四個希臘城市之一。埃及其他地方都是大量本土村莊，自從亞歷山大大帝的繼業者托勒密一世從最後幾位法老手中接管埃及，並保留大部分法老的治理方式，而非以希臘的圖像重新建造埃及至今，這些地方的改變相當微小。哈德良打造全新希臘城市的計畫，是埃及的羅馬化（或更確切來說是在羅馬帝國主流文化中的希臘化）的重要初期步驟，這一點我們將在討論西元三世紀羅馬帝國時再次提到。

哈德良繼續他的埃及行，來到北方的另外兩座希臘城市諾克拉提斯和托勒密城，然後在西元一三〇年底朝尼羅河上游走，從神話中鳳凰的誕生地太陽城赫利歐波利斯（Heliopolis）開始，這座城市靠近尼羅河開始擴散並流入廣大的三角洲之處。再往上游，孟斐斯（Memphis）的金字塔和獅身人面像五百年來，一直是希臘人和之後羅馬人的旅遊目的地，有證據顯示在這趟西元一三〇年的旅行中，皇室一行人追隨之前訪客的做法，在古夫金字塔上雕刻他們的名字和打油詩。之後他們從孟斐斯繼續來到奧克喜林庫斯（Oxyrhynchus），這裡是埃及中部的重要行政中心，同時它的沙地裡也是埋藏許多紙莎草的考古地點，現代就藉由這些紙莎草了解托勒密王朝和羅馬統治下的埃及。十月他們抵達埃及智慧之神托特（Thoth）神廟所在的赫爾莫波利斯（Hermopolis），托特等同於希臘神祇赫密士（Hermes），於是此處也是好奇的希臘與羅馬人時常造訪的旅遊景點。哈德良在這裡見證了紀念埃及神祇冥王歐西里斯（Osiris）盛大的尼羅河慶典，正是犧牲自己的歐里西斯確保尼羅河氾濫，使埃及土地豐饒。

災難於赫爾莫波利斯降臨。哈德良和一大群人一起旅行，其中不只有他的妻子薩賓娜和她學識豐富的女伴們。他的私人伴侶是來自俾斯尼亞的男孩安提諾烏斯。當時文獻中很少提到安提諾烏斯，因此他成為現代人臆測的對象，其中包括法國作家瑪格麗特・尤瑟娜（Marguerite Yourcenar）寫於一九五一年的《哈德良回憶錄》（*Mémoires d'Hadrien*）裡著名的同性戀情描述。這位安提諾烏斯幾乎毫無疑問是哈德良的一生至愛，不過他在史料中留白，現代學者於是只能自行想像。從西元一二〇年代哈德良造訪俾斯尼亞之後，或許安提諾烏斯就和他同遊各地，但是關於這點卻沒有證據可證明。若果真如此，我們不清楚他們的關係有多公開，抑或他是否給安提諾烏斯當個無足輕重的小官，讓他有事做。對於哈德良是否公開贊成他如此投入、而且是古典時代雅典文化核心的男性浪漫戀情，學者們意見分歧。如果他贊成，那麼相對於安提諾烏斯的被愛者（erômenos）角色，哈德良扮演的就是愛人者（erastês）的角色，在一段成年男人與青少年男孩的戀情中，扮演父親般撫育的一方，但也是積極投入的同性戀關係。我們能確切肯定的，就是安提諾烏斯是哈德良最喜愛的打獵同伴，他在赫爾莫波利斯溺死於尼羅河中，引發與羅馬皇帝身分格格不入的公開哀悼。有惡意謠言說這男孩的死是出於自願，因為這場冥王歐西里斯之死的神奇娛樂活動或許是刻意為了使哈德良恢復健康或長命百歲，而哈德良必須堅持安提諾烏斯真的是意外溺水。我們確實知道的是，哈德良終於決定在這裡建造他的新希臘城市。就在與赫爾莫波利斯遙望的尼羅河右岸，他命名這個埃及行省內的第四個自治城市為安提諾波利斯（Antinoopolis），來紀念他死去的愛人。

悲傷沒有阻止皇室家族繼續旅程，他們在十一月往南前進到托勒密城、底比斯和菲萊（Philae），在底比斯造訪著名的門農（Memnon，法老王阿蒙霍特普三世）歌唱雕像，也跟在孟斐斯時一樣，他們在這裡將詩文刻在歌唱雕像上，紀念到此一遊。該年結束前，哈德良回到亞歷山卓，在此他正式頒布將安提諾烏斯封神的命令，消息幾乎立刻就傳遍希臘東部。對埃及人民而言，這死去的男孩被當作歐西里斯，我們還有一座方尖碑紀念這新創的合體神祇「歐西里提諾烏斯」（Osirantinous）。然而在其他地方，希臘人長久以來樂於接受凡人封神，於是對安提諾烏斯的膜拜結合許多其他異教崇拜，帝國各個角落都複製他的雕像，整個羅馬帝國都與皇帝同悲。

西元一三一年的新年，哈德良在亞歷山卓，之後他回到敘利亞，走陸路旅行至小亞細亞東南方的奇里乞亞和旁非利亞（Pamphylia）。從小亞細亞南岸，哈德良搭船到現在已成為雙重神廟看守者的以弗所，然後來到亞細亞行省最北端的俾斯尼亞邊境。我們可以推測，他在這裡造訪安提諾烏斯的故鄉俾斯尼烏姆（Bithynium），但沒多久又有更多壞消息——哈德良的姊姊保琳娜死了，現在被尊奉為天后。哈德良再次前往雅典，在那裡過冬，第三次參加艾盧西斯祕儀。西元一三二年春天，他參加延遲數世紀才落成的宙斯神廟的落成典禮，並舉辦第一次泛希臘同盟會議，慶祝他那所有希臘人的盛大慶典。

然而一直以來，猶地亞的麻煩不斷醞釀。哈德良禁止割禮，在猶太教聖殿地點上重建希臘異教崇拜儀式的場所，還在古代猶太人都城創建羅馬殖民地，這一切都是太過分的挑釁。數年來猶太激進分子一直在儲備武器，在遠處建造要塞，計畫叛變。西元一三二年叛變爆發，羅馬軍團長蒂尼烏斯・魯弗斯（Tineius Rufus）發現，他不可能跟拒絕與他的軍團在開闊戰場交戰，而堅持倚靠隱蔽的基地打游擊的猶太敵人交戰。敘利亞總督帶來增援部隊，但是羅馬人很快就死傷慘重。猶太人叛變最初獲得的成功顯然是他們團結在唯一一位「以色列王」西門・巴克巴（Shimon bar Kokhba）權威之下的結果，他就是在許久之後以希臘文寫成基督教史料中所稱的巴爾・科赫巴（Bar Cochebas）。當時的希臘與羅馬作者甚至沒提到有這個人，但是羅馬人顯然明白這場叛變的彌賽亞性質，於是直接攻擊猶太人的宗教領袖。支持巴克巴的是阿奇巴（Akiba），他是後弗拉維王朝最有影響力的猶太教拉比（rabbi）之一。在羅馬軍團鎮壓叛變之後，阿奇巴和許多其他猶太人喪失了性命。

他們的團結和非凡的軍事本領，是與圖拉真統治下的西元一一六至一一七年猶太人叛變的不同之處，過往的叛變雖然深具破壞性但也輕易地被弭平，而且導致如昔蘭尼加（Cyrenaica）等行省的猶太人遭到殲滅。相較之下，在巴克巴的叛變中，反叛的猶太人控制行省領土並堅持數年之久，直到西元一三五年為止。我們不知道他們是否攻占了耶路撒冷，但他們確實逼迫哈德良在短時間內親自回到猶地亞，遠從英格蘭召來他最優秀的將軍色克都斯・尤利烏斯・塞維魯（Sextus Julius Severus）。此人善於處理難以對付的原住民，現在他打算以他的專長處理猶太人叛變。蒂尼烏斯・魯弗斯已經對猶太平民展開報復行動，但塞維魯繼續並擴大這項政策，採取小隊戰術，切斷反叛者的前哨基地，以飢餓或煙燻的方式將猶太人逼出，然後一律趕盡殺絕。數百個猶太村莊從地圖上消失，成千上萬猶太人被殺，有更多人成為奴隸。這次鎮壓行動重新回到以征服為特色的羅馬帝國擴張初期階段，這種做法也將在北方邊境長久施行，羅馬人定期在這裡向當地人散布恐懼，羅馬人認為這是控制他們最好的方式。

在猶地亞，直到西元一三五年巴克巴死去，最後一個猶太要塞才陷落。之後，羅馬帝國禁止猶太人進入羅馬人在耶路撒冷的殖民地艾利亞・卡必托里納（Aelia Capitolina）。在戰爭結束後的幾年之內，甚至猶地亞這行省名稱都消失了，從今而後這個行省叫做巴勒斯坦敘利亞行省。

塞維魯繼續處理叛變時，哈德良經由巴爾幹半島回到義大利。西元一三四年五月他回到羅馬，就在這一年他喪妻的姊夫尤利烏斯・塞爾維安努斯第三次擔任執政官。雖然延誤許久，這份榮耀或許是哈德良籌劃皇帝繼任人選的徵兆，因為他已快速衰老，大致而言健康狀況不佳。西元一三七年是他登基二十週年慶（vicennalia）。他是繼提庇留以來統治羅馬最久的皇帝，雖然當時沒有人會直接做出如此準確無誤的比較。現在哈德良積極替自己的死亡做準備，他在梵諦岡努斯（Ager Vaticanus）建造了一座巨大的陵墓，隔著台伯河與戰神廣場相對；中世紀時它被改造為一座羅馬教宗抵抗蠻族的要塞之後，現在這個歷史遺跡叫做聖天使城堡（Castel Sant'Angelo）。與興建陵墓的計畫不同，指定繼位者的計畫是一場災難，這都是因為哈德良健康狀況衰退，又和多位老友疏遠。哈德良沒有子嗣，比起圖拉真，他對繼位者選擇所給的暗示更少。西元一二〇年代下半，他的甥孫佩達尼烏斯・福斯庫斯（Pedanius Fuscus，保琳娜和尤利烏斯・塞爾維安努斯的孫子）的同名父親可能在一一八年擔任執政官不久後就已死去，小福斯庫斯根據推測以為自己就是繼位者。身為與皇帝關係最近的男性親屬，小福斯庫斯和哈德良旅行至希臘。然而回到羅馬後，因為健康因素被迫選擇一位繼位者的哈德良，卻忽略了小福斯庫斯。

在登基二十週年慶時，哈德良卻將該年其中一位執政官收為養子，他是一位出身高盧的年輕元老，名叫盧基烏斯・凱歐尼烏斯・康茂德（Lucius Ceionius Commodus）。收養他時，哈德良將他改名為盧基烏斯・埃利烏斯・凱撒（Lucius Aelius Caesar）。這個選擇或許很不受歡迎，因為他無法解釋原因。埃利烏斯・凱撒幾乎沒有什麼知名度。他唯一的優點，就是他和西元一一八年被圖拉真處決的四位元老之一阿維狄烏斯・尼格里努斯（Avidius Nigrinus）的女兒結婚。有些人主張，他收養埃利烏斯・凱撒是為了替圖拉真贖罪，但這推測太過牽強；哈德良的理由還是一個謎。小福斯庫斯不能接受哈德良收養埃利烏斯・凱撒，哈德良只好在西元一三七年將他處死。小福斯庫斯九十歲的祖父，哈德良的姊夫塞爾維安努斯也被迫自殺；至少還有其他兩人也被指名自殺，據我們所知「還有許多其他人死去」。不被哈德良所愛的妻子薩賓娜，這時也死了（她是自然死亡，雖然難免傳出她遭毒殺的謠言），元老院將她封神。

哈德良的統治期走向終點的方式，和他統治期開始一樣，是令人矚目的喋血事件，但埃利烏斯・凱撒的猝死，讓整件事變得毫無意義。之前為了讓他獲得軍事經驗，也為了讓士兵有帝國王朝延續的印象，哈德良指派埃利烏斯・凱撒前往多瑙河。但離開前埃利烏斯・凱撒就罹患結核病，巴爾幹的天氣對他的健康更為不利。西元一三七年底回到羅馬時，埃利烏斯・凱撒在打算對元老院演講的當晚病倒，不到隔天一早就咳血而死。他留下一個六歲大的兒子，名字也叫做盧基烏斯・凱歐尼烏斯・康茂德；以及一個女兒叫凱歐妮亞・法比亞（Ceionia Fabia），她已經和小維魯斯（他就是未來的皇帝奧理略）訂婚。

哈德良立刻指定其他繼位者。西元一三八年一月二十四日他就要滿六十二歲，他自己也將死於結核病。他為惡夢所苦，有時病重得無法前往元老院。新的繼承人是奧理略・安東尼烏斯，和之前的埃利烏斯・凱撒一樣，他也是南高盧人，但他絕非沒沒無聞，相反的他在元老院有一長串、但不特別顯赫的資歷。生於西元八六年的他是大將軍阿利烏斯・安東尼烏斯（Arrius Antoninus）的外孫；西元九七年，圖拉真被涅爾瓦收養時，這位大將軍第二度擔任執政官。西元一一〇年，奧理略・安東尼烏斯娶了三度擔任執政官的老維魯斯的女兒阿妮雅・弗絲蒂娜（以下稱大弗絲蒂娜），從此開啟在哈德良時代的政治生涯，成為元老院傑出人物之一。哈德良收養奧理略・安東尼烏斯時，准許他保留自己的名字，但是他也必須收養兩個子嗣。第一個是死去的埃利烏斯・凱撒的同名兒子，現在他改名為奧理略・康茂德，他已跟安東尼烏斯與大弗絲蒂娜的女兒小弗絲蒂娜訂婚。另外一個是十六歲的小維魯斯，由於姻親關係，他已經成為安東尼烏斯的外甥，西元一二一年出生之後，小維魯斯就受到偏愛，與死去的埃利烏斯・凱撒的女兒凱歐妮亞・法比亞訂婚。現在，被奧理略・安東尼烏斯收養後，他打算改名為馬庫斯・奧理略・維魯斯，藉此將他自己和家人與偉大的圖拉真時代羅馬氏族結合；他的母親圖密提雅・露琪拉（Domitia Lucilla）繼承了巨大財富，而他的妹妹阿妮雅・科尼弗琪雅（Annia Cornificia）嫁給哈德良最喜歡的將軍之一，烏米迪烏斯・夸德拉圖斯。

透過這幾世代的收養關係，哈德良實際上已經確立未來至少兩任、也或許是三任的皇位繼承人。我們從這時期少得可憐的文獻證據中得知，在接受哈德良的提議之前，安東尼烏斯猶豫了很久。這不只是所謂的「拒絕帝權」（recusatio imperii）——這是一種故做不情願和假裝拒絕的態度，就算是最渴望穿上紫袍成為皇帝的人也應該裝出這種樣子。安東尼烏斯是個節制審慎的人。比起肩負皇帝的統治責任，他或許發自內心喜歡過著清清白白的元老特權生活。但是一位清白無瑕的元老也是一位順從命令的元老；西元一三八年二月二十四日，哈德良生日之後一個月，收養儀式進行，奧理略．安東尼烏斯變成埃利烏斯．凱撒．安東尼烏斯（T. Aelius Caesar Antoninus）。他獲得以「凱旋將軍」（imperator）這個頭銜當作是一種個人名（praenomen），暗示他已經受軍隊擁立為皇帝，被賦予護民官的權力，這是構成皇帝權威的一套權力中最重要的一種。不過他還是一直使用自己的氏族名奧理略，而且在西元一三九年第二次被指派為執政官。

提出反對或被認為想反對這項指定繼承權的重要人物，現在都已經退休，在哈德良統治期一開始就擔任禁衛軍統領的馬奇烏斯．圖爾波終於被解職。破例擔任唯一一位禁衛軍統領的圖爾波不被准許開此先例，這項職務現在恢復為由兩個人擔任，加維烏斯．馬克西穆斯（Gavius Maximus）和佩特羅尼烏斯．馬麥提努斯（Petronius Mamertinus），這兩人都值得信賴，將會支持繼承計畫。哈德良不久後即將去世，他們會確保政權順利轉移。哈德良開始有水腫現象，據說他曾懇求讓人用劍或是毒藥殺了自己。他的私人醫生因此自殺，沒有執行殺人提案。求死不得卻又痛苦萬分，哈德良模仿奧古斯都寫起自傳：這部自傳沒有留下來，但有些我們可取得著作的作家用它當作史料。西元一三八年七月，死亡終於在貝亞（Baiae）降臨，這裡是哈德良在那不勒斯海灣邊的度假別墅所在。如之後的作家所形容，哈德良死時「被所有人憎恨」。

在他統治末期執行的處決，正如他統治初期時一樣被人想起，只留下痛苦的記憶。這位皇帝暫時被埋葬在他位於坎帕尼亞（Campania）的其中一棟別墅裡，等待他在羅馬的陵墓完工。在羅馬，哈德良收養的孫子小維魯斯贊助依照傳統在哀悼羅馬重要人物時舉辦的角鬥士競技，但他是以一個私人公民的財力，拿自家的遺產來贊助，這是種一位對令人尊敬祖先的虔誠敬意。隨著哈德良死去，我們主要的故事才能開始。前面這些準備敘述有其必要，因為一路從弗拉維王朝以來的婚姻、恩庇和傳統，經過涅爾瓦和圖拉真的統治，接著進入哈德良時代的羅馬，這一切明確地塑造出接下來五十年的羅馬歷史。

第三章　西元二世紀中的和平與戰爭

正如我們在上一章所見，哈德良先後收養兩個兒子。第二個養子奧理略・安東尼烏斯取代了第一個短命的養子埃利烏斯・凱撒。安東尼烏斯管理經驗不足，他只是在羅馬的「榮耀之路」上一位不太有野心的元老。他先是擔任財務官，接著擔任法務官，然後是絕不能保證能夠享有的執政官高位。他為期短暫的行政工作是在義大利擔任執政總督，這個職位是哈德良把義大利半島當行省治理的短命、不受歡迎的實驗之一；以及擔任亞細亞行省的延任執政官，官很大但是個閒差。他從來沒多看軍隊一眼。不過，他的父親和祖父都曾經二度擔任執政官，系出名門還是一項優勢。更好的是他很富有，有善於管理的好名聲，在元老院也很有人望。整體而言，他具有完美的元首特質，這是哈德良從未得到的聲譽。

在登基時安東尼烏斯已經被認為擁有的每一項特質，在他漫長而平靜的統治之路上更為彰顯，尤其是在統治期之初他就贏得「庇烏斯」（Pius，意思是虔誠）的稱號，之後一般都稱他為安東尼烏斯・庇烏斯。他獲得這稱號是因為他既堅持榮耀祖先，而且更特別榮耀養父哈德良，雖然元老院反對，他還是將哈德良封神。當然，他們默認哈德良被封神，只是為了確保安東尼烏斯會接受他的皇位繼承權，因為他公開宣布，如果哈德良的記憶遭到抹煞[1]，他的所作所為將全部失效，特別是安東尼烏斯自己的繼承權，他將因此被迫立刻退位。這是個有說服力的論點。元老院不能拒絕專橫元首的堅決意願，但安東尼烏斯也向元老院提交一個保留顏面的理由，讓他不需要再堅持，而元老也不需要公開表現屈居下位的姿態。哈德良陵墓已經建造完成，他的遺體從普泰歐利（Puteoli，今日那不勒斯的波佐利）帶回到羅馬，在將他封神的聖化儀式（consecratio）之後，哈德良被葬在他替自己規劃的巨大陵墓裡。

必要的虔誠表現完成之後，安東尼烏斯．庇烏斯就可以盡量竄改所有哈德良的安排，特別是他在哈德良的堅持下替子女找的對象。例如安東尼烏斯沒有讓馬庫斯．奧理略．維魯斯（未來的皇帝奧理略）和埃利烏斯．凱撒的女兒，也就是盧基烏斯．奧理略．康茂德的姊姊，年輕的凱歐妮亞．法比亞訂婚，而是讓他跟安東尼烏斯自己的女兒小弗絲蒂娜訂婚，把她和盧基烏斯的婚約取消。[2]他也指定馬庫斯擔任西元一四〇年的執政官，並且在自己原先名字上再冠上「凱撒」的名號，顯得他是哈德良的兩個繼任者中較被認真看待的一個，無疑也使自己的公眾地位高於另一位繼任者。為掩飾他對哈德良計畫所做的更動，或許也是為了彌補將哈德良奉為神明的不受歡迎之舉，安東尼烏斯徹底改變現在已經封神的哈德良最不受歡迎的措施：他減輕哈德良晚年宣判的死刑犯罪刑，也廢止哈德良為模仿各行省管理方式而嘗試在義大利強行設置執政官等級總督的規定。

在其他方面，安東尼烏斯．庇烏斯統治初期宣告延續過去的政策。西元一三九年一月一日，安東尼烏斯邁入執政官第二任任期以及奧古斯都的第一任任期；他的同僚布魯圖烏斯．普萊森斯（C.

Bruttius Praesens）也是第二次擔任執政官。普萊森斯是哈德良少數幾位在他惡名昭彰的晚年得以避開不悅的老朋友。當他和安東尼烏斯辭職，好讓位給補任執政官（suffect consul）時，普萊森斯取代哈德良任期內最後一位羅馬城長官，西庇阿・奧爾菲圖斯（Scipio Orfitus）。雖然次年他就死在任期中，他與安東尼烏斯的後代卻形成延續三個世代的聯盟關係，每一世代都以婚姻關係和統治的朝代結合。安東尼烏斯底下的兩位禁衛軍統領沿用自哈德良時代，這也暗示他們最初就是由安東尼烏斯在準備繼任時就已指派。其中一位是阿非利加的演說家弗朗托的親戚佩特羅尼烏斯・馬麥提努斯，而弗朗托後來成為皇位繼承人馬庫斯的教師，他的後代子孫藉由姻親關係成為皇室家族。另一位是加維烏斯・馬克西穆斯，他是哈德良底下獲得信任的騎士階級官員，他的禁衛軍統領職涯幾乎一直持續到安東尼烏斯統治末期。於西元一五六或一五七年自然死亡時，他成為羅馬帝國歷史上唯一一位在漫長的任職期間沒有培養出危險的個人野心、或因為被懷疑而失寵的禁衛軍統領。

總之，在安東尼烏斯・庇烏斯統治下的帝國幾乎看來沒有國內的、也鮮少國外的歷史紀錄。在每一個時代和每一個文化中，敘事史料往往在承平時期保持緘默。然而在西元二世紀，我們卻面臨特別不利的狀況。我們對這時期的文字史料所知甚少，即便是曾經有過的文字紀錄不是亡佚就是剩下斷簡殘篇，留下數十年的空白。晚期的帝國「紀要」（breviaria），也就是我們可稱之為「極短

1 譯者注：記憶抹煞（Damnatio memoriae）是古羅馬的一種懲罰，也就是元老院通過決議，在叛國者或敗壞帝國名聲的公眾人物死後消除他們的功績，和一切曾經擁有的社會紀錄，如錢幣、雕像、銘文和文字紀錄。

2 編按：盧基烏斯跟馬庫斯都是庇烏斯的養子，馬庫斯原本要娶盧基烏斯的姊姊，後來卻因為庇烏斯的安排，改娶庇烏斯的女兒小弗絲蒂娜，而小弗絲蒂娜本來是要跟盧基烏斯結婚。

篇歷史」，在每一個統治期真的就只有一句或兩句敘述。現存主要史料是四世紀編纂的《羅馬帝王記》（*Historia Augusta*）。作者是個瘋子，就這麼簡單。他收集現在已經亡佚、從涅爾瓦到卡拉卡拉（時間從西元九六年到二一七年，因此它算是延續了蘇埃托尼烏斯《羅馬十二帝王傳》）的嚴肅帝王傳記，再把由一位名叫馬略．馬克西穆斯（Marius Maximus）的元老於三世紀初取自更八卦材料的小道消息加在一起，然後開始天馬行空幻想。例如他捏造皇位繼承人的生平，當那開始讓他厭煩之後，他繼續把故事寫到三世紀，這時期鮮為人知且短命帝王的傳記他可以寫個四、五十頁，內容純屬虛構。更糟的是，他假裝成六個不同的傳記作家，在西元三九〇年代晚期之前寫作長達半世紀。讀者們可以想像現代學者要花上多大力氣，像淘金般從這堆數量龐大的廢物裡找出真相，在接下來的章節裡，我將有理由不只一次哀悼《羅馬帝王記》，後悔曾有這位作者存在。然而在安東尼烏斯的統治期，看來這位討人厭的騙子確實幾乎沒什麼史料可以拿來用。即便是接近當代的人，例如四世紀作者借用他作品架構的那位傳記作家，也找不到任何令人興奮，更別提有醜聞性質的事件描述當時的政治環境。彷彿歷史正在其他地方進行。

其結果是，現代學者處理安東尼烏斯．庇烏斯政治生活的主要方式，就是仔細追溯元老與騎士的職涯，以及在安東尼烏斯自己或在之後皇帝的統治之下，他們是如何成功與失敗。從這些人的事業裡可找到許多資訊，雖然讀起來並不有趣。當代人很清楚他們所處的時代有多麼幸福。希臘演說家埃利烏斯．阿里斯提德斯（Aelius Aristides）替我們留下一幅極樂的安東尼王朝時代繁榮的畫面，並且在《羅馬帝國衰亡史》作者、偉大的英國啟蒙時代歷史學家愛德華．吉朋的筆下召喚出來：在虔誠的安東尼烏斯統治下的羅馬帝國，「包含了地球上最富足的部分，它也是人類最文明的部分。」最重要的是，此時是太平盛事。

阿里斯提德斯可以描繪出一幅希臘城市自由快樂的圖畫，在仁慈帝王關愛的目光下，這些城市前所未有地繁榮，主要是因為安東尼烏斯．庇烏斯統治期間東方邊境平安無事。在哈德良死前不久，那裡確實有些騷動。羅馬附庸國高加索伊比利亞王國（Caucasian Iberia），某一任的法拉曼尼斯國王（Pharasmanes），曾經誘使來自橫越高加索大草原上的半游牧民族戰士，也就是一般所知的阿蘭尼人（Alani）與他結盟，入侵他的鄰居在亞美尼亞與阿爾巴尼亞的領土。其後果是這些阿蘭尼人掠奪帕提亞帝國與羅馬帝國的土地。卡帕多奇亞軍團司令、也就是著名的歷史學家阿利安立刻採取行動，因此游牧民族才沒有全面入侵羅馬的行省。法拉曼尼斯使出東方附庸國國王慣用的伎倆，不過在邊境就算是一點小動作也會使大戰一觸即發。因此當這位伊比利亞的國王為了開脫自己的罪行親自前往羅馬向新皇帝致敬時，讓帝國鬆了口氣。

一般來說，當居住在多瑙河中部邊境叫做夸地（Quadi）的幾個蠻族部落的聯盟，要求安東尼烏斯．庇烏斯替他們選出他們的國王時，顯示這位皇帝的邊境政策似乎同樣成功。這次事件以硬幣紀念，硬幣上的皇帝在刻有REX QUADIS DATUS（「被一位國王指派給夸地人」）的銘文下方，指定一位順服的蠻族國王。在西北邊行省，昆圖斯．羅利烏斯．烏爾比庫斯（Quintus Lollius Urbicus）先後管理下日耳曼和不列顛尼亞行省，他將哈德良長城留在後方，繼續將羅馬帝國的控制往北推移至今日狹窄的克萊德—佛斯運河航線（Clyde-Forth line）。他在那裡挖了深溝，在深溝後方以泥煤堆出一座新城牆，這就是後人所稱的安東尼長城。其結果就是北邊的不列顛部族起來反抗羅馬，這是他們經常性騷動中的一次；西北蘇格蘭的軍事地圖暗示叛亂一直沒有真正平定。在安東尼烏斯統治後期的一場或數場叛亂被格奈烏斯・尤利烏斯・維魯斯（Gnaeus Julius Verus）鎮壓，他決定在把邊境往北推的同時，也重新增強哈德良長城防線的防禦工事，解決長久以來的蠻族威脅。羅馬僅僅占據蘇格蘭邊區二十年，這再次證明不列顛尼亞行省是個難以控制、極具挑戰性的行省。

西茅利塔尼亞行省沒有那麼棘手，但也好不到哪裡去。大部分羅馬的馬格里布（Maghreb）[3]地區包含一小條肥沃海岸，海岸線上零星散布著一些城市，背後的險峻山脈裡住著總是不安定的毛里人部族。在茅利塔尼亞・凱撒利亞行省和茅利塔尼亞・廷吉塔納行省之間，這座山脈一路延伸至海岸，使得帝國更難以持續掌控。羅馬帝國在這兩個行省都沒有良好的軍團駐守，因為敵人持續的低層次襲擊行動並不值得花費長期駐軍開銷，但這表示當毛里人爆發大規模叛變時，如西元一四五年，羅馬必須遠從不列顛尼亞募集遠征軍。隨後雙方發生持續數年的戰役，不時發生的衝突一直延續到下一任皇帝的統治期。同樣在西元一四五年九月，我們從一條單獨的銘文裡得知，一個叫做科內留斯・普利希安努斯（Cornelius Priscianus）的人「妨礙西班牙的和平」，因此被元老院處死。他或許試圖奪取西班牙塔拉哥納行省，不過這裡只有一個軍團也就是第七雙子軍團駐紮在將來的萊昂，距離行省行政中心所在地塔拉哥十分遙遠，因此這次普利希安努斯事件，無論其性質為何，是安東尼烏斯・庇烏斯令人訝異的和平統治期間最後一次紛擾。

在羅馬，保有和平狀態的政府在平順中度過。皇后大弗絲蒂娜死於西元一四〇年底，安東尼烏斯・庇烏斯將她封神，並未再婚，但是他將大弗絲蒂娜的被解放女奴嘉樂莉雅・麗希絲翠（Galeria Lysistrate）納為妾，兩人的關係直到他二十年後死去為止。他輪流住在羅馬附近和那不勒斯海灣邊的貝亞的許多棟鄉間別墅裡，有需要時也住在羅馬城內，但是他主要徹底扮演節儉的元老以及資產管理者的角色。為此，元老們將給予他最高的讚譽，他們聲稱做為皇帝的他和當初還是普通公民的他是同一個人。在他們的養父平靜地各處巡視時，年輕的皇位繼承人盧基烏斯和馬庫斯陪伴著他。西元一四五年三月，盧基烏斯得到成年服，該年四月馬庫斯與小弗絲蒂娜結婚，在哈德良死後他就已經跟她訂婚了。馬庫斯的教師們在安東尼烏斯統治期之初晉升為高官。在上一章提過的哈德良的好友，雅典百萬富翁與哲學家赫羅狄斯．阿提庫斯於一四三年擔任正規執政官，這對於父親曾經在上一任皇帝統治期間擔任執政官這個階級的男人來說，是一個適合的（也是預期中的）榮譽。不過來自阿非利加行省又是新人出身（novus homo）的馬庫斯教師弗朗托，在這一年也當上補任執政官，這都是歸功於他和小維魯斯以及禁衛軍統領佩特羅尼烏斯．馬麥提努斯的關係。（在其名字做為該年名稱的「正規」執政官辭職時，「補任」執政官會被指派任職剩餘的數個月。這種方式不只讓更多人能擁有執政官殊榮，也確保有足夠人員擁有過去只有前執政官有資格行使的行省指揮權。）

在帝國歷史上的這段期間，特別是在安東尼烏斯．庇烏斯的統治期間，以下情形經常為真，那就是描述政府與其人員的狀態，要比重現重大事件的過程來得容易。安東尼烏斯政府核心的幾個家族差異很大，其中許多家族的元老背景可以向上追溯兩代或最多三代，直到弗拉維王朝革命時期。也有許多家族源自西班牙的貝提卡行省、塔拉哥納行省和那旁高盧行省的殖民貴族，不過在安東尼烏斯的時代這些後代已經完全是義大利人。同時，逐漸有阿非利加人和來自小亞細亞與亞該亞的希臘人，甚至偶爾還有敘利亞家族，他們的名字現在開始登錄在政府的「大事記」（fasti）上。這些

3 審定注：馬格里布是指西北非亞特拉斯山脈到地中海海岸的那片土地，包括今日的摩洛哥、阿爾及利亞及突尼西亞。

家族透過納入新血緣但也持續加強現有血緣關係的聯姻方式，與彼此緊密連結。因此像是取代布魯圖烏斯·普萊森斯成為羅馬城長官，並且直到死於一四五年之前都擔任該職的色克都斯·埃魯修斯·克拉魯斯（Sextus Erucius Clarus），他的元老職涯可以回溯到圖拉真時代，他的家族起源則是更為古老。

相比之下，其他人在哈德良統治後期逐漸聲名顯赫。例如在西元一四四年擔任執政官的克勞狄烏斯·馬克西穆斯（Claudius Maximus），也在一五〇至一五四年管理三大軍事行省之一的上潘諾尼亞，並且在一五八年擔任阿非利加行省的延任執政官。西元一五〇年代末鎮壓不列顛尼亞行省叛變的格奈烏斯·尤利烏斯·維魯斯，可能是哈德良最信任的將軍以及打贏猶太戰爭的色克都斯·尤利烏斯·塞維魯的兒子。跟弗朗托和馬麥提努斯一樣都是阿非利加行省人的昆圖斯·羅利烏斯·烏爾比庫斯，是安東尼烏斯統治初期的不列顛尼亞行省總督，在統治末期當上城市行政長官。在哈德良統治期間已經飛黃騰達的烏米迪烏斯·夸德拉圖斯家族，也在安東尼烏斯當皇帝時繼續繁榮興盛。老烏米迪烏斯·夸德拉圖斯娶了較年長的皇位繼承人馬庫斯的妹妹科尼弗琪雅（以下稱大科尼弗琪雅）為妻；烏米迪烏斯和大科尼弗琪雅的孩子馬庫斯·烏米迪烏斯·夸德拉圖斯（Marcus Ummidius Quadratus，以下稱小夸德拉圖斯）和烏米迪雅·科尼弗琪雅·弗絲蒂娜（Ummidia Cornificia Faustina，以下稱小科尼弗琪雅），將在即將到來的統治期的王朝政局中扮演重要角色，雖然大科尼弗琪雅（馬庫斯的妹妹）已經死於西元一五二年。當安東尼烏斯·庇烏斯死時，馬庫斯即位為馬庫斯·奧理略·安東尼烏斯，他將一大筆家族私人財產轉移給小夸德拉圖斯，好讓這筆錢不要和皇帝私人財庫或帝國國庫混在一起。皇族的其他親戚也有很好的發展。年幼的繼承人盧基烏斯·凱歐尼烏斯．康茂德的家族也仕途順遂。盧基烏斯的堂兄凱歐尼烏斯．西爾瓦努斯（M. Ceionius Silvanus）是西元一五六年的執政官。西元一五七年，輪到盧基烏斯的叔叔維圖列努斯．奇維卡．巴爾巴盧斯（M. Vettulenus Civica Barbarus）當執政官，而他的姊姊凱歐妮亞．法比亞的丈夫普勞提烏斯．昆提魯斯（Plautius Quintillus），也在西元一五九年擔任執政官。這一長串名字難免是對讀者的疲勞轟炸，令讀者望而生畏，或許只能隨便瞥一眼最後一段，沒看進去幾個字。這種反應很自然，但也沒有其他方式能像這些名字相近的羅馬權貴交織成的人際網絡，更能描繪安東尼王朝貴族內部自給自足的凝聚力。

從安東尼烏斯．庇烏斯統治期一開始，他較為年長的養子馬庫斯就已一步步堅定地在公職中晉升，明白顯示他即將繼任皇位。安東尼烏斯顯然也示意盧基烏斯做為馬庫斯年幼的搭檔，因為儘管在西元一五四年，年僅十八歲的他就獲得當上執政官的殊榮，他卻一直沒有被授予和馬庫斯一樣的憲政權力。更具象徵意義的是，盧基烏斯在官員行列中陪同禁衛軍統領加維烏斯．馬克西穆斯，馬庫斯卻是出現在安東尼烏斯身邊。而且馬庫斯看來也已經替將來的繼位做好準備。西元一四七年，小弗絲蒂娜生下他們第一個孩子，圖密提雅．弗絲蒂娜，她只是個女兒，但還是個重要的徵兆，顯示他們將會多子多孫。同一年，安東尼烏斯授予馬庫斯地位護民官權力和高於任何延任執政官的延任執政官指揮權。也就是說，馬庫斯現在坐擁最早由奧古斯都於西元前二〇年代享有的延任執政官指揮權，以及在羅馬城內的對等護民官權力；指揮權的基礎由來已久，它是在大半個世紀之前由授予指揮權給維斯帕先的元老院律法正式制訂而成的。安東尼烏斯登基十年後，馬庫斯的正式全名再次改變。西元一四七年，馬庫斯．奧理略．維魯斯（他最早叫做馬庫斯．阿尼烏斯．維魯斯）改名為馬庫斯・奧理略・凱撒。這次重新命名最終鞏固了前一世紀逐漸形成的先例，根據這個先例，現在一般人印象中的第一位皇帝也就是獨裁官尤利烏斯・凱撒的名字成為皇帝名號，特別是用在指定皇位繼承人時。「凱撒」現在指的是即將成為奧古斯都的人。

在馬庫斯成為凱撒的同時，他的妻子小弗絲蒂娜也被封為奧古斯塔，自從圖拉真以來的皇帝都以這個稱號榮耀他們的女性年長親戚。除了在西元一五〇年代某一年死去的長女圖密提雅之外，馬庫斯和小弗絲蒂娜還有許多個孩子。他們於西元一四九年生下雙胞胎兒子，並正式在硬幣上紀念此事，不過這兩個孩子在年底就死了，之後被葬在哈德良的陵墓裡，他的墓誌銘還流存至今；西元一五〇年三月，馬庫斯和小弗絲蒂娜又生了個女兒，取名為阿妮雅・奧理莉亞・嘉樂莉雅・露琪拉（Annia Aurelia Galeria Lucilla），她就是史上熟知的露琪拉，她因馬庫斯死後形成的巨大影響力聞名後世。另一個兒子於西元一五二年出生，但也早死；不是在他出生前一年就是後一年另一個女兒阿妮雅・嘉樂莉雅・奧理莉亞・弗絲蒂娜（Annia Galeria Aurelia Faustina）出生；接著又有個兒子出生，但死於西元一五八年；兩個女兒法蒂拉和科尼弗琪雅於西元一五九與一六〇年相繼出生；接著在西元一六一年，馬庫斯已經即位為皇帝，小弗絲蒂娜又生下雙胞胎，他們名叫奧理略・弗拉弗斯・安東尼烏斯（T. Aurelius Fulvus Antoninus）和盧基烏斯・奧理略・康茂德，後者將成為馬庫斯唯一活下來的兒子，將在他死後繼承皇位；最後，在西元一六二年，他們又生了一個兒子叫馬庫斯・阿尼烏斯・維魯斯，雖然他們替他取了馬庫斯出生時的名字，卻也沒能活下來。

和馬庫斯完全相反的是，盧基烏斯既沒有結婚，據我們所知也沒有訂婚，據推測是因為唯恐他生下可能危及馬庫斯繼承優先權的子嗣。安東尼烏斯・庇烏斯是個節約而謹慎的人，他將活到七十五歲，但是他在西元一五〇年代中開始感到疲憊。在他最信任的禁衛軍統領加維烏斯．馬克西穆斯死後，愈來愈多權力逐漸移轉到馬庫斯身上，他幾乎已經分擔所有他父親擁有的憲政權力。西元一六一年，馬庫斯和盧基烏斯被指派為共同正規執政官，該年安東尼烏斯終於在三月七日去世，情景正和他的統治期一樣安詳平靜。

安東尼烏斯．庇烏斯死後，政府中沒有進行權力移轉，因為馬庫斯已經擁有養父的所有權力，除了奧古斯都的稱號和大祭司（pontifex maximus）這個宗教職位。除非他的弟弟被授予同等指揮權力，否則馬庫斯拒絕接受這些權力與稱號。這並非安東尼烏斯所希望的，長久以來他的每一個決定都很明確，只除了一個事實，那就是幾十年前，他的庇護者與恩人哈德良早已想像這種共治的情況。觀察到盧基烏斯平庸的才智以及對治理國家毫無興趣，安東尼烏斯持續提拔馬庫斯，而不是另一個較年輕的養子。然而馬庫斯卻有一種過重的責任感，這是源自於他的文字中處處可見、根深柢固的斯多噶哲學——終其一生，無論在戰役中或努力執行身為皇帝的每日職責時，他都會以簡潔有力、時而動人的希臘散文草草寫下他的哲學思想，留下至今仍被廣泛閱讀的文集《沉思錄》（*Meditations*，希臘文為*Eis heauton*，意思是「給我自己」）。

西元一六一年，無論安東尼烏斯．庇烏斯原本的意願為何，馬庫斯感受到一股履行他的養祖父哈德良計畫的強大義務。皇帝承諾提供一大筆合適的賞金，禁衛軍統領接受了這項安排。於是盧基烏斯成為共治皇帝，地位和馬庫斯一樣，擁有護民官權力、最尊貴的指揮權以及祭司職。馬庫斯和盧基烏斯現在又再次改名，馬庫斯採用已逝養父的主要名字安東尼烏斯，而盧基烏斯則採用馬庫斯原本的名字維魯斯。在書中前十幾頁頻頻改變稱號、令讀者眼花撩亂的這兩位皇帝，現在是馬庫

地圖10　美索不達米亞、敘利亞與巴勒斯坦

斯．奧理略．安東尼烏斯．奧古斯都和盧基烏斯．奧理略．維魯斯．奧古斯都[4]，一般來說後人知道的都是這兩個名字。三十歲的維魯斯原本被安東尼烏斯．庇烏斯禁止結婚，現在他和奧理略還活著的最年長的女兒露琪拉訂婚，當時她十一歲。長久以來與安東尼烏斯．庇烏斯共同治國，也比維魯斯年長十歲的奧理略，顯然已經決定維持年長搭檔的身分，但是兩位皇帝擁有同等憲政權力，卻是羅馬歷史上的新嘗試，之後也很少見。

他們將安東尼烏斯．庇烏斯封神，並且安葬在哈德良陵墓。在他統治期間維持的和平已經逐漸毀壞。老皇帝死後，不列顛尼亞行省開始再次惹麻煩，斯塔提烏斯．普里斯庫斯（Statius Priscus）將軍從他任職的上默西亞趕往島上支援。查蒂人（Chatti）入侵上日耳曼，不過這只是一次試探性行動，他們想看看新羅馬皇帝有多大能耐。在此同時，卡帕多奇亞邊境的附庸國國王也蠢蠢欲動。帕提亞國王沃洛吉斯三世（Vologaeses III）入侵亞美尼亞，罷黜當地羅馬人扶持的國王，擁立自己的親戚帕科魯斯（Pacorus）為統治者。卡帕多奇亞總督塞達提烏斯．塞維利安努斯（Sedatius Severianus）十分傑出，因此西元一五三年被賦予補任執政官的重任，他倉促在幼發拉底河對岸發動報復攻擊行動，導致他的軍團全軍覆沒，他自己也因悔恨而自殺。同時，敘利亞總督盧基烏斯．阿提狄烏斯．科內留安努斯（Lucius Attidius Cornelianus）也被一支帕提亞軍隊擊潰。

這表示在所有邊境都需開戰。奧理略的老家庭教師弗朗托的女婿奧菲狄烏斯．維克多里努斯（Aufidius Victorinus）被派去管理上日耳曼，並懲罰在邊境劫掠的查蒂人。上潘諾尼亞被委託給哈

---

4 編按：兩人成為共治皇帝後，本書底下簡稱兩位為奧理略跟維魯斯。

德良的一位遠親達蘇密烏斯・圖利烏斯・圖斯庫斯（L. Dasumius Tullius Tuscus）。遙遠的不列顛尼亞只能稍後處理，因為有經驗的普里斯庫斯必須先打敗帕提亞人。這場戰役和所有東方戰役一樣有相當程度象徵重要性，需要皇帝親自出征，即便指揮官任務不能托給沒有經驗的維魯斯。但維魯斯在東方露臉能激勵士氣，因此他擔任整個東方遠征軍有名無實的指揮官，在戰場上會由高級軍事將領主導戰事。其中一位禁衛軍統領弗利烏斯・維克多里努斯（Furius Victorinus）帶著一部分禁衛軍陪伴皇帝，此外還有幾位資深元老帶著有豐富經驗的軍事將領做為顧問。奧理略的堂兄弟阿尼烏斯・利波（M. Annius Libo）也被派去接替打敗仗的阿提狄烏斯，擔任敘利亞總督。整整三個軍團從歐洲邊境被派往東方，包括來自下默西亞的第五馬其頓軍團（Legio V Macedonica）、來自上潘諾尼亞的第二拯救者軍團（Legio II Adiutrix），和來自下日耳曼的第一米涅爾瓦軍團（Legio I Minervia）。

這場帕提亞戰爭曠日廢時而且艱辛無比，再加上普里斯庫斯指揮下的卡帕多奇亞邊境、利波指揮下的敘利亞邊境，以及名義上的指揮官維魯斯皇帝。但是在前往東方的路上維魯斯生了病，一行人行動緩慢，他們在雅典過冬，維魯斯在當地模仿養祖父哈德良，成為艾盧西斯祕儀的新成員。我們不知道他到底何時抵達東方戰役的主要中途站安條克，不過他一路上在許多亞細亞行省的度假名勝停留。一到安條克，他就輪流往返於安條克與附近的度假城市達弗尼（Daphne），沒有親自參與戰爭。這使得他跟利波產生嫌隙，在維魯斯抵達後不久利波就死了，而他的死難免被歸因於遭人下毒。

西元一六三年，普里斯庫斯控制住卡帕多奇亞邊境，他挺進亞美尼亞，占領該王國的首都阿塔克薩塔（Artaxata）。這場主要勝利恢復了西方邊境的傳統均勢，也讓兩位皇帝得以在他們的名字裡加入「亞美尼亞庫斯」（Armeniacus，亞美尼亞征服者）的頭銜。然而，帕提亞人並不會因此更願意妥協，雙方繼續戰鬥。普里斯庫斯還待在由羅馬牢牢掌控的亞美尼亞。羅馬人讓一個已經取得羅馬公民也當上元老的親羅馬的阿薩希德家族之人（Arsacid）[5]，也就是帕提亞王朝的親屬坐上亞美尼亞王位，但王國首都不設在阿塔克薩塔，卻設在以羅馬規格建造的新首都。在這場勝仗後不久，普里斯庫斯就死去或退休了，但其他將軍繼續與帕提亞帝國作戰，入侵奧斯若恩（Osrhoene）附庸國，正面迎戰帕提亞軍。另一位安東尼烏斯．庇烏斯時代的將軍尤利烏斯．維魯斯接替去世的利波成為敘利亞總督；曾經擔任哈德良書記官，來自居魯斯（Cyrrhus）的敘利亞人阿維狄烏斯．卡西烏斯（C. Avidius Cassius），當上第三高盧軍團（Legio III Gallica）的軍團長，這項指派將造成重大而影響深遠的後果。

在此同時，西元一六四年，奧理略的長女露琪拉在維魯斯的叔叔巴爾巴盧斯陪伴下前往東方。她在東方嫁給維魯斯，從他統治期之初兩人就已訂婚。她被封為奧古斯塔，次年生下一個女兒。西元一六五年，東方最高指揮部大舉入侵帕提亞。羅馬軍隊攻下埃德薩（Edessa，今日土耳其的尚勒烏爾法），占領奧斯若恩，阿維狄烏斯．卡西烏斯沿著幼發拉底河往南挺進，第三高盧軍團來到杜拉歐羅普斯（Dura-Europos），這個城市位於幼發拉底河右岸，現在首次成為羅馬軍隊的駐防地（它曾經以東方保存最好的邊境駐紮地聞名，不久前卻在敘利亞和伊拉克以內戰為名義的掩護下，遭到大肆掠奪，因而悲劇性地再次於歷史上留名）。西元一六五至一六六年冬天，卡西烏斯繼續朝帕提

5 譯者注：阿薩希德王朝為帕提亞帝國的分支，從西元一二至四二八年統治亞美尼亞王國。

亞境內挺進，抵達位於底格里斯河與幼發拉底河平行流淌處的雙子城塞琉西亞（Seleucia）與泰西封（Ctesiphon）。這兩座城市位於古巴比倫城以北四十英里，塞琉西亞是約西元前三〇〇年首位塞琉古國王建立的希臘根據地，泰西封是美索不達米亞行省的阿薩希德王朝行政中心。

卡西烏斯的勝仗呼應圖拉真過去的豐功偉業，這是半世紀以來第一次有羅馬軍隊如此深入東方。泰西封遭劫掠，羅馬人摧毀當地的宮殿，以戰利品獎勵軍隊，卡西烏斯也讓士兵打劫更古老也更富裕的希臘城市塞琉西亞。它成了鬼城，兩百年後當另一支羅馬軍隊經過時，它仍是一片廢墟。卡西烏斯的軍事勝利之後，維魯斯成了帕提庫斯．馬克西穆斯（Parthicus Maximus，至高至上帕提亞征服者），他和奧理略再次受眾人讚譽為「凱旋將軍」——這種勝利的頭銜一向為皇帝所有，不管皇帝有沒有親自參與作戰。對歷史學家而言這是很寶貴的史料，有時候能幫助我們確認事件的日期，甚至知道原本無法證實是否發生的戰役。在奧理略與維魯斯的統治期間只有兩位敘利亞元老，卡西烏斯是其中之一，他自己也是塞琉古王國國王的後代，西元一六六年他被指派為執政官。在他擔任執政官的那一年，他率軍從底格里斯河上游進入古代米底亞王國（Media）的領域，因此維魯斯現在既是「至高至上帕提亞征服者」，也是米底庫斯．馬克西穆斯（Medicus Maximus），也就是「至高至上米底亞征服者」。如果換成另一位皇帝，可能會嫉妒這種英雄般的光彩，例如上一位在東方前線贏得這麼多顯赫勝利的羅馬將軍是圖密提烏斯．柯爾布羅（Domitius Corbulo），他的獎賞卻是被多疑的暴君尼祿處死。然而奧理略是一位截然不同的皇帝，如今卡西烏斯大大提振羅馬軍隊的士氣，因此他被拔擢為敘利亞總督，在將近十年內仍舊坐鎮指揮東方前線。在托魯斯山脈另一邊，控制亞美尼亞和高加索邊境，卡帕多奇亞總督馬提烏斯．維魯斯（Martius Verus）的任期同樣長而受到信任。

接近西元一六六年底的戰爭季，在持續作戰兩年之後，羅馬聯合遠征軍井然有序地返回安條克。該年年底，從歐洲前來支援的這三個軍團回到萊茵河與多瑙河的根據地。西元一六六年十月十二日，羅馬舉行凱旋式紀念東方戰役，以及奧理略兩個地位提升至「凱撒」的兒子，分別是盧基烏斯・康茂德和阿尼烏斯・維魯斯。然而奧理略，確切來說是整個羅馬帝國，很快就發現勝利的真正代價，因為戰勝的羅馬軍團把致命的瘟疫帶回了家鄉。這場瘟疫真正的流行病學一直沒有被建立，學者對於引發瘟疫的病原體也意見不一。古代對於瘟疫的史料往往刻意模仿修昔底德（Thucydides）在伯羅奔尼撒戰爭中對雅典瘟疫的敘述，但無論是何種傳染病於西元一六〇年代襲擊羅馬帝國，這些都已經發生在西元一六四與一六五年間連續兩年收成欠佳的人們身上，造成發病率和死亡率都很高。西元一六〇年代後半流傳至今的許多法律提到死亡與埋葬的相關事宜，不過在這時期的羅馬軍團也需要招募非常大量的新士兵。例如西元一六九年，第七克勞狄軍團（Legio VII Claudia）需要的士兵人數是正常員額的兩倍。傳染病又肆虐了十多年，不分階級與年齡，殘酷地淘汰掉許多羅馬人。如果現代人對奧理略的死因推論正確，他自己最後也成了瘟疫的受害者。

然而無論有沒有瘟疫，奧理略和維魯斯不能滿足於東方的勝利。奧理略相信，由於三個當地軍團被調往東方打仗，羅馬已經太放任萊茵河與多瑙河另一邊的蠻族部落。確實，無論從考古證據或貧乏的文獻史料都可看出，多瑙河中游與波希米亞以外的部族均勢大約在此時已經劇烈改變，雖然原因仍舊不明。羅馬帝國疏於治理，使得無預期也不樂見的暴行發生，或許是原因之一。認可附庸部族間的衝突是羅馬有益的政策之一，因為它能創造管理上的不穩定，防止其中任何一個部族變得太過強大，並且將軍事集團多餘的精力由羅馬導向這些部族。但是北部邊境未經帝國允許的衝突就是另一回事了，沒有帝國足夠的看守或監督，衝突或許很快就會突然失控，演變成更具威脅性的戰事。被擊敗的團體，偶爾是一整個部族，可能試圖向帝國尋求庇護，這往往是把新農夫與士兵帶入帝國的好方法，然而也只有在帝國能控制人口移動時才奏效。

如今羅馬的歐洲邊境，因為「日耳曼」蠻族之故，無論在一般人或在學者的歷史想像中，是以不成比例的大浮現而出。此時邊境往往被想像成一座防波堤，數世紀以來一波波像潮水般的蠻族無止境拍打其上，直到這座防波堤潰散，帝國殞落為止。事實上，萊茵河與多瑙河邊境的政治動態與阿非利加、阿拉伯、不列顛尼亞類似，也和任何社會結構較複雜以及技藝較成熟的帝國，在面對權力結構甚少長期維持穩定的部落團體時相像。對那些鄰居而言，羅馬帝國是聳立在地平線上具有毀滅力量的龐然大物。羅馬的一舉一動，以及對羅馬一舉一動的恐懼，使各地蠻族菁英做出決定，即使只離邊境三、四步之遙的地方也是如此。在歐洲與北非邊境以外那片騷動的大地，和蠻族一樣都是羅馬的產物，因為即使最小規模的羅馬遠征軍都能把整區的人消滅，破壞數年的穀物收成和存糧，讓這些人的家鄉無法居住。當羅馬忙於其他事務時，就是蠻族的機會。但蠻族並非是要更正其間巨大的權力差異，那絕無可能發生；而是為了暫時奪取羅馬的一小片繁榮，沿著修築好的道路深入到帝國的各個省分去。如此做會招來那不可避免且往往會發生的破壞性回應，但仍是值得的。我們無從得知某些駐軍被派去打帕提亞戰爭時，多瑙河邊境之外的情況如何。但駐軍返回歐洲，要不是直接激起劇烈反應，就是挑起了種族間的暴行，以致於一支中等規模蠻族軍隊進入潘諾尼亞。

奧理略的反應是斷然採取懲罰性的行動。曾經與維魯斯前往東方戰役的亞留斯．巴蘇斯

（Iallius Bassus）被指派為上潘諾尼亞總督，傳統上萊茵河—多瑙河邊境最資深的指揮官就派駐在此。同時，一個名叫提庇留・克勞狄烏斯・龐培亞努斯（Tiberius Claudius Pompeianus）的男人成為首次有歷史紀錄的下潘諾尼亞總督。龐培亞努斯是一個主導帝國政府的寡頭統治菁英，如何能廣納出色人才的絕佳例子。他是敘利亞行省安條克一個騎士階級小官的兒子，這裡是希臘化東方的一部分，迄今為止鮮少有本地人能成為國際騎士階級菁英的一分子，更遑論進入元老院從政。然而只憑藉功績，龐培亞努斯就能晉升元老院，成為奧理略特別的友人，並且娶皇室女子為妻成為皇親國戚，從此刻一直到本世紀結束都是羅馬政局的中心人物。

下潘諾尼亞是龐培亞努斯第一個重要的指揮部，他和巴蘇斯將與蠻族激戰。西元一六六年底或西元一六七年初，幾千名倫巴底人和歐比人（Obii）入侵上潘諾尼亞。他們來自遠離邊境地帶的區域，這裡還住著與潘諾尼亞相對、位於現代捷克共和國的馬科曼尼人（Marcomanni），與多瑙河大灣相對的夸地人，以及多瑙河與喀爾巴阡山中間的薩爾馬提安人分支雅濟吉斯人（Sarmatian Iazyges）。這些遠方入侵者被巴蘇斯消滅，但附近的附庸國國王害怕將來遭到報復。共有十一個多瑙河中游部族選出馬科曼尼國王巴羅馬留斯（Ballomarius）當發言人，於是他向巴蘇斯求和。巴羅馬留斯聲明他自己和其他部族向羅馬皇帝效忠，將倫巴底人和歐比人的入侵斥為任性的錯誤。因為瘟疫把奧理略困在了羅馬，因此在皇帝準備妥當之前，巴蘇斯先跟巴羅馬留斯締結臨時和約。

西元一六八年春天，奧理略親自到多瑙河邊境巡視。沒有人懷疑這是戰爭的前兆。維魯斯也會陪同遠征，部分原因是軍隊已經在帕提亞戰爭中熟知他，而且戰事規模可以由多少重要人物參與其中來判斷。經驗豐富的禁衛軍統領維克多里努斯曾經陪同維魯斯到東方，現在他也陪同兩位皇帝到北方，但是他和許多禁衛軍將會死在途中，可能是死於瘟疫。取代他的是之前擔任羅馬城警消長官（prefect of the vigiles），以及短暫擔任埃及長官的巴塞烏斯・魯弗斯（M. Bassaeus Rufus）。另一位禁衛軍統領馬克里紐斯・文德斯（M. Macrinius Vindex）也一同前往，這表示羅馬城內沒有皇帝鎮守。其他幾位奧理略信任的將軍也隨行在側，包括奧菲狄烏斯・維克多里努斯、達蘇密烏斯・圖利烏斯・圖斯庫斯和龐提烏斯・萊利安努斯（Pontius Laelianus），後兩位曾經短時間於多瑙河邊境服役。他們並不是有要職在身，只是以皇帝的同伴（Comites Augusti）身分前往。

現存的史料非常混亂，不過兩世紀以來的現代學者還是替所謂的「馬科曼尼戰爭」（Marcomannic Wars），也就是奧理略稱之為他的「日耳曼遠征」，製作出一份很令人滿意的年表。巴羅馬留斯和巴蘇斯簽訂的和平條約不能平息上潘諾尼亞邊境的騷動，到了西元一六八年，一位馬科曼尼國王（可能是巴羅馬留斯，但也不一定）在戰役中被殺。部族領袖請羅馬准許選出繼任者，維魯斯主張這已經稱得上是勝仗，何不取消整場戰役，省去戰爭的花費同時也避開危險？然而奧理略反對，他計畫在當上皇帝之後頭一次在羅馬以外的地方過冬，他選擇亞得里亞海灣中心點的阿奎萊亞（Aquileia），這座城市在羅馬與邊境的中間點。最後因為軍隊裡有太多人生病，奧理略只好答應維魯斯返回羅馬的要求。但如願以償的維魯斯運氣不佳，離開阿奎萊亞幾天後，他就因中風死於阿蒂努姆（Altinum）。奧理略帶著弟弟的遺體回到羅馬。正如安東尼烏斯・庇烏斯一直以來希望的，現在他是唯一的皇帝。

奧理略沒什麼時間悲傷，但是他還是盡責地將弟弟封神。維魯斯的死使奧理略十九歲的女兒露琪拉成了「神明」（divus）的寡婦。她或許已經開始顯現出成為往後政治生涯特色的野心和無情，也或者奧理略覺得一位適婚年齡的公主太容易成為宮廷鬥爭的目標。他不顧一切，在元老院的誹謗聲中不等露琪拉服喪完畢就把她嫁掉。更糟的是，她的結婚對象不是地位顯赫的元老，而是騎士階級將軍克勞狄烏斯．龐培亞努斯。奧理略做這決定有很好的理由。在幾個女兒之中，他只替一個女兒挑了貴族丈夫，因為他擔心這會挑戰他的皇位繼承人盧基烏斯．康茂德的地位（在奧理略最小的兒子阿尼烏斯．維魯斯死於西元一六九年夏天之後，他就是皇帝唯一活著的兒子）。事後證明龐培亞努斯是王朝忠實的支持者，也是其他騎士重要的恩庇者。其中最重要的一位人物就是赫爾維烏斯．佩提納克斯（Helvius Pertinax），他受拔擢進入元老院，但之前他從未踏入元老院一步，也未擔任符合元老資格的財務官、市政官或法務官。他最終將當上皇帝，即使時間很短暫，也解釋了某些正發生在羅馬社會的變革，特別是瘟疫、戰爭以及傳統菁英分子無差別死亡的壓力。

露琪拉與龐培亞努斯的婚姻（露琪拉與母親小弗絲蒂娜兩人都激烈反對），並不是西元一六九年唯一的流言蜚語。羅馬必須為馬科曼尼戰爭招募新軍團，為了替軍團籌募資金，奧理略拍賣了一些皇室家庭裡的財物。這是古代史中十分出名的事件，也成為現代學者方便匆匆一筆帶過以證明羅馬帝國危機的史實，但它不僅如表面上所顯示是自我犧牲或個人拮据的舉動，而是在人口嚴重耗竭、可能無法支付稅金的時刻，不增稅就能增加國庫收入的唯一做法。新兵源過於短缺，以致於奧理略授權徵召角鬥士進入軍團，這史無前例的做法使得帝國各地公開競技比賽的價格上升，負擔因而落在當地官員身上，奧理略只好迅速制訂價格上限的規定。

各種財務上的緊急措施終於成功執行，於是西元一六九年底，奧理略準備回到潘諾尼亞。小弗絲蒂娜和年幼多病的皇位繼承人康茂德留在羅馬。龐培亞努斯與奧理略同行，擔任他的主要顧問，這表示露琪拉和許多東方戰爭的退役將領也與皇帝同行，包括萊利安努斯、圖斯庫斯和克勞狄烏斯・弗朗托（Claudius Fronto）。我們不清楚他們在哪裡過冬，或許在辛吉杜努姆（Singidunum）或希爾繆姆（Sirmium，兩座城市都在今日的塞爾維亞，前者是首都貝爾格勒，後者是塞爾維亞的斯雷姆斯卡・米特羅維察），此刻它們都將成為帝國顯赫的大城市。奧理略的多瑙河戰役確實成為巴爾幹各行省歷史上的轉捩點，之前這裡是文化沙漠，但之後卻逐漸都市化，散布各處的農場與村莊將使這個地區在接下來的幾世紀，成為帝國歷史上的中心地帶。在我們的故事繼續下去的同時，有更多巴爾幹城鎮，諸如穆爾沙（Mursa）、奈蘇斯（Naissus）、波埃托維歐（Poetovio）、塞爾迪卡（Serdica）、維米納丘姆（Viminacium）、尼科波利斯・阿德・伊斯特魯姆（Nicopolis ad Istrum），將會和辛吉杜努姆與希爾繆姆一樣重要。

馬庫斯自己率領西元一七〇年的主要攻勢，深入馬科曼尼的領土，向前衝鋒。這是一場徹底的敗仗，然而羅馬帝國卻有辦法將不足道的小衝突宣傳成一場偉大的勝仗，不過如今從史料看來，它連一丁點的勝利都談不上。這次戰役反而引發蠻族大舉入侵義大利。蠻族包圍阿奎萊亞城，深入北義大利平原。這是往後歷史的前兆，義大利必須有軍隊在阿爾卑斯山防禦，或者更理想的是，在阿爾卑斯山後方守衛。如果亞平寧山的防禦失敗，義大利半島就毫無希望，沒有駐軍了。西元一七〇年，巴爾幹也受到重挫。某個若非這次事件則名不見經傳的部落科斯托波奇（Costoboci），一路攻到希臘的亞該亞行省，遠至阿提卡，褻瀆艾盧西斯祕儀的神壇。這些侵略者的人數、部隊分配和路線我們完全無法得知，但是他們不只搶奪作物和綁架農夫，這些都是政府通常能容忍的損失；除此之外他們還奮力抵抗羅馬軍隊，造成顯著的重大死亡。西元一七〇年，名字已不可考的上默西亞總督被殺，也或許是因無能而被撤職。他的指揮權被經驗豐富的達契亞總督克勞狄烏斯・弗朗托取代，但後者也在該年底前在戰役中倒下。皇帝自己的軍隊也在多瑙河對岸被截斷，必須靠一支在瓦萊里烏斯・馬克西米安努斯（Valerius Maximianus）指揮下的特殊船隊，運送補給品給奧理略和他的軍隊。

同時，龐培亞努斯和副將佩提納克斯開始掃蕩義大利北部的不速之客。西元一七一年戰鬥持續進行，奧理略在今日維也納附近的卡儂圖姆（Carnuntum）坐鎮指揮。被龐培亞努斯趕出義大利的一支蠻族軍隊現在被困在多瑙河渡口並且被摧毀。奧理略將掠奪來的戰利品分給各省人民，而這些雖然只是小規模勝利，但造成的損害已足夠回到讓一群蠻族之間彼此勢力抵銷的傳統政策。這麼做似乎有效。西元一七一年秋天當戰爭季接近尾聲時，奧理略在卡儂圖姆接見各部族大使。夸地人與羅馬講和，他們願意提供補給品給羅馬軍隊，並同意阻擋馬科曼尼人或雅濟吉斯人（分別是他們西邊與東邊的鄰居）經過他們的領土。羅馬准許其他打敗仗的蠻族進入帝國領土，在內地行省定居。這一切開始看起來就像是回到如平常一樣的邊境事務，這是羅馬人樂見的結果，因為現在其他地方又出現紛爭。例如在安東尼烏斯・庇烏斯統治下曾經作亂的毛里人，再次越過直布羅陀海峽進入西班牙大肆掠奪，因此必須進行緊急處置，將帝國的西班牙塔拉哥納行省與沒有駐軍的貝提卡元老行省合併在單一軍事指揮官之下。

次年也就是西元一七二年，奧理略與夸地人締結和平條約的價值愈來愈明顯。多瑙河河灣中部和達契亞前線平靜無事，奧理略就能在河的另一邊發動第二次入侵，把目標集中在如今波希米亞地區的馬科曼尼部族。這又是一場艱辛的戰役，其中一位禁衛軍統領馬克里紐斯・文德斯在戰場上被殺。但是奧理略已經深得軍心，士兵們認為他有請求神明協助的超自然能力。據說有一次奧理略召喚閃電摧毀蠻族的某個戰爭器械，這事件被刻在硬幣上做為紀念；另一個例子是，他（或更確切來說是他寵信的埃及魔術師阿努非斯）召來一場暴雨，讓他乾渴疲憊的軍隊恢復精神；於是他們克服一切困難，贏得勝利。這兩次奇蹟都描繪在羅馬圓柱廣場上的奧理略柱上，錢幣上的圖畫似乎也將這奇蹟般的勝利歸功於奧理略。真正軍事勝利的規模或許不如這些宣傳品上的描述，不過奧理略和兒子康茂德在一七二年底都被冠上日耳曼尼庫斯（Germanicus，日耳曼征服者）的頭銜。康茂德或許曾經和父親一起在前線，這就表示西元一七二年底，大多數皇室家庭成員，包括小弗絲蒂娜、露琪拉和她的丈夫龐培亞努斯，都在卡儂圖姆。次年，小弗絲蒂娜被擁戴為「軍營之母」（mater castrorum），這表示士兵將她視為他們的恩庇者。過不了多久，其餘皇室成員也來到多瑙河畔與奧理略和小弗絲蒂娜會合，包括法蒂拉，她現在已經嫁給維魯斯皇帝的外甥普勞提烏斯．昆提魯斯；還有科尼弗琪雅，現在她已嫁給佩特羅尼烏斯．蘇拉．馬麥提努斯（Petronius Sura Mamertinus），他是庇烏斯的禁衛軍統領老馬麥提努斯的孫子。接著，壞消息從東方傳來。

第四章　安東尼王朝的末日

西元一七二年，就在奧理略宣布多瑙河前線打勝仗時，在尼羅河三角洲爆發了可能是一場全面叛變或是嚴重的盜匪活動。同時，帕提亞人設法讓亞美尼亞回到泰西封的保護下，這無疑是受到部分帝國軍隊從卡帕多奇亞移防多瑙河而壯了他們的膽。但由於多瑙河戰爭規模不小，表示奧理略無法給予東方必要的注意，而現在也沒有維魯斯可充當帝國的門面。長久以來擔任敘利亞總督，本身也是土生土長的敘利亞人阿維狄烏斯．卡西烏斯，在東方被賦予特殊的「指揮權」，自從一個半世紀前奧古斯都最信任的將領阿格里帕（Agrippa）的時代至今，除了皇室家族之外，沒有人能擁有這種權力。實際上來說，卡西烏斯已經成為奧理略在博斯普魯斯海峽以東的全權代表，而鎮壓下埃及就是他的第一項任務。

同時，奧理略在多瑙河另一邊度過西元一七三年戰爭季節的大部分時間，他或許曾經遠至今日波蘭的維斯瓦河（Vistula）上游。夸地人當然是目標之一，或許因為他們違背了不幫助馬科曼尼人的誓言。次年，奧理略轉而對付多瑙河灣另一頭的雅濟吉斯人，這裡就是多瑙河與喀爾巴阡山之間的匈牙利大平原，或者以羅馬人的說法，位於潘諾尼亞與達契亞。他成功拒絕雅濟吉斯人想取得的和平條約，寧可在西元一七五年持續戰鬥。該年發生某件比另一回合邊境戰爭更糟的事：算得上是奧理略最信賴的卡西烏斯叛變，宣布稱帝。

叛變的近因起於奧理略死於多瑙河的一則謠言。從回溯性與不夠可靠的史料看來，小弗絲蒂娜開始擔心已經染病的奧理略將會病死，於是通知卡西烏斯，要他準備在奧理略死後奪權。這故事根本上有其可信度，我們卻無法證實。不過無論卡西烏斯是否相信謠言為真，或謠言只是他用來當作實現野心的藉口，他於西元一七五年初被軍隊擁立為皇帝。忠於奧理略的卡帕多奇亞總督馬提烏斯・維魯斯一知道托魯斯山脈另一頭發生暴動，就捎信到多瑙河。奧理略沒有死，現在卡西烏斯事實上成為篡位者——知道真相後的他決定堅持叛變，爭奪皇位。卡西烏斯在東方很受歡迎（他的塞琉古王室身分提升了他在當地的地位），此外他還有過去曾替幾位將軍奪得帝位的強有力敘利亞軍隊在背後支持他。整個托魯斯山脈以南的羅馬都支持他，包括埃及與其重要的穀物補給。但是卡西烏斯在西方的元老同僚並不鼓勵他這麼做，他還必須盡快處理統領卡帕多奇亞軍團的馬提烏斯・維魯斯。

奧理略的情況令人憂心。健康狀況不佳的他很清楚卡西烏斯實力堅強。他迅速行動，派遣下潘諾尼亞總督維提烏斯・薩比尼亞努斯（Vettius Sabinianus）留守羅馬。元老院譴責卡西烏斯為「人民公敵」（hostis publicis），但奧理略知道如果這個人民公敵政變成功，情勢將完全逆轉。政變消息傳到羅馬，年少的繼承人康茂德負責監督發放皇帝免費送給人民當禮物的錢幣（liberalitas），以便在皇帝奧理略不在羅馬時安定人心。他到多瑙河與父親會合，並且一抵達之後，在傳統上於三月舉行慶祝男孩成為男人的利貝拉里亞節（Liberalia）之前，就已穿上成年服。他獲得「第一青年」（princeps iuventutis）稱號，在軍隊前露面，表示奧理略已有一名在他死後能繼承他皇位的子嗣，也藉此激發軍隊長久以來對王朝的情感。

奧理略對軍隊與元老院公開宣布，他不希望殺了卡西烏斯，也不希望他自殺，更不用說對帝國動武；反之卡西烏斯應該使自己成為奧理略寬大為懷的典範。即便是奧理略這樣一位如此寬厚的哲學家皇帝，這態度也令人難以置信。一旦發動篡位，羅馬帝國就不能容許這挑戰國家的人活下去，這是羅馬歷史上的鐵律。然而在奧理略被迫行動之前，卡西烏斯自己的一個百夫長就暗殺了他，皇帝因此鬆了口氣。馬提烏斯・維魯斯挺進敘利亞，平定叛亂。在皇帝命令下，他燒毀卡西烏斯未讀的信件。寬厚的奧理略不只赦免與卡西烏斯叛亂確實有牽連的人，也赦免那些可能被懷疑許久之前寫信給卡西烏斯的人。

考慮到卡西烏斯的人望，奧理略一刻不得久留，馬上動身前往東方。他與雅濟吉斯人談和，獲得薩瑪提庫斯（Sarmaticus，薩瑪提亞征服者）的稱號，並徵募大量雅濟吉斯人加入帝國輔助兵團，派他們到遙遠的不列顛尼亞去。奧理略將龐培亞努斯留在多瑙河當他的代理人，之後帶著家人啟程前往支持卡西烏斯的東方各省。和奧理略、小弗絲蒂娜與康茂德同行的執政官之一不是別人，正是自由民的兒子佩提納克斯，因此他甚至比他的恩庇者龐培亞努斯更足以成為帝國統治階級產生變化的指標。皇室一行人在東方過冬，該年小弗絲蒂娜死於卡帕多奇亞的提亞納（Tyana）附近的村莊哈拉拉（Halala）。奧理略將這村莊改名為弗絲蒂娜波利斯（Faustinopolis），元老院也依慣例將她封神，奉為天后弗絲蒂娜（diva Faustina）。

整體而言，奧理略極其寬宏大量，他准許卡西烏斯的小兒子自由行動，只流放他的大兒子赫利歐德羅斯（Heliodorus）。不過他大張旗鼓藐視卡西烏斯出生的城市居魯斯，禁止叛亂城市安條克的公開活動，同時也剝奪它「大都會」的種種權利。他對埃及的亞歷山卓處置較輕，而康茂德在父親死後也恢復了安條克的特權。更重要的是，奧理略裁定，今後不准任何人擔任自己出生行省的總督，唯恐激起危險的野心。經陸路回羅馬途中，他們停留在雅典，奧理略與康茂德一起參與艾盧西斯祕儀。奧理略也在此頒發藝術與科學的教授職位，包括斯多噶學派、伊比鳩魯學派、柏拉圖與亞里斯多德學派與其他學派的學者。

西元一七六年秋天，皇室一家回到羅馬，該年底，十一月二十七日，康茂德被授予「較高指揮權」（imperium maius），因此他就和維魯斯之前一樣，站在奧理略身邊。兩人聯合慶祝多瑙河戰役的幾場勝利。第二年康茂德和他的姊夫，也就是姊姊法蒂拉的丈夫佩杜卡烏斯・普勞提烏斯・昆提魯斯（M. Peducaeus Plautius Quintillus），兩人擔任執政官。十五歲的康茂德是羅馬歷史上最年輕的執政官，這顯然違背奧古斯都那披上共和國外衣、施行於帝國政府的《維利烏斯任職最低年齡法》（*Lex Villia Annalis*），當時此舉被視為公然冒犯古老傳統，但是在之後的幾世紀，小皇帝將愈來愈成為帝國政府的特徵。在年初開始擔任執政官之後的一個月，康茂德取得護民官權力。這表示和庇烏斯統治末期的奧理略一樣，現在他已擁有成為皇帝所需的一切憲政標誌。西元一七七年中，他正式成為奧古斯都。奧理略為慶祝兒子登基做的最後一件事，就是取消所有從西元一三三年至今國庫與皇帝私人財庫的未償還借款；奧理略的養祖父哈德良在西元一一八年也做過同樣的事，因此此舉不但是為了收買人心，同時也著重於勾起人民對王朝的記憶。

奧理略仍舊知道自己的日子所剩無幾，他對邊境所見感到不安。茅利塔尼亞・廷吉塔納行省的毛里人還是不受控制。有一群人再次進入貝提卡劫掠，甚至包圍辛吉利亞・巴爾巴（Singilia Barba，今日西班牙馬拉加省）的安特克拉城（Antequera），同時多瑙河也再次告急。雖然奧理略親自指揮戰役，他仍希望康茂德能獲得更多真實的戰爭經驗。出發前，為了延續王朝，他讓康茂德與布魯圖雅・克麗絲碧娜（Bruttia Crispina）結婚，她是哈德良時代的首要貴族後代；她的父親布魯圖烏斯・普萊森斯於西元一五三年擔任執政官時，已經是有頭有臉的人物。西元一八〇年，他再次被指派為執政官。西元一七八年八月，兩位皇帝前往多瑙河前線。龐培亞努斯一如往常和他們同行，現在已經是康茂德岳父的布魯圖烏斯也和他們一起前往。遠征軍裡的兩位禁衛軍統領塔魯提安努斯・帕提爾努斯（Tarruttienus Paternus）和蒂吉狄烏斯・佩倫尼斯（Tigidius Perennis），任期都到下一位皇帝的統治期為止。佩提納克斯被指派為達契亞的總督，支援主軍的側翼，帕提爾努斯則負責指揮集團軍；西元一七九年，戰役於多瑙河灣夸地人的領土上開打。現代學者對於奧理略是否打算征服該地並在多瑙河對岸設立新行省，看法不一。但無論文字史料或考古史料都顯示，在今日斯洛伐克與捷克共和國各地都有羅馬人的堡壘，當然我們很有可能認為這就是羅馬帝國想占領當地並設置行省的前奏。

然而在第二年戰爭季節一開始，奧理略再次病重。或許他的身體終於抵擋不住瘟疫，但是他一直不是個特別強壯的人，因此我們無法確定。我們也無法確定他最後被病魔擊倒時人在何處，或許是希爾繆姆附近。他喚來康茂德，把他托給自己的資深顧問團，並懇求康茂德繼續戰事，無論他是否願意打這場仗。之後這位老皇帝讓自己挨餓，或許希望如此能治好疾病。七天後，西元一八〇年三月十七日，他知道自己將要死去。當值班的軍事護民官請奧理略說依皇帝的職責設立暗號時，奧理略卻叫他去找康茂德。「去找初升的旭日，」他說，「我已日薄西山。」

就我們所知，身為唯一的皇帝，康茂德所做的第一個決定就是跟馬科曼尼人和夸地人簽訂條約。這份條約使多瑙河昔日的邊界線原封不動，阻止所有奧理略原本的帝國擴張計畫，並替該區域帶來持續半世紀的和平。條約內容大多以羅馬的利益為主。被擊敗的部族每年必須向帝國進貢穀物，還要提供一共兩萬名以上的士兵給帝國軍隊。他們會被派駐到遠方成為輔助部隊，遠離家鄉，打破任何可能殘存的部族認同感。羅馬人解除部分馬科曼尼人和夸地人的武裝，禁止他們攻擊鄰居雅濟吉斯人、布里人（Buri）和汪達爾人，除非得到羅馬人允許。羅馬人也禁止他們利用多瑙河上的島嶼，甚是連他們自己在河左岸一條土地都不行。只有在羅馬百夫長出面監督時，他們才能舉行大規模政治集會。

在許多方面來說，康茂德結束父親這場戰爭是明智的決定。此舉恢復昔日帝國偏好的做法，也就是恢復不值得花力氣去征服的地區的附庸國君主身分，確保這些附庸國必須倚靠羅馬才能穩固國內勢力。有個不在預期中但最後卻更持久的結果，是多瑙河各行省的文化與羅馬公民社會蓬勃發展，這要歸因於二十年戰爭期間投資在該地區的基礎建設。因此正如許多人所主張，奧理略這沒用的兒子丟掉他父親原先計畫的創造跨多瑙河行省的大好機會的說法，其實並不正確。沒有確切證據可證明奧理略計畫將帝國國界延伸到中歐，因此回到戰前現狀既是安全的策略也是明智的戰略。而且無論奧理略信任的昔日顧問也就是新皇帝的姊夫克勞狄烏斯．龐培亞努斯多麼反對回到羅馬，康茂德將會出現在人民面前，接受他們與元老院的讚揚。延誤返回羅馬將會滋長他們的憤慨，而軍隊的王朝統治將能使邊境相安無事一陣子。條約一簽訂，康茂德就以封神的奧理略的兒子，以及藉由征討帶來和平的使者身分出現在羅馬。他於西元一八〇年十月二十二日慶祝正式的凱旋儀式。

那場凱旋式或許非常華麗壯觀，康茂德的統治卻沒有好的開始——他的皇帝私人總管（a cubiculo）薩歐特魯斯（Saoterus）是個俾斯尼亞的自由民，卻跟皇帝一同坐在凱旋戰車上。無論他確實是康茂德的情人或這只是謠言，所有認為自己更值得被皇帝注意的人都痛恨薩歐特魯斯，這出身低的寵臣出現在皇帝身邊，也引起元老的反感。另一方面新皇帝首任兩位執政官也都是執政官的兒子，這種傳統主義者的對策或許能安撫某些元老的批評，而龐培亞努斯還是忠於康茂德，雖然他這位姊夫不願意聽從忠告。但新皇帝自己的姊姊卻沒有這種忠誠度。龐培亞努斯的妻子露琪拉試著組織政變，時間可能是西元一八二年。帝國宮廷陰謀背後的動機總是難以揭露，因為當時的作者往往和我們一樣如置身五里霧。我們的史料將原因歸咎於露琪拉的嫉妒心，但這當然不足以成為政變理由；或許她發現弟弟不夠順從，她痛恨自己的地位居於康茂德的妻子克麗絲碧娜之下。

露琪拉顯然很厭惡龐培亞努斯，這個她父親的奴才，也是自己一直不甘願寄託終身的丈夫。因此她與情人、奧理略外甥的養子烏米迪烏斯・夸德拉圖斯密謀對抗康茂德。與他們一起謀反的克勞狄烏斯・龐培亞努斯・昆提安努斯（Claudius Pompeianus Quintianus）是龐培亞努斯自己的姪子，令人想起「王朝的罪行與祕密政治活動」是元首制宮廷陰謀的核心。露琪拉想靠夸德拉圖斯與昆提安努斯殺掉她弟弟，但這場鬧劇卻在一團混亂中結束。正當康茂德走進競技場時，夸德拉圖斯迎向他，戲劇性地宣告元老院對他的敵意，而不是趕快解決他。政變還沒開始就結束了，夸德拉圖斯與昆提安努斯被逮捕並處決，露琪拉被流放，之後康茂德也仔細挑了一個時機把她殺了。

克勞狄烏斯・龐培亞努斯不再公開露面，他知道自己能活下來有多幸運。在最後一場多瑙河戰役之前由奧理略指派的兩名禁衛軍統領，則利用這場騷動除掉令人憎恨的皇帝私人總管薩歐特魯斯，他人被放糧食供應官（frumentarii，監督穀物補給的官吏）殺害，這些人往往被之前的羅馬皇帝當成祕密警察與特務。薩歐特魯斯死後，禁衛軍統領蒂吉狄烏斯・佩倫尼斯取代他，擔任皇帝最信任的私人總管職位。他說服康茂德讓同為禁衛軍統領的同僚塔魯提安努斯・帕提爾努斯成為元老，使他不符合擔任禁衛軍統領的騎士階級職位資格。然後他又造謠說帕提爾努斯也是露琪拉謀反計畫的一員，這項罪行使得這位新任元老被處死。德高望重的法官薩爾維努斯・尤利安努斯（Salvius Julianus，他的兒子娶帕提爾努斯的女兒為妻）、幾位前執政官以及皇帝自己的書記官維特魯威・塞孔都斯（Vitruvius Secundus）也同時被處死。此外被處死的還有奧理略最信任的兩名顧問昆提魯斯兄弟。可能牽涉叛國陰謀的其他行省的元老和將軍也被逮捕並處死。有多位在奧理略統治期最後幾年或在康茂德單獨統治的一開始被指派的官員，也遭到革職，其中包括三位未來的皇帝：當時的下日耳曼總督迪迪烏斯・尤利安努斯（Didius Julianus），他被迫退隱到出生地梅迪奧蘭姆（Mediolanum，今日的米蘭）；敘利亞總督赫爾維烏斯・佩提納克斯；以及第四斯基泰軍團（Legio IV Scythica）的軍團長塞提米烏斯・塞維魯（Septimius Severus）。在奧理略統治末期被指派為羅馬城長官的奧菲狄烏斯・維克多里努斯還是受到皇帝寵愛，並且任職到西元一八六年，但在那一年他被迫自殺，他是最後一個活得很久的前朝官員。

據說康茂德自己完全不再過問朝中事務，先把國事留給佩倫尼斯，之後又丟給他另一個寵臣奧理略・克里安德（M. Aurelius Cleander，他其實是奧理略的一個自由民，在被解放之後採用之前主人的氏族名和個人名）。佩倫尼斯當政是非常糟的一段時期，元老院對從糧食供應官（praefectus annonae，負責羅馬城穀物供給的騎士階級官吏）發跡的他充滿敵意。我們可以看見羅馬政府積極運作，而主導政府的是騎士階級官員，例如銘文中偶爾會記錄皇帝的諮詢會議（consilium principis），但有時候開會時卻沒有半個元老參加，這是迄今為止從未發生過的狀況。同樣聞所未聞的，是諮詢會議上明目張膽出現一個自由民，即便這自由民克里安德是根據叫做「恢復原狀」（restitutio natalium）的法律擬制（legal fiction），追溯性給予他自由的出身。在整個羅馬史上，自由民和閹人可以藉由主人獲得極大影響力，但那永遠是醜聞的來源，而且勢必要審慎處理。自由民參加排除元老的諮詢會議，令所有人感到不恰當。

最糟的是，雖然康茂德的將軍在前線所向披靡，他們也一直擁戴他為最高統帥，但朝廷和軍團長之間關係卻很差。在不列顛尼亞打了一場大勝仗、平定當地叛亂的將軍烏爾皮烏斯・馬可盧斯（Ulpius Marcellus）卻在兵變中被推翻。於是所有不列顛尼亞軍團的軍團長都被撤職，換成行伍中的騎士階級軍官。我們的確能見到在康茂德統治時代，指派騎士階級擔任重要職務的趨勢持續上升，唯有聲望最高的職位，主要是執政官，依舊留給昔日的執政官家族。最重要的軍團長職務被貶低，是元老院在各方面覺得深受汙辱的事情之一。這是佩倫尼斯必須承擔的責任，因為眾所周知皇帝對治國不感興趣。佩倫尼斯很快就垮台了。確切狀況曖昧不明，因為史料互相抵觸，不過看來可能是來自不列顛軍團的軍中代表團商議在一八五年將佩倫尼斯解職並處死。他們受到皇帝私人總管克里安德的教唆，現在政府落入他手中。

克里安德下定決心不讓任何一名禁衛軍統領干擾他對康茂德的掌控，因此在西元一八六至一九

○年間，這職務多次換人，而克里安德稱自己為「刀人」，是皇帝的私人保鏢，支配每一任禁衛軍統領。由於克里安德，佩倫尼斯的敵人現在重新掌權，其中包括未來的皇帝塞提米烏斯．塞維魯與赫爾維烏斯．佩提納克斯。相反的，奧理略信賴的人如羅馬城長官奧菲狄烏斯．維克多里努斯，寧可自殺也不願忍受克里安德公開販售公職的惡習。西元一八五年，當佩倫尼斯被派去管理不列顛尼亞，平息軍隊的騷動時，塞維魯首次受命擔任行省總督，被派往里昂高盧行省（Gallia Lugdunensis）。佩提納克斯再次面臨一場不列顛軍隊叛變，但不像一年前的烏爾皮烏斯．馬可盧斯，他沒被以羞辱的方式召回朝廷。他利用康茂德的偏執狂，宣稱康茂德的姊夫安提斯蒂烏斯．布魯斯（Antistius Burrus）與另一名努米底亞將軍阿利烏斯．安東尼烏斯密謀奪取皇位，後者是皇室親戚，不久前榮任亞細亞行省延任執政官。

我們無法確定這些陰謀背後的事實，但這一切或許是嘗試圖謀皇位的端倪，因為人們逐漸明白康茂德終將被推翻。我們知道，幾位主要的主謀，包括佩提納克斯、布魯斯和安東尼烏斯都在奧理略統治末期的馬科曼尼戰爭中崛起。他們必定熟識彼此，對康茂德政權的各種缺點都大有意見。與皇室關係密切的布魯斯與安東尼烏斯看似確實是適合的皇位候選人，而佩提納克斯以英雄之姿從不列顛返回羅馬，擔任「貧童補助金」監督（cura of the alimenta），這是個可以韜光養晦、避免惹麻煩的高尚職位。同時，膽子愈來愈大的克里安德在西元一八九年處死布魯斯和安東尼烏斯，也剷除顯然處處都想自作主張的一名禁衛軍統領，名叫阿提利烏斯．阿布提亞努斯（Atilius Aebutianus）。

克里安德飛黃騰達，佩提納克斯也一樣，他在西元一八八年前往阿非利加行省擔任延任執政官。我們應該注意這項指派對於佩提納克斯這種人是多麼特殊，因為亞細亞、阿非利加與希臘的亞該亞行省的延任執政官都跟昔日共和國元老總督職務之間有很強的關連性；正因如此，出身最高貴的元老們為此遭人嫉妒。佩提納克斯是自由民的兒子，雖然他出身騎士階級，他的功成名就都要歸功於龐培亞努斯以及之後可憎的克里提安等汲汲營營之輩對他施予的恩惠。佩提納克斯是一位優秀的將領，他的才華使他有升官的充分合理性，然而這一點並不能隱藏他一路往上爬時些微不恰當的新奇感；當他從阿非利加行省回到羅馬、擔任羅馬城長官時，這種情況就難以避免。

不列顛的紛擾，加上所有隨之而來的宮廷陰謀，並不是整個羅馬帝國唯有的不安定。西元一八五年，某個叫馬特爾努斯（Maternus）的人在上日耳曼尼亞造反，名為「逃兵之戰」（bellum desertorum）。這就是奧理略在多瑙河地區連年征戰的不幸後果，因為當時帝國為了打仗必須徵召許多忠誠度極為不足的士兵。放任他們無所事事，這些士兵就會聯合逃跑的奴隸、約僱勞工以及貧困農民等形形色色不滿分子一起叛變。有了這些增援，馬特爾努斯的反叛者就敢在戰場上挑戰羅馬軍團。帝國賜予第八奧古斯塔軍團一個新的榮譽頭銜「堅決忠實忠誠康茂德」（pia fidelis constans Commoda），好讓他們抵擋叛軍。西元一八六年夏天，叛軍遭到鎮壓，羅馬將領可能是赫爾維烏斯．克萊芒．德克斯特里安努斯（M. Helvius Clemens Dextrianus）。然而這次事件證明社會問題已經在帝國行省軍隊間擴散開來，只要有合適的事件結合在一起，就能爆發出之前潛伏的驚人暴力。

行省中的準軍事部隊暴動逐漸擴大，宮廷裡持續發生謀反事件，這表示政府秩序逐漸崩壞。由於克里安德販售官職，在西元一九〇年就有足足二十五位執政官，其中包括未來的皇帝塞提米烏斯．塞維魯。自從克里安德除掉帕提爾努斯，操弄偏執怠惰的康茂德並建立自己的霸權之後，即便是那些曾經因他而獲利的人也都痛恨他。克里安德一直相當受寵，卻無須與統治菁英結為姻親。

不過隨著更合適的騎士階級對手，糧食供應官帕皮里烏斯·戴奧尼修斯（Papirius Dionysius）的崛起，將會終結他在朝廷中的勢力。

西元一九〇年春天，帕皮里烏斯操弄首都的穀物供應，導致麵包短缺。如他所預期的，平民發生暴動，大概是在四月十九日於馬克西穆斯競技場（Circus Maximus）舉行的農業女神慶典（ludi Caerials）中。憤怒的群眾與一群被帶進競技場的孩子會合，他們開始吟唱，祈求上天降災禍給康茂德，又詛咒克里安德。聚集的群眾受到這精心安排的刺激，開始行動，他們走了幾英里路離開羅馬，來到康茂德躲藏的別墅中。當皇帝的情婦馬奇雅（Marcia）知道發生什麼事之後，便催促皇帝處決克里安德，她明白如果不加以安撫，這樣一群暴民會變得更可怕。嚇壞了的皇帝立刻處決他的私人總管，受克里安德提攜的那些人沒有一個願意動根手指頭保護他，特別是羅馬城長官佩提納克斯。曾經是奴隸的克里安德已經替他們鋪好權力之路，他們也已經從他身上得到自己需要的；他一死就沒有人能提醒這筆不堪的欠債。

克里安德的處刑引來更多殺戮。他的黨羽，禁衛軍統領尤利烏斯·尤利安努斯（Julius Julianus）謀害同僚雷吉魯斯（Regillus），接著皇帝又下令處死他。儘管有這許多陰謀，但有些真實、有些只是出於想像，還沒有人真的設法除去康茂德。然而到了西元一九〇年代初，顯然這位皇帝已經不再只是個任性的權威統治者，他墜入真正瘋狂的境地。他鑄造錢幣宣告嶄新的「康茂德黃金時代」（Golden Age of Commodus）來臨，而且不再稱自己為馬庫斯·安東尼烏斯，而是鑄造錢幣，印上自己原本的名字：盧基烏斯·埃利烏斯·奧理略·康茂德，藉此令人想起哈德良，同時暗中抹去對馬庫斯·奧理略的記憶。他還進一步訴諸哈德良的先例，讓自己成為雅典公民，和哈德良登記在同一籍貫區（deme，傳統的雅典投票團體）[1]，並且開啟一項至少將延續到加里恩努斯（Gallienus，西元二五三至二六八年在位）的傳統，雅典人民也回報他，於西元一八八／九年讓這位皇帝當他們的執政官（不同的希臘曆都使用與兩個羅馬年重疊的年份）。[2]

同時，康茂德愈來愈自比為神祇海克力斯（Hercules）。自從奧理略於西元一六六年讓康茂德成為「凱撒」之後，它就成為王朝宣傳方式的一小部分，不過從西元一九〇年代的硬幣上可以開始看出康茂德確實是海克力斯的化身。他到處設置自己扮成身穿獅皮、手拿棍棒的傳統海克力斯的雕像。這種英雄式的扮像或許是刻意要引起士兵的注意，尤其是城市平民士兵，但卻令元老大為反感。他們很樂意將已經死透了的皇帝們奉為神明，但卻無意侍奉一位自稱是神明的皇帝。現代學者不同意康茂德嚴肅看待自己的海克力斯身分。有人主張我們看到的是一種官方宣傳，皇帝在不同觀眾面前要扮演特定角色，但他並不必然真的認同這角色。雖然他可能只不過試圖傳達他與這位神祇的特殊關係，然而整個對他充滿敵意的歷史傳述卻一致宣稱他相信自己是神。此外還有其他跡象顯示他的瘋狂。

康茂德一直很喜歡競技場，樂於有角鬥士陪伴。現在，他的權力大到不受任何控制，他開始親自現身於競技場。角鬥士雖然往往是眾人的英雄，但毫無疑問是奴隸、野蠻人或罪犯。因此這位羅

1 審定注：deme是雅典村落或是市區裡的一區，是公民出生註冊地點，跟籍貫有關；登記到籍貫區，意思是成為雅典公民，因此能被選為雅典執政官。由不同籍貫區域所組等部落，才是政治運作的單位，如進行選舉及軍隊單位等。

2 審定注：因為希臘曆法從六月底或七月初開始，因此和一般陽曆差上半年，所以才會有西元一八八／九年的寫法，因為康茂德不知是雅典曆法的哪一月成為雅典公民及雅典執政官。

馬世界的統治者竟然扮演這自貶身價的角色，是對傳統價值的另一項重大的冒犯。更糟的是，此舉令人想起另一個同樣沉迷於不當行為的惡劣歷史範例，也就是演員與歌手（cytharode）——尼祿。無論是扮演神祇或角鬥士，元老院統治菁英都痛恨康茂德，而這位皇帝也對他們展開報復行動。他大肆肅清元老階級。在康茂德統治期的最後兩年，至少有十二名前執政官被處死。與之前的肅清行動不同的是，這次他處死的不只是個人，而是整個家族。

一個狂妄暴君的故事都是令人難以置信的，與此形成鮮明對比的是，康茂德的父親還曾經發誓絕不處死一位元老。根據謠言，康茂德甚至下令處死狩獵技巧和他一樣或勝過他的任何人，無論此人是不是元老。據說以毒針殺人的罪犯遍布羅馬街頭，使人染上瘟疫，在另一名典型暴君圖密善統治時期也曾經出現過同樣的謠言。但和過去一樣，元老院挑起的所有仇恨都無法拉康茂德下台。他自己的家人才辦得到。

有了新形象，皇帝周遭也圍繞著新的支持者，包括獨自擔任新任禁衛軍統領的努米底亞人埃米利烏斯・萊圖斯（Q. Aemilius Laetus），和名叫艾克雷圖斯（Eclectus）的皇帝私人總管，之前他曾經服侍盧基烏斯・維魯斯和烏米迪烏斯・夸德拉圖斯。替夸德拉圖斯工作時，艾克雷圖斯認識了他恢復自由身的小妾馬奇雅；夸德拉圖斯死後，她成為康茂德的小妾。康茂德在競技場上作樂，艾克雷圖斯和馬奇雅掌管宮廷，萊圖斯可說是統治了帝國。由萊圖斯做出的行省官員指派命令，對於我們了解康茂德垮台後的餘波蕩漾至關重要，即使學者也必須非常努力才能以令人信服的方式對其加以解釋。例如從來沒有待過北方邊境的塞提米烏斯・塞維魯被指派擔任上潘諾尼亞三個軍團的指揮官，而他的哥哥塞提米烏斯・傑塔（Septimius Geta）則掌管下默西亞及其兩個軍團。另一位阿非利加行省元老克洛狄烏斯・阿爾比努斯（Clodius Albinus）被派往不列顛尼亞，這裡依舊是個棘手的軍事指揮區，而他的親戚阿塞利烏斯・埃米利安努斯（Asellius Aemilianus）被指派為亞細亞行省的延任執政官。之後成為塞維魯王朝重要後盾的科內留斯・阿努利努斯（Cornelius Anullinus），也在這段期間首次接受指派。以上幾位只是這時掌控行省指揮權的其中幾位阿非利加人，或許因為他們都曾在赫爾維烏斯・佩提納克斯底下工作，我們因此能找到他們的關連性。新的埃及長官馬戴尼烏斯・薩比努斯（Mantennius Sabinus）或許也在某方面和佩提納克斯有關係。證明自己劫後餘生的佩提那克斯確實在康茂德統治期間的一切動亂之後飛黃騰達。他在羅馬城長官任期間表現十分成功，因此他與皇帝兩人都被指派為西元一九二年的正規執政官。到了任期開始時，佩提納克斯已經加入推翻皇帝的陰謀。

出於不明原因，萊圖斯決定讓佩提納克斯成為康茂德的接班人。既是唯一一位禁衛軍統領又與宮廷裡的人過從甚密，萊圖斯的地位足以確保推翻皇帝的陰謀不會出錯。整個北方各行省的盟友都已到位，規模最大也最有可能造反的敘利亞軍隊也在佩斯切尼烏斯・奈哲爾（Pescennius Niger）的控制之下，這是個無足輕重的人，而據說他的任命是歸功於康茂德一位喜愛的運動選手。

康茂德的行為愈來愈怪異，這一點促使密謀者謀反。西元一九二年，他正式將羅馬城重新命名為康茂德城（colonia Commodiana），事實上是讓這座永恆之城隸屬於自己之下。他也把一年的每一個月份重新以他浮誇並且想像中的帝國命名法命名，目前為止他已在自己頭銜之後加上「亞馬遜戰神」（Amazonius）和「至高無上」（Exsuperatorius）等史無前例的名字，不只對他有敵意的文獻這麼說，銘文也證實這一點。扮成海克力斯的康茂德也沉醉在新的殺戮儀式中。在西元一九二年十一

N
弗拉米尼亞門
品奇阿納門
艾利克斯
維納斯神廟
諾門塔納門
幸運女神神廟
禁衛軍
練兵場
禁衛
軍營
奧古斯都和平祭壇
奧古斯都
陵墓
哈德良陵墓
戴克里先
浴場
台伯河
奧古斯都日晷
奧理略太陽神廟
聖天使橋
尼祿橋
塞拉比斯神廟
22
提布地納門
19
阿格里帕橋
莉維亞
廊柱
提圖斯
浴場
圖拉真
浴場
塞普提
米亞納門
尼祿金宮
遺址
奧理略橋
圓形競技場
卡斯特倫
希安圓形劇場
刻瑞斯、利貝爾與
利貝拉神廟
神聖克勞狄
烏斯神廟
塞提米
烏斯・塞維魯宮
月神廟
馬克西姆斯競技場
阿斯馬里亞門
普羅布斯橋
密涅瓦
神廟
戴安娜
神廟
台伯河
良善女神
神廟
麥特羅
尼亞門
波圖努斯門
埃米利亞
廊柱
德西烏斯
浴場
卡拉卡拉
浴場
拉丁門
加爾巴
倉庫
奧斯提恩塞門
阿底亞廷斯門
阿庇
亞門
0 500 1000 公尺
0 1500 3000 英尺
1. 埃拉伽巴爾神廟
2. 維納斯和羅馬女神神廟
3. 圖密善宮
4. 阿波羅神廟
5. 提庇留宮
6. 和平神廟
7. 涅爾瓦廣場
8. 奧古斯都廣場
9. 尤利烏斯・凱撒廣場
10. 圖拉真廣場
11. 馬可盧斯劇場
12. 屋大維廊柱
13. 巴爾布斯劇場與地窖
14. 米努西亞糧倉廊柱
15. 阿格里帕浴場
16. 伊西絲神廟
17. 萬神殿
18. 尼祿浴場
19. 圖密善劇場
20. 圖密善競技場
21. 神聖哈德良神廟
22. 克勞狄烏斯拱門

地圖11　皇城羅馬

月的幾場粗俗的競技中，他宰殺許許多多紅鹿與獐鹿、獅子與花豹，用特殊的箭射下鴕鳥的頭，好讓沒頭的鴕鳥在場中跑了一陣子。在當時出席的歷史學家元老卡西烏斯・狄奧（Cassius Dio）對某個場面出了名的描述中，在一群被強迫從特別樓座觀看表演的元老面前，康茂德揮舞著被切斷的鴕鳥頭，宣布他希望用同樣的方式砍下整個元老院所有人的頭。

他更進一步，把圓形競技場（Colosseum，意指「巨像」）名稱由來的太陽神阿波羅巨大雕像的頭，換成自己的頭像，此舉不幸呼應建造雕像的暴君尼祿；他還替雕像搭配象徵海克力斯的配件，一根棍棒和一隻蹲伏的獅子。這些踰矩的行為讓流竄的謠言顯得可信度更高，例如皇帝將在他的競技比賽中射死觀眾，逼他們扮演被海克力斯射下的斯廷法利斯湖怪鳥（Stymphalian birds）[3]，或者他計畫打扮成角鬥士，親手謀殺一九三年的正規執政官索修斯・法爾科（Sosius Falco）和蓋烏斯・埃魯修斯・克拉魯斯（Gaius Erucius Clarus），然後自己擔任唯一的執政官。一場不祥的地震清楚表明，即便神祇似乎也勃然大怒，地震造成的大火摧毀羅馬許多圖書館和檔案館，巨大的和平神廟也被大火吞噬。維斯塔神廟也遭到同樣下場；為拯救神聖的密涅瓦神像，維斯塔貞女（Vestal Virgins）被迫史無前例地暴露在公眾視線之下，經由聖道（Via Sacra）公開穿越羅馬城，被帶往位於巴拉丁諾山的皇室宮殿裡安放。放棄巴拉丁諾山而改住在凱里歐山更私密別墅裡的康茂德，不再被准許更進一步激怒上天。

萊圖斯和艾克雷圖斯將皇帝的小妾馬奇雅納入他們的陰謀之中。西元一九二年的除夕夜，她對

3　審定注：這是海克力斯完成的十二件功勞之一。

皇帝下毒。毒藥使他入睡，但壯碩魁梧的皇帝很快就在一陣嘔吐中醒來，逐漸恢復。艾克雷圖斯和馬奇雅只好找來康茂德定期訓練的角鬥士納西瑟斯（Narcissus），把皇帝勒死在浴缸裡。

第二天早上佩提納克斯稱帝。我們的史料同意殺死康茂德的最後決定十分突然，但它也清楚顯示這陰謀籌劃已久。連佩提納克斯最初的恩庇者，現在已經退隱十年以上的克勞狄烏斯．龐培亞努斯，當康茂德死時他人也在羅馬。跟同時是奧理略的女兒、也是維魯斯的寡婦的露琪拉結婚的龐培亞努斯，對於政權突然轉移的狀況可以提供道德上的支持與對王朝正統性的明確意向。但年高德劭、又有避免禍事的神奇直覺的龐培亞努斯，沒有去爭奪已經祕密指派給他人的帝位。佩提納克斯接到康茂德被殺害的消息時，他已經在禁衛軍的軍營裡，這證明他也是涉入很深的共謀者。他帶領一批禁衛軍在黎明之前抵達康茂德位於凱里歐山的住處。他以繼任康茂德成為新任最高統帥的身分出現在護衛宮廷的軍隊面前。這些士兵滿腹狐疑，一時反應不過來，他們拒絕相信康茂德是自然死亡。但到了西元一九三年元旦早晨，士兵們已經擁戴佩提納克斯為他們的皇帝。

元老院開放時，佩提納克斯做出現在已成傳統的「拒絕帝權」手勢，他不想肩負皇帝的重擔，他是這麼說的。不過他的元老院同儕熱烈擁護他，他們拚命誹謗關於康茂德的記憶，大聲要求損毀他的屍體——他們的用詞是「用鉤子拖」。但是佩提納克斯比他們明理，他知道大多數軍隊都尊敬而非憎恨康茂德。他容許人們把康茂德的雕像推倒，但是他已經安排將他的屍體安全埋葬在哈德良陵墓中。他不敢挑釁那些依舊對康茂德充滿敬意的人。

禁衛軍依舊心懷怨恨與懷疑，而這死去的海克力斯的揮霍無度使國庫空虛，以致於佩提納克斯要變賣皇帝家中的物品來支付給禁衛軍的登基賞金。同時，政變消息也傳到行省總督耳裡。到了三月時，所有人都宣布佩提納克斯繼任為皇帝，但似乎沒有人非常滿意。西元一九三年下半年就在稱帝的宣言的騷動和展開一場為期五年的混亂內戰中度過。帝國其中一位有志之士是上潘諾尼亞總督塞提米烏斯·塞維魯。再回到主要敘事之前，我們必須關注一下他的出身，因為他與他未來的競爭者克洛狄烏斯·阿爾比努斯就足以說明，羅馬各行省是如何取代了帝國中央政府舊日的優勢。

第五章　塞提米烏斯．塞維魯與其對手

塞提米烏斯．塞維魯來自的黎波里塔尼亞（Tripolitania）的大萊普蒂斯（Leptis Magna），這裡位於現今利比亞的胡姆斯（al-Khums）附近。大萊普蒂斯是古代布匿人的根據地，它和比較傾向義大利、與義大利經濟整合度更高的努米底亞與阿非利加行省的市區不太一樣。傑貝沙漠（Jebel desert）離大萊普蒂斯的海岸綠地不過數英里遠，在鄉間常用的新布匿語依舊是整個羅馬帝國時代許多人使用的語言。自從共和國中期以來，大萊普蒂斯一直與羅馬保持良好關係，當羅馬與朱古達（Jugurtha）的努米底亞王國作戰時，它成為羅馬的結盟城市。此後大萊普蒂斯持續享有來自這相當早期與羅馬建立的關係帶來的地位，即便當它在西元前四〇年代，它在內戰的阿非利加戰局中因支持龐培一派對抗凱撒而被徹底摧毀之後，依舊享有如此地位。

但在這之後，大萊普蒂斯的富裕家族全心全意投入奧古斯都統治下的新世界。他們接受帝國的君主崇拜，並且從克勞狄烏斯皇帝時代開始，許多人也獲得羅馬公民權，因此如馬奇烏斯（Marcii）與阿尼烏斯（Annaei）等重要家族被授予公民權，都可追溯至克勞狄烏斯的時代。然而到了尤利烏斯—克勞狄烏斯王朝的時代，都市菁英不再使用布匿人的名字。最後，在西元七〇年代末，大萊普蒂斯被賦予拉丁自治城市（municipium ius Latii）的地位，當地的雙首長制可以有保留他們舊有布匿名稱 sufetes[1]的特權，而不是和大多數城市一樣，使用它的拉丁化名稱 duoviri（雙市長的意思）。賦予大萊普蒂斯自治城市名銜，代表當地首長在擔任官職時自動成為羅馬公民，也表示這些人之中較有錢的人在取得公民權的同時也可以成為騎士階級。騎士階級中的第一批大萊普蒂斯人出現在圖拉真統治時期，他將這座城市的地位提升為「殖民地」，也就是我們所知的「忠誠圖拉真」（Ulpia Traiana fideli），這表示城市裡的所有居民現在都被賦予羅馬公民權，而布匿名稱「士師」也終於被羅馬人的「雙市長」取代。單從這件事看來，大萊普蒂斯的成功似乎令人刮目相看，但與它的西方那些羅馬化行省如阿非利加等地相較，這座城市其實不僅偏遠也發展得較遲，更不用提已經不只培育出羅馬騎士階級，甚至還有元老的西班牙各行省與那旁高盧行省。在數世代進入羅馬帝國政府為官的的黎波里塔尼亞人身上，從這個行省出身的痕跡依舊清晰可見，未來的皇帝塞提米烏斯・塞維魯就是其中之一。

到了西元二世紀末，大萊普蒂斯裡大多數重要的家族都在義大利擁有田產，塞提米烏斯・塞維魯家族也不例外。關於這位未來皇帝確切的世系有些假設時期，但我們知道這個家族在維伊地區（Veii，位於羅馬西北方十六公里，為古代伊特魯里亞人的重要城市）以及羅馬北方的其他地方擁有義大利田產。塞維魯的名字來自祖父，老塞維魯在提圖斯或圖密善統治時期來到義大利，跟隨著名

1 編按：sufetes（士師）是西地中海腓尼基語族中，城市最高執政首長的名稱。

的修辭學家昆體良（Quintilian）學習。在義大利，來自塞提米烏斯．塞維魯家族的老塞維魯成為第一位晉升騎士階級的大萊普蒂斯人。老塞維魯的下一代，包括未來皇帝的父親傑塔，在哈德良與安東尼烏斯．庇烏斯統治之下成年，也目睹來自大萊普蒂斯的親戚首次成為元老，塞維魯皇帝的兩個叔伯或堂兄弟官位都高至執政官。塞維魯皇帝自己出生於西元一四六年四月十一日。到了庇烏斯於西元一六一年去世時，塞維魯已經跟著他哥哥來到義大利接受進一步教育，或許也獲准當官。他，更確切來說是整個家族，就是帝國各角落都可發現典型追逐名利的行省權貴，在這些地方公民權授予對象只侷限在相當少數富有的人。來自於行省顯赫家族的他關係良好，可供運用的錢財也很多，因此唯一問題就是他是否能在帝國政府中開展元老或騎士的貴族生涯。

我們已經見到，帝國除了採行階級制度，並極其依賴恩庇者之外，它也實施卓越的菁英管理。即使古代羅馬帝國的官僚組織愈來愈複雜，統治階級最底層與最高層之間的距離，也遠比現代一名資淺的公職人員與元首之間的差距小得多，無論是在多小的國家。一個人除了身世良好、政治手段高明，如果他擁有顯著能力，就一定能被人注意；如果這能力有時是危險的，適當加入好運就能產生戲劇性的影響。與恩庇者的關係讓年輕的塞維魯受到新皇帝奧理略的矚目，這位阿非利加人被授予「寬紫綬帶」（latus clavus），這是托加長袍上一條有象徵意義的寬帶，使他能踏上元老生涯，從二十六人團（Vigintisexviri）這元老最基本資格的官員做起，往上晉升到財務官與更高的階級。西元一六二或一六三年，在安東尼烏斯．庇烏斯統治時期，在剛當上執政官的叔伯（也或許是堂兄弟）塞提米烏斯．塞維魯要求下，塞維魯於西元一六四年進入二十六人團。他一開始並不被看好，即使他哥哥塞提米烏斯．傑塔在不列顛第二奧古斯塔軍團擔任軍事護民官，他也沒有得到相同職位。據推測塞維魯在法庭中擔任律師來磨練演講術，希望能受到賞識，但在瘟疫蔓延的西元一六七與一六八年，他回到阿非利加行省，並且在可能毀了他的一場通姦指控中逃過一劫。

西元一六九年他回到羅馬，在十二月五日進入元老院擔任財務官。這時期在瘟疫和馬科曼尼戰爭的雙重壓力下，管理階層人力資源十分吃緊，塞維魯必須連續擔任兩屆財務官。當哥哥塞提米烏斯·傑塔擔任安科納（Ancona）的管理者時，塞維魯被選定前往貝提卡擔任延任執政官科內留斯·阿努利努斯的財務官；在塞維魯當上皇帝之後，阿努利努斯成為他最堅強的後盾之一。不過當我們在第四章提到過的毛里人入侵，導致貝提卡短暫被置於西班牙塔拉哥納行省總督管理之下時，阿努利努斯被派往薩丁尼亞。塞維魯在那裡度過財務官第二次任期，這裡是整個帝國中最輕鬆的職務之一。接著在進入元老階級、度過平淡無奇的五個年頭之後，幸運之神來敲門了。

西元一七三年，他的叔伯（也或許是堂兄弟）塞提米烏斯·塞維魯被選為阿非利加行省的延任執政官，這對於一位元老而言是前三名聲譽最高的行省長官之一，於是他帶著姪子塞維魯，擔任「握有法務官權力的代表」（legatus pro praetore）。這是一大進展。同年，塞維魯娶了大萊普蒂斯人帕恰·馬奇亞娜（Paccia Marciana）為妻，她可能陪同他在西元一七四年回到羅馬，他以皇帝所推薦的人選而當上平民護民官。我們不清楚是誰替他牽的線，但是他的運勢扶搖直上，西元一七六年，當西班牙塔拉哥納行省總督執行軍事任務時，他被指派為行省巡迴法官（iuridicus）。他的下一項指揮任務是擔任敘利亞第四斯基泰軍團的軍團長，這項指派要不是在奧理略在位的最後幾週，就是康茂德單獨統治的最初時期。

敘利亞有三個軍團：安條克附近的第四斯基泰軍團；薩摩薩塔的第十六忠實弗拉維亞軍團

（Legio XVI flavia）；以及阿帕米亞（Apamea）附近位於拉發內亞（Raphaneae）的第三高盧軍團。第四斯基泰軍團是資深指揮官位置，這是塞維魯已經爬到高位的象徵，此外，在敘利亞任職時，他建立了對未來有極大影響的人際關係。在擔任軍團長時，某次他深入內地，來到阿拉伯小鎮埃邁沙（Emesa，今日的荷姆斯）。這裡是還在帝國境內敘利亞最東部的城市，接下來就要進入真正的沙漠，沙漠裡有一座綠洲與駱駝商隊城市帕邁拉（這是希臘名稱，不過以當地方言亞蘭文也可讀做泰德穆爾〔Tadmor〕）。埃邁沙創建於西元一世紀，是龐培摧毀塞琉古王國之後留下的城邦遺跡。這座城市是羅馬重要的盟友，各個共和國末期統治者都曾向它獻殷勤。在邁入西元後的世紀之交，埃邁沙人是羅馬帝國的附庸國，大致上他們依舊對帝國忠心耿耿，共同對抗帕提亞人和反叛的猶太人。然而當中心的統治者一一凋零，在弗拉維王朝的某個時候，這座城市被併入羅馬帝國的敘利亞行省。這些王朝統治家族的旁系後代繼續開枝散葉，埃邁沙也依舊是文化樞紐，位於阿拉伯內地與敘利亞海岸城市之間，它的文化根源是腓尼基與希臘，而非阿拉伯。

埃邁沙以神祇埃拉伽巴爾（Elagabal）的發源地而聞名（Elagabal的意思是山神：gab和閃語原型jeb意思相同，也就是直布羅陀〔Gibraltar〕的阿拉伯語Jeb-el-Tarek的來源）。這位古代神祇以內在於一顆黑石的形式受人崇拜，不過它常等同於太陽神，因為受過教育、說希臘語的人常以簡易但錯誤的詞型變化，把埃拉伽巴爾的閃語名字轉換成希臘化的赫利歐伽巴路斯（Heliogabalus）。膜拜埃拉伽巴爾的世襲祭司是昔日王室後代，到了西元二世紀末，他們已經取得羅馬公民資格。在塞維魯停留在埃邁沙時，大祭司是一位名叫尤利烏斯·巴西安努斯（Julius Bassianus）的公民，他的家族名或許是從閃語的祭司頭銜（basus）創造而來。塞維魯與大祭司的關係很重要，因為不久他將會娶巴西安努斯的長女尤莉雅・多姆娜（Julia Domna）為妻；而許久之後，巴西安努斯的小女兒尤莉雅・梅薩（Julia Maesa）也將監督塞維魯王朝於三世紀的第二個十年再次復興。

正如第四章提到的，在康茂德的禁衛軍統領蒂吉狄烏斯・佩倫尼斯的命令之下，塞維魯的敘利亞指揮權被解除，之後他在雅典待了一陣子，又遊歷東方各地，遠離義大利，直到西元一八五年佩倫尼斯垮台為止。之後他被派去管理里昂高盧，這是個很大的行省，但軍事指揮權無足輕重，因為此地沒有軍團駐守。塞維魯的妻子馬奇亞娜死於高盧，在西元一八七年結束之前，他被派往埃邁沙，請求他的老友巴西安努斯把女兒尤莉雅嫁給他。婚禮於西元一八七年舉行，西元一八八年四月四日，這對新婚夫妻生下了一個兒子，取名為巴西安努斯。西元一八八年，塞維魯和尤莉雅回到羅馬，塞維魯被指派統馭西西里。等到他接下這也不是非常重要的新職務時，次子塞提米烏斯・傑塔出生了。西元一九〇年，受佩提納克斯或克里安德恩寵的塞維魯成為那可恥的一年中惡名遠播的二十五位執政官之一，不過等到塞維魯從西西里回到羅馬時，克里安德已經失勢。塞維魯被控叛國，在禁衛軍統領尤利烏斯・尤利安努斯面前接受審判，這或許是因為他專注於神諭及預言，而這些都在他後來的生涯得到驗證，但似乎對康茂德最後幾年妄想偏執的統治造成威脅。塞維魯被判無罪，指控他的人被釘十字架，但流言蜚語揮之不去，在事件的餘波中，他一整年都無官可做。

不過幸運再次降臨。接下來的宮廷動亂讓塞維魯重新掌權，西元一九一年夏天，新任禁衛軍統領萊圖斯建立的政權指派他管理上潘諾尼亞，這對一個至今為止仕途乏善可陳的人而言是相當驚人的晉升。潘諾尼亞是帝國派駐軍隊最多的省分之一，有整整三個軍團，而且此地方便進出義大利。國家只會把這種權力交給備受信任的人，因此他也極有可能參與反對康茂德的陰謀。由於所有北方邊境的資深指揮官對萊圖斯政權與他的新皇帝佩提納克斯依舊忠心耿耿，很有可能他們知道一場政變即將到來。但是沒人能預測到佩提納克斯將是多麼不穩定的統治者。

正如我們所見，羅馬禁衛軍一開始就對新皇帝有敵意，原因我們並不完全明白，最終他們還是推翻了他的政權。幾乎在佩提納克斯一登基就立刻有人試圖叛變，而在他離開羅馬城前往奧斯提亞（Ostia）與供應穀物的地方財務官（procurator）商議時，又接著發生第二場叛變，此人剛好是來自敘利亞的埃邁沙人，名叫尤利烏斯・阿維圖斯・亞歷克西安努斯（C. Julius Avitus Alexianus），他是尤莉雅・多姆娜的妹夫。造反的禁衛軍企圖把執政官索修斯・法爾科拱上皇位，但是叛變失敗，元老院將法爾科判處死刑，但佩提納克斯赦免了他，同時保證在他統治期間不會處死任何一位元老。這與一般皇帝宣誓不會處死元老，除非元老院自己判元老死刑的標準誓言有顯著差距。這一類虔誠的表態使佩提納克斯死後備受敬重，但卻沒能讓他保住性命。在叛變與手忙腳亂試圖篡位的事件後，有幾名士兵被處死，但是聽說佩提納克斯在元老院違背了對士兵的承諾，他立刻遭遇第三次武裝叛變。這位新皇帝自稱慷慨，但或許遠非如此。他支付比原本承諾數量還少的登基賞金，然後又對此事遮遮掩掩。最後萊圖斯轉而對付他的盟友，拒絕出手阻止禁衛軍於西元一九三年三月二十八日所採取的行動。

當天早晨皇帝回到宮殿，他發現自己被數百名叛變的禁衛軍攻擊，許多宮廷人員也加入他們，因為他們喜歡在康茂德統治下奢華無度的生活勝過佩提納克斯人盡皆知的吝嗇。佩提納克斯沒有召集由他岳父蘇爾皮恰努斯（Sulpicianus）指揮的警衛隊或依然忠於他的騎兵衛隊，反而秉持他個人權威，挺身面對叛變者。他的冷靜自持使這些人一時之間感到慚愧膽怯，但接著一個名叫道西烏斯

（Tausius）的通格里人（Tungri）衛兵（我們鮮少能知道一個普通士兵的名字）拔出劍攻擊皇帝。害死康茂德的皇帝私人總管艾克雷圖斯獨自護衛佩提納克斯，在傷了兩名衛兵之後被人殺死。佩提納克斯向朱比特祈禱，並且模仿凱撒死前以托加蓋在頭上的動作，之後被砍成碎片。他們砍下佩提納克斯的頭插在長矛上，於是他短短八十七天的統治期就此結束。這是一場在眾人意料之外、且沒有經過商議的單純叛變。沒有人出來繼承皇位，羅馬城立刻陷入癱瘓。

身為皇帝的岳父，羅馬城長官蘇爾皮恰努斯想要自己披上紫袍，但是禁衛軍不接受他們剛殺掉的人的親戚當皇帝。反之，有一隊衛兵在元老院前方集結，直到他們看見可能的皇帝候選人迪迪烏斯・尤利安努斯，他是所有執政官中最資深的元老，於是他們開始慫恿他登上皇位。然而在護衛他前往禁衛軍軍營時，他們發現自己與支持蘇爾皮恰努斯的敵對衛兵不分勝負。接下來發生的事在羅馬史上惡名昭彰：禁衛軍把帝國賣給出價最高的人。皇帝人選懸而未決，因為尤利安努斯和蘇爾皮恰努斯提出的登基賞金一個比一個高，直到尤利安努斯提出付給每人兩萬五千賽斯特提銅幣，並答應恢復有關康茂德的記憶，以及赦免謀殺佩提納克斯的凶手後，他終於打敗對手。當天晚上，在兩位新指揮官帶領下，禁衛軍以完整的戰鬥陣列護送尤利安努斯到元老院，元老們早已摒息等待結果。面對這既成事實，他們只能默默接受。

城市平民沒有元老們那樣寬容。到了第二天，三月二十九日，尤利安努斯回到元老院時被他們丟擲石塊，街頭有節奏地迴響人民吟唱的汙辱言語，聲稱他是搶匪和弒父母的叛逆之人。在克里安德垮台時已經出現過的這種有韻律的吟唱，愈來愈常成為皇帝與臣民間重要的政治溝通形式。雖然它也可以在精心安排下表示人民的贊同，但在充滿敵意時，它卻是極具威脅性的行為。同樣一群吟唱的民眾開始大喊著佩斯切尼烏斯・奈哲爾，他是統領三個軍團的敘利亞總督，他們呼喚他來拯救這被俘虜的城市。顯然尤利安努斯應該能預期他的統治將受到挑戰。

塞維魯的多瑙河軍隊打算比敘利亞的奈哲爾更快行動，他在奧斯提亞和羅馬的親戚與盟友已經告知他這些事件。在佩提納克斯被謀殺的兩週內，塞維魯就採取行動。鄰近的總督與軍團都是他的後盾，包括他在默西亞的哥哥塞提米烏斯・傑塔、他在下潘諾尼亞的友人瓦萊里烏斯・普登斯（C. Valerius Pudens），以及日耳曼與阿爾卑斯山的將軍們。四月九日，在佩提納克斯被殺害的十二天後，塞維魯被通常駐守在卡農圖姆的羅馬第十四雙子軍團（Legio XIV Gemina）擁立為奧古斯都。他告訴軍隊，他將替被謀害的佩提納克斯報仇；在奧理略統治時期，塞維魯曾在不同時間率領過的潘諾尼亞、默西亞和達契亞軍團，都將崇敬佩提納克斯的記憶。在他的新稱號「凱旋將軍・凱撒・L・塞提米烏斯・塞維魯・佩提納克斯・奧古斯都」（Imperator Caesar L. Septimius Severus Pertinax Augustus）中，塞維魯公開宣揚他效忠被謀殺的前任皇帝。他接受軍隊擁立為凱旋將軍，然而他卻刻意大張旗鼓拒絕宣告擁有護民官權力，直到他受到元老院的正式支持。他的下一步就是孤立他在西邊唯一潛在的對手，不列顛尼亞的克洛狄烏斯・阿爾比努斯。

阿爾比努斯和塞維魯一樣來自阿非利加行省，不過他母親那邊也有可能是迪迪烏斯・尤利安努斯的親戚。他同樣指揮一支相當龐大的軍隊，由三個身經百戰的軍團以及人數更多的輔助兵團組成。如果想前進義大利，塞維魯不能冒著有人在西北側翼挑戰他的風險。因此他賜予阿爾比努斯凱撒的頭銜，也就等於指定他為塞維魯的皇位繼承人。阿爾比努斯接受了，並以克洛狄烏斯・塞提米烏斯・阿爾比努斯・凱撒（D. Clodius Septimius Albinus Caesar）當作他的名字。從阿爾比努斯的角度看來，也因為塞維魯的孩子都十分年幼（巴西安努斯五歲、傑塔三歲），在義大利等待時機顯然比起浪費精力在北方邊界發動內戰，來得更明智。很肯定的是羅馬將會有一場戰爭：已經被暴民當成皇帝的佩斯切尼烏斯·奈哲爾，在佩提納克斯的死訊一傳到敘利亞的安條克，也就是塞維魯在卡儂圖姆被軍人擁立時，就自稱為皇帝。整個帝國東部，包括富庶的埃及，都支持奈哲爾，因此對塞維魯而言，抵達羅馬、受到元老擁戴、確保被授予護民官權力以取得皇位合法性變得更加重要。一旦如此，他就能鞏固地位。相對於奈哲爾在東方的十個軍團，他擁有西方的十六個軍團。在努米底亞的第三奧古斯塔軍團已經選擇支持塞維魯，使奈哲爾與阿非利加隔絕開來，塞維魯的哥哥塞提米烏斯·傑塔也從默西亞挺進並占領色雷斯，並且從色雷斯控制通往小亞細亞的各個要道。

迪迪烏斯·尤利安努斯缺乏類似的良好的策略判斷力。他沒能駐守阿爾卑斯山隘口，以致於讓塞維魯的軍隊經由艾蒙納（Emona，今日斯洛維尼亞的盧布爾雅那）和阿奎萊亞往南來到北義大利平原，占領亞得里亞海艦隊據點所在的拉溫納。塞維魯以強行軍的速度移動，他時常穿著盔甲睡覺，和他的侍衛們一起在軍營裡過著艱苦的生活，每經過一座城市就短暫停留進行獻祭，但不會久留也不會延誤時間。尤利安努斯試圖加強羅馬城的防禦但徒勞無功（我們的主要史料來源的卡西烏斯·狄奧嚴厲批評），他殺死萊圖斯和馬奇雅。這兩人曾經擁立國王，但是尤利安努斯害怕如此機靈的政客，因為他們很可能選擇並協助勝利的一方，所以最好殺了他們，免得他們和自己作對。但這一切都沒有用。尤利安努斯派去會見塞維魯的元老使節，以及他能指揮寥寥可數的軍隊中的許多士兵，都叛逃到對方的統帥那裡。元老院開始漠視他。尤利安努斯試圖承認塞維魯是他的皇帝，但這是空洞無意義之舉，塞維魯根本懶得回應。尤利安努斯失去所有支持，而奧理略時代還在世的菁英中最了不起的克勞狄烏斯・龐培亞努斯替眾人指點迷津；雖然極不可能，他卻比他那邪惡的小舅子康茂德活得更久。他公開拒絕輔佐尤利安努斯，更別提接受這位垂死掙扎的統治者孤注一擲地提出的，要跟他共享帝位的建議。

五月底，塞維魯已經在因泰拉姆納（Interamna）部署，這裡是亞得里亞海邊的安科納以及亞平寧山另一邊的羅馬城兩地之間的主要中繼站，他在這裡向由維圖留斯・馬克里努斯（Veturius Macrinus）率領的禁衛軍下達一道直接命令。他下令逮捕殺害佩提納克斯的凶手，並開庭審判。希望眾人能看見元老為了新目標來進行審判，元老院將尤利安努斯判處死刑，將佩提納克斯封神，並且宣布塞維魯為奧古斯都。某個士兵（和殺死佩提納克斯的凶手不同，我們的史料裡沒有記載他的名字）在宮殿裡殺了尤利安努斯，但留下他的一個親戚和依舊對他忠誠的第二位禁衛軍統領弗拉維烏斯・傑尼阿里斯（Flavius Genialis）。同時，塞維魯的特務也在尋找佩斯切尼烏斯・奈哲爾的孩子當作人質。他們也逮捕亞細亞行省延任執政官阿塞利烏斯・埃米利安努斯的子女，他也是不情願地與奈哲爾合作的克洛狄烏斯・阿爾比努斯的親戚；還有其他東方行省總督的子女。塞維魯長期以來信任的盟友之一法比烏斯・西洛（Fabius Cilo）被派往希臘城市佩林蘇斯，防止敵人從小亞細亞接近色雷斯；而之後撰寫搬弄是非的西元二世紀皇帝傳記的馬略・馬克西穆斯則是包圍希臘城市拜占庭，它是歐洲唯一宣告支持奈哲爾的城市。

在義大利的塞維魯依舊處於全面備戰狀態，他在因泰拉姆納紮營，盡其所能利用他的優勢。他身上戴著胸甲和將軍上戰場時穿的斗篷接見一百名元老代表，他還先叫人搜他們的身，看看是否有武器，才准他們出現在他面前。這或許很戲劇化，但卻是具有巧妙威脅性的一幕戲。他分送禮物給到場的人，歡迎那些集體旅行至因泰拉姆納問候他的宮廷人員，讓願意的元老陪同他走完行軍至羅馬的最後一段路。出發前，他公開聘請維圖留斯・馬克里努斯擔任第一位禁衛軍統領，並指派弗拉維烏斯・尤維納里斯（Flavius Juvenalis）擔任第二位。尤維納里斯是阿非利加人，和馬克里努斯一樣，他也是非常資深的騎士階級官員，但在康茂德統治期最後幾年，他的仕途卻走下坡。知道他的兩位禁衛軍統領都值得信任，塞維魯決定採取激進的手段對付難以駕馭、時常叛亂的禁衛軍。他命令禁衛軍在羅馬城外集合，沒收他們的武器，但要他們穿著遊行的制服，宣誓效忠他。禁衛軍以為這是繼續受僱於皇帝的代價，也能得到登基賞金，他們同意了。但塞維魯並沒有如他們預期中發表致謝演說，卻譴責他們的不忠與謀殺佩提納克斯，因此解除他們的軍職。他們被要求脫下制服，拿掉只有禁衛軍准許配戴的短劍，並命令他們必須在距離羅馬一百個里程碑（milestone）之外，違者處死。塞維魯就這樣結束了有兩百年歷史的禁衛軍，重新設置新的禁衛軍，由他的多瑙河軍團中的菁英指揮。

在這之後，塞維魯終於進入羅馬城。在一場獨特的戲劇性轉折中，他在城門前下馬，脫下軍服，穿上平民的托加長袍，他的軍隊以完整的戰鬥陣列站在他身旁。他登上朱比特神廟進行獻祭儀式，然後在宮殿住下，他的軍隊就在整個城市裡的所有公共場所紮營，把羅馬人都給吃窮了。這是一場不流血的勝利，但是羅馬城無疑遭到軍事占領。向元老發表演說時，他的士兵們在元老院會堂（curia）外為了索取巨額賞金而吵鬧；他故意誇張地殺價，但最後他還是與他們達成協議，發行錢幣支付賞金，錢幣反面印有萊茵河、多瑙河與達契亞軍團的名稱。錢幣也印上阿爾比努斯・凱撒的名字，這象徵塞維魯在這個時間點上如何認真看待他與阿爾比努斯的盟友關係。元老院正式將佩提納克斯的名字授予塞維魯，認可他在卡儂圖姆的宣告都是為了替被殺害的前任皇帝復仇的這個謊言。做為封神的皇帝虔誠的兒子，他下令替他的「父親」舉行國葬。他也將各個忠心的騎士階級官員拔擢為元老，包括曾經替佩提納克斯處理奧斯提亞穀物供給的尤利烏斯・阿維圖斯・亞歷克西安努斯，他是尤莉雅・多姆娜的妹夫；以及阿奎立烏斯・菲力克斯（Aquilius Felix），前百夫長的他被賦予特殊的三重任務，包括掌管公共建設工程以及兩項財政相關的職務，即羅馬皇帝的帝國自主財產（patrimonium）與皇帝私人財產（res privata，就是後來所知的 fiscus）。塞維魯與阿爾比努斯・凱撒被指派為西元一九四年的正規執政官。

然而以上這些都不足以使塞維魯留在羅馬。他待不到三十天。和哈德良皇帝一樣，比起住在首都，他往往更喜歡到各行省遊歷。眼前他最介意的是奈哲爾。還在羅馬時，他開始召集三支全新的羅馬軍團，分別是第一、二、三帕提亞軍團。雖然軍團名稱宣告其成立目的是為了新的帕提亞戰役，但幾乎沒有人被騙，這三隻軍團是為了對抗奈哲爾時無可避免引發的內戰而成立。塞維魯加強阿非利加的駐軍，或許同時也加強的黎波里塔尼亞的駐軍，他還牢牢把持可為他所用的人質，也就是支持奈哲爾底下行省總督的大部分子女，他們都在塞維魯手中，不過奈哲爾自己的孩子還在躲藏。這時兩造都還沒有公開向對方宣戰，但奈哲爾卻給了塞維魯一次宣戰的機會：奈哲爾派出一支分遣隊去抵抗法比烏斯・西洛在佩林蘇斯的和平占領，因此公開發動敵對行為。在出發前往巴爾幹，發動這場無可避免的戰爭之前，塞維魯要做的就是由元老院宣布奈哲爾與阿塞利烏斯・埃米利安努斯為人民公敵。

為了果決地面對羅馬城外弗拉米尼亞大道（via Flaminia）上的一場企圖發動的兵變，塞維魯暫時地認命持續支付士兵大筆薪餉，直到贏得內戰為止；之後情況就比較順利。他向北行軍至阿奎萊亞，然後再向南經由辛吉杜努姆與維米納丘姆抵達奈蘇斯。他一邊前進一邊更改巴爾幹軍團指揮官的任命，確保他的撤退路線安全無虞，然後和法比烏斯·西洛一起留在佩林蘇斯，這時馬略·馬克西穆斯把奈哲爾包圍在拜占庭城。後者覺得前途堪慮，因此採用和迪迪烏斯·尤利安努斯相同的策略，提議與塞維魯平分帝國。塞維魯的回覆是：如果可以交出阿塞利烏斯·埃米利安努斯的性命，他可以留奈哲爾活口。奈哲爾拒絕，但他的處境十分嚴峻。西元一九三年秋天，克勞狄烏斯·康狄杜斯（Claudius Candidus）率領其中一支潘諾尼亞軍團越過普羅龐提斯海（今日的馬摩拉海）進入小亞細亞，埃米利安努斯在被捕並處死之前就被迫逃亡。他的士兵繼續抵抗，在低階軍官指揮下撤退到俾斯尼亞行省。奈哲爾設法溜出拜占庭，和他的軍隊在尼西亞（Nicaea）會合。尼西亞支持他只是因為與他們敵對的尼科米底亞支持塞維魯。在尼西亞，康狄杜斯誘使奈哲爾進入開闊的戰場，在軍隊開始潰散時，重整他的人馬，然後一舉殲滅奈哲爾的軍隊。

軍隊所剩無幾的奈哲爾撤退到安條克，他推測如果自己把小亞細亞讓給塞維魯，他就能在托魯斯山脈另一邊建立可靠的據點。這座山脈將所有奇里乞亞和敘利亞之間的軍事交通導入安那托利亞東南方的伊蘇斯平原（plains of Issus），平原上的大會戰（set-piece battle）能使雙方有平等的戰勝機會。西元一九四年一月三十一日，當康狄杜斯在俾斯尼亞戰勝的消息傳到羅馬時，埃及與幾個敘利亞與腓尼基城市已經背叛塞維魯，其中包括遭到奈哲爾嚴重懲罰的勞迪奇亞（Laodicea）與泰爾。朝托魯斯山脈的隘口前進時，康狄杜斯和其他塞維魯的將軍們對小亞細亞行省裡曾經與奈哲爾和埃米利安努斯同進退的各城市徵收大量罰金。它們的皇帝要養活大批昂貴的軍隊，各種帝國財庫已經幾乎空空如也。

塞維魯還在佩林蘇斯，阿非利加行省延任執政官科內留斯．阿努利努斯來與他會合，他與塞維魯年齡相仿，是塞維魯一生的忠實夥伴，現在塞維魯把整場對抗奈哲爾的戰役交給他。阿努利努斯經過加拉太和卡帕多奇亞地區，以一場幾乎沒被我們的史料注意到的戰役，強行攻占托魯斯山脈的隘口。確切來說，正如奈哲爾原本的打算，關鍵性的戰役在敘利亞的伊蘇斯。一場下在托魯斯山脈的大雷雨打亂了奈哲爾的陣腳，替典型側翼包圍戰術提供掩護，瓦萊里烏斯．瓦萊里安努斯（Valerius Valerianus）指揮的塞維魯騎兵繞到敘利亞軍團背後，從後方迫使敵人退向中央。據稱有兩萬名奈哲爾的士兵在戰場上陣亡，這數字絕非不可能。奈哲爾逃進安條克，他還希望像之前在拜占庭城時那樣逃出來，但是他被逮捕並處死。他們將奈哲爾的頭送去給塞維魯，之後再送去拜占庭城，希望在該城投降後馬略．馬克西穆斯就能解除圍城。但即使拜占庭城擁護的皇帝已死，城裡的人還是拒絕投降。頑強抵抗最終使該城付出昂貴的代價。

大概在五月中，塞維魯抵達安條克。現在他已經是羅馬的主人，他毫不遲疑，立刻讓東方明白這是一片「以長矛贏得的土地」[2]，像安條克這樣支持奈哲爾直到最後的城市，都以失去地位做為懲罰。至於及時見風轉舵的城市就得到獎賞，如泰爾就被授予義大利權（ius Italicum），這是一個行省城市能得到的最高榮譽，它能因此在法律上成為義大利的一部分，免除稅務。塞維魯再次造訪十年多前他曾是軍團長時到過的地方，但現在有他的埃邁沙皇后陪在身邊；她開始正式穿戴軍營之母（mater castrorum）的服裝。如此被奉為塞維魯軍隊恩庇與保護者的皇后，將伴隨丈夫參加他目前正計畫的另一場戰役。塞維魯決定善加利用西元一九三年招募的三個新軍團是為了打帕提亞戰爭的藉口。奧斯若恩和阿迪亞波納（Adiabene）這兩個小王國和某些被稱做塞尼泰（Scenitae）的阿拉伯人都曾經協助過奈哲爾，還有些奈哲爾潰敗的部隊逃到帕提亞。越過幼發拉底河發動一場懲罰性的戰役是個好藉口，它既能增添塞維魯的榮耀，也能讓最近一直忙於內戰的軍人團結起來對抗共同的外國敵人。

第一個陷落的王國是西元一九五年被併為帝國行省的奧斯若恩，不過羅馬容許它的首都埃德薩依舊在國王阿布加爾五世（Abgar）的治理下，他是這個不斷搖擺在既不與它結盟、也從未信任它的羅馬與帕提亞之間的王朝最後一位統治者。塞維魯新成立的行省幾乎遠至底格里斯河邊的尼西比斯（Nisibis）。當阿迪亞波納王國沒有抵抗就投降羅馬時，塞維魯替自己冠上相稱的勝利頭銜；在這次領土併吞之後，帝國東方最新的行省輪廓開始出現。不過進一步征服東方的行動還要再過一陣子，因為塞維魯已經決定除去盟友阿爾比努斯，他已經不再需要後者的幫助。

2 譯者注：據說亞歷山大大帝初次在亞細亞登岸時，他把長矛擲向沙灘，宣告他從諸神那裡接收這「以長矛贏得的土地」（spear-won territory）。這是以征服來做為所有權主張的依據。

第六章　塞維魯的統治

西元一九五年底，還在東方的皇帝拒絕元老院舉辦凱旋式的提議，因為他不希望人民看他舉行戰勝羅馬同胞的凱旋式。但同時他決定做一個更有趣的宣傳，他宣布自己是馬庫斯・奧理略的兒子。羅馬的銘文記錄他是frater divi commodi，也就是「封神的康茂德的兄長」，他在東方與西方都大量發行一批錢幣，上面刻有「捍衛者海克力斯」（Hercules Defens (or)）字樣以及海克力斯的頭像，顯然是刻意提及康茂德最喜愛的神祇。塞維魯的長子巴西安努斯現在改名為馬庫斯・奧理略・安東尼烏斯，不過我們在本書中會稱他為卡拉卡拉（Caracalla），我們的所有史料提到他時用的都是這個綽號。在這宛如猜字謎遊戲的族譜脈絡中，尤莉雅・多姆娜的頭銜「軍營之母」非常合理，因為與這榮耀最相關的就是馬庫斯・奧理略的妻子小弗絲蒂娜。

剛改名的巴西安努斯很快便升格至凱撒的地位，克洛狄烏斯・阿爾比努斯必定知道自己將成為箭靶。平定帕提亞邊境後，他將奈哲爾的軍團吸收為自己的軍隊，叛變的拜占庭城終於投降。沒有任何事能阻止塞維魯把矛頭指向他在不列顛尼亞這位前盟友。有人散布謠言，說阿爾比努斯擺出一副自己已經是奧古斯都的樣子，某些有權有勢但不能指名道姓的元老邀請他來羅馬取代塞維魯。正如同阿爾比努斯曾經計畫謀殺佩提納克斯的謠言，這或許不過是塞維魯的宣傳方式。無論如何，正當塞維魯啟程返回西方時，元老院於十二月十五日宣布阿爾比努斯為人民公敵。希望戰爭早日終結的人民因而鼓譟不安。

阿爾比努斯現在自立為奧古斯都，他也必須如此，但是塞維魯效率極高：法比烏斯・西洛前往默西亞鞏固當地人民與軍團的忠誠度；皇帝的連襟亞歷克西安努斯被指派為第四弗拉維亞軍團的軍團長，駐守辛吉杜努姆薩瓦河與多瑙河匯流處的戰略要地。在維米納丘姆，當著達契亞總督克勞狄烏斯・克勞狄安努斯（Claudius Claudianus）和塞維魯的哥哥傑塔的面，賽維魯將卡拉卡拉展示給克勞狄烏斯指揮下提供遠征軍主要攻擊力的軍隊。阿爾比努斯的支持者在諾里庫姆行省遭到追捕，尤利烏斯・帕卡提安努斯（Julius Pacatianus）與來自新的帕提亞軍團分遣隊控制通往義大利的隘口。同一年弗爾維烏斯・普勞提安努斯（Fulvius Plautianus）當上羅馬城警消長官，可以懲戒元老院與平民。到了西元一九六年初，曾經監督對抗奈哲爾戰役的科內留斯・阿努利努斯被任命為羅馬城長官，使塞維魯更進一步牢牢掌控羅馬城。

阿爾比努斯也需要支持者。他接管廣大富庶的西班牙塔拉哥納行省，指派諾維烏斯・魯弗斯（Novius Rufus）為總督，趕走塞維魯的里昂高盧總督，在盧格杜努姆（Lugdunum，今日的里昂）住下。比利時高盧（Belgica）大致上是他的陣營，但兩個日耳曼尼亞行省卻有抵抗活動，位於蒙格提雅庫姆（Moguntiacum，今日德國的美因茨）由克勞狄烏斯・伽魯斯（Claudius Gallus）率領的重要駐軍依舊支持塞維魯。塞維魯沒有立刻入侵高盧，而是越過阿爾卑斯山進入羅馬，羅馬城發行一系列歡迎他的錢幣，還有些錢幣是為了宣揚卡拉卡拉在慣例上採用「第一青年」（princeps iuventutis）頭銜，因此顯然繼承了安東尼王朝世系。塞維魯在羅馬停留了幾個月，擔任立法者和審判者的角色，聽取人民請願，或許也安撫元老院情緒，這時許多元老還是偏袒阿爾比努斯。

戰役計畫已定。西元一九七年初，塞維魯回到潘諾尼亞，然後沿著阿爾卑斯山北緣向前移動，再南下來到阿爾比努斯的首都盧格杜努姆。雖然阿爾比努斯擁有不列顛尼亞的大批軍隊，但塞維魯率領的達契亞與多瑙河聯合軍隊規模更大。二月十九日，兩軍在盧格杜努姆相遇。正如許多歷史上的決定性戰役，雙方激戰，難分高下。阿爾比努斯的軍團假裝撤退，只是要引誘在壕溝與堤岸的塞維魯軍隊出來。試圖重整蹣跚的軍隊時，塞維魯從馬背上摔下來，困在大撤退中，最後靠尤利烏斯・萊圖斯（Julius Laetus）率領的輔助兵團騎兵發動一陣猛攻才挽回頹勢。

勝利的塞維魯將盧格杜努姆納為囊中物，阿爾比努斯自殺身亡。他的頭被砍下送到羅馬，他和妻子與兒子的屍體被丟進隆河裡。西方的掃蕩軍事行動持續了很久，而且其殘暴眾所周知。不列顛尼亞需要的是增援而不是懲罰，因為哈德良長城以外的部族趁阿爾比努斯軍團不在時破壞北方，塞維魯不只讓大多數不列顛軍團回到北方，還派他的多瑙河部隊前往增援。不過在其他地方，他施行嚴厲懲罰。支持阿爾比努斯的西班牙塔拉哥納行省總督諾維烏斯・魯弗斯被處死，塞維魯忠心耿耿的劊子手康狄杜斯則確認阿爾比努斯在西班牙行省支持者的權利徹底被剝奪。在盧格杜努姆各處，被剝奪公權的人擁有的廣大私人土地改由國家控制，羅利安努斯・簡提安努斯（Lollianus Gentianus）在該省重新進行人口普查，以便榨取更多稅收。在阿非利加行省，為了進行剝奪公權，必須增設一個全新的騎士階級官職，負責登記與管理充公納入皇帝私人財庫的土地。萊茵河地區的土地基本上免於被充公的命運，因為這裡的人仍忠於帝國；事實上塞維魯周遊日耳曼各行省時，發現帕提亞人正入侵東方。在盧格杜努姆打勝仗的尤利烏斯．萊圖斯立刻前往東方指揮；替塞維魯堅守蒙格提雅庫姆的克勞狄烏斯．伽魯斯則率領新募集的軍隊跟隨萊圖斯前往。

塞維魯自己在騎兵衛隊與禁衛軍統領弗爾維烏斯．普勞提安努斯的陪同下前往羅馬。無論帕提亞的情勢將會演變得多麼危急，他都必須先測試與鞏固元老院的忠誠度。雖然元老對他做出各種和解的表態，塞維魯卻極盡威脅之能事。他讓新成立的軍團之一帕提亞第二軍團駐紮在羅馬南方幾英里外的阿爾巴（Alba），這麼做的同時卻沒有減少城內禁衛軍總數。羅馬城已經有很長一段時間沒出現過比這規模更大的駐軍。他公開嘲笑凱撒過去是如何仁慈地對待敵人，並稱讚共和國時代蘇拉和馬略的範例，這兩人最為人所知的就是他們在內戰中無情摧毀被打敗的一方。他請元老院將康茂德以他弟弟的身分封神，並且將自己視為奧理略的兒子，這樣的要求也必定招來恐懼，因為從圖密善至今，沒有一位皇帝像康茂德那樣受到元老院的懼怕與憎恨。以上這些都不是說說而已，塞維魯也肅清元老院，他處死二十九名元老，此外還逮捕許多元老。為了讓他們明白他要降低元老階級的地位，他指派騎士階級而非元老階級的人擔任三個軍團的軍團長。相對而言，他對他的軍隊相當慷慨，讓他們盡情享有大量充公的財富。各種士兵的花費都大幅增加，當兵條件也正式更改，因此在羅馬歷史上第一次，士兵可以登記有效婚約。士兵一直以來都納妾，但這些女人除了沒有合法地位之外，從各方面看來都是實質上的妻子；因此士兵可合法結婚的規定不只承認以上事實，也有助於使軍隊與塞維魯及其王朝更緊密結合。這位皇帝需要他的士兵自願跟隨他進行許多他計畫中的戰役。

塞維魯的第二次帕提亞戰爭於西元一九七年展開。他離開羅馬前往布林迪西姆（今日的布林迪西），再航行到奇里乞亞的艾吉（Aegeae），這是義大利和東方之間最短的海路。然後他從小亞細亞經由埃皮芬尼亞（Epiphaneia，在艾吉北方）和尼科波利斯（Nicopolis，在安條克北方）抵達敘利亞的安條克。軍營之母尤莉雅・多姆娜和兩位皇子卡拉卡拉與傑塔都與他同行。接下來塞維魯把母子三人留在安條克，迅速往內陸行軍，他在該地區接見了寥寥幾名依舊是羅馬附庸國的國王，之後在尼西比斯與尤利烏斯・萊圖斯會合。萊圖斯已經把入侵的帕提亞人趕走，因此塞維魯回到敘利亞，準備對帕提亞人全面開戰。九月底，一支羅馬補給船隊在幼發拉底河集合，塞維魯發現了一個看似合理的索求皇位者，讓這次遠征稍微顯得體面些。這支軍隊順流而下，沿路沒有遭到多大抵抗就征服一連串著名的城市：塞琉西亞、巴比倫和帕提亞帝國的首都泰西封，國王已經從首都逃走。大約在西元一九七年十二月，泰西封被羅馬人劫掠，皇室財寶都落入塞維魯手中，成為戰利品的一部分。

到了西元一九八年一月底，塞維魯冠上帕提庫斯・馬克西穆斯（至高至上帕提亞征服者）的頭銜，接受軍隊第十一次讚譽他為凱旋將軍。這件事發生在圖拉真登基的第一百週年紀念日。其中象徵意義昭然若揭：圖拉真是第一位真正征服帕提亞的皇帝，而他，塞維魯，是第二位。為強調這一點，塞維魯將卡拉卡拉的地位升格為奧古斯都，讓他的小兒子傑塔成為凱撒。塞維魯重演偉大的前任皇帝圖拉真與奧理略的豐功偉業，但他的規模更大，而且獨自完成。在他吹捧自己家人的同時，那些曾經幫他掌權的人卻發現自己變成局外人或面臨死亡的命運。唯一真正的贏家是禁衛軍統領普勞提安努斯，他和前人一樣，想像自己是與皇帝共同統治帝國的夥伴。曾經在對抗奈哲爾的戰役中獲勝，也重創西班牙的阿爾比努斯黨羽的康狄杜斯被他處死，並且遭到「記憶抹煞」（damnatio memoriae）的懲罰。我們不知道這件事在哪裡發生，也不知道皇帝以什麼為藉口，但相對的尤利烏斯・萊圖斯之死卻幾乎發生在皇帝的視線之內。泰西封一陷落，塞維魯立刻趕回底格里斯河，打算懲罰五年前支持奈哲爾的獨立主權國哈塔拉（Hatra）。和帕邁拉與杜拉歐羅普斯相同，今日的哈塔拉也是伊斯蘭主義者偶像破壞最顯著的犧牲品（而且掠奪其古物市場的報酬也最豐厚），自從美國入侵伊拉克與阿富汗之後，這些破壞行動成為中東衝突的特徵。不過在塞維魯出手之前，它早已是羅馬人和帕提亞阿薩希德王朝之間重要的緩衝地。它控制了橫越美索不達米亞平原的篷車商隊，這條路線從南方的巴比倫往北到辛格拉（Singara）與尼西比斯、接著渡過幼發拉底河來到繁忙的要道澤烏瑪（Zeugma）。名義上臣屬於阿薩希德王朝的哈塔拉世襲統治者，權力大到夠資格使用敘利亞文的王室頭銜馬爾卡（malka），他們的王國在帕提亞人統治下，或確切來說是從那時開始，變得前所未有的繁榮富庶。羅馬人必須分別進行兩次圍城才控制住哈塔拉，此舉不得軍心，士兵開始抱怨他們喜歡萊圖斯勝過皇帝。但這些話足以讓一位將軍窮途末路，於是他被逮捕並以叛國罪名處死。雖然萊圖斯根本不可能圖謀篡位，這時卻謠言四起，說他在盧格杜努姆戰事曾經裹足不前，因為他希望阿爾比努斯和塞維魯都戰死，好讓自己當上皇帝。

遭到圍城的哈塔拉沒有被羅馬人攻陷，但是它的國王臣服於塞維魯，成為羅馬的附庸國，也因此塞維魯有正當理由宣稱他是繼圖拉真之後的另一個東方征服者。但不像圖拉真的繼承人哈德良，塞維魯努力維持大部分征服的土地。奧斯若恩依舊是一個羅馬行省，以城市卡雷（Carrhae，今日土耳其的哈蘭）為中心，塞維魯又以之前的埃德薩王國領土為基礎設立新的美索不達米亞行省，新首都設於尼西比斯；一百年後，尼西比斯將成為敘利亞文化圈的發源地，我們在之後會提到。這個美索不達米亞行省由塞維魯的兩個新軍團防守：辛格拉的第一帕提亞軍團和瑞塞納（Resaina）的第三帕提亞軍團。在併吞這些地方之後，塞維魯從根本上重劃了近東地圖，將羅馬人與他們的美索不達米亞以及伊朗鄰居之間的對峙前線遷離敘利亞邊境，深入底格里斯河與幼發拉底河北邊之間的土地。直到穆斯林於西元七世紀征服近東之前，近東持續在塞維魯建立的行省控制之下，不過以奧隆斯特河畔的大城市安條克為重心的敘利亞，在離真正的對戰區更遠之後，繁榮的景況前所未有。

在哈塔拉圍城後，塞維魯於西元一九八年回到巴勒斯坦。西元一九九年，他更進一步重新安排行省組織規劃。他將敘利亞一分為二：北邊是「柯里敘利亞」（Syria Coele），由薩摩薩塔和澤烏瑪的軍團駐守，依然以安條克這個都會區為據點；在南方的是「腓尼基敘利亞」（Syria Phoenice），首都設在泰爾，現在它被設為殖民地，做為支持塞維魯對抗奈哲爾遲來的獎賞。對將來發生的事件影響更大的是，自從哈德良時代就擁有殖民地地位，但依舊是敘利亞和幼發拉底河邊境孤立分子的商隊城市帕邁拉，現在被併入新成立的腓尼基敘利亞行省，得以繼續執行它保衛敘利亞沙漠以對抗南邊阿拉伯部族的主要功能。

西元一九九年，這些改變已經公諸於世，塞維魯和家人以及帝國宮廷前往埃及，經由尼羅河三角洲最東端的佩魯西姆遊歷各處。和半世紀之前造訪此處的哈德良相同，整趟旅行是某種歷史重演之旅。塞維魯在龐培墓獻祭。在亞歷山卓，他凝視著亞歷山大大帝陵墓，接著把它封死，如此一來就沒有人能再次凝望它，擁有亞歷山大的野心。他也更正前任皇帝的不公正。長久以來亞歷山卓都是羅馬帝國懷疑的對象，而且理由充足，現在塞維魯賦予它擁有源自古代希臘城邦的議會（boulé）

權力，和其他希臘化地區一般城市相同。也因此亞歷山卓終於獲得與它的城市大小、商業重要性與歷史意義相符的合法地位。塞維魯從亞歷山卓出發，繼續進行埃及行省的壯遊，往尼羅河上游前進，來到曼菲斯和底比斯，他造訪了會唱歌的門農巨像。他也去看了埃及長官最近才修復的偉大獅身人面像——這不是最後一次征服埃及的掌權者試圖修復埃及的歷史遺跡，使它們恢復往日榮光。塞維魯繼續旅程，直到西元二〇〇年的新年，這時他的足跡遠至菲萊（今日的亞斯文），五月時他在這裡舉行當地的祕儀。我們不知道他是否曾繼續往南走，來到埃及行省邊境，但是西元二〇〇年八月他回到亞歷山卓，準備返回東方行省。這次他坐船到安條克，不過我們不知道他在哪裡度過二〇一年。他在安條克度過西元二〇二年的新年，和兒子卡拉卡拉一起擔任正規執政官。現在卡拉卡拉已經十三歲，可以穿上象徵成年的成年服。

西元二〇〇的前幾年是塞維魯統治期間平靜無波的時期。禁衛軍統領弗爾維烏斯．普勞提安努斯還是塞維魯的治國夥伴（西元二〇三年他二度擔任執政官），塞維魯計畫將他的女兒普勞提拉（Plautilla）嫁給卡拉卡拉。阿非利加行省人在政府高階指揮權的主導勢力依舊不可撼動，這尤其是因為普勞提安努斯的提拔恩庇；西元二〇二年的幾位已知多瑙河行省新任軍團指揮官都是阿非利加人。這些熬過敘利亞肅清行動的舊日支持者繼續飛黃騰達。自從西元一九三年以來就跟隨塞維魯的克勞狄烏斯．康狄杜安努斯（Ti. Claudius Candidianus），現在被指派為上潘諾尼亞的執政官軍團長（consular legate），這就是當初塞維魯稱帝時擔任的職位；同樣在一開始就出現的法比烏斯．西洛這時晉升為羅馬城長官。不過，從西元一九八年開始就有許多東方人湧入的塞維魯政府，卻也持續受到尤莉雅．多姆娜和她家族的許多人脈影響。尤莉雅的　名親戚埃米利烏斯．帕皮尼亞努斯

（Aemilius Papinianus）當上負責幫皇帝回覆請願的官員（a Libellis）；而來自泰爾的卓越羅馬法學家圖密提烏斯・烏爾皮亞努斯（Domitius Ulpianus），則替帕皮尼亞努斯工作。兩人在塞維魯統治後期都是非常重要的人物，對於改變西元三世紀羅馬帝國的古典晚期政體文化發展至關重要。尤莉雅家族的其他人也有很好的發展，例如她的兩個外甥女（她妹妹尤莉雅・梅薩的女兒）都嫁得很好，他們的後代一直延續著塞維魯王朝，直到塞維魯的直系子嗣消失的西元二三〇年代為止。塞維魯的兒子卡拉卡拉和傑塔，在這期間都和父母一起旅行。他們的老師是來自埃及希拉波利斯（Hierapolis）的哲學家，名叫埃利烏斯・安提帕德爾（Aelius Antipater）。雖然一位埃及哲學家並不稀奇，但埃及人在政府中扮演的角色愈來愈重要，這都是因為塞維魯首次決定讓埃及人擔任元老。第一位成為元老的埃及人叫做埃利烏斯・柯爾安努斯（Aelius Coeranus），他（可以想見的）是帕皮尼亞努斯的侍從。在這種種情況中，最令現代歷史學家震驚，也是羅馬帝國從全盛時期到古典時代後期最重要的轉變，就是來自行省的元老與騎士階級主導塞維魯政府的核心。羅馬城在三世紀的帝國政治中將繼續扮演重要的角色，在那之後也將依舊是帝國意識形態上的中心，但是羅馬與義大利菁英分子再也不是提供政府不可或缺的人才基礎。

在安條克慶祝新年之後，宮廷立刻啟程由陸路返回羅馬，塞維魯將在羅馬舉行登基十年的慶典。這趟旅程正是替許多因為支持奈哲爾而失寵的城市恢復地位的好時機，例如拜占庭城再次興起，尼西亞也被賦予和尼科米底亞同等的地位，或許部分原因是皇帝給予出身於尼西亞的歷史學家元老卡西烏斯・狄奧的恩惠，他撰寫的歷史對內戰歌功頌德，獲得皇帝個人極大的讚賞。在官方敘述中，這些善行與復興措施都歸功於卡拉卡拉，塞維魯讓我們看見的是他逐年精心策劃的王朝形象，他做得比羅馬歷史上其他朝代更成功。

在羅馬，為慶祝卡拉卡拉和弗爾維亞・普勞提拉（Fulvia Plautilla）的婚禮，國家發放巨額賞金給城市平民與禁衛軍——在塞維魯統治下的每一年，都會發給每個人一枚羅馬金幣（aureus），因此這是一大筆支出；這筆發給人民的第三次巨額賞金（liberalitas tertia），他宣稱是為了這個場合發行的金幣。在皇帝登基十年的慶典之後，接著又是為期七天的婚禮與伴隨的競賽項目，在這期間除了常見的角鬥士和狩獵表演之外，七百隻羅馬帝國境內的稀有動物（包括印度鬣狗）都展示在觀眾面前，然後被宰殺。

雖然下令舉辦這些壯觀華麗的表演，也贈予羅馬人民極其慷慨的禮物，塞維魯卻不喜歡這座城市。在登基十週年慶祝活動結束後不久，他就離開羅馬前往阿非利加，這是自從他十年多前當上皇帝之後的首次造訪，而且這次旅行又再次仿效哈德良，只不過他是唯一一位二度造訪這個行省的皇帝。身後浩浩蕩蕩跟著整個宮廷，抵達迦太基的塞維魯賜予這非洲最偉大城市古老「義大利權」的殊榮，迦太基因此得以免稅，正如同他獎賞腓尼基的泰爾在內戰中對他的支持一般。他造訪努米底亞與軍團要塞蘭貝西斯，據推測他也到過其他城市，之後他才往東經過的黎波里塔尼亞各城市，抵達目的地大萊普蒂斯，這是他三十年未曾謀面的家鄉。這裡也同樣被賜予義大利權的殊榮。他在大萊普蒂斯度過西元二〇二／二〇三年的冬天；新的一年以普勞提安努斯和塞維魯的小兒子傑塔共享執政官權力為開始。但是這次長期造訪也開啟皇帝和普勞提安努斯之間嚴重的嫌隙。普勞提安努斯在大萊普蒂斯各處設置自己的雕像，而且雕像與皇室家族並列，但基於同為大萊普蒂斯出身的兩人一同打天下，這並非不合情理。不過這些雕像暗指這位禁衛軍統領與皇帝平起平坐，難免冒犯了塞維魯，於是他叫人熔化了一些雕像。雖然此刻他們重新結盟，但之後兩人無可避免地永久決裂。

西元二〇三年初，塞維魯參與一場在南邊的戰役，對抗住在撒哈拉沙漠綠洲的部族加拉曼帖（Garamante），他們長久以來構成的黎波里塔尼亞邊境的主要威脅。羅馬新設立的駐紮地深入撒哈拉沙漠，在此同時西邊的兩個茅利塔尼亞行省也擴張至南邊的草原與沙漠。長久以來努米底亞就是在其軍團長指揮下的獨立行省，而不是阿非利加行省的一部分，現在羅馬將它正式設立為一個單獨的行省。

到了六月，加拉曼帖人已經遭到適當的懲戒，皇室一行人向羅馬啟航，於西元二〇三年六月抵達。為慶祝阿非利加行省的勝仗，皇帝舉行了小凱旋式（ovatio），為此他在這一年也建造至今仍然聳立在古羅馬廣場東北角、位於演講台（rostra）與元老院會堂之間的凱旋門。它就設置在和諧女神神廟（Concordia）正前方，這或許反映出元老院雖然在現實上並不信任一位鮮少待在羅馬城內、也不遵守羅馬祖宗之法的皇帝，但也懷抱著與皇帝和平共處的虔誠願望。不過塞維魯一直沒能與義大利貴族保持和諧的關係，無論雙方多麼希望如此。即便是西元二〇四年的執政官的選擇也不是為了博得元老的好感，而是為了王朝利益，例如從一開始就是塞維魯得力將領之一的法比烏斯．西洛二度當選執政官；而某個並不傑出的奧理略皇帝遠房後代阿尼烏斯．利波卻和該世系沾上邊而被選為執政官，只因為塞維魯必須主張他那虛構的血統淵源。西元二〇四年他舉辦了另一場盛大的塞維魯王朝慶典，原本每百年舉行一次的「百年競技祭典」（secular games，century的拉丁文是saeculum，祭典名稱由此而來）[1]，在羅馬歷史上第七次舉辦。

羅馬帝國的人不只舉辦一種，而是兩種百年競技祭典。一方面有源自於以奇特的一百一十年為一循環的伊特魯里亞古老慶典，這是由眾所周知喜好復興（或發明）消失已久傳統的奧古斯都於西元前一七年恢復的祭典。這些奧古斯都舉辦的祭典由圖密善重演，而此時這如我們所見，塞維魯又再次舉行。另一方面，在我們古代史料中還有其他稱之為「百年」的祭典。這些祭典時間的計算方式比較簡單，就是從據推測羅馬建城的時間算起，基本上每百年輪一次，安東尼烏斯曾經舉辦過，接著西元二四〇年代又由菲利普一世再次舉辦。塞維魯聲稱自己舉辦第七次，跟在圖密善舉辦的第六次之後。塞維魯的百年競技祭典準備工作相當複雜，西元二〇四年上半年都在進行。元老院也在很大程度上參與其中，因為這負責神聖事務的「十五人獻祭團」（quindecimviri sacris faciundis），通常都是元老階級最高層的元老。

學者藉由研究西元二〇四年「十五人獻祭團」的事件，得知自從上一次圖密善舉辦百年競技祭典至今，羅馬帝國經歷多大改變。在籌備祭典的塞維魯王朝十五名元老之中，幾乎沒有來自羅馬城的世家，他們都是來自義大利各大城市的顯赫家族或行省的世族，包括阿非利加行省的人在內。在慎重籌備數個月之後，為期三天的競賽於羅馬曆的六月一日（Kalends）晚上正式開始。在祭拜朱諾與戴安娜兩位女神的儀式中，尤莉雅・多姆娜帶領一百一十名羅馬城重要的仕女（matron），而塞維魯負責主持獻祭，由現在已被奉為「祖國之父」的卡拉卡拉開始祈禱文，傑塔結束祈禱文。這兩

1 譯者注：拉丁文saeculum的意思原本是指從某事發生開始，直到所有在事件發生時活著的人都死了的這段時間，叫做一個「世紀」；基督教對照「神聖」的「永恆」時間，將一個人活在世上的時間，延伸解釋為「此生」的「世俗」時間。因此saeculum成為英文「世俗」secular的語源。最早使用saeculum這個字的是伊特魯里亞人。

個法定皇位繼承人被指派為西元二〇五年的執政官，這代表開啟新的一百年的人並不是塞維魯王朝創立者，而是王朝未來的繼承人。

在舉辦百年競技祭典這一年，兩椿死亡事件更鞏固了王朝的未來。首先是塞維魯的哥哥盧基烏斯・塞維魯・傑塔於西元二〇四年自然死亡，死後沒有留下子嗣。此外還有最有權勢、在塞維魯支持者中替他出力最久的弗爾維烏斯・普勞提安努斯被處死。有明確的證據記載普勞提安努斯的女婿，當然也就是卡拉卡拉，痛恨他的妻子，策劃這位禁衛軍統領垮台的就是他。西元二〇五年一月，卡拉卡拉把三個百夫長召喚到塞維魯面前，聲稱普勞提安努斯命令他們殺死兩位奧古斯都，好讓他自己當上皇帝。自從大萊普蒂斯雕像事件之後就懷疑這位指揮官忠誠度的塞維魯把他叫到宮殿裡。普勞提安努斯堅稱他的無辜，但是卡拉卡拉衝上前去對他展開致命的攻擊，以致於塞維魯不得不親自拉住兒子。這是我們第一次瞥見卡拉卡拉爆怒，之後他更常發作。塞維魯雖然阻止卡拉卡拉殺害普勞提安努斯，也並不打算饒過他。塞維魯讓隨侍一旁的衛兵殺了他，把他的屍體丟在宮殿外的路邊。

卡拉卡拉和普勞提拉離婚，他把普勞提拉和她弟弟放逐到埃奧利群島的埃奧利島上的利帕拉（Lipara），打算讓他們在那裡度過餘生。在各種花費之下逐漸空虛的皇帝私人財庫，現在又因為得到普勞提安努斯的私人財產而湧入大筆資金，這筆意外之財的數目多到必須找一名特別官員管理。接下來就是進一步肅清那些曾經與普勞提安努斯關係良好的元老。於是西元二〇五年年中，塞維魯和元老院的關係來到新低點，但是在普勞提安努斯垮台之後，政局穩定下來。塞維魯就是在這幾年間撰寫他的自傳，但現已亡佚。

在選擇普勞提安努斯的接班人時，塞維魯又回到之前同時有兩名禁衛軍統領而非一位的規劃，他任用的是梅丘斯·萊圖斯（Q. Maecius Laetus）和埃米利烏斯·帕皮尼亞努斯，不過只有帕皮尼亞努斯和我們的故事有關係。他既非行伍出身，也不是大貴族，只是來自泰爾的敘利亞人，他是尤莉雅·多姆娜的遠親，在帕提亞戰爭末期曾經擔任塞維魯的請願官（a libellis）。禁衛軍統領一直是由騎士階級擔任的職位，不過將它交由一位學識淵博的法學家手中，將會在歷史上產生不同的結果，我們將在下一章討論這點。

這時的塞維魯已經上了年紀，他的生活並不平順。與父親地位並列的卡拉卡拉理所當然開始行使更多權力。無論已死的普勞提安努斯曾經扮演過什麼其他角色，他至少能制止他的女婿也就是年輕的奧古斯都的盛怒。在他遭到處刑之後，卡拉卡拉積怨已久的恨意轉移到弟弟傑塔身上，他是他掌權的最後一個可能的敵人。據說他們在義大利的那幾年，這兩個年輕人的行為十分惡劣；權力，以及在全世界最大的城市裡無止境的享樂造成他們的腐敗。帝國發行一系列宣誓兄弟和諧親情的錢幣，也無法掩飾兩人逐漸升高的敵意。兄弟鬩牆令塞維魯疲憊不堪，讓兒子們離開羅馬在他看來似乎是個可能的解決之道。

我們的史料提供另外兩個令皇帝不悅的原因：年輕一代的指揮官不只是在義大利之外率領軍隊打贏戰役，而且在義大利半島境內也是如此；甚至當皇帝人就在義大利時，一個名叫布拉（Bulla）的盜匪四處橫行，危害義大利兩年，直到西元二〇七年被捕為止。盜匪是羅馬帝國人民生活中的殘酷現實，對旅人與鄉村居民造成威脅，然而在政府眼裡卻不過是疥癬之疾，不足以刺激皇帝採取行動，但自己已不再是帝國最偉大最活躍的將軍，這點令這老人憤恨難消。此外塞維魯也非常迷信，對他的星座命盤深信不疑。他預料自己死期將至。或許他覺得死在最後一次勝利的戰役中，好過在一座他幾乎無法忍受的城市裡，一直無法擺脫孩子的爭吵。他開始準備在不列顛尼亞北方進行一場大戰。

和往常一樣，不列顛尼亞一直騷動不安，我們並不知道促使塞維魯進行最後一次遠征的騷動規模有多大。學者做出許多揣測，主張最大化假設的人認為，本寧山的布里甘特人（Brigantes）有一場主要叛變，再加上來自蘇格蘭低地或甚至克里多尼亞（Caledonia）高地部族入侵；主張最小化假設的人則提出，所有羅馬邊境的類似劫掠活動都有稍微增加的傾向。西元二〇〇年初，帝國的地方財務官奧克拉提尼烏斯·阿德溫圖斯（Oclatinius Adventus）和元老總督阿爾芬努斯·塞內奇歐（L. Alfenus Senecio）沿著哈德良長城同時作戰，這種類型的軍事合作非常罕見，但是考古證據也多少解釋當地為了支援由皇帝親自率領的軍隊，大規模重建基礎建設。

在宮廷裡，尤莉雅·多姆娜的家屬和親信勢力逐漸抬頭。尤莉雅的妹夫亞歷克西安努斯是塞維魯遠征的同伴之一，此外還有塞維魯的女婿色克都斯·瓦列烏斯·馬可盧斯（Sextus Varius Marcellus），他接任阿德溫圖斯，成為不列顛尼亞的地方財務官。兩位禁衛軍統領中的敘利亞人帕皮尼亞努斯被選中隨皇帝到北方。西元二〇八年，卡拉卡拉與傑塔再次共同擔任執政官，遠征軍也出發前往不列顛尼亞。兩位執政官隨六十三歲的父親前往北方，但只有卡拉卡拉與塞維魯見到作戰情形。傑塔被留在後方，他或許待在艾柏拉庫姆（Eboracum，今日的約克），表面上是為了管理民政。卡拉卡拉伴隨父親越過哈德良長城進入戰爭實際進行的蘇格蘭。西元二〇九年的戰役深入蘇格蘭高地內部，克里多尼亞正式臣服於羅馬皇帝。我們在蘇格蘭東緣發現大規模軍營的證據，在伯斯郡（Perthshire）的卡波（Carpow）發現一座剛開始建造的主要軍團基地，顯然是為了永久占據此地而設計，但此事從未實現。那麼這已經不只是懲罰性的攻擊。它是攻占並守住位於哈德良長城以北的不列顛尼亞，塞維魯將能宣稱他把羅馬帝國邊境延伸至不列顛尼亞以及美索不達米亞。戰役結束後，皇室一行人回到艾柏拉庫姆，塞維魯和卡拉卡拉冠上「不列顛尼庫斯」（Britannicus，不列顛尼亞征服者）的頭銜。在蘇格蘭低地米阿泰人（lowland Maeatae）的領土上，新堡壘正在卡波建造，這裡再次發生叛變，西元二一〇年羅馬必須再次進行大規模戰役。

雖然這是一場無可爭議的勝仗，但這場不列顛尼亞戰役卻嚴酷地預告塞維魯王朝的結束。某些證據顯示卡拉卡拉想謀害父親，而且他也沒有費心掩飾想殺害傑塔的公然欲望。他的計畫被米阿泰人的叛變阻撓，他必須親自上戰場；可能罹患風濕或中風的塞維魯病得太重無法承受辛苦的戰事。這位皇帝現在確信他將不久於人世，因為星盤已經預告他的壽命，他的病情證明星盤準確無誤。在最後的日子裡，雖然一定曾懷疑一切都太遲，塞維魯還是採取行動，確保小兒子前途無虞。西元二一〇年年底，他讓傑塔晉升為奧古斯都，因此羅馬帝國在這兩個月裡有三位奧古斯都。之後，西元二一一年二月四日，還在進行最後一場戰役，也就是「最快樂的不列顛尼亞戰役」（expeditio felicissima Britannica）時，六十五歲的塞維魯死於艾柏拉庫姆。他對兒子們的忠告據推測是由卡西烏斯．狄奧逐字記錄如下：「你們倆不要爭執，要使士兵富有，此外不用理會其他人。」

第七章　塞維魯王朝晚期

西元二一一年塞維魯死時，尤莉雅．多姆娜和她的兩個兒子在艾柏拉庫姆。塞維魯的遺體立刻被火化，骨灰放在所有皇帝與國王最喜歡的紫色斑岩做的骨灰罈裡。有謠言說二十五歲的卡拉卡拉糾纏著醫生們，要他們盡快殺了塞維魯；他父親一死，他就處死了好幾名醫生。和他父親最親近、有可能試圖妨礙他繼承皇位的自由民家臣也同樣被他殺死。不過許多長久以來跟隨塞維魯的政府高官暫時留在原本的職位上，其中最重要的就是禁衛軍統領帕皮尼亞努斯和梅丘斯．萊圖斯。

宮廷裡的人開始準備返回義大利，卡拉卡拉還在北方與軍隊在一起，他想催促軍隊讓他當上唯一的皇帝，但沒有立即成功。他迅速與米阿泰人和克里多尼亞人講和，同意讓羅馬軍隊退出他們的領土，回到哈德良長城後方的陣線。他和傑塔一起旅行在外時，兩人分開居住，尤莉雅甚至連假裝他們可以和平共處都很困難。

回到羅馬，這兩兄弟發現他們不可能在一起，據推測兩人在宮殿裡的走道上砌起磚牆，避免和彼此接觸。到了該年年底，卡拉卡拉決定採取行動。他已經開除帕皮尼亞努斯和羅馬城長官，把這兩人換成他的姻親瓦列烏斯．馬可盧斯，他是尤莉雅．多姆娜的外甥女尤莉雅．索艾米亞斯（Julia Soaemias）的丈夫。西元二一一年十二月的農神節（Saturnalia）也就是該月二十五日，在宮殿裡的傑塔被人刺死在他母親的懷裡，而卡拉卡拉自己到禁衛軍軍營裡，宣布他逃過試圖謀害他性命的傑塔。所有可能支持傑塔的人現在都被處死，包括前禁衛軍統領帕皮尼亞努斯，和所有前皇帝的男性親屬，有些還是關係很遠的親戚，例如卡拉卡拉某個也叫塞提米烏斯．塞維魯的堂兄弟對他完全無害，但還是被殺死；皇帝佩提納克斯的兒子赫爾維烏斯．佩提納克斯也死了，此外還有馬庫斯．奧理略手無縛雞之力的女兒科尼弗琪雅和她兒子；甚至對塞維魯皇帝忠心耿耿的法比烏斯．西洛都被卡拉卡拉追殺。瓦列烏斯．馬可盧斯受命將傑塔從公眾紀錄中抹煞，卡拉卡拉同時確保在阿爾巴的第二帕提亞軍團效忠他。他也配戴所有軍隊徽章在元老院演說，但是此舉顯得草率敷衍。關鍵在於軍隊的態度，他已經對軍隊承諾要大幅加薪，藉此獲得他們的支持。將傑塔的財產充公，收回並重鑄他的錢幣，都能支付這筆開銷。

事後證明卡拉卡拉是個極差勁的皇帝，對元老院構成威脅，是浮誇的建造者，把金錢揮霍在任何可能誇耀自己的事物上，以及到了最後，成了帝國偶然的創造者。在五年的單獨統治期，這位皇帝的殘忍與無能對近在身邊的人傷害最大。跟他前任的康茂德一樣，卡拉卡拉在圓形競技場和角鬥場比賽，設法讓自己受人民歡迎，但是和康茂德不同的是，這麼做似乎沒有換來平民的支持。他精力充沛，但是壞脾氣和缺乏運動家精神使得他在統治羅馬第一年之後就引起人民反感。因此他把力氣花在軍營裡，與士兵作樂。行省的政府依舊操控在塞維魯進行最後一場戰役之前挑選的官員手中，如此確保了卡拉卡拉無法太快破壞行省的穩定性。

柯里敘利亞由馬略・馬克西穆斯治理，他從西元一九三年起，長期以來都是塞維魯的支持者，之後曾擔任執政官，而他也是個多產但粗鄙無禮的傳記作家。他的兄弟馬略・佩爾佩圖烏斯（Marius Perpetuus）治理上默西亞；埃及長官是努米底亞人克勞狄烏斯・蘇巴提安努斯・阿奎拉（T. Claudius Subatianus Aquila），他的親戚蘇巴提安努斯・普羅庫魯斯（Subatianus Proculus）治理努米底亞。其他阿非利加行省出身的人掌握了上下潘諾尼亞（塞維魯的親戚塞提米烏斯・卡斯提努斯和伊尼亞修斯・維克多），而艾亞修斯・莫戴斯圖斯・克里先提安努斯（Aiacius Modestus Crescentianus）則治理上日耳曼尼亞。他們保衛這些重要軍事行省的安全，不過卡拉卡拉懼怕權力過於集中在任何一位將軍的手中。為此，他將不列顛尼亞行省分為上下不列顛尼亞；前者由艾柏拉庫姆的第六凱旋軍團軍團長治理，後者由隆迪尼姆（Londinium）總督以及卡爾里昂（Caerleon）的第二奧古斯塔軍團和切斯特的第二十英勇凱旋軍團（Legio XX Valeria Victrix）的指揮部共同管理。

雖然卡拉卡拉能輕易控制行省總督，但對大多數人民來說他還是個難以捉摸的人物。總是妄自尊大又沒有安全感的他，決定用一種相稱的誇大方式以唯一統治者的姿態將自己介紹給臣民。他採用的法律途徑就是我們所稱的「安東尼烏斯法令」（Constitutio Antoniniana）[1]，但它其實就是皇帝的詔書。藉由這道詔書，他讓羅馬公民的特權延伸至羅馬帝國境內的每一個自由的居民身上，除了一小部分的歸降人（dediticii）之外（歸降人是投降羅馬帝國的敵方，他們可保有個人自由，但卻喪失所有公共權利）。很快的，有無數之前不適用於羅馬法律、只能遵循當地社會法律的人，都變成了羅馬人。雖然在過去的一世紀以來，各行省內的羅馬公民和非公民的「異邦人」（peregrinus）之間的界線一直很模糊，儘管幾乎在每一個文明的行省中，尤其是在鄉鎮裡，行省的菁英都會被賦予羅馬公民身分，但卡拉卡拉的這個措施還是產生很有影響力的結果。根據當地法律被視為正常的當地行為（例如在埃及的手足通婚）突然間變得不合法。同樣的，出自某些懲罰形式的遺囑特權與減免現在適用於所有人。如此造成的法律後果要花上幾十年才能解決，因此古典羅馬法的偉大年代發生在三世紀早期並非偶然：在突然間增加這麼多新羅馬公民的緊迫情況促使下，卡拉卡拉之後幾位皇帝的法學家必須以有系統的方式，釐清與詳細解釋羅馬法律的真正意義。

雖然隨著時間過去，卡拉卡拉詔書將徹底改變許多行省的文化，當代作者卻鮮少注意卡拉卡拉的這項措施。的確，如果只閱讀歷史學家和元老卡西烏斯・狄奧的作品，我們會相信卡拉卡拉給予所有人公民權的唯一動機就是徵收更多羅馬公民必須支付的遺產稅。除了狄奧，沒有任何與卡拉卡拉這道影響深遠的詔書相關的參考文獻流傳後世，這表示我們相當幸運能有一份殘破的莎草紙，也就是我們所知的吉森莎草紙（Giessen Papyrus），將詔書原件的序言保留下來，讓我們得以窺見卡拉卡拉的心思。

這位才剛謀殺親兄弟、血洗帝國核心的皇帝，堅持官方說法：他從傑塔邪惡的陰謀中逃脫，是因為諸神赦免他，他要帶領更多臣民到諸神面前，以此表達他的感謝。藉由將羅馬法律的特權賜予這些人民，他不只帶給諸神新的敬拜者，也讓人民分享他的好運。我們不該立即就屏斥他的這番花言巧語。羅馬政府的意識形態鼓勵人民將皇帝視為宇宙秩序的化身。我們可以主張，卡拉卡拉的說法是讓帝國臣民在自己的臣屬地位中產生共謀關係，但是這種說法的力量也相當強大。新公民以奧

1 編按：又可稱卡拉卡拉詔書（Edict of Caracalla），以下方便辨識，改稱卡拉卡拉詔書。

理略做為個人名，也就是卡拉卡拉正式的名字「馬庫斯．奧理略．安東尼烏斯」，這等於宣告他們和賦予自己公民地位的皇帝有直接關係。最重要的正是這個象徵意義；如果，正如語帶嘲諷的狄奧所說，授予公民權的詔書剛好能替帝國增加收入，那麼這不過是個附帶的好處，因為卡拉卡拉當然很需要錢。

和所有想證明自己能力的皇帝一樣，卡拉卡拉必須讓人民看見他會保衛他的帝國。最遲在西元二一三年初，他往北來到上多瑙河邊境，在他擔任正規執政官的同一年親自帶兵打仗。之後在戰爭季節，他從雷蒂亞行省渡過多瑙河到對岸，進入之後被稱為阿拉曼尼亞（Alamannia）的地區；這是我們的史料裡以描述卡拉卡拉這場戰役為背景，首次提到住在當地的蠻族對當地的稱呼。在該月內他就宣布勝利，他甚至有可能真的打贏，因為羅馬軍隊大舉消滅北方邊境之外無組織的農業人口，在當時是司空見慣的。史料中僅大略記載他的行動，不過他和父親一樣熱愛旅行。西元二一四年，他越過巴爾幹半島來到東方，又從特洛伊進入小亞細亞，並模仿亞歷山大大帝，祭拜阿基里斯的靈魂。他從特洛阿德（Troad，在安那托利亞西北角）繼續前行，來到俾斯尼亞，在尼科米底亞過冬，次年春天來到敘利亞的安條克。他原諒安條克在西元一九〇年代的內戰中對抗他父親。安條克在塞維魯打贏內戰後被剝奪種種特權，現在卡拉卡拉又將它的地位提升至殖民地，賜予它義大利權。自從卡拉卡拉詔書頒布後，殖民地特權已經不再有太大法律上的重要性，但它還是表示這個城市可以和義大利半島上的城市一樣享有免稅權，因此它是真正的地位象徵。卡拉卡拉也將一直以來舉辦奧林匹克運動會的權利還給這個城市。他或許還造訪了母親的家鄉埃邁沙，當然也賜予它殖民地的地位，雖然此舉無法使尤莉雅．多姆娜與他和好，因為他母親一直無法原諒他殺了弟弟。西元二一五年底，卡拉卡拉離開敘利亞前往埃及，於十一月或十二月抵達亞歷山卓。他在那裡過冬，一直到西元二一六年四月才離開，在這城市留下極大的破壞。

正當他怪異的舉止在他統治的第一年就激怒羅馬平民的同時，他也疏遠比羅馬人更難以駕馭的亞歷山卓人民，他們在整個帝國是出了名乖戾的公民。到底他如何冒犯那裡的人我們不得而知，但群眾開始聚集起來，吟唱著他是個殺掉自己弟弟的人，是個騙子，他絕對不是另一個亞歷山大大帝。對於像卡拉卡拉這樣脾氣暴躁的皇帝，他們的行為無異於叛國——難道他沒有像一位偉大的征服者那樣在特洛伊祭拜阿基里斯，難道他沒有在這位征服者的墓前留下他士兵的斗篷以及其他許多禮物嗎？更何況他沒有謀殺弟弟傑塔，因為全世界都知道諸神已保護他，使他免於受到傑塔惡毒的對待。在下令非亞歷山卓的公民出城之後，他展開一場大屠殺。確切的數字已無法計算，但只要任何時候士兵被派到街上受命懲戒公民，那就表示有上千人而非上百人死亡。報復心多少得到滿足之後，卡拉卡拉啟程離開這城市，打算證明亞歷山卓的人是錯的——他將會是一位新的亞歷山大，他要像這位偉大的征服者征服波斯那樣，征服帕提亞帝國。

卡拉卡拉於西元二一六年晚春抵達安條克，於五月二十七日之後立刻進行戰役。這是個吉祥的時機。他罷黜奧斯若恩國王阿布加爾五世以儆效尤；他找了個似是而非的藉口，說他欺負美索不達米亞各部族。從古代亞述城市阿爾貝拉（Arbela，今日伊拉克北部的艾比爾）到埃德薩（今日土耳其的尚勒烏爾法），他刻意追隨打敗大流士三世的亞歷山大的腳步。他在這奧斯若恩之前的皇室都城過冬，於西元二一七年一月二十八日紀念他統治二十年（vicennalia），並且將埃德薩的地位提升至殖民地。該年春天，他準備進軍帕提亞帝國。但他一直沒有達成目的。四月八日，卡拉卡拉在美索不達米亞的卡雷遭人暗殺。

由於卡拉卡拉對占星家和一個叫塞拉皮歐（Serapio）的埃及騙子的仰賴更勝於專業軍事顧問，他的朝臣們害怕在這樣的皇帝帶領下展開帕提亞戰爭，其結果將會是一場災難。禁衛軍統領歐佩里烏斯·馬克里努斯（Opellius Macrinus）和遠征軍指揮部是這場政變的幕後推手。他們買通一個有理由痛恨皇帝的士兵，他名叫馬提亞歷斯（Martialis）。在前往當地月神神廟時，馬提亞歷斯將如廁的卡拉卡拉刺死。之後卡拉卡拉的護衛殺了馬提亞歷斯，隱瞞政變真相，但也使軍隊不至於打一場將軍們不樂見的危險戰爭。指揮官馬克里努斯花了數天遊說，確保得到美索不達米亞駐軍的同意，並設法使他之前的同僚，也就是現在當上羅馬城長官的奧克拉提尼烏斯·阿德溫圖斯默認他的行動。卡拉卡拉遭謀殺後的四天，馬克里努斯稱帝。

馬克里努斯的情勢看起來很強。他的家族來自茅利塔尼亞行省的濱海凱撒利亞（Caesarea Maritima），這裡位於塞維魯的家鄉的黎波里塔尼亞所在的文明、都市化的阿非利加行省另一頭。馬克里努斯是摩爾人的後代，正如同塞維魯是布匿人後代，但是他家族的出身比塞維魯家族低。現在五十出頭的馬克里努斯有個兒子名叫狄亞杜門尼安努斯（Diadumenianus），他只有九歲，但還是未來的王朝繼承人。馬克里努斯率領的軍隊已經認識他一段時間，長久的職業生涯也替他在帝國官僚體系中召來大批侍從。在他第一批指派的官員中就有兩個這樣的人：地方財務官烏爾皮烏斯·尤利安努斯（Ulpius Julianus）和公共郵政系統（cursus publicus）的長官，他們現在取代馬克里努斯和阿德溫圖斯成為禁衛軍統領。但是新皇帝的地位沒有他自己想像中的那樣穩固。羅馬人民很生氣他沒有立刻返回羅馬巴結他們，於是準備在該年年底暴動。

同時元老院對於這身分低下的騎士階級登基為皇帝感到震驚。少有作者比歷史學家狄奧更勢利眼；他替元老階級說話，譴責馬克里努斯的盛氣凌人，以及他將和他自己一樣傲慢的人提拔至高位。元老們也可以譴責馬克里努斯膽小如鼠。卡拉卡拉被殺時，帕提亞國王阿塔巴努斯五世（Artabanus V）已經集結兵力準備迎戰羅馬帝國，雖然馬克里努斯試圖媾和，阿塔巴努斯五世還是入侵羅馬統治的美索不達米亞。西元二一七年底，馬克里努斯在尼西比斯吃了敗仗。據傳聞，這屈辱的和平代價高達兩億賽斯特提銅幣，除非增稅或充公，國庫裡根本拿不出這筆錢。

在東方過冬，正設法籌措這大筆談和金額的馬克里努斯諸事不順。他宣布兒子狄亞杜門尼安努斯為凱撒，並開始以自己和兒子的名字鑄造錢幣，但是他創建王朝的想法對任何人都沒有吸引力。他已經答應士兵會將卡拉卡拉封神，但在充滿敵意的元老面前他無法履行承諾。為了尋找財源，他降低新招募軍隊的薪水，然而這法子卻招致軍隊不安。他指派一些卡拉卡拉寵信的人在羅馬擔任重要職務，但元老院大權在握，市民暴動。要是他能返回羅馬，或許就能緩和情勢，不過他沒有機會知道結果。

卡拉卡拉沒有子嗣，但是他不缺親戚。馬克里努斯選擇不要效法前任皇帝的大開殺戒，屠殺卡拉卡拉的親戚，但事實證明這是個錯誤。罹患癌症的尤莉雅．多姆娜知道她兒子被暗殺的消息後不久，就在安條克自殺了。不過她在家鄉埃德薩的家人還活著。尤莉雅．多姆娜的妹妹尤莉雅．梅薩有跟塞維魯統治期間擔任執政官的尤利烏斯．阿維圖斯結婚，生下兩個女兒，分別叫尤莉雅．索艾米亞斯和尤莉雅．瑪麥亞（Julia Mamaea）。這兩個女兒都嫁給塞維魯王朝的強硬支持者，索艾米亞斯嫁給卡拉卡拉的不列顛尼亞地方長官瓦列烏斯．馬可盧斯；瑪麥亞嫁給資深地方財務官傑修斯．

馬奇安努斯（Gessius Marcianus）。這兩人在西元二一七年前都已自然死亡，但是兩夫婦都有男性子嗣。卡拉卡拉的這兩個表姊將延續塞維魯王朝世系，也使得羅馬第一位騎士階級皇帝馬克里努斯的統治期極其短暫。

卡拉卡拉死時，索艾米亞斯和馬可盧斯的兒子瓦列烏斯．阿維圖斯是個十三、四歲的男孩。在這之前他不太可能離開過埃邁沙，他在當地擔任歷代祖先都曾當過的世襲埃拉伽巴爾神廟祭司。埃拉伽巴爾是無所不在的閃族神祇巴爾（Baal）在埃邁沙當地的化身，在此祂以一塊黑色隕石的形式受到崇拜。做為太陽神在人間的祭司，年輕的阿維圖斯以這位神祇的名字為名，因此在古典史料中被稱為「埃拉伽巴爾」（或者傳統上以希臘化名字稱他為赫利歐伽巴路斯，但較不正確）。瑪麥亞的兒子巴西安努斯．亞歷克西安努斯（Bassianus Alexianus）比埃拉伽巴爾的年紀小，在尤莉雅．多姆娜自殺後，他陪母親回到埃德薩。索艾米亞斯和瑪麥亞共同策劃讓馬克里努斯下台的政變。這對姊妹一輩子都生活在塞維魯王朝的權力中心，各處都有她們的支持者。她們知道馬克里努斯部隊中意見不和，於是盡其所能讓情勢更加惡化。瓦萊里烏斯．科馬松（P. Valerius Comazon）率領下的帕提亞第三軍團在埃德薩附近的軍營中過冬，他們自然成為替塞維魯王朝捲土重來的力量。第三軍團的士兵們看見埃拉伽巴爾舉行祭拜太陽神的慶典後，軍營裡開始傳出謠言，說這位英俊的年輕人跟卡拉卡拉極為神似；或許他其實是卡拉卡拉和他表姊索艾米亞斯兩人生下的兒子？同時，瓦列烏斯．馬可盧斯家鄉阿帕米亞的貝爾神殿（temple of Bel）神諭，開始對馬克里努斯的長壽做出不祥的預言。自己政變成功的馬克里努斯必定很擔心這些竊竊私語，但是他沒有採取任何行動。他的無所作為帶來致命的結果。

西元二一八年五月十六日夜晚，一名瑪麥亞的自由民將埃拉伽巴爾帶到帕提亞第三軍團前，科馬松讓他們進入軍營。到了早晨，軍隊推舉一位新皇帝，他的名字是馬庫斯・奧理略・安東尼烏斯——這位皇帝藉此大膽主張自己是合法王朝的後代。馬克里努斯的支持者設法採取行動。第二帕提亞軍團的軍團長烏爾皮烏斯・尤利安努斯帶領軍隊來到埃德薩，但是埃德薩的第三軍團卻拒絕與他們戰鬥。前來的新皇帝在身旁展示卡拉卡拉的肖像。在幾位忠於馬克里努斯的軍官被殺之後，兩軍都回到軍營，帕提亞軍團回到埃德薩附近，第二帕提亞軍團回到阿帕米亞。馬克里努斯設法親自介入，他要求帕提亞軍團宣布他的兒子，凱撒狄亞杜門尼安努斯，與他共同擔任奧古斯都。他們同意了，但條件是他必須支付大筆賞金，但是在慶祝的宴會上，他們舉著忠心的尤利安努斯的人頭獻給兩位奧古斯都。第二帕提亞軍團毫無顧忌謀殺了自己軍團的指揮官，馬克里努斯顯然無法仰賴這種有條件的效忠態度，因此他和兒子退回安條克，保衛他們的只有禁衛軍。埃拉伽巴爾的支持者前進至敘利亞首府安條克，在科馬松率領下的帕提亞第三軍團在前方開路。

這場於六月八日開戰的決定性戰役打得相當激烈，最後馬克里努斯離開戰場，軍隊也開始叛逃。馬克里努斯往羅馬前進，並設法把狄亞杜門尼安努斯藏起來，但此舉只是暴露出他基本上是個無能的人。要是他能在西元二一七年底前早點到羅馬，儘管他還是必須面對塞維魯王朝後代在東方的叛變，不過那就會是一場內戰，他或許還能聯合西方軍團和巴爾幹軍團並肩作戰。然而事實上，他的統治從開始到結束都是烏合之眾的騷亂。正要從亞洲渡海至歐洲時，馬克里努斯在迦克墩（Chalcedon）被追上；狄亞杜門尼安努斯已經在澤烏瑪被捕。兩人很快就被逮捕他們的人殺死，在他們回安條克的路上，馬克里努斯在卡帕多奇亞的阿基萊斯（Archelais）被殺。被馬克里努斯提拔擢為高官，備受他依賴的那些騎士階級官員也都被殺了。在羅馬，長期替塞維魯效勞的執政官馬略・馬克西穆斯展開一場肅清，除掉可能成為塞維魯王朝的敵人。

處決馬克里努斯的百夫長克勞狄烏斯・埃利烏斯・波利歐（Claudius Aelius Pollio）當上元老，還負責俾斯尼亞的指揮權，之後被派去掌控上日耳曼尼亞。埃拉伽巴爾和母親在安條克又待了幾個月，直到他們顯然不該再重蹈馬克里努斯忽略羅馬城的覆轍為止。西元二一八年底之前，他們啟程往西，在尼科米底亞過冬，直到西元二一九年夏末埃拉伽巴爾才終於抵達羅馬，在正式的歡迎儀式（adventus）之下進城，但是他的臣民對於皇帝進城的大場面完全沒有心理準備。從馬庫斯・奧理略・安東尼烏斯這個名字或許可以判斷他的出身，而他的容貌確實像是這個家族的成員，但他和塞維魯王朝祖先的相似度就僅止於此。他永遠穿著一身埃拉伽巴爾神廟大祭司的服裝，隨身攜帶他的太陽神在人世間的代表物黑石，並且走到哪裡都進行他的宗教儀式。在抵達這座永恆之城時，他登上卡必托里山，把巴爾神的神像放在羅馬帝國的主要神明朱比特神廟裡。羅馬人沒有之後基督徒的褻瀆概念，但是他們能確實意識到哪些宗教行為是可以接受的，哪些卻不行。一個不是羅馬人向來崇拜的敘利亞神祇進入帝國中最莊嚴的聖地，只會讓人覺得是一種玷汙，即便皇帝自己宣稱他是這神明的大祭司，也即便他信奉的教可以被合理化為某種形式的太陽神崇拜。

西元二二〇年，情況愈來愈糟，他替自己冠上一個詭異的新頭銜。自從奧古斯都取代他死去的對手雷比達（Lepidus），永遠接下大祭司（pontifex maximus）的角色之後，歷代羅馬皇帝一直都擔任國家崇拜儀式的主要祭祀者。但是現在埃拉伽巴爾開始稱自己為「無敵太陽神埃拉伽巴爾的至高大祭司與羅馬大祭司」（sacerdos amplissimus dei invicti Solis Elagabali, pontifex maximus）。如果這個頭銜是用來激怒保守的情緒，那麼它的效果已好到不能再好。與出身無可挑剔的羅馬貴族後裔尤莉雅．科涅莉亞．寶拉（Julia Cornelia Paula）的婚姻也不能平息眾怒；在宣布埃拉伽巴爾是羅馬帝國的主神，地位高於長久以來在卡必托里山上保護帝國的朱比特、朱諾和密涅瓦（Minerva）三大神祇之後，他又觸怒更多人。堅持這種做法的必定是這位固執的皇帝本人，因為沒有一個神智清醒的顧問會替他的行為背書。但或許埃拉伽巴爾身邊的確有許多怪異的顧問，我們無從得知，因為可用的史料嚴重不足，而且在經過一整個世紀之後更是如此；從卡西烏斯．狄奧保存的史料中摘錄的內容已經殘缺不全，而純屬虛構的西元四世紀《羅馬帝王記》取材自二世紀前後以希臘文寫作的作家希羅狄安（Herodian），但希羅狄安流傳至今的敘述的可信度也極低。

雖然我們不知道確切的事實，但顯然從羅馬人的觀點看來，埃拉伽巴爾的行徑說得好聽是瘋狂，說得難聽是危險。從西元二二〇年發生的事件看來，眾人對此更是堅信不疑；這位皇帝為了慶祝太陽神埃拉伽巴爾與智慧女神密涅瓦成婚，他跟毫無缺點的科涅莉亞離婚，娶了一名羅馬灶神的女祭司「維斯塔貞女」尤莉雅．阿奎拉．塞維拉（Julia Aquila Severa）。羅馬的女神密涅瓦就是希臘的雅典娜，她的雕像被移往朱比特神殿陪伴她的新丈夫。皇帝盛大舉辦這場典禮，要求羅馬人民都來參加公開的列隊遊行，更使情況雪上加霜。次年，這場鬧劇再次演出（在許多觀者眼中它必定是鬧劇），太陽神埃拉伽巴爾又跟密涅瓦離婚了，改娶布匿人主管財富與生育的女神阿斯塔蒂（Astarte），同時皇帝埃拉伽巴爾也跟尤莉雅．阿奎拉．塞維拉離婚，改娶奧理略皇帝的遠房親戚後代阿妮雅．弗絲蒂娜。這場婚姻也沒有維持太久，不過等到皇帝拋棄她又選了其他史料中沒有出現姓名的新娘時，朝臣已經受夠他了。

當初索艾米亞斯和瑪麥亞這對姊妹和各自的兒子一同來到羅馬，前者是皇帝埃拉伽巴爾，後者是年紀較輕的巴西安努斯．亞歷克西安努斯。現在瑪麥亞認為他的皇帝外甥行徑太過怪異，造成的損害再也令人無法忍受。她的看法看來得到瓦萊里烏斯．科馬松的支持，他是前帕提亞第三軍團的指揮官，他對馬克里努斯的背叛決定了後者的命運，現在他擔任羅馬城長官。西元二二一年六月，生於西元二〇八年的巴西安努斯已經成年，他穿上象徵從青少年邁入成年期的成年服。他被指定為奧古斯都埃拉伽巴爾的凱撒，並且被賜予馬庫斯．奧理略．亞歷山大（接下來改稱他為亞歷山大）這個名字。身為皇室家庭中第二個成年男性，只要有人想在宮中造反，他們都能把焦點集中在他身上。

現在有兩派人馬都想掌控羅馬，有些人支持皇帝，還有些人支持新的凱撒。埃拉伽巴爾試圖以不忠為由解除科馬松的職務，但又在幾次暗中協商之後將他復職。新年一開始，埃拉伽巴爾第四次擔任執政官，亞歷山大是第一次，情勢轉壞，瑪麥亞強行發動政變。亞歷山大在三月躲起來不見蹤影，或許單純只是因為害怕，或更有可能的是為了將他和表哥之間的冷戰升溫。西元二二二年三月十一日，埃拉伽巴爾和索艾米亞斯來到禁衛軍的軍營裡，希望向他們保證亞歷山大安全無虞，但是這些禁衛軍已經叛變。埃拉伽巴爾想躲在樹幹裡，但是卻被軍隊找到，將他砍頭。他的母親和他們的主要支持者，包括兩名禁衛軍統領和短暫取代科馬松的羅馬城長官也被殺死。

姊姊死後，換成瑪麥亞得勢。十四歲的亞歷山大於三月十三日在軍隊擁立下稱帝，一天後，某位巴不得想除掉他表哥的元老封他為奧古斯都、祖國之父和大祭司。同時，他將「塞維魯」加入他的稱號中，確保他與王室的連結，還有謠言傳出他其實也是卡拉卡拉的兒子，而不是瑪麥亞與丈夫馬奇安努斯的兒子。對前任皇帝的回憶被判處正式的「記憶抹煞」之刑，隨之而來的將是和平的新時代，至少人們如此希望。

在接下來十年的大部分時間，政局盡可能維持平穩，雖然事實上我們對亞歷山大的統治情形可說是一無所知。《羅馬帝王記》中的敘述幾乎純屬虛構，它將亞歷山大描繪為一位理想的「好皇帝」，以平衡前任皇帝埃拉伽巴爾的刻板東方主義形象和繼任皇帝馬克西米努斯的野蠻與誇大。至於希羅狄安則受限於他的自大與他跟這些事件發生的時間相隔遙遠，以及他自始至終文勝於質的傾向。我們最仰賴的還是狄奧的敘述，尤其因為他自己在此刻的政局中扮演了重要的角色。

我們上一次提到狄奧時，他還是康茂德統治期間的資淺元老，這位歷史學家對於康茂德瘋狂放縱的行徑提出駭人、但偶爾相當有意思的記述。即使埃拉伽巴爾有時候很像是康茂德的化身，狄奧自始至終卻都是塞維魯王朝的忠臣。在亞歷山大統治時期，狄奧大部分時間都待在家鄉尼西亞，擔任元老管理官，負責當地行政事務（curatores是某種特殊形式的短期派任的元老職務，一般負責監督有財政問題的行省城市）。之後他當上阿非利加行省的延任執政官，管理這個元老行省的人表面上是從元老院的執政官抽籤選出，不過它往往還是由皇帝從有資格擔任的元老中指派。狄奧在阿非利加行省的表現必定十分亮眼，因為之後他就先後被指派為兩個皇帝行省（Imperial province）的總督，先是達爾馬提亞行省（Dalmatia，今日位於克羅埃西亞南部、亞得里亞海東岸的狹長地帶），之後是重要的軍事行省上潘諾尼亞。西元二二九年，狄奧榮任第一位執政官，皇帝本人是第一位執政官。狄奧的備受恩寵，在某種程度上反映出亞歷山大政權一項蓄意的政策——卡拉卡拉和埃拉伽巴爾往往提拔替他們個人服務的人，無論是家臣或騎士階級出身的官僚；然而亞歷山大的朝中卻是由元老背景的人主導。由於亞歷山大政權的敘事歷史是一片空白，我們對它的了解必定推斷自當時的官員指派方式。但有件事很明白，也就是埃拉伽巴爾和索艾米亞斯寵信的騎士階級和朝臣將在亞歷山大的朝中盡可能遭到排除，而在塞維魯皇帝時事業開始起步的元老（有些人甚至在他統治期間首次擔任執政官），將在亞歷山大的政府中擔任主要官職。

光是這項事實，就能解釋何以在之後的幾世紀裡，雖然亞歷山大沒有顯而易見的豐功偉業，人們還是緬懷他的統治期為黃金時代，這都要歸功於狄奧和馬略．馬克西穆斯等元老作家。就我們能理解的範圍內，行省人民或甚至是大多數羅馬軍團依舊順服亞歷山大，但羅馬城內就沒有那麼寧靜了。禁衛軍統領從統治期一開始就很不悅，之後他們的騷動一直沒有真正平息下來。亞歷山大的新禁衛軍統領圖密提烏斯．烏爾皮亞努斯（就是我們熟知的法學家烏爾皮安），他最早服役於塞維魯的禁衛軍統領帕皮尼亞努斯麾下，後者是位軍紀嚴明的長官。對於一群習慣予取予求的士兵而言，他們很難接受烏爾皮安對法律、公平與正義的概念。他有理由被視為第一位人權理論家，因為他最先將廣泛的人權理論範疇明確闡述為一種概念，此外他仔細解說羅馬民法並且採取有系統的途徑——這是他和當時塞維魯王朝其他法學家共同使用的方式，這不只構成接下來三百年的羅馬法律，當他的法學觀念在十二世紀及之後被人重新發現並傳播各處之後，對歐洲法學思想形成革命性的影響。不過在他生存的時代，禁衛軍反對他嚴厲的做法，也不喜歡他指派的許多人，以致於禁衛軍的紀律在西元二二三年夏天徹底敗壞。

烏爾皮安的敵人馬庫斯．奧理略．埃帕加圖斯（Marcus Aurelius Epagathus）是一名騎士階級自由民，他繼烏爾皮安之後擔任糧食供應官，負責羅馬的穀物公營，就是他煽動厭惡烏爾皮安的情緒。有人試圖到烏爾皮安家裡綁架他，烏爾皮安設法逃進皇宮，但是一支禁衛軍小隊在皇宮裡抓住他，並且當著皇帝和他母親的面殺了這位激怒他們的指揮官。禁衛軍和皇帝家族偏袒的官員之間的敵意持續升高，例如受到禁衛軍威脅的卡西烏斯·狄奧就無法在西元二二九年的第二次執政官任期時待在羅馬。此外還有其他問題，例如在西元二二五年間，亞歷山大娶了塞烏斯·赫倫尼烏斯·撒路斯提烏斯（L. Seius Herennius Sallustius）的女兒妮愛亞·塞雅·赫倫妮亞·撒路斯提雅·歐爾比亞娜（Gnaea Seia Herennia Sallustia Orbiana）為妻。她被授予奧古斯塔的頭銜；雖然不可能百分之百肯定，但她的父親有可能被任命為凱撒。不過到了西元二二七年卻出事了，或許發生一場陰謀，或有人試圖篡位。無論如何，赫倫尼烏斯遭處決，歐爾比亞娜被流放到阿非利加，之後再也沒有人聽到她的消息。

從亞歷山大統治期開始至今，在羅馬瀕臨沸騰的不滿似乎也逐漸蔓延至帝國其他地方，這種情緒或許是針對離群索居、幾乎沒有能力左右自己行為的年輕皇帝做的回應。許多邊境地區都發生騷動和叛變，大約在西元二二九年之前，美索不達米亞駐軍甚至還謀殺了自己的軍團長。他們無疑正面對東方來自波斯新大王阿爾達希爾一世（Ardashir I）的全新威脅，不過在幾年前，他才推翻前任波斯大王。下一章大部分篇幅將會討論中亞和帕提亞帝國，不過我們可以簡單追溯它們在塞維魯政權垮台時扮演的角色。約在西元二三〇年，或許再稍早一點，新波斯統治者阿爾達希爾一世攻擊羅馬的美索不達米亞行省，同時一個名叫烏拉尼烏斯（Uranius）的男人可能聲稱他已披上皇帝的紫袍（我們完全不清楚此人是之後錢幣上出現的那個篡位者烏拉尼烏斯·安東尼烏斯名字的誤植，或兩人真的有關連）。阿爾達希爾一世包圍尼西比斯，他的軍隊進犯敘利亞行省邊境。亞歷山大政權一開始沒有設置妥當的軍事防禦，直到西元二三一年，年輕皇帝離開羅馬前往東方邊境，在途中招兵買馬，又從埃及召來第二圖拉真軍團（Legio II Traiana）。西元二三一至二三二年冬天之前，這批大軍在安條克會合，期間又有更多被證實的叛變。第二年的戰役規模龐大，軍隊攻擊北部的亞美尼亞、中部的奧斯若恩和南部的美索不達米亞。但是軍隊在北方與南方邊境戰敗，由模糊不清的記述推測羅馬軍團死傷慘重，幾乎毫無戰果。

於是，在戰爭季節的尾聲，從上萊茵河與上多瑙河傳來壞消息。阿拉曼尼人或上萊茵河與上多瑙河邊境沿線新興蠻族聯盟裡的某個部族，發動了大規模突擊或全面入侵。細節我們無從得知，也無法重現阿拉曼尼人的動機。為此亞歷山大與母親往西方前進，於西元二三三年回到羅馬，舉行波斯戰爭的凱旋式，之後再動身前往日耳曼邊境的蒙格提雅庫姆。當初塞維魯曾經打算以可被允許的手段懲罰這些蠻族，親自入侵他們的領土，大肆破壞。亞歷山大似乎大獲成功，因為那天很稀奇地遭遇北方邊境之外的蠻族重大反抗。對亞歷山大而言，不幸的是作戰的軍隊已經破壞了阿拉曼尼亞，部分阿拉曼尼人入侵者也同樣破壞萊茵蘭駐防地附近的平民聚落。皇帝的士兵們，或至少其中一些士兵，在成功渡河回到冬天軍營時，發現家園被摧毀。狂怒的他們擁立騎士階級指揮官尤利烏斯·維魯斯·馬克西米努斯（C. Julius Verus Maximinus）為新皇帝，罷黜並殺死亞歷山大和他母親瑪麥亞。這場政變讓塞維魯王朝於西元二三五年三月十九日走到令人遺憾與不快的終點。

某種老生常談的歷史觀點將塞維魯·亞歷山大的死，解釋為羅馬帝國早期與西元三世紀危機的中斷或休止之間的轉捩點。我們將在接下來的幾章以大篇幅談論帝國危機的概念，不過就目前為止我們還能堅持主張，在亞歷山大被謀殺後的四年，帝國繼續上演他統治期間的政治緊張局勢，期間並沒有真正實質的中斷期。篡位的馬克西米努斯來自日漸壯大的騎士階級官員，這些人的影響力愈來愈取代從安東尼王朝晚期以降的元老家族。他是位資深官員，職業生涯很長且備受信賴，但我們並不清楚細節。我們主要依賴的元老歷史傳述資料刻意將馬克西米努斯塑造為一個外來的蠻族，這是一種在整個古典時代晚期，由撰寫我們現存歷史的平民菁英分子所採取的誇飾姿態；在西元四世紀的《羅馬帝王記》中，繼荒淫且奢華無度的埃拉伽巴爾以及振奮人心的完美亞歷山大之後，我們讀到的是一個外貌醜陋又極度殘忍的馬克西米努斯，是純粹「本我」的具體化身，雖然以上每一個帝王的面貌都缺乏基本事實。不過我們不應該懷疑，在西元三世紀逐漸向前推移時，安東尼王朝晚期和塞維魯王朝初期的元老院菁英，是多麼痛恨那些出身不好卻有能力的人取得愈來愈大的真正權力。

我們不知道馬克西米努斯生於何時，但是他來自巴爾幹半島的色雷斯，因此有些人知道的還是「馬克西米努斯・色雷斯」這並非他真名的家族名，而且這名字還包含野蠻行為的虛假汙名化。他在軍隊和行政機構中晉升到騎士階級高位，當日耳曼軍隊叛變並擁立他為皇帝時，他已經不年輕了。從錢幣和稀有的胸像上可以看出他無疑已屆中年，他或許出生在奧理略皇帝晚年，並且在西元一九〇年代的內戰中進入軍隊服役。據說他常常獲勝，而且至少當上鮮少經過證實、官階也不高的募兵官（praefectus trionibus），或許是類似很資深的士官長。他登基時已經和我們對其背景一無所知的凱西莉亞・保琳娜（Caecilia Paulina）結婚，兩人育有一個當時是青少年的兒子尤利烏斯・維魯斯・馬克西穆斯（C. Julius Verus Maximus）。

由於他的軍旅經歷，馬克西米努斯充分了解塞維魯為控制軍隊必須讓士兵富有的政策。亞歷山大和瑪麥亞一直不怎麼受軍隊歡迎，不過他們送命的原因就是吝於發放賞金。馬克西米努斯承諾支持者他會支付大筆賞金和加倍發放軍餉。但是這種承諾需要有孤注一擲的手段才能兌現。雖然在馬克西米努斯死後，對他統治期間的誹謗幾乎遍及各方面，我們也一直不知道他財產充公的主要對象有哪些人，不過他似乎真的降低給羅馬人的穀物津貼和給羅馬城的帝國膜拜儀式的補助。無法依靠薪資所得或城內蔬果農場（market gardens）的作物餵飽自己的羅馬人，就完全仰賴這些補助，因此羅馬城的平民必定覺得自己受到冒犯；同樣糟糕的是，帝國的膜拜儀式是大多數都市曆法的基準，介入宗教禮儀的時程表使馬克西米努斯疏遠了元老院菁英，正如他不得羅馬城的民心一樣。但他似乎並不怎麼關心自己在羅馬城犯的眾怒，這種態度只是擴大事情的嚴重性，而且他在統治期間一直沒有前往羅馬，只是把他軍隊在萊茵河與多瑙河功勳彪炳的圖像傳送回去。這些戰役鮮少有文字紀錄，不過西元二三五年與二三六年間他在萊茵河流域作戰，或許是在對付阿拉曼尼人，而西元二三六年下半年與之後，他在多瑙河前線與薩瑪提亞人作戰；西元二三八年去世時，他鑄造的錢幣上刻的頭銜包括日耳曼尼庫斯·馬克西穆斯（Germanicus Maximus，至高至上日耳曼尼亞征服者）、達契庫斯·馬克西穆斯（Dacicus Maximus，至高至上達契亞征服者）與薩瑪提庫斯·馬克西穆斯（Sarmaticus Maximus，至高至上薩瑪提亞征服者）。

儘管羅馬城的平民和元老都痛恨這號人物，但關鍵卻在於他無力支付士兵相信他承諾的賞金以及雙倍軍餉。原本不會為後人所知的兩個軍官密謀造反，這兩人名叫馬格努斯（Magnus）和夸提努斯（Quartinus），他們的名字出現在我們唯一有參考價值的史料裡；他們或許刻意在軍中散播不滿情緒。更糟的是，馬克西米努斯的妻子保琳娜死於西元二三五或二三六年，他將她封神以及將年輕的兒子馬克西穆斯提升至凱撒的地位，都完全無助於創造成功統治王朝的氛圍。確實，關於馬克西米努斯統治期，我們能零星收集到的主要結構性重點，除了王朝的開始與結束的記述之外，就是許多在本世紀稍後仕途亨通的人（至少包括未來的兩位皇帝瓦勒良和德西烏斯），他們在馬克西米努斯統治期要不是持續不受控制，就是飛黃騰達。雖然如此，馬克西米努斯似乎無法激起任何人的熱誠，這也就是為什麼在阿非利加行省一次最初微不足道的反叛，會在西元二三八年像滾雪球一樣失去控制，使他的政權垮台，然而叛變本身卻沒有獲得任何利益。

阿非利加行省的元老反叛，構成希羅狄安歷史敘述中的高峰，雖然其中充斥道德教化與誇大的修辭，他還是保留對事件的詳細與大體上容易理解的記述：一個不知名的帝國地方財務官提高了皇帝馬克西米努斯要求的稅金，惹惱行省內出身良好的一群人——有些人是元老階級，其中也有許多是現在位於義大利的元老家族的侍從。行省的「年輕人們」起而叛變，謀殺了這名討人厭的地方財務官，自立為皇帝；這就是元老安東尼烏斯．戈爾迪安努斯．森普羅尼安努斯．羅曼努斯．阿非利加努斯（M. Antonius Gordianus Sempronianus Romanus Africanus），也就是我們所知的皇帝戈爾迪安一世（Gordian I）。他是個沒有特殊功績的老人，職業生涯很長，曾經在卡拉卡拉時期治理不列顛尼亞，在埃拉伽巴爾時期治理亞該亞，這表示有許多他的元老同僚都認識而且可能也支持他。他出於必要假意婉拒披上紫袍，但他又讓這消息很快傳回首都，在羅馬的元老於是擁立他為皇帝，派人殺了馬克西米努斯的禁衛軍統領維塔利安努斯（Vitalianus）。接著元老院宣布馬克西米努斯為人民公敵，採取史無前例且終究是狂想的手段，指派一個二十人團（vigintiviri）帶領元老們反對這位他們公開譴責的皇帝。戈爾迪安的兒子曾經在亞歷山大統治下擔任補任執政官，西元二三八年在阿非利加行省擔任父親的軍團長，現在戈爾迪安讓兒子與他共治。羅馬城鑄造了父子倆的錢幣，消息發布給所有行省總督和軍團長，這時至少在東方，馬克西米努斯看來已經沒有任何支持者。他在阿非利加行省的運氣最好：第三奧古斯塔軍團長同時也是努米底亞總督卡佩里安努斯（Capelianus）率軍朝阿非利加前進，自從奧古斯都時代這裡就一直沒有軍隊駐守。卡佩里安努斯輕鬆平定叛變的戈爾迪安父子，在戰役中殺了戈爾迪安的兒子，年老疲憊的戈爾迪安因此自殺，統治期只有二十天。

在羅馬，事情繼續朝前所未有的奇特方向前進。不能滿足於支持阿非利加一團混亂的叛變，元老院現在又推舉二十人團中的兩人當奧古斯都，取代死去的戈爾迪安父子。馬庫斯·克洛狄烏斯·普皮埃努斯（Marcus Clodius Pupienus）和德西莫斯·凱里烏斯·巴爾比努斯（Decimus Caelius Balbinus），他們的統治期短而痛苦，雖然兩人的出身都很好：巴爾比努斯是古老家族的貴族，可能是來自西班牙的貝提卡行省，他的家族自羅馬共和國至今已經延續了數世紀，他後來曾經擔任亞細亞行省的延任執政官（亞細亞和阿非利加這兩個行省的延任執政官是帝國境內最有名望的官職），他於西元二一三年已經二度擔任執政官，他前任的執政官是卡拉卡拉；普皮埃努斯是職業軍人，他可能是家族中第一個進入元老階級的人，但是表現十分傑出；一開始他是在塞維魯在位時服役，之後曾經治理俾斯尼亞、伊利里庫姆（Illyricum）與日耳曼尼亞，以及擔任亞細亞行省延任執政官，最後在亞歷山大在位時第二次當上執政官。

他們登基的公告在羅馬引來某些人的憤怒，這些人不是馬克西米努斯的支持者（首都裡鮮少有人支持他），而是成功鼓動暴民的戈爾迪安家族。鼓譟的群眾擁立死去的老戈爾迪安的孫子為皇帝，兩位新的元老皇帝勉強承認他被賦予凱撒的地位，以便整合反對馬克西米努斯的勢力。這兩派先後反對現任皇帝的勢力都鑄造大量錢幣，不過前兩位戈爾迪安的錢幣至今已經相當稀有，而巴爾比努斯和普皮埃努斯的金幣幾乎不為人知。這一切都傳遞出馬克西米努斯是個身分不正統的僭主，與他對抗的可敬元老將會恢復共和國祖先的尊嚴。錢幣上的肖像訴說著各自的故事，形成對比：戈爾迪安一世鬍子刮得很乾淨，下巴堅挺，一副平民而傳統的模樣；他那遭逢厄運的兒子則是年輕、精力充沛，像個軍人；巴爾比努斯很肥胖，下巴寬厚，身穿托加長袍；普皮埃努斯表情嚴厲、堅決，和奧理略皇帝一樣留著軍人／哲學家的鬍子，但不是馬克西米努斯那種當代戰士般的鬍碴。在這些人之後是被群眾擁立登基時年僅十三歲的戈爾迪安三世，人們可以將自己對他前途的想像任意投射到他身上。他們和馬克西米努斯的職業軍人與騎士階級氣質的對比再強烈不過；西元二三八年，元老院以成立二十人團和胎死腹中的支持戈爾迪安父子計畫，宣誓自身的貴族優越感，而現在它開始表現出一種與馬克西米努斯僅有的軍人美德相反的平民氣息。

這場暴亂不只令元老院頭痛，也波及禁衛軍，有些人為此失去性命。羅馬街頭有好幾天都處於公然戰鬥的狀態，但是羅馬的平民（人數至少多到足以改變情勢）似乎支持元老院，他們包圍禁衛軍軍營，威嚇他們屈服。就在羅馬城發生暴動的同時，或許在尚未聽說卡佩里安努斯不費吹灰之力就在阿非利加行省贏得勝利之前，馬克西米努斯於西元二三八年三月入侵北義大利。他在這裡犯了個致命的錯誤。他沒有往南全速前進，而是停下來包圍潘諾尼亞和北義大利之間的重要防禦點阿奎萊亞。或許他是擔心在後方留下這個幾乎可說是堅不可摧的反對派大本營，不過圍城並不順利。在兩個月後，西元二三八年晚春，不滿的士兵叛變，殺了馬克西米努斯和他的兒子馬克西穆斯，然後堅守在義大利半島北部，不肯繼續前進。消息傳到羅馬，眾人沒有預期中的歡欣鼓舞，反而繼續大開殺戒。近來才與平民和元老院激烈衝突的禁衛軍統領這時聚集在年輕的凱撒戈爾迪安三世身後，代表人民擁立他為奧古斯都，並且殺了巴爾比努斯和普皮埃努斯。

存活的人在戈爾迪安三世的宮廷中會合，他是西元二三八年的第六位皇帝，雖然為時也很短暫。大屠殺停止，馬克西米努斯在位時得勢的騎士階級和軍人此時掌控了新政府：巴爾比努斯和普皮埃努斯試圖重新主張自身舊時代特權的核心精神至此慘敗。不過剛邁入青春期的少年登基，由宮廷的執政團掌管帝國。委員會治國的模式，以及迦太基、羅馬與阿奎萊亞大屠殺，預示了我們一直以來所稱的三世紀危機，我將在接下來的一章提到。

第八章 歐亞歷史與羅馬帝國

三世紀危機。軍人皇帝的時代。軍人擁兵自重的無政府狀態。Die Weltkrise（德文，意思是「世界危機」）任由你怎麼稱呼，西元二三五至二八五年這段期間一直被視為羅馬史上的黑暗時代，是帝國高峰期與晚期之間的休止符，自毀的帝國必須被更穩固的政府拯救——這個政府適時出現，由統治羅馬二十年（西元二八四至三〇五年）的威權主義者戴克里先治理。表面上看來，這段期間的羅馬帝國有此惡名是罪有應得，畢竟在這五十年間有太多人稱帝。無論是就世襲繼承而言或是否即時被元老院承認，其中有些人顯然不具備正統性；還有些人無論從古代或現代的角度來看都是篡位者。但是還有更多人的情況模稜兩可，在上述兩者之間，彷彿帝國合法性這整個概念變成一個開放性問題，通常由爭相奪取皇位的對手藉由血腥內戰取得答案。更糟的是，東方各行省還必須面臨在波斯與美索不達米亞新的薩珊王朝持續且時而破壞性的入侵，同時在萊茵河與多瑙河邊境以及大西洋與黑海沿岸，帝國領土也遭遇損害較低但令人憂心的劫掠。從早期帝國貨幣制崩壞以及銀幣全盤貶值的現象，也可以看出羅馬衰落的證據。在宗教方面，我們發現新的信仰與熱忱，也出現了一些先知，如提出奇異的二元論信仰的摩尼教，還有基督教逐漸持續向外傳播，以及隨之爆發的宗教迫害。更糟的是一場大瘟疫（可能是病毒出血熱）於三世紀中侵襲帝國，死亡率直到現在才被確認。局勢如此嚴峻，我們很難用「危機」以外的詞語解讀這個時代。

然而事實上帝國的局面根本不是清晰的。首先，正如我們在第七章開始看到，我們假設的羅馬危機時代年表並非真正合宜——這些帝國不穩定的狀態一般被用來定義三世紀中期，也就是從西元二一七年卡拉卡拉之死開始算起。同樣的，三世紀危機發生的地理範圍遠比帝國崩潰的一般模式所指涉的更侷限。帝國的幾個部分確實飽受外敵入侵和內戰所苦，其結果就是好幾世紀以來沒有見過一支羅馬軍隊的某些地區，現在必須忍受士兵和他們一起生活，也要面對軍隊不可避免對當地人的掠奪。但另一方面，連年受戰禍所苦的許多地區，倒是連續數十年享有不受侵擾的和平。還有些地區，例如大部分不列顛尼亞、阿非利加和西班牙行省，在整個三世紀都興盛繁榮。同樣的，雖然有些行省的經濟發展並不順遂，但以大型產業規模餵養整個帝國的跨行省出口農業活動和之前一樣持續進行，因此雖然帝國貨幣經歷極大的陣痛，卻鮮少有跨區域經濟危機的證據，帝國發生全面經濟危機的證據更是少之又少。

基於上述以及其他許多理由，傳統的危機與衰落模式在過去三十年來一直受到各方質疑。我們必須把三世紀視為有其自身歷史動態的時期，而不是在帝國早期與晚期這條大路上的一個中途站。以這種分析方式才能正確評價在哈德良以及安東尼王朝統治下的羅馬政府與社會的改變，如何持續塑造三世紀的歷史進程：奧古斯都將國家創造為單一皇室家庭的財產，這種現象已經消失；比之前的羅馬政府形式更深入行省生活的新騎士階級興起；元老貴族組成分子的改變，以及隨之而來希臘與羅馬文化界世界之間距離的縮短。

這個分析方式的關鍵點在於承認有一個由諸多歷史事件組成的更大的世界（有些事件的確發生在很遙遠的地方），開始在三世紀衝擊羅馬帝國。在西元前最後兩世紀，羅馬打敗控制地中海地區的布匿人、凱爾特人和希臘人統治者，這時羅馬人對於環繞內海的這塊大陸的內陸區域還幾乎一無所知，更是一無所懼。但在這之後，就在最後幾位共和國統治者和最初幾位皇帝在近東、巴爾幹和部分中歐地區鞏固羅馬的統治權時，他們以前所未有全然擴張性暴力的軍隊集團，摧殘歐洲內陸的傳統社會。然而，羅馬還沒有注意到在它的征服行動之外，越過高山、森林和草原遠達斯堪地那維亞、俄羅斯與高加索一波波向外擴散的社會騷動浪潮，它也沒有感受到這些騷動帶來的衝擊。就在同一時期，從西元前最後一年直到安東尼王朝末期，勢力向四面八方延伸的帕提亞帝國既是羅馬向東方擴張的一大障礙，也是一個安全穩定的對手；在自己的中亞邊界內，帕提亞帝國得力於自身安定的社會局面。但帕提亞的阿薩希德王朝毀滅，波斯薩珊王朝勝利，卻永遠改變了安逸的現狀。

現在，發生在羅馬帝國的事件，以及羅馬皇帝與其官員對事件必須採取的優先順序，可以輾轉被興都庫什山、塔克拉瑪干沙漠與河西走廊（位於中國甘肅省）或甚至中國黃河河套以南的鄂爾多斯沙漠等地發生的事件決定。換句話說，在西元三世紀，羅馬帝國首次走入歐亞歷史：它經由紅海與印度洋和印度建立的連結；經由伊朗與伊朗的大草原和中亞建立的連結；經由以上兩者和中國建立的連結，以及最重要的是和歐亞草原本身建立的連結，此刻都有歷史上的意義，雖然這意義還很微弱與間接。為理解箇中原因，也為了替如果不提及這更廣大的世界就難以理解的西元四與五世紀羅馬史鋪陳背景，我們必須先簡短偏離主題，介紹帕提亞帝國的分支阿薩希德王朝的歷史。

直到目前為止，帕提亞人在本書中顯得面目模糊，但是他們在美索不達米亞、伊朗和中亞統治的帝國卻以各種形式存在了五百年以上。不過就和羅馬帝國一樣，他們也感受到改變中的三世紀帶來的衝擊。不只羅馬與帕提亞帝國，歐亞的每個角落在三世紀都有所改變，其改變方式影響了所有人。

然而在把焦點轉向政治局勢之前，我們必須了解相關地理及氣候知識。亞洲北部分為四個廣闊的氣候帶，尤其是阻擋盛行西風與其帶來富含水氣雲朵的烏拉山以東：一是北極圈以北的凍原；二是北極圈以南的針葉林或北方的森林；三是森林逐漸稀疏，長有樹木的大草原，再來是牧草地的大草原，但它過於乾旱，無法產生農業，接著就進入真正的沙漠地帶；四是再往南的連綿山脈，從安那托利亞高原和亞美尼亞開始，經過高加索山和伊朗北邊的阿勒布爾茲山（Alborz mountains），來到伊朗和土庫曼共和國之間的克佩特山（Kopet Dag），再進入更廣大的興都庫什山、帕米爾高原、天山、崑崙山和喜馬拉雅山。愈往東走，大草原帶就愈狹窄，沙漠帶愈寬廣，沙漠中偶有來自周圍山脈的河流注入形成的綠洲。第三個氣候帶是既有樹木又有草地的歐亞大草原，這裡是歐亞大陸的結締組織，一片綿延不斷、除了西伯利亞最南方的阿爾泰山和薩彥嶺之外都是可穿越的陸地，從太平洋岸到多瑙河盆地將近五千英里遠。從中國邊境的河西走廊，繞過現在的新疆自治區和它境內廣大的塔克拉瑪干沙漠，再繞過天山、帕米爾高原和興都庫什山，這片大草原可說是遇到各種高地地形。然後，在興都庫什山以西，大草原被現代的哈薩克共和國沙漠和古代馬爾吉亞那（Margiana）、粟特（Sogdiana）和巴克特里亞（Bactria）地區間歇出現的可耕地帶分開（這個地帶包括部分現代的土庫曼共和國、烏茲別克共和國和阿富汗的穆爾加布、錫爾河以及阿姆河沿岸）。

接著，在烏拉山南部和裏海與高加索山北部，長著草與森林的草原地帶逐漸變窄，在現今烏克蘭與摩爾多瓦共和國內的黑海北方形成更狹長的草地，這裡的溫帶中歐森林帶比其他地方更往南擴張。接下來大草原逐漸稀疏，形成喀爾巴阡山東緣和黑海海岸之間的狹小縫隙，朝多瑙河盆地與羅馬尼亞的多布羅加（Dobrogea）地區延伸；一條類似的狹長草原沿著裏海往南進入現代亞塞拜然共和國和伊朗的草原。就地理上來說，多瑙河河灣與喀爾巴阡山南部之間的開闊平原——匈牙利的普茲塔（Puszta）草原，是歐亞大草原的一小片延伸地帶，雖然它的面積太小，不足以維持在更東邊發現的游牧生活。

我們很難注意到在廣闊無垠的大草原上發生了什麼事，有時候這甚至是不可能的：唯有文明古國如中國、印度和地中海世界受到大草原政治的影響時，我們才能一瞥正在那裡發生的事件，偶爾也借助帕提亞帝國和伊朗諸國的錢幣以及銘文。但甚至早在六千年前，大草原文化的流動就足以讓東起蒙古、西至喀爾巴阡山的人們也同樣享有貴族的象徵標誌。大草原上戰士階級之間技術的彼此交換，可攜帶的藝術形式和聲望與權力象徵性的標誌，跨越了語言族群、種族和政治結構。正是這種流動性有助於解釋我們（古代希臘、羅馬、伊朗和中國史料也一樣）為何難以在不同草原民族間做出明確的區分。

儘管波斯和巴克特里亞扮演居中交換想法與奢侈品的角色，羅馬人和中國人對彼此幾乎仍一無所知，不過這兩個帝國還是透過大草原上的中亞文化與彼此進行深具意義的聯繫。草原上半游牧和游牧民族在政治上與經濟上依賴跟中國、伊朗和中亞定居的農業和都市社會之間的互動；反之，來自大草原的人力是上述國家軍隊的來源，即便在草原上的戰士掠奪他們時也是如此。在兩個世界的所有連接點都可以找到這種共生現象。不只如此，由於大草原人口極為豐沛，往來也沒有任何障礙物，在草原上其中一個角落的政治騷動都能在非常遙遠的地方引發災禍的波動。它並非直接的撞擊作用，不是在巨大的遷徙中朝羅馬、中國和伊朗文明邊境的方向彼此推擠。有時的確也會發生大規模遷徙，但游牧民族潮一波波與彼此重疊著越過大草原的老套畫面，不僅沒有充分說明古代草原帝國的多樣性，也忽略了在任何一個時間點，破壞性入侵並不需要許多個人移動的事實。這就是舊式看法的缺陷，認為在西元三六〇年代突然出現，攻擊希臘羅馬世界的匈人（Huns），是西元一世紀帝國被中國漢朝摧毀，因此費時數世紀長途跋涉往西方遷徙的匈奴（Xiongnu）。

就語言學上來說，Xiongnu、Hun或Hunnoi（拉丁文和希臘文，以及它們的現代衍生詞），Chionitae（拉丁文和希臘文，指的是臣服於波斯帝國的中亞游牧民族匈尼特人），以及Huna（梵文）和Xwn（粟特文）等，毫無疑問是書寫同一個土著語言的不同文字，換言之我們幾乎可以確定這些人就是以這個土著語言自稱。但無論是這個語言或是出現在書寫和考古紀錄上的文化對等的語言，都不能表示有單一種族或政治群體在四個世紀之間一起橫越數千英里，而且它們的認同（遑論基因）維持不變。文化行為、有顯赫歷史的名稱以及對統治權的態度，這一切都是可轉移的，因此漢朝的敵人匈奴基因上的後代子孫，鮮少有需要為了維持相同名字，並且為了讓半真實半想像的延續感存在於擁有這名字的四世紀人心中，而去判定自己是匈尼特人和匈人的一分子。

我們將在本書的系列叢書中繼續討論匈人的認同與歷史，但在此以匈人為例是因為他們是很好的範例，足以說明草原上的擾攘不安在何種程度上能影響從東到西的歐亞世界，縱使我們很難診斷這些人騷動的原因，且同時我們無須為了提出解釋而斷定曾有大規模遷徙行動。這種情形在三世紀最為清楚。四世紀以來統一南北的漢朝先後將首都設於長安（現代的西安）和洛陽。漢朝最後一位皇帝於西元二二〇年代去世，帝國北方領土分裂為數個敵對的王朝，於是一一替鄰近草原政體創造機會和動機；此外漢朝之後幾個交戰的君主發現他們可以為自己所用，於是又進一步助長了他們。這些新興的草原聯盟向西騷擾鄰近的游牧民族，依序影響粟特、巴克特里亞和印度東北方，這裡是帕提亞帝國也就是當時薩珊帝國的東緣。由於帕提亞與波斯統治者在東安那托利亞、亞美尼亞與美索不達米亞和羅馬帝國有來往，在伊朗的大草原北邊和東邊就會對羅馬自己的東方國境產生相當直接的衝擊。

出於這個理由，在思考羅馬東方以及東北方邊境與鄰近的關係時，一方面簡單瀏覽帕提亞帝國與地中海有關的歷史，另一方面也快速檢視中亞的歷史，就能說明我們必須留心的各個主題。我們必須從西元前三二〇年代開始，這時亞歷山大大帝征服了阿契美尼德王朝（Achaemenid）統治的波斯，深入中亞，抵達古代的犍陀羅國（Gandhara）境內的印度河也就是現代的巴基斯坦，位於現代阿富汗的巴克特里亞，以及位於現代烏茲別克和土庫曼的粟特與馬爾吉亞那。亞歷山大驚人的大帝國完全是他個人性格的產物，在他死於西元三二三年之後，他的帝國立刻分崩離析。之後的戰爭持續數十年，期間從敘利亞開始越過美索不達米亞和波斯然後進入馬爾吉亞那，來到粟特、巴克特里亞和印度東北邊境的這大片區域，都落入塞琉古王國手中。塞琉古一世是個次要人物，在早期的繼業者戰爭中最不可能勝出，因為對於艱辛取得的大片領土，他缺乏改變的手段。他和繼位者基本上延續波斯阿契美尼德王朝東方行省的行政管理，偶爾讓希臘或馬其頓的官員加以監督。他們的眼光永遠與希臘化地中海世界的政局齊平，王朝從這個中心點向外伸展。其結果是他們一直難以掌控東方行省。巴克特里亞與犍陀羅國迅速被塞琉古王國控制，成為當地延續數百年的希臘—馬其頓諸王朝統治下的獨立王國，而裏海東岸古老的阿契美尼德王朝的轄地（satrapy，行省），於是逐漸轉移到一些當地統治者的手中。

其中一個總督是名叫阿薩希斯（Arsaces）的貴族，他來自伊朗東北部的帕塔瓦（Parthava，Parthava是波斯文，希臘文就是Parthyene〔帕提亞〕）或巴克特里亞。他的家族也就是我們所知的阿薩希德王朝，曾經是阿契美尼德王朝的朝臣，他們也與裏海和鹹海之間零星可耕地上的游牧社群關係密切。西元前三世紀中，阿薩希斯反叛塞琉古國王，在現代土庫曼阿勒布爾茲山東北邊的尼薩城（Nisa）自立為王。阿薩希斯之後的幾任繼承人將希爾卡尼亞（Hyrcania）、帕塔瓦、馬爾吉亞那和粟特納入他們的控制之下，這些古老的地區位於中亞大草原上由阿特勒克河（Atrak）、提詹河（Tejen）、穆爾加布河與阿姆河注入的綠洲地帶。再往北邊與東邊，阿姆河與錫爾河太過湍急，無法用於灌溉，也因此保留了介於大草原和最先被阿薩希德王朝控制的東方行省之間一片沙漠緩衝地帶。一旦阿薩希德王朝也取代塞琉古王朝控制伊朗中部之後，這些地區就成為王朝的邊境行省。

之前塞琉古王國維持古阿契美尼德王朝的轄地，這些轄地一旦為阿薩希德王朝所有，就被重新建構為統治家族分支之下的附庸王國。隨著鞏固了伊朗心臟地帶，而且波斯貴族難以對付的統治家族與他們再次交好，並願意將封地所徵召的騎兵出借給阿薩希德王朝，於是王朝的發展愈來愈集中在美索不達米亞和希臘化世界，他們的對手塞琉古王國也是從這些地方開始發跡。但同時阿薩希德王朝繼續維持他們對中亞的興趣，而且也與其保持象徵性的關係，在由王室家庭及其最親近的支持者發展出的軍服樣式上尤其明顯，他們穿的不是他們大多數伊朗和美索不達米亞臣民穿的長上衣和斗篷，而是長褲搭配合身的短外套。

象徵性地強調中亞或大草原游牧民族風格特別引人注目，因為即便阿薩希德的國王們逐漸將權力基礎往西方轉移時，他們還是堅持保留此種風格，刻意將自己重新裝扮為阿契美尼德王朝的繼承者。他們離開尼薩，將尼薩城當作膜拜儀式中心和為去世的國王舉行葬禮的場域，在那裡發現的二世紀末記錄在陶片上的亞蘭語文獻（這些陶片是用來保留短暫的紀錄），證明了美索不達米亞風格的管理方式對即將崛起的帕提亞帝國有相當的重要性。繼尼薩之後，先是薩達瓦澤（Saddarvazeh），它為人熟知的希臘名字是赫卡托姆皮洛斯（Hekatompylos，今日的薩伊庫米，在達姆甘附近），接著是埃克巴坦那（Ecbatana，現代的哈馬丹），都是阿薩希德王朝的主要根據地。

在米特里達梯二世（Mithridates II）長期的統治下（西元前一二四年三月至西元前八八年七月），美索不達米亞和亞美尼亞落入阿薩希德王朝的控制下，在希臘化城市底格里斯河畔塞琉西亞（Seleucia-on-Tigris）旁邊的泰西封，成為帕提亞政府的主要所在地，而埃克巴坦那繼續被當作冬天的住所。正如他的硬幣上顯示，米特里達梯也開始使用過去阿契美尼德王朝的稱號「萬王之王」，明白宣稱自己承襲伊朗祖先的傳統，不過他卻採用希臘化銀質錢幣。或許同樣在米特里達梯二世統治期間，一種新的巴列維文（Pahlavi script）被設計出來，用以書寫中東波斯人的帕提亞語言：西元一世紀，這種巴列維文將取代阿薩希德錢幣上的希臘文。雖然有以上象徵性的主張和實際上的皇權鞏固，當地貴族在帕提亞帝國還是一直保留了極大勢力。確實有些轄地事實上是自治管理，無論是在現今伊拉克和東土耳其以獨立王國的形式，或是在現今阿富汗西方谷地以部族首領的形式統治當地。

西元前二世紀末，當巴克特里亞最後一個希臘王國以及印度被從北方來的月氏人（Yuëzhi）征服之後，阿薩希德王朝和中亞關係又變得更為重要。漢朝早已熟知月氏人：西元前一〇〇〇年間，後者就控制河西走廊的綠洲和草地，以此做為只有在塔克拉瑪干西南的和闐開採的白玉（純粹的軟玉）的主要貿易路線，在中國，和闐玉比其他珍貴物品更為貴重。從漢朝史料中，尤其是司馬遷所著的《史記》中看來，月氏人曾經是邊境最重要的軍事化游牧民族，不過約在西元前一七五年他們被更北邊的部族趕往西邊的塔里木盆地以外，這最有可能是在阿爾泰山、蒙古以及亞洲大平原北部的匈奴聯盟勢力壯大的結果。

關於月氏人的種族和語言還有些爭議。幾乎可以確定他們說的是一種叫做印度—伊朗語的吐火羅語（Tocharian），因此有時他們被稱為吐火羅人（有些吐火羅人定居的山區之後被稱為「吐火羅斯坦」，位於巴克特里亞東邊），但是他們與大草原上其他民族的關係至今不明。無論如何，這些月氏人於西元前一四〇年代首先沿著阿姆河上游流域在巴克特里亞的巴爾赫（Balkh）建立據點，之後又控制現代阿富汗喀布爾附近的巴格拉姆（Begram），不過月氏卻一直沒有建立統一的國家，而是同時有好幾個國家。於是，約在世紀之交時，在中國史料中名叫丘就卻（Qiujiuque）、印度—希臘語叫庫丘拉．卡德菲西斯（Kujula Kadphises）的月氏酋長，征服了四面八方的對手。丘就卻統治一群被稱做「庫珊」（Kushan）的月氏人，他建立的帝國我們稱之為庫珊帝國，而在丘就卻模仿的印度—希臘化國家發行的錢幣上叫做柯西農（Koshshnon），在中國則叫做貴霜帝國。西元一世紀，貴霜帝國占領阿薩希德王朝最東邊的轄地，以現在巴基斯坦境內的犍陀羅（白沙瓦）為首都，支配南邊的巴克特里亞、興都庫什山和信德平原（Sind plains）。貴霜人是佛教徒，他們如今在阿富汗和巴基斯坦部族領土上許多最燦爛的藝術（融合伊朗、南亞和希臘化時代晚期獨特風格），有很多來自貴霜時代。

此時有位統治者叫迦膩色伽王（Kanishka），研究者對他的在位期間爭論不休，不過可能是丘就卻曾孫的他，在西元一世紀末或二世紀初將貴霜帝國的霸權擴展至顛峰。雖然貴霜帝國時常在現在伊朗、阿富汗和巴基斯坦國境交界處先後與各個帕提亞統治者相爭不下，但貴霜帝國的存在卻從根本上穩固阿薩希德王朝的東方邊境。在西元二世紀貴霜帝國極盛時期，它的範圍從新疆塔里木盆地往下延伸，經過帕米爾高原和興都庫什山，進入印度北邊和恆河平原，建立帕提亞人和中國的連結。帕提亞領土東部和貴霜帝國於是成為世界的十字路口，中國的漆器和地中海的藝術品與俄國的玻璃器皿（中國和印度對此還一無所知）同時流通各地，新觀念在形形色色的文化間滲透並發酵。難怪正是在貴霜帝國時期，羅馬和中國開始認識佛教，某個帕提亞貴族是首批中國有紀錄的佛教傳道者之一，也難怪波斯先知摩尼的啟示經由敦煌的綠洲傳入羅馬帝國和中國，這裡是沙漠與河西走廊的牧草地最接近的地方。

只要觀察中亞的口說和書寫語言，我們就能對於這些重疊地區產生的文化多元性有些概念：它們全都是中伊朗的語言形式，不過在阿姆河下游的花刺子模，以及阿姆河與錫爾河之間的粟特，當地人書寫兩種源自於古亞蘭語但非常不同的語言：一種是在現今阿富汗北邊阿姆河上游一代靠近巴爾赫並且遠至巴格拉姆，巴克特里亞人用希臘字母書寫，這是亞歷山大遺留的影響；而越過帕米爾高原，在塔克拉瑪干沙漠邊緣的和闐綠洲，當地伊朗語言（「和闐語」）的文字形式是一種叫婆羅米文（Brahmi）的書寫體，它在這地區一直被沿用至中世紀，但這時是用來書寫截然不同的突厥語系語言。再往東走，來到崑崙山和喜馬拉雅山以北，吐魯番、哈密和敦煌等綠洲地帶人們以中文書寫，然而在塔里木盆地北邊的天山山脈南緣，說印歐語的人也以婆羅米文書寫，和塔里木盆地南邊說伊朗語的人一樣。

阿薩希德王朝在伊朗的統治，以及貴霜王朝在中亞的統治，開啟了從歐亞大陸的一端到另一端至今為止史無前例的龐大貿易量，貿易路線包括越過中亞的絲路以及越過印度洋的海路。羅馬商人似乎沒有參與陸路貿易，不過海路貿易就不同了。在現代印度西南喀拉拉邦（Kerala）長達一百英里的整條馬拉巴爾海岸線上（Malabar coast），研究者發現了大量羅馬錢幣與偽幣，羅馬商人的地位重要到足以在印度的港口穆西里（Muziris，確切位置不得而知）為羅馬帝國的宗教建造一座神廟。同樣的，從維斯帕先時代一直到帝國晚期，從紅海海岸的貝雷尼基（Berenike）進入尼羅河河谷的沙漠路線由一連串碉堡看守，沿路還有水井和貨車道路，這些都是將印度的貨物（特別是胡椒和珍珠）運往地中海地區所不可或缺的。在哈德良和安東尼烏斯．庇烏斯統治期間，在阿拉伯半島靠近紅海海口外海的法拉桑群島（Farasan islands），甚至還有小型羅馬駐軍（這裡距離羅馬的埃及邊境南部超過五百英里）。在紅海的阿拉伯半島海岸邊也有一座獻辭以納巴泰文（Nabatean）和拉丁文寫成的羅馬神廟，建於奧理略和維魯斯統治時期，它位於阿拉伯西北部海斯瑪沙漠（Hisma）深處的盧瓦法（al-Ruwafa），這座神廟是為了穆薩德（Thamud）阿拉伯聯盟而建造，這些人幫助羅馬帝國保護商隊通過沙漠邊境。還有其他歐亞之間較不直接但維持較久的聯繫：例如提到味覺方面，有人在貴霜帝國時代從伊朗將石榴引進中國，而杏與桃也向西運送，最終抵達地中海地區，在之後數世紀成為來自東方的珍饈美食。

縱使希臘人與羅馬人扮演直接跟印度接觸的角色，但直到西元二世紀為止的大部分時間，阿薩希德王朝美索不達米亞之外如萬花筒般的世界，主要卻出現在從亞歷山大大帝故事得到靈感所寫的小說裡，但羅馬人對此幾乎一無所知。確實如此，當羅馬人說起這個在阿薩希德王朝統治下包括美索不達米亞、伊朗和中亞地區的集合體時，他們喜歡把帕提亞想成一個衰落分裂的國家。現代學者曾經打算依樣畫葫蘆，把帕提亞帝國當作是某種在阿契美尼德王朝和薩珊波斯這兩個極盛時期之間的中斷期。然而阿薩希德王朝統治期將近五百年，而我們對羅馬人所歸諸的衰弱，最好是理解為他們並沒有羅馬人那種根深柢固的軍國主義文化。

至於阿薩希德王朝，他們早在西元前最後一世紀就遭到羅馬侵略。偉大的共和國將軍蘇拉曾經在西元前九六年與米特里達梯的代表談判；三十年後，當征服者「偉大的」龐培終結在敘利亞殘餘的塞琉古王國之後，他挑戰弗拉特斯三世（Phraates III）所提出的要尊重幼發拉底河做為兩帝國邊界的警告。接著在西元前五四年，龐培的對手克拉蘇試圖創造媲美龐培與凱撒的軍事榮耀，於是對帕提亞帝國發動攻擊，但他的羅馬軍隊卻在美索不達米亞的卡雷被殲滅，軍旗也落入帕提亞人手中。雖然數十年後奧古斯都皇帝在與弗拉特斯五世談判時讓對方歸還軍旗，他的協議卻造成羅馬對帕提亞這鄰居產生複雜的關注，我們在第一章曾經提到。在某個層面來說，比起他們所知的其他地方，羅馬人更願意把帕提亞看做是規模較大、在意識形態上也較重要的國家；然而在另一個層面來說，他們又把帕提亞想成是虛弱和腐敗的對手，是墮落東方人的完美代表。（這種觀念的源頭可以追溯至西元前五世紀，以及希臘人對於阿契美尼德王朝與其臣民的刻板印象。）

雖然如此，在整個西元一世紀，羅馬皇帝在東方政策上表現得缺乏自信，而且到了尼祿統治的後期，甚至對於棘手的亞美尼亞有一種實質上的了解：受偏愛的阿薩希德王族將能登上亞美尼亞的王位，但是他們唯有在羅馬皇帝的同意以及「指派」下才能如此。圖拉真對美索不達米亞直至阿拉伯灣的征服行動雖然輝煌，但最終毫無意義，他不過是暫時改變均勢。西元二世紀的戰爭則完全不同。在底格里斯河與幼發拉底河上游之間適合居住的地區，羅馬人逐漸建造防禦工事，這表示羅馬軍隊永遠有一條往下游直通泰西封與底格里斯河畔塞琉西亞的道路可走，這也正是從三世紀中以降波斯歷代統治者試圖抹去的策略劣勢。

那些波斯統治者延續帕提亞帝國傳統（更確切來說是阿契美尼德王朝傳統），更顯著的一點就是在宗教。阿薩希德王朝長久以來一直信奉阿契美尼德皇室宮廷中崇拜的瑣羅亞斯德教。查拉圖斯特拉（Zarathustra）也就是希臘人與羅馬人所稱的瑣羅亞斯德（Zoroaster），他的傳道時期可追溯至西元前一〇〇〇年，他宣揚的教義被收錄在史詩般的波斯古經《阿維斯陀》（*Avesta*）裡，其中包括少量由查拉圖斯特親自寫下的讚美詩《伽塔》（*Gathas*），以及內容更多的《小阿維斯陀》（*Younger Avesta*），由他的弟子編輯而成但也是受他的教義啟發，因此廣為世人接受。查拉圖斯特將新觀念帶入極其古老的伊朗傳述，後者與印度的《梨俱吠陀》（*Rigveda*）內容相似。查拉圖斯特主張只有一個至高無上的神，叫做阿胡拉．馬茲達（Ahura Mazda，或是之後波斯文的歐馬茲特〔Ohrmazd〕），祂創造這個宇宙，宇宙中的一切都是善的，包括許多次要的神祇，代表人世間善的各種不同面向，但是世上除了有這一切的秩序與善，相對還存在所有生物都必須對抗的「空無」或反創造，它由住在黑暗中的安哥拉．曼紐（Anra Mainiyu，也就是之後的阿里曼〔Ahriman〕）創造出來，於是歐馬茲特與阿里曼之間的爭鬥將一直在人類世界進行。從阿契美尼德王朝時代一直到古典晚期結束，伊斯蘭教徒征服波斯為止，這善惡二元論的世界觀一直影響伊朗統治者的行動。《阿維斯陀》教義在很長一段時間以來都是以口語或片段的文字相傳，最後終於在五世紀以文本形式傳播。原始的《伽塔》是非常古老的語言，或許只有在阿契美尼德王朝的時代才有人能理解其中一部分，因此只有《小阿維斯陀》以及另一部經文《巴列維・贊德》（*Pahlavi Zand*），清楚陳述只有在《伽塔》中隱含的教義。在阿契美尼德王朝統治下，神廟崇拜從美索不達米亞傳入伊朗，似乎是由神廟裡負責守護向歐馬茲特致敬的永恆火焰的祭司，從塞琉古到阿薩希德時期傳播相當可靠的《阿維斯陀》文集和注釋。在阿薩希德王朝向外擴張時，他們也利用神廟祭司集團管理與組織鄉村的財務。在擷取許多希臘宗教成分的同時，他們也對瑣羅亞斯德教神職人員的宗教文化給予愈來愈多贊助。

接下來，在西元一世紀，我們開始注意到一些改變。阿薩希德王朝的錢幣上不再印希臘文，而是偶爾出現瑣羅亞斯德教的符號，波斯的各個分支王朝一直以來都是如此，新的帕提亞文也開始成為錢幣上的銘文。從文獻資料（不是當時而是之後的資料，但似乎就這段時間而言依然成立）中可看出，也是在這個時間點，當地人開始用伊朗名字取代原本的希臘名字：現今土庫曼的城市馬雷（Mary）再次被稱為莫夫（Merv），而不是它的希臘名字安條奇亞・馬爾吉安納（Antiochia Margiane）。繼承阿薩希德王朝的薩珊王朝盡其所能將前者描述為疏於守護瑣羅亞斯德純粹性的角色，認為他們沒有盡到對抗世間邪惡的職責。但儘管如此，顯然之後的阿薩希德王朝在整個帝國時期支持並回應逐漸強大的文化伊朗化現象。不過話雖如此，阿薩希德王朝統治的國家遠比他們後代努力創造出的帝國在文化上和宗教上更為多元互異。

由於帕提亞帝國鬆散的統治，歷朝往往在各地區形成宮廷，轄地也成為世襲領土，不只邊境如此，有時也出現令人訝異的地區自治。於是在希臘文所稱的帕爾斯（Persis）或波斯文的法爾斯（Fars）的這個省分（也就是現代伊朗的布什爾省和法爾斯省），它曾經是五百年前阿契美尼德王朝統治的古老中心，從西元前二世紀開始，這個地方性的王朝曾經發行當地使用的錢幣——某一段時間瑣羅亞斯德聖像還沒有被阿薩希德王朝人像取代。不久之後，他們開始自稱為「沙」（shah），意思是國王，並且以美索不達米亞的亞蘭文書寫這個中古波斯語。我們不清楚這些早期法爾斯國王和其他地區伊朗王朝之間的關係如何，不過到了三世紀初，最重要的地區家族就是薩珊（Sasanians），他們與位於伊什塔克爾（Istakhr）的瑣羅亞斯德教安娜希塔神廟（temple of Anahita）關係密切。伊什塔克爾就在古老的波斯波利斯（Persepolis）附近，後者曾經是阿契美尼德王朝的首都，因此它距離許多幾乎千年前就建在那裡的瑣羅亞斯德教聖地都很近。安娜希塔神廟由阿契美尼德王朝看管，這位女神是瑣羅亞斯德教的諸神之一：雖然和其他所有善神一樣由歐馬茲特創造，她卻是三位最重要的附屬神祇之一。衷心信奉瑣羅亞斯德教的信仰並將其編纂為法典，成為薩珊王朝統治意識形態的主軸，在某方面甚至連最熱心的阿薩希德王朝統治者都無法想像。

薩珊家族的起源非常隱諱不明，不過從勝利紀念碑上的石刻雕像可以明顯看出他們將王朝的勝仗與瑣羅亞斯德教善戰勝惡的神話連結在一起，他們的皇室授權儀式就是由阿胡拉·馬茲達親自舉行。另一方面，令人失望的是，我們很難解讀文獻證據。稀少的希臘史料內容五花八門、敘述前後矛盾，多半虛假不實，而且大多都是很晚期的資料：六世紀的阿伽提亞斯（Agathias）和九世紀的喬治·辛塞盧斯（George Syncellus）提供後世最完整的敘述，但是對於他們是如何找到各自的故事，學者沒有一致的意見。阿拉伯的證據出現得更晚，不過那或許是借自真正的薩珊史料，但是看似極其詳盡的敘利亞證據，卻被發現在族譜上混雜不清。對這一切我們都不訝異：出身不明的成功統治者有必要把他們的身世弄得神祕兮兮。

看來毫無爭議的一點就是，有個來自法爾斯省的人名叫帕帕克（Papak），他要求阿薩希德國王給予他兒子沙普爾（Shapur）某種統治者的地位。這個沙普爾在爭論有結果之前就死了，而帕帕克另一個兒子阿爾達希爾後來在一場對抗阿薩希德王朝的叛變中當先鋒，到了西元二二〇年代末，叛變擴散至法爾斯以外，深入波斯灣東岸的埃蘭（Elam），再到美索不達米亞，也就是帕提亞語和波斯語中所稱的亞述斯坦行省（Assuristan）。今天以其名字做為王朝名稱的「薩珊」（Sasan）或許是某個虛構的祖先，也或許是瑣羅亞斯德教徒中某個不重要的人，聲稱是家族的某個神聖祖先。史料太模糊，我們無法判定。但是帕帕克的兒子阿爾達希爾以及他的兒子沙普爾（根據我們的推斷是沙普爾一世），就是替家族鋪好推翻阿薩希德王朝道路的兩個國王。

雖然有以上的傳說，但我們並不清楚到底是什麼引發薩珊家族大舉叛變，對抗阿薩希德王朝的統治，不過自從西元二〇八年左右爆發的內戰衝突之後，帝國境內就一直有嚴重的騷動。阿薩希德統治權一分為二，分別掌握在弟弟阿塔巴努斯五世（Artabanus V）和哥哥沃洛吉斯三世手中，前者在泰西封，後者在帝國東部，兩人無法同心協力。之後，正如我們在第七章提到，阿塔巴努斯必須分心和卡拉卡拉與馬克里努斯作戰，只會強化波斯人更加反抗那被認為存在於泰西封的統治者。薩珊王朝在初期戰役非常有效率，他們的君主率領機動性極高的軍隊，他們不是由阿薩希德王族偏好的方陣與騎馬的弓箭手組成，而是以招募自伊朗和帕提亞貴族的全副武裝槍騎兵為骨幹。或許就在摧毀阿薩希德王朝的戰役期間，阿爾達希爾攻擊商隊城市哈塔拉，這是美索不達米亞中部介於東方與西方的重要緩衝地，而且它的實力堅強，因此曾經兩次抵擋羅馬帝國軍隊全力進攻卻沒有陷落。約在西元二二六／二二七年，哈塔拉人擊敗阿爾達希爾的軍隊，堅決抗拒他試圖廢除他們在當地附庸國王統治下擁有自治權的阿薩希德王朝傳統做法。這次經驗驅使哈塔拉人成為羅馬帝國的聯盟，雖然雙方敵對已久；此外在三世紀中的二十年間，這座城市成為羅馬東方防禦的要塞。直到它被伊斯蘭國的伊斯蘭好戰分子摧毀之前，哈塔拉的防禦工事長久以來見證了羅馬軍團在工程上的專業能力，然而與羅馬之間的關係事後證明終究替這座商隊城市帶來毀滅性的後果。

在北方，亞美尼亞似乎已經擊退阿爾達希爾，即便這時期亞美尼亞的相關史料太令人困惑，我們無法確定發生了什麼事。不過在其他西方邊境，阿爾達希爾和在東方轄地一樣大獲成功。在敘利亞沙漠西緣的阿拉伯城市希拉（Hira），阿爾達希爾讓拉赫姆王國（Lakhmids）的統治家族和他們的首領哈姆爾．伊本．哈迪（Hamr ibn Hadi）向他進貢。做為薩珊王朝的附庸國，拉赫姆家族的霸權將會擴張至阿拉伯半島。勢力深入半島的哈姆爾，占領波斯灣西部岬角的阿拉伯河主要古老港口斯巴西努．查拉克斯（Spasinou Charax）。控制斯巴西努．查拉克斯，等於將阿拉伯香料和薰香以及遠東奢侈品的主要貿易路線控制權，交到帝國而不是敘利亞沙漠中的商隊城市手裡，在這之後薩珊王朝統治者也更加強控制往來遠東的貿易路線。這對於長久以來做為羅馬與帕提亞帝國中間人的綠洲城市帕邁拉，帶來的傷害特別大。現在，帕邁拉和哈塔拉一樣，都跟羅馬產生緊密的關係。

阿爾達希爾統治中期的大多數時間都花在東方戰役上，但我們對這些戰役幾乎一無所知，不過有些來自他的兒子和之後的繼位者的證據指出，一些重要的帕提亞封建氏族，諸如瓦拉茲

（Varaz）、蘇倫（Suren）、米倫（Mihren）和卡倫（Karen）都投靠他，此外他也吸收並征服了呼羅珊（Khorsan）、莫夫、克爾曼（Kerman）和塞斯坦（Seistan）。我們幾乎可以確定他征戰至更遠處，抵達庫珊薩爾（Kushanshahr）和巴克特里亞，而且因為他的戰役令人印象深刻，以致於創造出新的曆法時代，例如直到九世紀穆斯林的阿拔斯王朝抵達此處之前，在巴克特里亞的文獻都是以阿爾達希爾的年代為根據判定日期。無論這些戰役的先後順序為何（由於在現代巴基斯坦和阿富汗有大量新形式的薩珊錢幣被人祕密挖出並流入市場，因此這些年代終究能清楚判定），我們幾乎可以確定在西元二三〇年代晚期，大部分曾經實質上或名義上臣屬於阿薩希德王朝的東方領土，現在已經在薩珊王朝的掌握中。薩珊王朝決心從阿薩希德王朝的領土往北與往東擴張，遠至印度，進入中亞沙漠和草原，這表示波斯的君王將繼續與東北邊境的游牧與放牧民族作戰，同時又要對付西邊的羅馬大敵，因而疲於奔命。即便羅馬人逐漸必須面對來自大草原上的威脅，羅馬帝國的心理狀態主要還是執著於波斯的威脅。

某些方面來說，這種執著在薩珊王朝推翻阿薩希德王朝後更有其道理。薩珊人向羅馬人爭奪美索不達米亞與地中海之間這大片土地統治權的程度，比帕提亞人有過之而無不及。有些模糊不清的證據提到，當塞維魯．亞歷山大去信阿爾達希爾恭賀他登基，並暗示他想維持過去羅馬與阿薩希德王朝的和平關係時，這位新君王卻要求羅馬人退出敘利亞和小亞細亞。羅馬人總是想誇大羅馬事務中對東方的興趣，因此這個故事或許是羅馬方面的政治宣傳。即便真有此事，阿爾達希爾的動機仍然不明。我們手邊的兩份當代希臘史料認為，阿爾達希爾從羅馬人手中要回曾經由阿契美尼德的大流士大帝統治下的所有土地；九世紀的阿拉伯歷史學家塔巴里（al-Tabari）的著作保存了可信的古老傳述，他的說法是阿爾達希爾對阿塔巴努斯五世的叛變，源自於對帝國被亞歷山大大帝摧毀的大流士後代復仇的欲望。換句話說，這份證據的陳述與其他證據前後一致，但是我們無從得知它是否是根據真實的薩珊傳述而來，更不用說有可能是根據當時人的希望而來。

總括而言，薩珊王朝有系統復興阿契美尼德王朝的榮光，或許是羅馬人以亞歷山大大帝做為希臘羅馬文化記憶的核心所創造出的說法。阿爾達希爾的兒子沙普爾的確將阿契美尼德王朝位於波斯波利斯附近的納克歇—洛斯塔姆（Naqsh-e Rustam）的墓地挪做薩珊王朝之用，但那是由當地法爾斯的伊朗貴族使用的紀念性建築，而並非對抗羅馬在東方勢力的野心聲明。確實，唯有到了四世紀，我們才發現有位波斯君王明白宣稱自己與阿契美尼德王朝的血緣關係，而那或許是薩珊王朝宮廷已經吸收並採納一百年來投射出希臘羅馬意識形態後的結果。雖說如此，缺乏意識形態的動機，並沒有降低波斯軍隊突擊行動對羅馬人東方領土的威脅。阿爾達希爾對羅馬領土的初期進犯遭到挫敗，因此就在塞維魯．亞歷山大在日耳曼尼亞被叛變軍隊所殺之前，他曾宣稱羅馬帝國戰勝波斯。

但是羅馬人的東方邊境在阿爾達希爾統治的最後幾年依舊不平穩，即將繼承塞維魯．亞歷山大的幾位羅馬皇帝也有各自的敵人必須對付。等到阿爾達希爾邁入老年時，大多數伊朗貴族已經斷定他推翻阿薩希德王朝的狀況將成定局。唯一的問題是他的哪一個兒子要繼承皇位，而其中一個兒子沙普爾一世以成功的戰役做出決定。在美索不達米亞邊境打贏羅馬之後，他在兄弟之間鞏固了自己的權力：約在西元二四〇年四月到九月間，波斯軍隊順利攻占位於美索不達米亞北方、之前挺過阿爾達希爾最初幾次入侵的哈塔拉。這場薩珊王朝的勝利危及羅馬在美索不達米亞的一連串防禦城市，在阿爾達希爾死於西元二四二年之前，尼西比斯和卡雷都落入沙普爾和阿爾達希爾之手。哈塔拉的後果更悲慘，這座商隊城市過去二十年與羅馬皇帝的聯盟在波斯霸權之下徹底毀滅，在之後一百年間它成為廢墟。哈塔拉陷落促使治理戈爾迪安三世政府的騎士階級軍人集團，組織了一次入侵波斯的大規模軍事行動，他們早在西元二三八年就開始計畫。

第九章我們將會繼續提到這場戰役，不過我們首先來談談即將對之後羅馬歷史造成深遠影響的歐亞社會另一個巨大改變，對於理解當時情勢會有幫助。在歐亞大陸上，歐洲相對而言是一個小角落，因此相對於中亞沙漠與大草原，那裡發生的改變只是在一個小得多的區域裡。不過在三世紀，中歐蠻族開始發展出更複雜的政治結構，以回應羅馬帝國主義做出的範例以及殘暴的行徑。造成塞維魯・亞歷山大和他母親死亡的叛變發生在上日耳曼尼亞，這個羅馬行省的首府位於蒙格提雅庫姆（今日的美因茨），在這過程中產生了與上日耳曼尼亞相對的阿拉曼尼亞行省這片土地。在西元九〇年代與一六〇年代間，羅馬邊境已經往東擴張，縮短了蒙格提雅庫姆與雷蒂亞行省的奧古斯塔・溫德里庫姆（今日德國的奧格斯堡）之間的道路距離。

在萊茵河與多瑙河之間突出地帶的羅馬領土成為後來所知的狄古馬特農墾區（Agri Decumates），在短時間內就有大量羅馬人定居此地。帝國的擴張，以其所帶來的經濟機會，造成住在這新邊界以外部落的主要變化。首先在文獻中被提到的蠻族部落叫做阿拉曼尼人，他們出現在以希臘文描述的幾場卡拉卡拉於二一三年進行的戰役中。在之後的某個時間點，阿拉曼尼人與一群叫尤通吉（Iuthungi）的蠻族在羅馬軍隊於上萊茵河與上多瑙河的活動證據中大量出現；到了西元二八〇年代，與上日耳曼尼亞行省和雷蒂亞行省相對的地區已經有好一段時間被稱為阿拉曼尼亞。過去我們一直認為阿拉曼尼人突然出現在三世紀初的史料中，代表曾有一次明確的入侵案例：一批新的蠻族抵達帝國邊緣，威脅邊境。然而對證據進行更細膩的理解之後（尤其是來自考古紀錄的證據），我們如今發現所謂阿拉曼尼人的「到來」根本不是這麼回事。他們一直在當地，只是沒有被稱做阿拉曼尼人，或沒有自認為阿拉曼尼人。他們是一些分散各地不統一的部落群體，類似於塔西陀在他寫於二世紀早期的論文集《日耳曼尼亞》（*Germania*）中所描述的蠻族。但之後，羅馬的上日耳曼行省和雷蒂亞行省日漸都市化，萊茵河兩岸的人口與財富逐漸增加，提供各種不同部落可以自我定義的焦點和對比。

在此同時，羅馬人（無論是管理者或是書寫者）借用邊境上這些人的名字，並給予一個之前他們未必需要的地理焦點。這就是在阿拉曼尼亞發生的事；幾乎在同一時間北邊和西邊的法蘭西亞（Francia）也遇到同樣情形：與下日耳曼尼亞相對的蠻族被歸類為法蘭克人（Franks），而與上日耳曼尼亞相對的蠻族則被稱為阿拉曼尼亞，經過一兩代之後，邊境以外的人們逐漸將自己看成比以往更相像的一群人。這部分是為了回應與他們貿易和作戰的羅馬人，當某位羅馬皇帝需要一場迅速的勝仗，羅馬人的軍隊就會定期摧毀他們的土地；部分原因是他們在物質文化上更像彼此，或許在政治和語言文化上亦是如此。

從考古證據看來，在這時期整個中歐各地也經歷一場更大規模的軍事化，或許戰爭更為頻繁。甚至在距離邊境極遙遠的地方也能迅速取得羅馬的軍事技術，尤其是高品質的劍，或許也是因素之一。帶領四百至六百名戰士的部落首領愈來愈能掠奪相當距離的地區，例如數百英里，卻未必有征服或定居某一塊領土的打算。有些學者認為來自易北河流域並定居的小群戰爭集團，替不同邊境蠻族提供了領導者，於是在這些蠻族之間創造出身為阿拉曼尼人的團結感。這當然有可能，但學界間也廣為爭論。然而，絕對能肯定的是在三世紀這個區域的社會分層愈來愈明顯，從數量漸增的上層階級墓地與豐富的陪葬品即可看出：一個新的統治菁英階級遺留下這些遺跡，他們的人力資本和貨幣資本部分來自與羅馬帝國的關係。在三世紀期間，尤其是當帝國政府面臨接二連三的政治危機時，這些蠻族首領或邊境國王的權力愈來愈凌駕於農業人口之上，也因此他們成為羅馬帝國更有價值的附庸——但同時也更危險、更有可能成為羅馬的敵人。我們在下一章會對阿拉曼尼人和法蘭克人有更大篇幅的討論，但是此處的重點是羅馬帝國與更廣大世界之間的相互連結性，這個世界從歐亞大陸的一端到另一端，在它許多邊境的每一處發生。這種相互連結性將會在三世紀向前推移時更明顯浮上檯面。

第九章　從戈爾迪安三世到瓦勒良

西元二三八年夏天的殺戮在相對穩定的和平中落幕，至少在義大利是如此。十二歲的皇帝戈爾迪安三世於二月受封為凱撒，接著在五月或六月當上奧古斯都，接受主要由決定帝國政策的一群騎士階級官員組成的集團指導看管。在這些人之中為首的是禁衛軍統領弗利烏斯・薩比尼烏斯・提梅西戴奧斯（C. Furius Sabinius Timesitheus），由於大權在握，一等女兒唐吉麗娜（Tranquillina）年紀夠大，他就在西元二四一年五月把她嫁給皇帝。但無論內戰末期政局多麼穩定，事後發現那都只是假象。曾經取代老戈爾迪安（戈爾迪安一世）的阿非利加延任執政官阿西尼烏斯・薩比尼亞努斯（M. Asinius Sabinianus）在新政權一確定就叛變了。他是塞維魯王朝的人，曾經擔任二二五年的執政官，或許他反對執政官菁英在普皮埃努斯和巴爾比努斯政權垮台之後袖手旁觀的態度。薩比尼亞努斯叛變失敗，他的暴動被茅利塔尼亞行省地方財務官法爾頓尼烏斯・瑞斯提圖提安努斯（Faltonius Restitutianus）撲滅。取代他的是延任執政官凱索尼烏斯・盧基烏斯・馬克爾・魯斐尼安努斯（L. Caesonius Lucillus Macer Rufinianus），他曾經與普皮埃努斯和巴爾比努斯同為二十人團成員，這表示我們絕對不能從宮廷裡的元老和騎士階級黨派的角度來理解帝國發生的事件，而是要從元老和騎士階級內部的敵對黨派來解讀。

然而，以提梅西戴奧斯為諸事中心的政府，一直有著官僚階級專業而系統化的觀點。在戈爾迪安三世統治期間飛黃騰達的騎士階級之中，我們發現了奈尤斯·李錫尼·魯斐努斯（M. Gnaius Licinius Rufinus），他擔任請願官；以及事業在埃拉伽巴爾時期起步的阿提烏斯·阿爾奇穆斯·費利奇安努斯（C. Attius Alcimus Felicianus），他的金融職務顯然使得他成為該領域的專家；格奈烏斯·圖密提烏斯·菲利布斯（Gnaeus Domitius Philippus），他在戈爾迪安統治期之初擔任警消長官；還有法爾頓尼烏斯·瑞斯提圖提安努斯，他弭平薩比尼亞努斯在阿非利加行省的叛變；以及來自阿拉伯的兩兄弟尤利烏斯·普里斯庫斯（Julius Priscus）與尤利烏斯·菲利布斯（Julius Philippus），後者在幾年內成為皇帝。到了西元二四〇年代初，馬克里努斯由於不是元老因此登基遭人拒絕的那個世界已不復存在。

西元二三八年，戈爾迪安三世政權的首要之務就是波斯問題。正如我們在第八章所見，在波斯和美索不達米亞取代阿薩希德的幾位薩珊國王比他們的前任統治者更具侵略性，讓美索不達米亞和高加索半獨立的總督乖乖就範，部分原因也是受到亞美尼亞存活的阿薩希德王族挑釁，他們的國王如梯里達底二世（Tiridates II）試圖聯合遠至印度的其他鄰國統治者對抗阿爾達希爾。等到戈爾迪安三世的政權穩定時，大部分羅馬的美索不達米亞地區已經遭到波斯入侵，尼西比斯、卡雷和哈塔拉被攻陷，其他堡壘城市如辛格拉因此也無法鞏固。如果能保住馬克西米努斯完全失守的東方邊境，羅馬新政權的聲譽將大為提升。

戈爾迪安三世讓阿爾奇穆斯・費利奇安努斯治理羅馬，並指派尤利烏斯・普里斯庫斯為他的禁衛軍統領同僚，提梅西戴奧斯和年輕的皇帝於西元二四二年朝東方進軍，他們顯然已經發現要召集一支作戰軍隊十分困難。他們打開羅馬雅努斯神廟（the temple of Janus）的大門[1]，藉此表現他們嚴肅的意圖，或許這是羅馬史上最後一次皇帝進行這項古老的宣戰儀式。接著他們走陸路途經默西亞和色雷斯，可能在二四二年夏初越過歐洲來到亞洲，這趟旅程以向重要的朝臣發行刻有銘文traiectus的金幣做為紀念，這個拉丁文的意思就是「越過」。敘利亞的安條克一如以往是對抗波斯戰役的軍隊集結地，但延誤情形普遍發生。二四三年羅馬大軍在敘利亞度過，但直到二四三年底到二四四年初的冬天，我們才發現軍隊在幼發拉底河沿岸作戰。或許二四三年的某個時刻提梅西戴奧斯死去是大軍延誤的原因。接替他擔任禁衛軍統領的是另一位指揮官尤利烏斯・普里斯庫斯的兄弟尤利烏斯・菲利布斯。兩兄弟一起擔任禁衛軍統領在史上前所未聞，不過在當時的狀況下，這兩人已經變得不可或缺。這兩人他們來自阿拉伯的沙巴（Shaba），在騎士階級一步步往上爬（至少普里斯庫斯曾經擔任地方財務官），和阿拉伯當地的關係使兩人成為羅馬帝國與當地菁英分子之間的良好溝通管道，如果希望戰役順利進行，軍隊得到妥善的補給，當地人與羅馬軍隊的合作就十分必要。

起初戰事依照羅馬人的計畫進行，史料中記載羅馬贏得一場勝利，或許地點在奧斯若恩的瑞塞納，而且在這場戰役中波斯大王有可能御駕親征。這時的國王是沙普爾一世，他在阿爾達希爾於二

1 審定注：羅馬帝國若是普世和平，便會關閉雅努斯神廟大門；反之則會打開。這種刻意遵循古禮，是三世紀軍人皇帝常做的事。

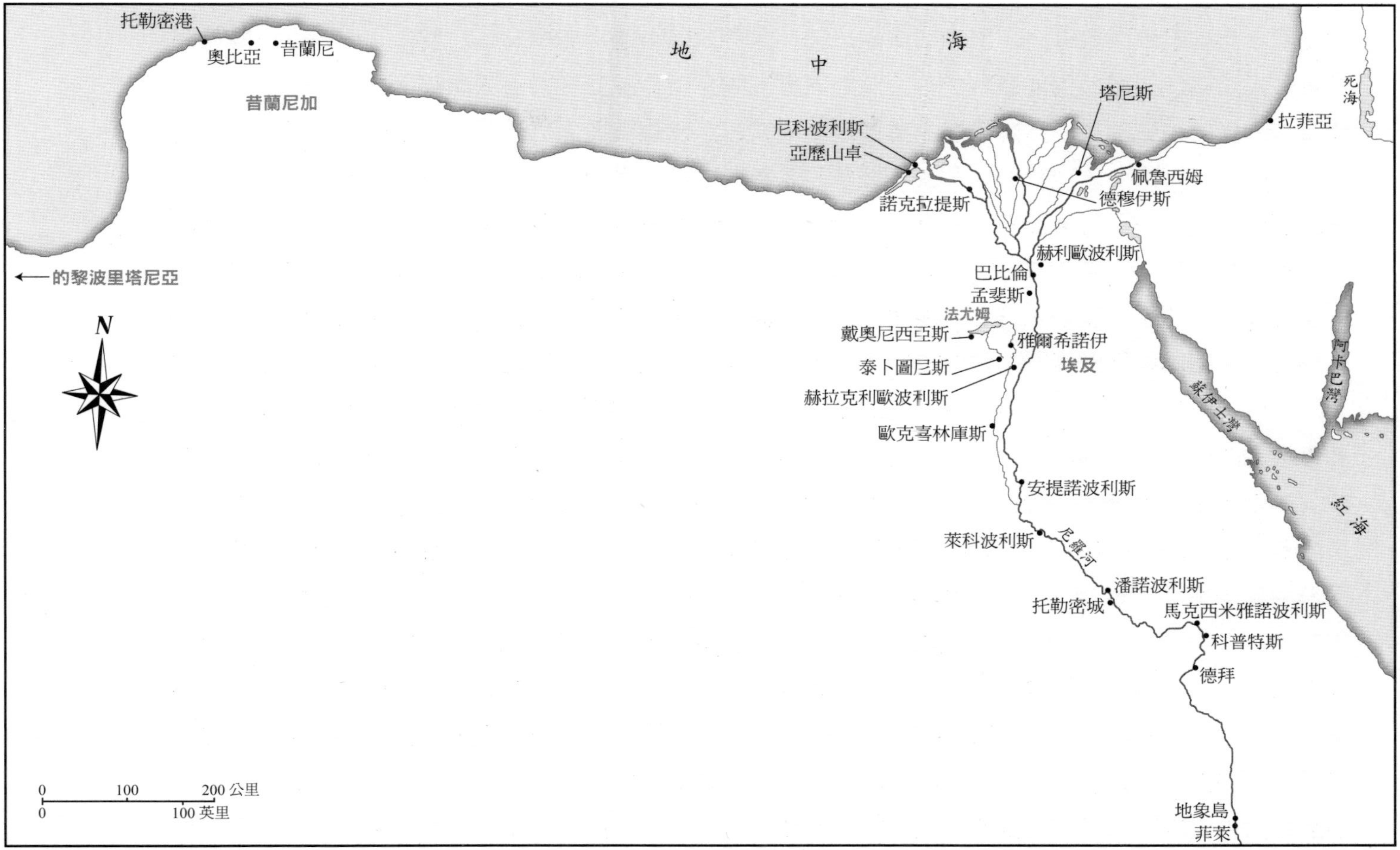

地圖12　埃及與昔蘭尼加

四二年死後獨自統治國家，不過自從二四〇年開始他就已經實際上治理國政，當時他以和父親共治的身分登基。與阿爾達希爾相比，沙普爾更稱得上是真正建立薩珊王朝權力的國王。他還沒有明白表現出重建阿契美尼德王朝波斯帝國的野心，然而毫無疑問的是他對阿契美尼德王朝的推崇，已經不只是將它當作是波斯的展示品。不只如此，他的好戰已經超越父親，他在帝國的每一個邊界都展開戰事，強行指派往往由自己親戚擔任的薩珊王朝總督統治各地。

我們對沙普爾早期統治的認識，大多來自於他為了紀念在納克歇—洛斯塔姆的勝仗而建造的紀念碑上的銘文。這個地點意義深遠，因為它位於古代阿契美尼德城市波斯波利斯幾英里外，有幾位阿契美尼德王朝國王的石刻墳墓就設置在這裡，包括大流士大帝，或許還有薛西斯一世（Xerxes）。藉由展示來自法爾斯的最後一個征服王朝的大墓地，沙普爾或許暗示自己是他們的繼承人，當然也明確地以波斯而非美索不達米亞的角度展現他自己。

在納克歇—洛斯塔姆年代最早的兩個淺浮雕上，其中一個刻著坐在馬背上的沙普爾，一位羅馬皇帝以懇求的姿態跪在他面前。另一個刻著沙普爾的父親阿爾達希爾由至高無上的瑣羅亞斯德神祇阿胡拉．馬茲達（歐馬茲特）授予皇冠。有個更刻畫詳盡的沙普爾紀念碑位於比沙普爾（Bishapur），這個城市是位於伊什塔克爾的薩珊王朝中心，以及位於美索不達米亞泰西封的帕提亞舊都之間的中途站。回到納克歇—洛斯塔姆，一座叫「瑣羅亞斯德的卡巴天房」（Ka'ba-I Zardusht）的正方形塔樓坐落在阿契美尼德王朝國王的石刻墳墓對面，自阿契美尼德王朝的大流士統治以來它就是瑣羅亞斯德教的火之聖殿。沙普爾的兒子歐馬茲特一世以帕提亞文、中古波斯文和希臘文等三種文字在這座塔樓上各刻了一段銘文，這是他父親在漫長的統治期最後幾年所寫，文中概述有關他的虔誠與豐功偉業的官方版本。這段文字給沙普爾的頭銜是「源自諸神的馬茲達教徒國王陛下沙普爾，伊朗與非伊朗（或阿利安人與非阿利安人）的萬王之王（shahanshah）。」沙普爾的父親阿爾達希爾已經恢復阿契美尼德王朝的稱號「萬王之王」，堅稱自己和善神歐馬茲特有私人關係，但現在沙普爾更明白附帶宣稱他是可與羅馬皇帝匹敵的世界統治者。至於其他文字則以波斯的角度告訴我們沙普爾如何與鄰國奮戰，這段敘述往往和我們在希臘與拉丁史料上所見有驚人的差異，有時兩者之間完全矛盾。某種程度來說，它也證實了沙普爾把心力集中在與羅馬人而不是與其他人的軍事衝突上，因為在銘文中紀念的都是與羅馬人的戰役，而不是他與東方或東北方邊境鄰國的戰役。

然而我們也知道沙普爾承襲了和他的阿薩希德前任國王在東方邊境面臨的同樣問題。在統治期之初，他或許曾經征服中亞綠洲最北邊的花剌子模，在當時還存在的鹹海邊的阿姆河三角洲上，不過它一直沒有成為帝國的一省。雖然我們不知道這是在他統治期間何時發生的事，但也是沙普爾把庫珊薩爾變成他王朝的附庸國，這件事記錄在我們所知的庫珊—薩珊王朝（Kushano-Sasanian）的一套錢幣上。跟在其他地方相同，我們在這裡也繼續從錢幣學中得知許多薩珊王朝歷史上的新事件，但令人難過的是，許多祕密挖掘和掠奪而來的證據是因為目前阿富汗與巴基斯坦間的衝突才重見天日。最值得注意的是，薩珊人的鑄幣集中在例如莫夫和東方的其他地方，有些印模工人顯然在泰西封的都市鑄幣廠受訓，這證明在沙普爾統治下有多麼需要軍隊去控制東方，以及他必定在那裡打了多少場仗。

在銘文中，他聲稱擁有信德平原和「庫珊薩爾北至白沙瓦以及再往至北喀什、粟特和塔什干附近的山脈。」但是他沒有告訴我們為了控制該區，顯然必須要打的那場仗。他反而把焦點放在他打敗羅馬人的勝仗，當作是回敬那些把焦點放在他們東方鄰居的羅馬皇帝。薩珊人把焦點放在羅馬帝國，代表他改變了阿薩希德王族平衡分配給予東方與西方邊境注意力的做法，儘管沙普爾的確延續阿薩希德王族把敘利亞和阿拉伯沙漠北部的控制權外包給附庸國的政策，尤其是位於希拉的拉赫姆王國國王音魯烏卡伊斯（Imru'ulqais），幾年前他繼承父親王位，繼續替不只沙普爾、還有他的繼任者歐馬茲特一世和瓦拉蘭一世（Varahran I）效命，擔任伊拉克和漢志的總督（satrap）。

對羅馬帝國的歷史學家而言，薩珊人對羅馬的興趣相對於零星帝國史料，形成很有價值的對比。在納克歇—洛斯塔姆的紀念碑上，沙普爾宣稱他在幼發拉底河中游的密西克（Misiche，或是波斯文的 Mishik）打敗並殺死羅馬皇帝戈爾迪安。三位在勝利紀念碑上描繪的羅馬皇帝中，一位倒在地上死去，第二位在懇求，第三位被俘虜，依序分別是戈爾迪安、菲利普和瓦勒良。沙普爾也改名為 Misiche Peroz-Shapur，意思是「勝利屬於沙普爾」。與沙普爾清楚的宣言相比，羅馬文獻說得很模糊。沒有任何史料證實戈爾迪安死在戰場上。最可靠的羅馬證據確實暗示戈爾迪安死在密西克以北的扎伊塔（Zaitha），時間大約是西元二四四年一月中到三月中之間。他當然是葬在當地，至少是暫時的；他們將戈爾迪安葬在一個巨大的墓塚裡，至少一百多年後另一支羅馬軍隊入侵該地區時還有看見他的墓。

我們永遠無從得知事實，但是戈爾迪安當時還是個軍旅經驗極少的青少年。沒多少人期待他在戰場上立功。或許是深冬那場在波斯人領土邊緣被沙普爾擊敗的戰役中，皇帝可能身受重傷，引起軍人不滿，於是在扎伊塔暗殺了他。哲學家普羅提諾（Plotinus）曾經伴隨戈爾迪安的遠征軍，參與某趟追求密傳知識的研究之旅；在這位哲學家的生平傳記中有一段晦澀的文字，暗示戈爾迪安被殺時，羅馬軍營中曾發生一場暴動。可以預期的是，許多史料，例如從接近當代末日預言〈十三西比爾神諭〉（Thirteenth Sybilline Oracle）到四世紀拉丁文簡化的歷史傳述，都把矛頭指向可以從戈爾迪安的死獲利的那個人，也就是繼提梅西戴奧斯之後擔任禁衛軍統領的尤利烏斯·菲利布斯。但是菲利布斯（或阿拉伯人菲利普，依照慣例都這麼稱他）在戈爾迪安死時他人並沒有和軍隊在一起，不過他的哥哥尤利烏斯·普里斯庫斯或許有。這項事實可以解釋為何這位年長而且較具優勢的哥哥沒有自己當皇帝，因為在整個羅馬晚期歷史中，軍官會議有時選出的皇帝候選人之所以獲得所有人一致同意，正巧是因為他沒有在現場參與皇位繼承的討論。

無論戈爾迪安是怎麼死的，軍隊花了很長時間商討該如何脫離這爭執不休的領土問題，以及新皇帝必須親自向敵人懇求舉行和平會談。在當時情況下，這是新皇帝菲利普求之不得的處置方式，但卻是將來波斯和羅馬君王間無止境衝突的根源。根據羅馬史料，菲利普向波斯人「出賣」亞美尼亞，這必定表示他承認沙普爾有權決定亞美尼亞王國的繼承權，正如阿薩希德王族幾世紀以來所做的。在納克歇—洛斯塔姆紀念碑的勝利銘文中，沙普爾宣稱菲利普成為他的附庸，而且後者必須支付五十萬金幣做為賠償金，這看起來是一筆不可能的數字，但起碼大概就是這麼多，因為為了讓軍隊安全離開波斯，菲利普把他的皇冠拿去抵押。很有可能的是，除了承認薩珊王朝在亞美尼亞事務中的霸權，菲利普也把傳統上用來守衛高加索隘口以防止游牧民族入侵的補充款項，從亞美尼亞人移轉給波斯人，因此這位萬王之王願意宣稱菲利普向他進貢，而這就是羅馬史料對此種細節默不作聲的原因。

至於菲利普，他盡可能對這一切擺出開心的表情。回到安條克，他在安東尼尼安努斯銀幣

（antoniniani）上刻著「與波斯締結和平」（pax fundata cum persis）的字樣，替自己冠上帕提庫斯．波斯庫斯．馬克西穆斯（Parthicus and Persicus Maximus，至高至上帕提亞與波斯征服者），並且開始替家人打造王朝形象。他的妻子馬奇雅．奧塔琪莉雅．塞維拉（Marcia Otacilia Severa）也被奉為奧古斯塔，並冠上軍營之母的稱號，這是菲利普政權對軍人表達關切的明白主張。接著，菲利普在兩個關鍵的邊境安插自己的親戚做為他的代表：他派哥哥尤利烏斯．普里斯庫斯到敘利亞，派妻舅塞維利安努斯（Severianus，塞維拉的兄弟）到默西亞的多瑙河畔；他自己則是盡快回到羅馬，走海路沿著小亞細亞海岸北上，於二四四年夏初抵達首都。塞維利安努斯的指揮權顯示，這些年來相形之下多瑙河的軍隊比萊茵河邊境的軍隊重要；它或許也是一種初期徵兆，顯示在帝國最後幾個說拉丁語的地區之一，取得普遍羅馬公民的自我意識愈來愈強——毋庸置疑，來自多瑙河岸的人將在本世紀後半主導政局。

在此同時，尤利烏斯．普里斯庫斯的敘利亞指揮權，證明菲利普決心緊盯波斯的發展，並且維持家族與其東方家鄉的緊密關係。以城市的新名稱——菲利普波利斯（Philippopolis）來重建王朝家鄉夏巴（Shahba）是一項大工程，部分經費由普里斯庫斯監督下的橫徵暴斂而來。普里斯庫斯的角色也很重要，他不只是敘利亞總督也是「糾察官」（corrector），糾察官這模糊的字眼暗示他的地位高於其他官員。換句話說，他擁有可以支配東方其他總督、超越區域的司法權，他替往後三世紀羅馬政府中的實驗開了重要的先例。為了達到各種實際的目的，普里斯庫斯是菲利普在東方的共治者。塞維利安努斯在巴爾幹半島或許也擁有類似權力，雖然他的頭銜不像普里斯庫斯那樣公開表明。

同時菲利普也以這樣的方式鞏固他家族的權力，他也確保自己的皇位合法性不受挑戰——他沒有忘記戈爾迪安三世有多麼受到羅馬人民歡迎，因此他散播戈爾迪安是病死的消息，並且把他的遺體帶回羅馬厚葬。他也請元老院准許將這男孩封為神聖戈爾迪安，元老院照做了。雖然唐吉麗娜從歷史紀錄中消失，她很可能就此享受榮耀的退隱生活，因為她和戈爾迪安三世沒有任何需要讓菲利普操心的子嗣。菲利普五歲大的兒子生於約西元二三七／二三八年，現在被封為凱撒。由於缺少文獻資料，我們不知道這段相對寧靜的時期持續了多久，或者菲利普在羅馬城有多受人歡迎。但是邊境紛擾占據他的統治的中期。

正如西元二○○年初期萊茵河與多瑙河上游蠻族政治紛亂，二○○年中期在多瑙河下游以及黑海北岸以外也發生主要的文化與政治改變。傳統上學者認為這些改變跟從現今波蘭遷徙到這個區域的哥德人有關。我們在約達尼斯（Jordanes）的《哥德史》（*Getica*）中發現的內容塑造出這種說法，這是一則由一位說拉丁語的哥德裔羅馬人在數百年後，也就是西元六世紀在君士坦丁堡所寫的種族起源故事。考古證據一直被扭曲，好符合大規模遷徙與斯堪地那維亞人起源傳奇性的英雄事蹟。但是相關證據無法完全支持這簡化的理論。

的確，在西元三世紀下半葉，有一個新而相對同質性較高的考古文化在喀爾巴阡山和頓內次河（Donets）逐漸產生，到了西元三二○年代，這個區域由主要語言是哥德語的一些部落政體統治，在羅馬史料裡，他們的軍事菁英被合併在一起，統稱為「哥德人」。我們稱做穆列什河畔聖塔娜／切爾尼亞霍夫（Sântana-de-Mures/Cernjachov）的考古文化是兩個墓地的名字，一個在現代的羅馬尼亞，另一個在現代的烏克蘭，兩者的陪葬品和葬禮儀式的特色相同。在西元三世紀下半葉，這個區域也出現新的聚落型態，農村聚集在可種植農作物的河谷邊，統治菁英居住的大型複合建築物高聳於地景上，這是對高價值羅馬進口物的偏好，也是在農田與大草原接壤之處，他們與游牧民族的共生關係。在陪葬品中，衣著服飾的樣式與大約一世紀之前在北邊波蘭發現的類似，但同時也顯現中歐起源的一些要素，而且有相當多影響是來自歐亞草原上的游牧藝術。

與其為了符合我們最近的文獻證據而把上述證據硬生生套入來自北方的大遷徙敘事，負責任的學者承認了一項當地的新變化，說這變化跟來自大草原和部分北歐地區的遷徙有關，重塑了在他們之前較為分裂也較沒有階級化的農業社會。我們從比較證據中可以清楚得知，帝國邊緣新而且往往型態更複雜的社會的形成，這些證據既來自古代，例如第八章討論過的阿拉曼尼人，也來自現代，例如在擴張主義階段的沙皇統治下的俄國，或者英屬印度的邊境地區。帝國勢力的存在讓部族軍隊領導者有一個強而有力的組織可與之對抗，但帝國勢力也是可供學習的對象和資源供應者，無論是透過掠奪、津貼補助或貿易，領導者可以藉此分配資源，增強自己的力量。只要假以時日，讓新部族政治得以鞏固，全新而且或多或少統一的物質文化，就能從無數不同的前身演變發展，菁英中也會出現哥德形式的共同語言。

有些矛盾的是，這些我們手邊關於哥德人、關於他們與羅馬帝國關係最初證據的其中之一，是沙普爾位於納克歇─洛斯塔姆的紀念碑銘文，銘文中列出他打敗的所有在羅馬軍隊服役的哥德人，因此證明截至該世紀中為止，羅馬皇帝招募來自多瑙河另一邊的人從軍，進入他們可以稱呼為哥德的部隊。但儘管如此，西元四世紀多瑙河下游與黑海地區鞏固在哥德人的霸權之下只是表面的狀況。在西元三世紀，我們只看到它的副產品，例如對三世紀的羅馬皇帝而言，無論是由自信滿滿的新統治者領軍企圖掠奪一番，或者被他們擊敗的對手想來尋找更綠的牧草，來自多瑙河與黑海另一邊的蠻族入侵是時常發生的老問題。在下文中，我們不將三世紀形形色色來自這個區域的入侵者稱為哥德人，而是稱為「斯基泰人」（Scythians），這在我們的希臘史料中是個通用字，而不是假設他們如何認定自己或把哥德霸權投射到無法以文獻記錄的過去時期。這些多瑙河的「斯基泰人」加入波斯人與阿拉曼尼人的行列，從菲利普統治時期開始，成為羅馬最難應付的鄰居。

到了二四五年年中，菲利普已經和軍隊前進至達契亞，據信該年十一月他曾經待在阿奎耶（Aquae）。圖拉真的達契亞行省一直是個實驗，羅馬的城市生活從來沒有在達契亞扎根，不像從奧理略時代以來的多瑙河以南，這時已經開始有變化。在二世紀後半到三世紀之交，潘諾尼亞和默西亞，以及更一般而言還包括巴爾幹半島，這些地方開始愈來愈像其他拉丁省分。隨著大批軍隊投入馬科曼尼戰爭，平民也緊跟在後；在三世紀中，從阿爾卑斯山到亞洲的軍事大城以及在地形適合農業的富庶莊園，城市生活蓬勃發展。相較之下，在圖拉真打敗最後一位達契亞國王德賽巴魯斯之後匆忙建設當地，只有寥寥數個重要城市和一個道路網絡與一些中途小站，這些主要是為了讓保護該省礦物資源前來的羅馬軍隊使用。

即使領土分別與達契亞行省西邊和東邊接壤的薩爾馬提亞人和卡爾皮人（Carpi），比起更強大的阿拉曼尼人也相對容易控制，但羅馬的生活方式似乎沒有非常深入達契亞的文化結構中，或者除了供軍隊和採礦的直接需要以外，也沒有發展民用基礎設施。當然，情況或許已經改變，例如潘諾尼亞和默西亞並沒有真正發展成為徹底的羅馬化行省，直到奧理略時代之後才開始，也就是羅馬征服當地的一百多年之後。但是達契亞東邊的動亂，尤其是它向當地卡爾皮人挑戰，代表的是實際來自達契亞礦產的利潤根本無法支應羅馬在這地區駐軍的開銷。

或許是受到黑海北方斯基泰人內部狀況的侵擾，西元二四五年卡爾皮人開始在達契亞邊境惹麻煩，於是二四六年菲利普繼續在當地打仗，或許他曾遠達帝國邊境之外。西元二四七年夏末，他回到羅馬慶祝這場勝利，冠上卡爾皮庫斯・馬克西穆斯（Carpicus Maximus，至高至上卡爾皮征服者）的名號，或許軍隊也擁他為日耳曼尼庫斯・馬克西穆斯（至高至上日耳曼尼亞征服者）。西元二四七年底到二四八年間皇室留在羅馬過冬；四月二十一日，菲利普慶祝羅馬建城千年。正如我們在第五章已討論過的百年競技祭典，羅馬人自己也有些困惑，因此發展出兩種相當不同的慶祝次序。第一種是根據推測應該是古老伊特魯里亞慶典，西元前一七年由奧古斯都復興，之後每一百一十年舉辦一次，由官方祭司組成的十五人獻祭團監督，舉辦時間是五月三十一日晚上到六月三日白天，連續慶祝三天三夜。另一種是為紀念羅馬建城每一百年慶祝一次的競賽，在羅馬建城日四月二十一日舉行，這一天是帕瑞里亞節（Parilia[2]，我們現在統一稱之為Natalis Urbis，羅馬城的生日）。這兩種不同的百年競技祭典公開將羅馬這個國家的過去與未來連結在一起，維護歷年來羅馬認同的必要延續性。圖密善和塞維魯・亞歷山大已經依奧古斯都次序（Augustan sequence）慶祝百年競技祭典，安東尼烏斯・庇烏斯則是以第二種方式慶祝的皇帝，菲利普將延續安東尼烏斯・庇烏斯。

毫無疑問菲利普的千年競技祭典甚至更具象徵意義的重要性。我們沒有菲利普舉辦競賽的相關描述，但是其中一個不是很可靠的史料提到，菲利普將原本為了慶祝戈爾迪安在波斯打勝仗的凱旋式中的角鬥士和動物用在競賽中，而那場勝仗沒有成真。我們手邊也有銘文證實這些競賽的重要性，它們散見於古典時代晚期希臘文與拉丁文的編年史中。菲利普時代還鑄造了大量慶典相關的硬幣，其中有紀念性質的羅馬金幣，也有一般用途的安東尼安努斯銀幣和賽斯特提銅幣，不只以菲利普自己的名義發行，還有他年幼的兒子菲利普二世和妻子塞維拉，這些硬幣描繪各種在馬克西穆斯競技場被殺的動物：獅子、羚羊、河馬、阿爾卑斯山野山羊、雄鹿與瞪羚，此外還有羅馬女神（Roma）神廟的圖案，列柱之間是女神的雕像。我們在硬幣上也看到戰車競賽（ludi circenses），自從哈德良時代開始，這就是每年羅馬建城慶典定期舉辦的競賽項目。不過除了狩獵和戰車競賽，菲利普還加上依奧古斯都次序舉辦的「正統」百年競技祭典，包括在戰神廣場上舉辦三天三夜壯觀的表演，以及歌唱比賽和其他活動，這些比賽優勝者都被記錄在現存的銘文中。

或許最令人吃驚、也最奇怪的證據是常見的terra sigillata，這是一種使每個羅馬人餐桌增色的紅色泥釉陶製餐具，上面以原型浮雕裝飾，圖案是菲利普的競技祭典，頗有點今天紀念王室婚禮或總統就職典禮的成套餐具的味道（或許當時看來也像現在一樣媚俗）。遠方行省顯然也很清楚菲利普的競技祭典有多麼華麗隆重，不過對於在西元一〇〇〇年左右的基督教歐洲感受到的「千禧年狂熱」在菲利普時代是否也同樣存在，學者意見分歧。拉丁文史料最含糊不清，不過有一個東方史料確實提出充分的解釋：一部我們後來稱為《西比爾神諭》的希臘文集。它和原本羅馬共和時代原始的女巫神諭沒有任何關係，但兩者都回應了三世紀的政治危機，也真有世界末日的觀點。例如稱得上是文集中最有名的一篇〈十三西比爾神諭〉中，關於羅馬建城千年紀念的千年前景符合羅馬帝國必須終結的強烈感受。

2 譯者注：帕瑞里亞節是榮耀保護牛羊牧人的農牧女神帕勒斯（Pales）的慶典。

雖然有這種種令人不安的趨勢，菲利普鋪張的慶祝活動似乎達到很好的宣傳效果。一個千年的結束似乎也可以看做是另一個千年的開始，而且一樣光輝榮耀：當然菲利普的繼任者在他的競技祭典整整五年後還繼續鑄造百年競技祭典的錢幣。然而大致來說，菲利普的政府運作得並不順利。西元二四八年，在卡帕多奇亞或敘利亞，有個來自科馬基尼王國（Commagene）的貴族叫優塔皮安努斯（Iotapianus）自立為皇帝，大概是為了保護行省免於受到普里斯庫斯的橫徵暴斂。萊茵河或許也發生由一個叫馬里努斯・西班尼庫斯（Marinus Silbanniccus）領導的叛變，雖然叛變日期不確定，而且篡位者只有兩枚錢幣留存下來。更危險的是，默西亞的執政官等級總督克勞狄烏斯・馬里努斯・帕卡提安努斯（Claudius Marinus Pacatianus）自立為皇帝，時間大概是二四八年四月，可能的地點是他的錢幣鑄造地維米納丘姆。當鄰近行省的總督率軍進入默西亞時，他很快就被自己的軍隊所殺。

元老帕卡提安努斯可能代表元老院對圍繞在菲利普身邊的官僚集團的敵意，他對於將跨區指揮權授予塞維利安努斯和普里斯庫斯這類人感到忿忿不平。也有可能菲利普慶祝羅馬建城千年的舉動過於傳統，導致他決定揭竿而起。無論如何，帕卡提安努斯的叛變被撲滅。對菲利普而言，不幸的是鎮壓叛亂的將領自己也立刻稱帝。梅西烏斯・昆圖斯・德西烏斯・瓦萊里努斯（C. Messius Quintus Decius Valerinus）是來自當地四十五歲左右的元老指揮官，出生於希爾繆姆附近。他曾經在塞維魯統治時管理默西亞和下日耳曼尼亞；而在馬克西米努斯時期，他擔任聲名顯赫的近西班牙指揮官，在元老院叛變時依舊忠於皇帝。西元二四九年他任職默西亞和潘諾尼亞兩地的軍團長，菲利普非常倚重他出色的指揮。他在潘諾尼亞宣布叛變，並且幾乎立刻就在維米納丘姆以他的名字鑄造錢幣。他也改名為梅西烏斯・昆圖斯・圖拉雅努斯・德西烏斯（C. Messius Quintus Traianus Decius），反映出曾經征服達契亞的皇帝圖拉真的榮耀，或許也和德西烏斯自己的巴爾幹出身有點關係。

菲利普自己的蹤跡與行動是更大的謎團。他要不就還在義大利召集軍隊親自迎戰這最近出現的篡位者，或者他還在色雷斯深處向東走，打算處理優塔皮安努斯的叛變，認為讓德西烏斯去應付多瑙河邊境很安全。無論如何，在維米納丘姆鎮壓了一場短暫叛亂之後，德西烏斯不是在巴爾幹軍團最前方從潘諾尼亞挺進，越過尤利安阿爾卑斯山（Julian Alps），於西元二四九年九月在維洛納（Verona）打敗菲利普，就是從反方向揮軍南下主要的巴爾幹大道，在色雷斯的貝羅亞（Beroea）打敗菲利普。菲利普被自己的軍隊殺死，當父親死訊傳回羅馬時，小菲利普在羅馬被禁衛軍處死，這位皇帝的其他親戚從此再也沒有消息。

無論這場仗發生在哪裡，打敗菲利普之後，德西烏斯挺進羅馬，到了九月，他被尊奉為大祭司和祖國之父。他立刻啟動野心勃勃的計畫。他賣弄的傳統主義起初就很明顯，先從改名的決定開始，他放入一位征戰四處的皇帝名字，人們不只記得他的善良，也記得他的英勇。他以妻子赫倫妮亞・庫帕塞尼亞・伊特魯西拉（Herennia Cupressenia Etruscilla）的名字替他孩子取的名字也同樣充滿懷舊意味，分別是赫倫尼烏斯・伊斯特魯斯庫斯・梅西烏斯・德西烏斯（Q. Herennius Etruscus Messius Decius）和瓦倫斯・荷斯提里安努斯・梅西烏斯・昆圖斯（C. Valens Hostilianus Messius Quintus）。他在錢幣學方面的創新也非常獨特。錢幣當然是來自皇室宮廷和皇帝身邊的人最常見也最常處理的物品。縱使我們不應該假設羅馬皇帝個人必須替錢幣學肖像研究的所有改變與誘因負責，然而當一項重要而有計畫性的錢幣創新與之前的情況顯著不同時，我們就應該加以注意，如同在德西烏斯的例子中所見。

新皇帝抵達義大利之後，在米蘭和羅馬的鑄幣廠開始發行的錢幣，不只是人們預期中榮耀達契亞、潘諾尼亞和「伊利里庫姆軍隊的守護精靈」（genius exercitum illyriciani）的錢幣，還有為慶賀那些封神的羅馬皇帝發行的一系列前所未有的安東尼尼安努斯銀幣。這些錢幣背面是一座聖壇以及封神儀式，另一面則是封神的皇帝浮雕像，從奧古斯都開始，接著是維斯帕先、提圖斯、涅爾瓦、圖拉真、哈德良、安東尼烏斯．庇烏斯和馬庫斯．奧理略。刻上這一組赫赫有名的皇帝在人們的預料之中，但是之後選出的皇帝名字就比較耐人尋味：康茂德、塞提米烏斯．塞維魯與塞維魯．亞歷山大。沒有佩提納克斯和神聖戈爾迪安，後者不過是五年前才被封神。現在可以確定的是，我們在本書中已經愈來愈習慣虛假的系譜和回溯性的王朝關係，包括從塞維魯改變榮耀哪些「祖先」的決定，到孜孜不倦地製造卡拉卡拉和在他之後兩個表弟間有親子關係的謠言等等。同樣的，希臘與羅馬的觀眾也習慣了定期將羅馬皇帝從官方記憶中抹去，以及把名字從既是消除記憶同時也是強迫人緬懷的紀念碑上敲掉，因而更容易破壞被抹去的人的聲譽。但是我們在這裡見到的「虛擬」記憶消除卻是一種不同的新手法。因為大家眼睜睜看見被竄改的記憶是如此之新，它只能被解讀為對上一個十年的刻意否定。德西烏斯堅稱他直接繼承塞維魯．亞歷山大，不承認他們之間任何一位皇帝，連在鮮活的大眾認知中被封神的小戈爾迪安（戈爾迪安三世）也被他否認。很清楚的是，在蠻族入侵與內戰度過的悲慘十年已經結束。

到頭來，德西烏斯的統治期也沒有太長。但德西烏斯卻是西元三世紀最著名的皇帝，不是因為他發行的特殊錢幣，而是另一個完全不同的措施：一道為祈求羅馬帝國國運昌隆，而統一向諸神獻祭的命令。跟發行新形式的錢幣一樣，這道命令代表新的開始，回到帝國往日的榮景，但是為了達成目的，每一個人都必須獻祭。完成新皇帝命令的計畫是以稅收與人口普查為基礎，相關證據相當完好地保存在埃及紙莎草上。這些紙莎草是一份份的證書（libelli），記錄每一位市民在官員面前對「古代諸神」的獻祭行為，負責主持獻祭和吃掉獻祭食物的官員名稱也在文件上。至於為了收稅進行的人口普查，政府指定每個行省居民在某一天出現在地方長官面前向諸神燒香進行獻祭儀式，之後市民會拿到一張官方證書證明他們獻祭完成。如果沒有遵守規定，將有嚴重後果。將中央指令下放到地方，完全就是早期帝國地方管理運作的特色，但是出於兩個原因，我們比大多數人對德西烏斯的詔令知道得更多：一是埃及紙莎草證書流傳至今；二是它對基督徒的衝擊。

這項詔令的遣詞用字很模糊，也沒有指明是哪些或誰的古代神明，基督徒似乎是將它解釋為這是一道要他們對羅馬帝國諸神獻祭的命令。基督徒的一神信仰不承認信仰與祭祀行為間有任何區別。基督教禁止教徒崇拜他們一神以外的任何神，他們把周遭所有看見的其他神都當成是惡魔。也就是說，大多數基督徒深信羅馬帝國諸神的存在，他們知道這些神明很真實，但卻把祂們當作真正的惡魔，而非真正的神。德西烏斯詔令的獻祭命令必然挑戰基督徒的信仰。選擇服從命令不只是有罪，而且等同讓靈魂暴露在永恆的詛咒中。相反的，不服從命令就表示每一個基督徒將面臨國家對他們更直接的肉體報復。因此無論這是否是德西烏斯的本意，基督徒只能將詔令解釋為國家刻意攻擊他們以及他們的信仰。在基督徒的記憶中，德西烏斯當然也就成為繼尼祿之後第二位迫害基督徒的羅馬皇帝，但他迫害的程度被誇大了許多。

德西烏斯的意圖引發討論。他計畫中的某些要素無可爭論。他顯然相信有必要以一個單一、一致的崇拜儀式取悅羅馬諸神，確保國家安全。或許他最關心的是撐起自己相當薄弱的皇位正當性，也或許他是回應菲利普慶祝羅馬建城千年的慶典。他或許還受到帝國東方爆發的可怕新疾病的影響：西元二四九年從亞歷山卓開始，一種嚴重的傳染病使人發高燒和結膜出血，之後傳遍整個帝國。傳染病在仲夏時消退，秋天時又再出現，最遲在二五一年傳到羅馬與迦太基，並且在那之後至少每十年定期爆發一次。我們無法得知到底是哪種病毒造成這個傳染病，但是學者最近開始認清它的嚴重性，這疾病影響了城鎮與鄉村、富人與窮人；如果我們相信較可靠的史料，在某些城市裡傳染病甚至導致三分之二人口死亡。學者提出的假說是類似伊波拉病毒造成的出血熱，季節性發病加上高發病率與死亡率，使我們判定它可能是某種腺狀病毒。正如最近伊波拉病毒爆發顯示，新傳染病造成突然的衝擊，可能使大眾歇斯底里，領導者必須採取嚴厲的手段才能拯救人民。如果缺乏現代傳染病知識的古代人認為有必要安撫憤怒的神明，並且憂心那些總是不肯尊奉諸神的人必須為神明發怒負起責任，我們對此不應該感到訝異。

在德西烏斯政策背後，不管混合了哪些先見之明與反應，或者是出於理性或歇斯底里，我們同時也需要將他的措施理解為帝國騎士階級化（equestrianization）的早期成果——有愈來愈多騎士階級主導官僚系統中的職務，以及隨之而來的「治理性」型態。德西烏斯無疑記得卡拉卡拉的公民詔令中普遍化的辭令，以及使羅馬法律遍及整個帝國人口的更普遍化影響。在卡拉卡拉詔書頒布將近四十年之後，父母生來就是非公民異邦人的一整個世代的人，必須協商出對羅馬法的忠誠，而羅馬法又完全超出當地居民習慣的行為。有經驗的管理者如德西烏斯在之前和之後都意識到這一點，他也在這所有人的一致奉行中看見意識形態的價值。因此我們應該從兩個政府的動力來思考，它們彼此平行運作：卡拉卡拉浮誇的詔令使人們有可能把整個帝國想成是單一世界，在這世界中所有人可以也應該以同樣方式行事；同時，騎士階級化與政府例行公事的無限擴張，使得強制實施這種統一的渴望似乎既可能又可行。

早期羅馬政府的特殊性質，一方面來自於一種認知，也就是如果能維持地方習俗、保持和平與繼續搾取進貢物品，就能用最廉價、和平且有效率的方式達成統治帝國的目的；而另一方面它也來自於從皇帝的家族（familia）與恩庇者（clientela）發展出的政體，沒有能力根據統一規則管理如此龐大的帝國。兩世紀以來不斷擴張的政府與結構穩定性已經改變了這種局面，因此曾經難以想像與非必要的事物現在似乎既可能也值得擁有。無論我們在德西烏斯的獻祭詔令中看見什麼（顯然之後下令刻意迫害基督徒的那些皇帝的確把他的詔令當作典範），我們也應該將它視為晚期帝國政府發展的重要階段，這個政府在四世紀的表現力到達顛峰，並且在之後繼續在西方支撐了一世紀，在東方則維持了整整三世紀。

德西烏斯的魄力擴張到宗教儀式或國家權力以外的事物。他似乎也打算主張自己是比菲利普更有效的軍事領導者。我們已經見到黑海北部與喀爾巴阡山以東發生的改變大幅扭轉當地的均勢，藉由將新的軍事菁英強加在定居的農業社會中，這些軍事菁英的文化結合了中歐的衣著語言和草原上的戰鬥風格與裝飾構圖。到了西元二四九年，羅馬的軍事計畫者對於以上改變已經有足夠的意識，因此德西烏斯派遣士兵到博斯普魯斯海峽就局勢發展提出報告；博斯普魯斯王國的餘黨在周遭世界已經改變時依舊苦撐下去。同時，在多瑙河下游沿岸，菲利普停止發放傳統上發給卡爾皮人的津貼，並與他們交戰，並聲稱他們已經打破與羅馬的和平局勢，加速已經惡化的情勢。但是撤銷帝國津貼極少是管理邊境的成功技術，例如德西烏斯曾經親自率軍到下默西亞對抗蠻族，而這些蠻族在有限度宣稱其可信的史料中，他們會以卡爾皮人、波朗尼人（Borani）、烏羅貢朵伊人（Ourogundoi）和哥德人等各式各樣的名稱出現，當代仿古典風格作家一般稱他們為斯基泰人。史料中混淆不清的名稱是具有重要歷史意義的事實，這代表國境內外的當代人幾乎不清楚當時發生了什麼事。唯有靠後見之明，我們才能將這些事件理解為在這整個區域裡發展中的哥德霸權的副產物；也正因如此，四世紀多瑙河岸的蠻族政體與三世紀的政體之間沒有什麼可追溯的關係。

我們必須抗拒想把零碎不完整的證據拼貼成井井有條、單一敘事的誘惑，不過我們可以肯定的一點，就是率軍進入下默西亞的德西烏斯面臨了悲慘的狀況，此時斯基泰人入侵軍隊已經包圍馬奇亞諾波利斯（Marcianopolis）。藉由新發現的雅典歷史學家德克西普斯（Dexippus）遺留的斷簡殘篇，證實了更晚近資料中我們了解到的細節，而這些資料的真實性一直受到質疑。我們如今已經清楚的是，入侵的幾群斯基泰人是由名叫奧斯卓哥塔（Ostrogotha）和尼瓦（Cniva）的首領率領，他們讓人在貝羅亞的皇帝蒙受重大損失。戰敗消息或許在羅馬引發了一場由元老尤利烏斯．瓦倫斯．李錫尼安努斯（Iulius Valens Licinianus）發動的短暫政變，但這場或許是禁衛軍主導的政變立刻被鎮壓了，因為當時並沒有發行鑄印瓦倫斯名字的錢幣。接著在巴爾幹半島，大概是西元二五〇年末或二五一年初，在色雷斯總督尤利烏斯．普里斯庫斯（T. Julius Priscus）短暫的篡位之後，菲利普波利斯確實落入尼瓦率領的入侵者手中。最後，在六月的前半個月，德西烏斯在馬奇亞諾波利斯西北方的阿伯里圖斯（Abritus）一場情勢極為不利的激戰中迎戰入侵者。羅馬軍隊通常以步兵取勝，但羅馬的敵人卻在不適合大隊步兵作戰的危險沼澤地對面，挖壕溝設置掩蔽。此時德西烏斯做出極愚蠢的行動，率軍越過沼澤；羅馬軍隊因而陷入沼澤亂成一團，並遭到屠殺。皇帝死在戰場上，他的兒子赫倫尼烏斯．伊斯特魯斯庫斯也死了，屍體一直沒有找到。之後的基督教作家於是歡欣鼓舞地把這當作是迫害者應得的厄運：「上帝的敵人罪有應得，他被扒光衣物赤身裸體倒在地上，成為野獸與食腐肉鳥類的食物。」

噩耗在六月中傳到羅馬，同樣傳回去的是軍隊已經擁立維比烏斯．特雷波里安努斯．伽魯斯（C. Vibius Trebonianus Gallus）為皇帝。他跟斯基泰人談判，要他們撤退到多瑙河對岸，不過看來對方向羅馬要求德西烏斯大部分的國庫財物，因為德西烏斯在阿伯里圖斯留下的金幣成為當地主要的貨幣，於是帝國邊境北方的銀本位經濟迅速轉變為金本位經濟。斯基泰人一走，伽魯斯就以最快的速度回到羅馬，在夏末返抵羅馬。伽魯斯是身分很高的義大利人，我們甚至知道他父親的名字，後者在塞維魯統治期開始發展事業，在這段期間是很罕見的，足以顯示這個家族的與眾不同。雖然東方邊境依舊紛擾不安，伽魯斯匆匆返回羅馬是明智的抉擇，因為如果一位被擁立的皇帝要長久被人接受，與元老院和羅馬平民象徵性的和解依舊是一項必要的任務，伽魯斯也發行「入城歡迎儀式」錢幣紀念他來到羅馬。元老院迅速將死去的皇帝封為「神聖德西烏斯」；伽魯斯起初也接受德西烏斯的小兒子荷斯提里安努斯和他自己的兒子維比烏斯．弗魯西安努斯（C. Vibius Volusianus）並列為凱撒。但我們並不清楚這種情形維持了多久，因為某些跡象顯示德西烏斯和他的兒子都遭受記憶抹煞之刑，但證據不足以普遍到讓我們肯定這一點，此外這也可能是反映出之後的基督徒詆毀他們憎恨的迫害者的名聲，我們能確定的是活下來的荷斯提里安努斯在該年結束前不是被處死就是自然死亡。無論如何，在西元二五一年中之前，只有兩位皇帝被元老院承認，分別伽魯斯和他的兒子弗魯西安努斯，後者是凱撒，也是第一青年。伽魯斯在皇帝位置被元老院的贊同或默認之後，他還有更急迫的問題需要處理。

在菲利普統治末期或德西烏斯統治初期，優塔皮安努斯的叛變在我們不清楚的情況下已經被弭平，但此時仍有一個敘利亞名字叫馬里亞德斯（Mariades）的安條克顯要人物發動新的叛變。等到義大利軍團的帝國軍隊終於順利介入時，馬里亞德斯已經逃亡到波斯，尋求沙普爾的庇護。在沙普爾的勝利銘文中，他宣稱羅馬違反了他跟菲利普在西元二四四年的和平協議，因為羅馬人包庇了阿薩希德王朝的後裔，也就是亞美尼亞的梯里達底。在父親胡斯羅二世（Khusrau II）可能在沙普爾的教唆之下被人暗殺之後，梯里達底尋求羅馬人的保護。沙普爾的反應是併吞亞美尼亞，消滅當地的阿薩希德統治者，讓他的兒子歐馬茲特統治該地。

在亞美尼亞人的文獻資料中保留了上述事件的更詳盡版本，其中還加入顛覆、背叛與屠殺等民間傳說要素。他們保留的細節之一或許有些許價值，那就是老梯里達底和胡斯羅惹惱了阿爾達希爾以及之後的沙普爾，造成遠方的庫珊薩爾叛變，而如此就能解釋沙普爾為何必須花許多時間在東方打仗。如今，戰略要地的山地王國亞美尼亞已經是他的囊中物，因此鞏固了他的東方邊境之後，沙普爾再次回過頭來，在馬里亞德斯的協助下對付羅馬人。西元二五二年或二五三年，這位萬王之王攻擊敘利亞各行省，他不是走一般路線經由辛格拉、瑞塞納和卡雷，而是走一條出人意表的路線，讓預期要跟波斯人開戰而集結在敘利亞的羅馬駐軍措手不及。

沙普爾聲稱，這場在幼發拉底河畔巴巴利索斯（Barbalissos）的勝仗中，他擊敗了整整有六萬人的羅馬軍隊，即便這數字誇大不實，也能說明波斯大獲全勝。安條克和其他敘利亞重要城市如希拉波利斯（Hierapolis）都在這一場或其他多場戰役中被攻占，波斯軍隊的兵鋒遠至卡帕多奇亞，伽魯斯的義大利政府卻完全束手無策。沙普爾將大量戰俘遣送至胡齊斯坦（Khuzistan），他在當地建了一座他稱為Veh Antiok Shapur的新城市（意思是「由沙普爾建立的這座比安條克更優秀的城市」），這名稱在訛傳之後成為貢迪沙普爾（Gundeshpaur），是位在札格羅斯山脈（Zagros）和底格里斯河之間地區的一個重要城鎮。沙普爾的動機不只是軍事上的榮耀，因為胡齊斯坦將成為薩珊王朝的經濟驅動力，產業中心遍布各地，其中有許多勞動人口都由戰俘提供，他們專門製造加強皇室收入的產品，用來支付更多的征戰。藉由壓制有著獨立政府傳統的老舊城鎮（或許其中最重要的是蘇薩），轉而偏向直接由帝國行政部門管理的皇室中心，沙普爾啟動了一項長遠的政策，使得薩珊王朝成為最富有也最強大的古代近東帝國。

然而在西元三世紀這重要關頭，羅馬皇帝沒有採取行動，表示當地的東方人不得不自力救濟。或許就是在這時候，一位來自繁榮商隊城市帕邁拉的貴族奧登納圖斯（Odaenathus）登場了，在二六七年被暗殺前為止，他不時在東方事務上扮演重要角色，但是這時期的事件年表幾乎無可救藥的糾纏不清，因為有些人將一部分波斯軍隊的勝仗歸因於這位奧登納圖斯，其他人則認為應該歸因於埃邁沙某個名叫烏拉尼烏斯．安東尼烏斯的人。這位身分不明人物的完整稱呼應該是尤利烏斯．奧理略．蘇爾皮奇烏斯．塞維魯．烏拉尼烏斯．安東尼烏斯（Iulius Aurelius Sulpicius Severus Uranius Antoninus）——這名字明白表示他跟塞維魯家族有血緣關係。烏拉尼烏斯或許是埃德薩的神祇埃拉伽巴爾的祭司和狂熱信徒；若果真如此，他也有可能是尤莉雅．多姆娜家族的親戚。考慮到烏拉尼烏斯曾經鑄造錢幣（這是我們知道有這個人存在以及他的活動範圍的最佳證據），很顯然我們可以知道烏拉尼烏斯曾強烈質疑伽魯斯稱帝的合法性。有一位六世紀作家約翰・馬拉拉斯（John Malalas）曾提過大量可信度不一的安條克當地傳說，在他浪漫化的版本裡，據說沙普爾在這場埃德薩的遭遇戰中被殺，儘管篡位者烏拉尼烏斯已經被抹去姓名，取而代之的是一個名叫桑皮斯傑拉姆斯（Sampsigeramus）的貴族祭司。我們很清楚這是個捏造的故事，因為沙普爾在納克歇—洛斯塔姆的銘文宣稱他征服的城市名單上，顯然找不到埃德薩，很有可能的是他在這地方遭到重創。沙普爾敗在當地統治者手中，而不是一支假定忠於合法皇帝的軍隊，這提醒了我們西方的羅馬皇帝一直必須面對如何保留東方控制權的問題，部分是因為他們無能為力讓東方行省免於波斯人的威脅，並非羅馬皇帝不想採取行動，而是有其他威脅牽制他們的行動。就算伽魯斯想採取行動，西元二五三年的他在面對這來自東方毀滅性的消息時也無能為力，因為他正面臨另一場叛亂威脅，且離羅馬更近，也因此有更立即的危險性。

對於被一連串事件挑起的這個新挑戰，讀者現在應該已經熟悉得不能再熟悉：邊境的某位將領戰勝蠻族，披上紫袍，朝現任皇帝進軍，雙方寧可讓行省居民受苦，也不願意讓對手得勢。一如往常史料的狀況讓我們只能猜測事件的梗概，但很清楚的是，雖然伽魯斯讓攻占菲利普波利斯、殺死皇帝德西烏斯的斯基泰人保持中立，但這只是更大問題中的一個小問題，因為至今為止在多瑙河對岸還不存在有組織的政體，沒有哪個部族或部落能為帝國面臨的問題負責，羅馬鎮壓其中一個部族或部落，也無法改變其他蠻族的情形。因此與伽魯斯打交道的斯基泰人或許很尊重跟皇帝訂定的和約，但還有其他許許多多伺機而動的劫掠者樂得趁機利用帝國的弱點與被分散的注意力。因此在西元二五二年，來自黑海的一群人進入愛琴海大肆掠奪，據推測他們可能是跟博斯普魯斯王國殘存的希臘人聯合，或征服他們並奪取其資源的蠻族。這些掠奪者得逞並且逃逸無蹤，雖然我們難以估計確實的損失，但他們的某些行徑卻令當代人震驚不已，例如他們放火燒了古典時代最著名的一座神廟——小亞細亞以弗所的阿提米絲（Artemis）神廟。

接著，在西元二五三年，一批不同的斯基泰人入侵下默西亞，這次他們遭到一位名叫埃米利烏斯·埃米利安努斯（Aemilius Aemilianus）將軍有效的抵擋，但關於此人我們所知甚少。他可能出生於西元三世紀的第一個十年，在塞維魯·亞歷山大底下發跡，然後一步步往上爬，但是我們知道的也只有這麼多。現在他證明了對所有人來說都顯而易見的一件事實——行省軍隊不可能保證效忠遠方的皇帝。埃米利安努斯的凱旋軍隊宣布他當上皇帝，雖然巴爾幹邊境根本不能算是在控制中，他還是立刻趕回義大利，因為如果他想穩坐皇位就必須如此。進入義大利之後，埃米利安努斯在翁布里亞的因泰拉姆納遭遇並打敗了伽魯斯。伽魯斯和兒子弗魯西安努斯被他們自己的軍隊殺害，埃米利安努斯獲得元老院承認，元老院也宣布他的妻子科涅莉亞·蘇佩拉（Cornelia Supera）為奧古斯塔。但結果是埃米利安努斯的統治期也很短。伽魯斯一接到叛變消息，就傳話到高盧召來普比留斯·李錫尼·瓦萊里安努斯（Publius Licinius Valerianus），後者也就是一般大眾所知的瓦勒良（Valerian）。還在前往義大利的路上時，瓦勒良就聽到伽魯斯的死訊，於是軍隊在雷蒂亞擁立他為皇帝。西元二五三年九月，在被擁立為皇帝的同一個戰爭季節中，埃米利安努斯在義大利中部斯波勒西姆（Spoletium）的一場戰役中被殺。皇帝輪替的速度之快令人感到混亂。瓦勒良的統治期將會延續得稍長，但這期間帝國的高層政治也將同樣千瘡百孔。

第十章　瓦勒良與將軍們

新皇帝瓦勒良是一位經驗豐富的重要人物，正是他把老戈爾迪安被軍隊擁立為皇帝的消息帶到羅馬，並居中協調使元老院接受新皇帝。他當然來自古老的元老家庭，不過詳細敘述他雙親背景的唯一史料完全是捏造來的。但儘管如此，我們可以肯定他在西元二三八年第一次擔任補任執政官，當埃米利安努斯背叛伽魯斯時，他擔任高盧的某種軍事指揮官——他可能在某個駐軍的行省擔任執政官軍團長，但也有可能德西烏斯和伽魯斯都延續菲利普在廣大地方指派信任的人擔任糾察官的習慣，當然瓦勒良也會這麼做。然而，我們不確定在瓦勒良被軍隊擁立為皇帝時握有何種指揮權，而這也反映出三世紀中這數十年間的一種現象：帝國原本以軍團和輔助兵團為戰鬥單位、定義明確的傳統軍隊組織已經解體。我們發現取而代之的是多樣化的作戰軍隊，由來自各式各樣不同單位的小隊組成，而隨著三世紀向前推進，這樣的慣例愈來愈規則化。在許多方面來說，雖然相關史料難以證實，瓦勒良和他的兒子也就是繼任的皇帝加里恩努斯（Gallienus）的統治期，是西元三世紀晚期政府、以及更廣義來說是羅馬帝國晚期的溫床。

西元二五三年，在被擁立為皇帝之後，瓦勒良幾乎馬上讓他成年的兒子李錫尼・艾格納提烏斯・加里恩努斯（P. Licinius Egnatius Gallienus）與他共同治理國家。四十歲左右的加里恩努斯已經有了兒子，因此瓦勒良不僅能把他當成擁有同樣權力的第二個成年統治者，也有了跨世代延續帝國的現實可能性。理論上來說，這兩個皇帝因此能處理帝國不同地區出現的威脅。新統治者計畫進行一連串行動。西元二五三年末至二五四年初的冬天，他們在義大利度過，在那裡建立家族權威。瓦勒良過世的妻子艾格納提亞・馬里尼安娜（Egnatia Mariniana）被封神為神聖馬里尼安娜，加里恩努斯的妻子科涅莉亞・薩隆尼亞（Cornelia Salonina）也被封為奧古斯塔和軍營之母；他們的長子小瓦勒良，地位也提升到凱撒和第一青年。無論近年來王朝統治主義（dynasticism）的嘗試多麼失敗，當時的人還是有一種發自內心的感覺，認為建立王朝對成功的統治而言有其必要。一如這段時期的情形，鑄幣有特別的意義，但瓦勒良放棄了德西烏斯和伽魯斯偏好的形式，選擇回到塞維魯王朝的錢幣背面和銘刻，如果這不是為了宣揚王朝的延續性，至少也是暗示他自己偏愛那已經消失了的世界。

冬天過去，兩位皇帝開始一段瘋狂活動的時期。加里恩努斯在巴爾幹半島建立自己的勢力，或許他將維米納丘姆和希爾繆姆當作主要根據地，預告這兩個城市在之後兩百年的帝國歷史中占有極大的重要性。在奧古斯都將征服並鞏固巴爾幹半島當成他身為元首的主要任務之一以後，維米納丘姆和希爾繆姆是羅馬人在當地建設的其中兩座城市。薩瓦河（Sava）、德拉瓦河（Drava）、摩拉瓦河（Morava）和多瑙河是穿過伊利里庫姆北邊與西邊地景的主要路徑，這幾條河流之間的道路上散布著為了當作羅馬軍隊的中途站而開始活絡的小鎮。在上潘諾尼亞的德拉瓦河畔有波埃托維歐（現

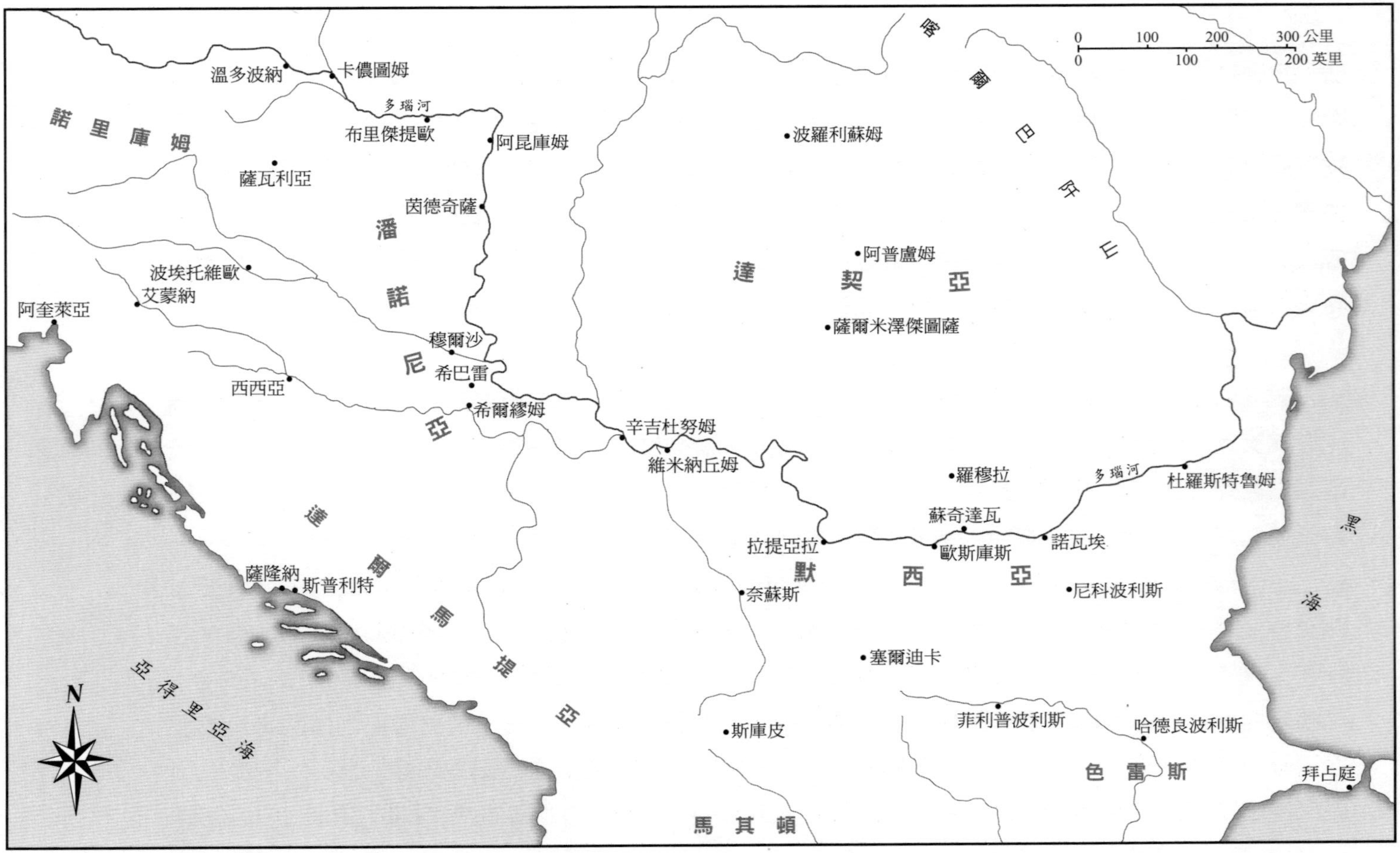

地圖13　多瑙河流域行省

代的普圖伊）；在下潘諾尼亞的德拉瓦河即將注入多瑙河之處，有穆爾沙（現代的奧西耶克）。上潘諾尼亞往南的薩瓦河畔有西西亞（Siscia，現代的錫薩克）；在薩瓦河與多瑙河匯流處的下潘諾尼亞有希爾繆姆（現代的米特羅維察）和辛吉杜努姆（現代的貝爾格勒）。在上默西亞的多瑙河畔有維米納丘姆（現代的科斯托拉茨）；在尼薩瓦河（Nisava）即將與摩拉瓦河交匯之前，有奈蘇斯（現代的尼司）。奈蘇斯是西巴爾幹半島最後一個大城市，正如下默西亞伊斯克爾河（Iskar）附近的塞爾迪卡（現代的索菲亞），是通往東巴爾幹和色雷斯的門戶，而就在它南邊的蘇奇隘口（Succi Pass），之後將成為帝國東西巴爾幹之間的軍事樞紐。

以上城市大多是由尤利烏斯—克勞狄烏斯王朝創建，但是這一地區絕大多數行省居民直到卡拉卡拉頒布詔書之後才成為羅馬公民。或許正是在久得不尋常的征服、早期帝國都市化與徹底授予公民權的過程，使這裡產生對於本地公民權的特殊感受。有鑑於在羅馬帝國大部分地區，人們被視為在「城市」（civitas）的法定中心（legal center）擁有「家鄉」（patria），而在巴爾幹半島，「城市」中的「鄉村」（vici）經常受到注意。對地區認同的推估，以及西元三世紀羅馬帝國政府中來自該地區的傑出人物，或許有助於我們了解西元四世紀帝國政府中地方派系的成長。這將是我們在本書及其系列著作中一再回到的主題。

部下絕大多數出身巴爾幹半島的瓦勒良，走陸路經過奇里乞亞朝敘利亞前進，西元二五四年底到二五五年初他可能在安條克過冬。在沙普爾入侵以及波斯人鼓動的篡位事件之下，東方邊境如此紛擾，以致於皇帝需要不只一個冬天的時間待在東方，但是在二五六年，瓦勒良和加里恩努斯前往科隆尼亞．阿格里皮納（現代的科隆）與阿拉曼尼人作戰。或許他們的判斷是讓帝國的每個角落都目睹兩位皇帝的積極行事以及彼此的合作，即便這表示只是針對問題表現出姿態，而非解決問題。西元二五六年秋天，兩位皇帝回到羅馬，好讓加里恩努斯在二五七年一月一日開始第一次執政官任期。或許在同一年，或者次年年初，加里恩努斯的長子，年輕的瓦勒良·凱撒死去，並且被封神為神聖瓦勒良·凱撒，他在王朝的地位由他弟弟薩隆尼努斯·加里恩努斯（Saloninus Gallienus）遞補，後者在二五八年初成為「最尊貴的凱撒」（nobilissimus caesar）和第一青年。

然而，光是瓦勒良在安條克住了兩年的事實，就再度挑起波斯的反應。西元二五六年幼發拉底河畔最東南的羅馬駐防地，長久以來就是兩方兵家必爭之地的杜拉歐羅普斯落入波斯軍隊手中。之後這裡成為一座鬼城，留給現代考古學家當作最重要的早期羅馬帝國邊境遺址之一（近期也成為伊斯蘭主義者大肆破壞的對象）。為回應這次的挫敗，瓦勒良離開羅馬前往安條克，踏上再也無法返家的旅程。接下來幾年發生的事件我們很難知道確切的細節，例如在西元二五七或二五八年，另一群斯基泰人發動攻擊，這一次他們經由黑海海岸進入本都和卡帕多奇亞。這些入侵者現在已經很有組織，會刻意鎖定當地鑄幣廠，奪取希臘城市用來鑄造青銅幣的模具，然後用模具鑄造在黑海北邊發現的金幣。瓦勒良迎戰蠻族的軍隊被一場某個史料含糊形容為「瘟疫」的疾病摧殘，這或許是德西烏斯時代的出血熱再次流行。瓦勒良對抗的另一場西元二六〇年春天波斯入侵美索不達米亞的戰役，率領的就是這支已經損兵折將的軍隊。我們無法得知個別軍隊的人數、組成和路線，但在二五二、二五三年間沙普爾已經在馬里亞德斯的幫助下完成突擊戰略，而在二六〇年波斯人和羅馬人走的似乎都是越過美索不達米亞大草原那條早已被踏平的路線。

我們可以從地點推斷（大約在卡雷和埃德薩之間的某處）波斯大王和羅馬皇帝都親自領軍參與

這場決定性的戰役，瓦勒良就是在這場戰役被俘。古典時代流傳至今的薩珊王朝藝術中最有名的一件作品，就是紀念這場戰役的一顆小浮雕石。上面描繪羅馬皇帝與波斯大王策馬向彼此跑去，一方披著羅馬將軍穿的斗篷（paludamentum），另一方則身穿波斯的全套鎖子甲，沙普爾伸手抓住瓦勒良的手腕，這在波斯圖像學中是標準的捉捕動作，和我們在納克歈—洛斯塔姆和比沙普爾的淺浮雕上看到的動作一樣；在比沙普爾的淺浮雕上，被俘虜的瓦勒良站在死去的戈爾迪安和懇求的菲利普旁邊。此外，不同於戈爾迪安，在史料中此處完全沒有模稜兩可的空間，因為有一位羅馬皇帝在戰場上被俘虜了。

在基督教作家拉克坦提烏斯（Lactantius）西元四世紀駭人聽聞的敘述中（這是在「東方主義」這個詞尚未出現之前），成為俘虜的羅馬皇帝被波斯大王當成上馬前踩踏的凳子，就這樣度過餘生；死後他們剝下皇帝的皮並且染成紅色，懸在一座拜火教神廟裡。更可信的是波斯大王沙普爾自己在納克歈—洛斯塔姆銘文中的敘述：他俘虜了羅馬皇帝（這件事情本身就是羅馬的奇恥大辱），他眼見遭受這樣重大打擊而投降波斯的羅馬軍隊，被送上船載往東方的伊朗，替波斯人建造新的城市。從這時期開始，在許多薩珊王朝的城市中都有羅馬軍團進行工程的證據；將戰敗敵人流放移居他地也是古代近東一項久遠的傳統，因此利用羅馬戰俘做為技術勞工，比羅馬史料中的任何紀錄更合理。

面對這樣重大的災難，在帝國官員或當地統治者管理下的東方各行省徹底陷入失序狀態，到了西元二六〇年四月，瓦勒良戰敗的消息傳回西方，東方的混亂也在西方重現。唯一歡欣鼓舞的一群人是基督徒。西元二五九年底從羅馬出發的瓦勒良曾經發布一份類似德西烏斯的詔令，下令全民舉行獻祭，但這份詔令根本上的差異是它刻意、並特別針對基督徒，並且留有相當大的空間提供彈劾、舉發和算舊帳。根據這道詔令，知名的教會領導人物（不只有主教，還有信基督教的元老和其他有頭有臉的一般信徒）全都遭到逮捕，並接到獻祭的命令。政府沒有禁止他們進行基督教儀式，而是讓他們選擇是否要把參加全國獻祭儀式加入他們日常的宗教儀式中。拒絕這麼做的人後果就是田產充公，事發當時在政府任職的人則成為奴隸；一再不服從的人將會遭到處決（確實因此也有些殉教者，包括羅馬主教西斯篤）。

這道迫害的詔令（與德西烏斯的詔令不同的是，它確實是刻意迫害基督徒的手段）顯然沒有被眾人追隨或期待。羅馬元老院甚至要求瓦勒良說清楚這道詔令的意思是否真正如內容表示的，而詔令又該如何落實，這點暗示了在羅馬元老院中信奉基督教的菁英受到寬容的程度。人們毫無疑問覺得基督教異乎尋常（對羅馬人而言，基督教確實非常怪異），但整體而言，比起對帝國統治階級造成的威脅，基督教對講求一致與控制的帝國官僚體系的威脅更大。彷彿是為了確認以上的解釋，加里恩努斯在他父親瓦勒良被抓之後，幾乎是立刻就恢復教會自由以及之前教會擁有的大量財產權。同時，瓦勒良的命運提供基督徒更進一步令人可喜的證據，那就是迫害他們的人將在他們唯一真神手上迎接可怕的終局。

然而除了基督徒之外，沒有多少人樂見羅馬皇帝被俘虜這前所未有的可怕事件。皇帝會在戰場上倒下，有時是像德西烏斯那樣跟蠻族作戰時倒下，但更常是在皇帝對抗覬覦皇位的人或敵對陣營時倒下。不過皇帝被俘卻比那更糟糕，而且在短短十年內外敵就毀了兩個羅馬皇帝，這代表了什麼？突然間，羅馬人必須面對一個沒有羅馬帝國的世界的可能性。不過同樣來說，或許現在誰都可以當皇帝，既然沒有明顯的皇位繼承合法性可供衡量，好像也沒有任何差別可言。其結果是各處爆發叛變，或至少在地方發生從中央政府的角度看來極為類似叛變或篡位的事件。

在東方，有一位叫馬奇安努斯的官僚和一位名叫卡利斯圖斯（Callistus）的軍官集結一些人，想對抗沙普爾進一步的進犯，但是他們的自衛行動很快就成了叛變。西元二六〇年夏天，馬奇安努斯的兩位兒子小馬奇安努斯和奎埃圖斯（Quietus）在敘利亞被擁立為皇帝。在更往南邊與東邊，帕邁拉王國的國王奧登納圖斯自稱為「泰德穆爾之主」（lord of Tadmor，泰德穆爾是該城的敘利亞名稱），這稱號或許是衝著波斯而來，而不是羅馬帝國。如此一來，奧登納圖斯在當地宣告擁有前所未有的權威，當沙普爾的軍隊從羅馬人的領土上撤退時，他還結結實實擊敗波斯人，打了場勝仗。在巴爾幹半島，當瓦勒良被抓的消息傳出，行省總督英傑努斯（Ingenuus）和雷加利亞努斯（Regalianus）依序自行稱帝，英傑努斯在潘諾尼亞的希爾繆姆，雷加利亞努斯在默西亞，不過後者的錢幣是在潘諾尼亞的城市卡儂圖姆鑄造。兩人在該年底都被加里恩努斯優秀的騎兵將領奧瑞魯斯（Aureolus）打敗。這位現在以加里恩努斯第一大將之姿出現的奧瑞魯斯，他的軍旅經歷（以及遠大抱負）將左右西元三世紀下半葉的局勢。同樣因為帝國陷入混亂而壯膽，斯基泰人發動了另一次入侵，深入義大利半島。正如新發現的希臘歷史學家德克西普斯遺留的著作殘篇顯示，有一支蠻族軍隊在西元二六一至二六二年攻擊德薩洛尼卡（Thessalonica），他們在那裡受挫之後朝希臘南部前進。亞該亞行省的元老總督馬里安努斯（Marianus）與當地的雅典人和希臘中部波歐提亞（Boeotian）的官員，設法共同組織防禦的力量，由一支臨時的軍隊築起防禦工事來捍衛溫泉關（Thermopylae）。

統治王朝盡可能做出因應之道。西元二六〇年夏天，加里恩努斯的兒子薩隆尼努斯的地位從凱撒提升，在科隆尼亞．阿格里皮納被封為奧古斯都，但到了那時他和父親正面臨一場離家鄉更近的篡位風波，因為下日耳曼尼亞的總督波斯杜姆斯（Postumus）叛變。加里恩努斯此時正在北義大利或雷蒂亞與掠奪當地的尤通吉人作戰，他們是本書第九章末尾提到過幾群不同阿拉曼尼人的其中之一；就在這時加里恩努斯也耳聞父親瓦勒良被波斯人俘虜的消息。可能搶走大批戰利品和戰俘的尤通吉人被人在梅迪奧蘭姆（米蘭）的皇帝親自擊敗。或許加里恩努斯藉由談判讓他們撤出帝國，也或許羅馬並沒有像我們手邊貧乏史料所暗示的那樣大獲全勝，為數不少的尤通吉人的確毫髮未傷地活了下來，拿走他們的戰利品。正當尤通吉人向北經由雷蒂亞撤退到多瑙河上游另一頭時，他們被來自雷蒂亞和下日耳曼尼亞的部隊在未知的民兵協助下攻擊並且被屠殺。這場勝利顯然讓好幾千名義大利戰俘重獲自由，導致戰勝的軍隊擁立他們的將軍之一波斯杜姆斯為皇帝。

如果父親不在場的薩隆尼努斯，在禁衛軍統領西爾瓦努斯的策劃下在科隆稱帝，是為了直接反應波斯杜姆斯的篡位，還確實有其道理；西爾瓦努斯的人就住在科隆監督這位年輕的凱撒。但不知出於何種原因（由於陳述的證據令人困惑，因此很難斷定），年輕皇帝直接指揮的軍隊發生叛變，因為比起薩隆尼努斯他們更喜歡波斯杜姆斯，於是軍隊包圍科隆。最終，叛軍占領科隆，處決薩隆尼努斯和他的指揮官，整個羅亞爾河與阿爾卑斯山北面就都落入篡位者的控制。由於東方也在篡位者手中，加里恩努斯的帝國只縮減到剩下義大利、巴爾幹半島和安那托利亞，還有埃及、北非和西班牙的一部分。加里恩努斯無能為力，分身乏術，他在帝國晚期承受巨大的壓力其實不令人訝異。

壓力不只來自於他的軍事失敗。他和他父親生錯了時代。塞維魯時代元老院的前景在西元二三八年的大屠殺中就被摧毀，早已不復存在。我們只要看看加里恩努斯的雕像就能明白——他被描繪成年輕的亞歷山大，但與其說是被英雄化，不如說是被女性化。儘管亞歷山大是個征服者，他的塑像卻是一座年輕俊美、但極為希臘化的人像。比起那些在危急時刻闖出一片天下的蓄鬍軍人，加里恩努斯彷彿來自另一個世界；在那個世界裡帝國菁英分子理應無所不能，只因為他們身分高貴。元老們熟知希臘文叫做paideia、拉丁文叫做Humanitas的普遍希臘羅馬文化教育，這樣的身分地位使他們受到孤立。他們很適合按照要求擔任領導職務——管理行省就表示必須款待學者、領導軍隊和執法。當然，有些人比其他人更是優秀的軍人，我們也無法要求每一位元老都具備法學長才，但是早期帝國元老院中平民的、反專業人士的影響從來不是需要討論的問題；做為一種典範，它至少在早期塞維魯王朝裡留存於騎士階級化的政府中，並且災難性地由戈爾迪安家族和二十人團奉為典範付諸實行。除了愚昧的普皮埃努斯與巴爾比努斯是例外，二十人團中的所有人的事業繼續蒸蒸日上，元老院的核心集團家族牢牢掌握著財富與地位。但是在瓦勒良的時代，這些人實際管理帝國的時代已經過去。新皇帝的失敗就是不夠明白這一點。

企圖以舊法子統治帝國的不是加里恩努斯，甚至也不是瓦勒良——他們既不能逆轉帝國體系的結構性變化，也不能讓時光倒流。瓦勒良的詔令帶有新騎士階級心態的普遍實用性。加里恩努斯以創新方式利用軍隊，他以來自較大單位部隊的支隊拼湊成更多功能的戰鬥軍隊，並加強騎兵在戰場上的重要性，取代原本由軍團和輔助兵團組成的舊軍隊，藉此加速現有的改變。但是兩位皇帝都沒有準備好騎士階級化帶來必然的階級垮台，也沒有準備好面對出身良好或許不能讓一個人勝任指揮職務，以及無論一個人的家庭、恩庇者和地位的價值為何，才幹、體制、專業化和經驗或許更為重要的情形。大家族或許還是能掌控亞細亞、阿非利加和亞該亞行省的延任執政官職位，也有權指揮其他相對較為和平的西班牙行省。但只要是在權力實際集中的地方，主導的就是騎士階級將領，出身門第根本不算數。具有歷史諷刺意味的是，宣稱與安東尼王朝和塞維魯王朝元老貴族有純粹血統關係的上一個帝國王朝，應該是開創騎士階級軍事統治勝利局面的人。然而情況就是那樣，在軍隊中千錘百煉的那些人體現了未來，在加里恩努斯垂死掙扎的統治下打的無數場戰爭造就了他們的事業。留著鬍碴、出生在最微寒不明的背景之下，加里恩努斯的軍官團是培育出帝國晚期統治權的試管燒杯——因此有趣的是，在四世紀人們的記憶中，最後一位元老院的皇帝加里恩努斯竟是把元老院逐出政府的那個人。

加里恩努斯從頭到尾的統治，就是一連串控制帝國領土的嘗試，並且在面臨重複的挑戰，而且無論在哪裡都沒有人確實展現忠誠度的情況下，維持領土的完整性。西元二六一年敘利亞軍隊擁立馬奇安努斯為皇帝，最初是對抗沙普爾戰役所做的回應，然而之後當馬奇安努斯父子越過小亞細亞進入歐洲，以往常的方式試圖在羅馬建立王朝時，局勢卻變得更凶險。已經戰勝英傑努斯和雷加利亞努斯的奧瑞魯斯，現在擊敗馬奇安努斯父子，將他們殺死。對加里恩努斯來說，幸運的是（而且根據最近的歷史看來，令人驚訝的是）奧瑞魯斯的無往不利並沒有促使他叛變，但是他也沒有被派往東方去對付卡利斯圖斯和奎埃圖斯。加里恩努斯反而跟帕邁拉的奧登納圖斯結盟，利用菲利普統治時期普里斯庫斯在同一地區擁有的指揮權為範本，授予他「整個東方的糾察官」（corrector totius orientis）頭銜。對這種職權高於任何行省總督的指揮官的倚賴，是舊行省制度崩壞的進一步跡象，也是對持續不穩定政局的合理回應。奧登納圖斯立刻揮軍往埃邁沙前進，當地軍隊叛變，殺死卡利斯圖斯和奎埃圖斯，但沒有與帕邁拉人作戰。

這是奧登納圖斯的第一個動作，他藉此證明自己是皇帝最有力也最值得信賴的盟友。他毫不猶豫接受了加里恩努斯指派的行省職務，不過他也出於有所圖和目的，成為羅馬帝國東方的獨立統治者。同樣在西元二六一年的帝國西邊，馬奇安努斯父子遭到鎮壓，波斯杜姆斯成功控制西班牙和不列顛行省。波斯杜姆斯的皇帝身分是個耐人尋味的現象，它與象徵性的服從無關，但卻擁有東方帕邁拉領導者的實際霸權。畢竟波斯杜姆斯獲得了皇帝頭銜。他的完整稱號是「凱旋將軍．凱撒．M．卡西阿尼烏斯．拉丁尼烏斯．波斯杜姆斯，虔誠、幸運、戰無不勝的奧古斯都，大祭司，祖國之父，延任執政官」（Imperator Caesar M. Cassianius Latinius Fostumus, pius felix invictus Augustus, pontifex maximus, pater patriae, proconsul）。

波斯杜姆斯在西元二六〇年登基時宣告自己是執政官，二六一年他邁入第二任執政官任期，該年義大利以西所有行省都承認他不只是「一位」正統的皇帝，而正是「那位」正統的皇帝，從他的稱號中也顯示他專屬的正統性。他的正統性和其他人一樣來自篡位，但是其中主要的差異在於他是個成功的篡位者，和某一段時間的馬奇安努斯父子一樣，他理解遊戲規則就是鞏固後方，於是他朝目前統治帝國的皇帝進軍，打算擊敗他，因為一次只能有一位皇帝。面對這場暴動，在位的皇帝必須將其消滅，不可避免的是他必須優先處理眼前的暴動，擱置其他可能面臨的威脅，這種情形過去曾一再發生。波斯杜姆斯是羅馬歷史上獨一無二的人物，他既沒有攻擊加里恩努斯的義大利領土，也沒有和西元一九〇年代的克洛狄烏斯．阿爾比努斯與塞提米烏斯．塞維魯，以及在四世紀逐漸成為常態的做法那樣，設法和同時另一位皇帝一樣將他的地位合法化。波斯杜姆斯反而滿足於統治二六〇和二六一年宣告支持他的幾個行省，安穩待在阿爾卑斯山、孚日山（Vosges）和黑森林（Schwarzwald）後方。加里恩努斯強迫自己不要只是因為他稱帝而把他當成敵人或存在的異議分子，不過也是因為波斯杜姆斯沒有主動挑釁他。

因此，把由波斯杜姆斯創建、由幾位繼承者繼續維持的領地說成是一個分離的「高盧帝國」，是很正常的說法，直到西元二七〇年代此地被奧勒良鎮壓為止。然而這種的觀點是有問題的，因為它暗示了分離主義，該政權的德文Gallisches Sonderreich（高盧的分裂帝國），更凸顯這一點。不過我們很難找到分離主義的證據。就意識形態而言，在科隆尼亞・阿格里皮納的波斯杜姆斯和他的繼任者並不把加里恩努斯當成敵手，也拒絕照著政治劇本走，以打敗並摧毀他為目的，但同樣他們從頭到尾也只承認自己是「羅馬」皇帝。他們只是不想大費周章去控制羅馬。實際的結果是歐洲有兩個帝國政體，兩個帝國都自認為是「羅馬帝國」。然而只有其中一個帝國把另一個當成存在的挑戰，於是加里恩努斯將在接下來的幾年數度嘗試消滅這位高盧皇帝。

其中最重要的一次是在西元二六五年。這時加里恩努斯已經在巴爾幹事務上獲得滿意的解決；二六四年他旅行到亞該亞，擔任雅典執政官，此外也對兩年前當地居民抵抗斯基泰人的英勇行為表達感謝。在這之後，他就能夠集中人力對付波斯杜姆斯。他親自指揮軍隊越過阿爾卑斯山，戰勝波斯杜姆斯，後者逃到一個不知名的城市，被敵軍包圍。加里恩努斯在圍城中受傷，因此下令暫停攻擊。波斯杜姆斯政權因此得到一段長時間的緩刑期，但也由於這場戰役，西班牙總督重新效忠加里恩努斯。西元二六六年這年幾乎沒有歷史記載，不過東方的情勢在二六七年發生了意外的轉變。奧登納圖斯在向北征討本都赫拉克利亞城（Heracleia Pontica）的征途中被殺，可能的地點是埃邁沙。

他那地位曾經被提升到與他共同統治的兒子希羅狄安努斯（Herodianus）也被殺了。我們從混淆的史料中不可能釐清凶手的動機和身分，不過這顯然是某樁痛苦的家庭糾紛。兩人死亡的直接受益者就是奧登納圖斯的寡婦澤諾比亞（Zenobia），她是奧登納圖斯幾個孩子的母親，但不是他最喜愛的長子希羅狄安的生母。澤諾比亞用兒子塞提米烏斯．瓦巴拉圖斯（Septimius Vaballathus）統治的名義，發動了一場征服羅馬東方領土的戰爭，這已經不只是典型的篡位模式，尤其是它成功了。

澤諾比亞準備了數年；我們必須留心不要把顯然幾乎是個獨一無二的政權浪漫化。澤諾比亞的全名是尤莉雅．奧理莉亞．澤諾比亞（Julia Aurelia Zenobia），寫成敘利亞文是貝思—札拜（Bath-Zabbai），她的父親是帕邁拉的貴族尤利烏斯．奧理略．澤諾比烏斯（Julius Aurelius Zenobius）。她在丈夫生前建立了強大的權力基礎，但無疑她不滿奧登納圖斯前一段婚姻生下的孩子希羅狄安的地位，勝過他自己的兒子塞提米烏斯．艾倫斯（Septimius Hairanes）和塞提米烏斯．瓦巴拉圖斯。奧登納圖斯死後，瓦巴拉圖斯被冠上他父親的頭銜 rex regum（這個拉丁文與波斯文中的「萬王之王」同義）與「整個東方的糾察官」，但是沒有證據指出加里恩努斯接受這還不到青春期的男孩繼承他那能幹又忠誠父親的地位。至於澤諾比亞則是自稱為塞提米亞．澤諾比亞（Septimia Zenobia）與皇后。沙普爾統治後期失序的政局對澤諾比亞的政權大有幫助，當時沙普爾正面臨繼承人之間的皇位爭奪以及東方邊境新的混亂狀況（我們將在本章稍後討論）。結果是沙普爾無法像過去那樣善加利用敘利亞的分裂，澤諾比亞因此能為所欲為。

我們無從得知加里恩努斯對於東方局勢可能的反應，因為他一直沒有機會如此。西元二六八年，「斯基泰人」再次入侵巴爾幹半島，使半島陷入暴力局面。這一次的入侵者是之後歷史上鼎鼎大名的赫魯利人（Heruli）。他們也是乘船進入小亞細亞和巴爾幹半島。同一時間，加里恩努斯的大將奧瑞魯斯叛變，雖然名義上奧瑞魯斯聲稱是跟波斯杜姆斯結盟，還以後者的名字在梅迪奧蘭姆鑄幣，但他顯然是為了自己。或許當時的奧瑞魯斯正指揮一支軍隊準備展開另一場巴爾幹或高盧戰役。長久以來梅迪奧蘭姆都是類似戰役的根據地，它可以控制通往北義大利平原的所有重要道路。奧瑞魯斯移動速度不夠快，沒有在戰場上迎戰加里恩努斯，於是他發現自己遭到圍困。接下來發生的事幾乎沒有記錄在文獻中，關於加里恩努斯後來如何在圍城時被殺，不同版本的史料也前後矛盾。在這些史料中，不同的敘述都設法歸罪於羅馬史上接下來幾年間的主要掌權者：包括加里恩努斯的禁衛軍統領奧理略．赫拉克里亞努斯（Aurelius Heraclianus）；三位將軍馬奇安努斯、馬庫斯．奧理略．克勞狄烏斯和奧理略．奧理略安努斯（Aurelius Aurelianus）；以及歷史上只有在這個事件裡出現，名叫切克羅皮烏斯（Cecropius）的軍團將領。加里恩努斯底下唯一沒有在任何敘述中被點名的大將是馬庫斯．奧理略．普羅布斯（Marcus Aurelius Probus）。某個說法的解釋是他們被奧瑞魯斯設計陷害；另一個說法是希羅狄安努斯誘騙加里恩努斯，置他於險境；其他說法則是替這個或那個關鍵人物開脫。我們無法從各種相反的主張中挑選，沒有任何論點可以用某種方式提出證明，而且和奧登納圖斯被殺的情形相同，我們只能承認無知，或讓「誰能從中得利」（cui bono）這個問題引導我們做出選擇。如果是這樣，那麼無論誰策劃實際的謀殺行動，主謀者都是克勞狄烏斯，因為在加里恩努斯死後，軍隊就在梅迪奧蘭姆城門前擁立他為皇帝。

不久之後奧瑞魯斯就死在戰場上，成功的克勞狄烏斯大張旗鼓榮耀奧瑞魯斯，把他的遺體送回羅馬，葬在奧瑞魯斯家族位於阿庇安大道（Appian Way）上的陵墓裡。他也說服元老院將加里恩努斯封神。然而在動身前往羅馬之前，他挺進北方，在義大利北部的加爾達湖（Lake Garda）畔迎戰在羅馬內戰時趁機入侵的阿拉曼尼人，打了一場勝仗。克勞狄烏斯或許在二六八年底到二六九年初在羅馬過冬，他首次擔任執政官，他的同僚是加里恩努斯長久以來的元老院支持者阿斯帕修斯・帕提爾努斯（Aspasius Paternus）；無論是出於自身信念或出於必要，有些羅馬元老院的大老甘心與這些統帥們建立的新政權和平共處。

對克勞狄烏斯而言，西元二六九年毫無疑問將會有一場慘烈的廝殺。他唯一的選擇是要面對內憂還是外患。巴爾幹半島還是殘破不堪，無論是前一年遭遇赫魯利人入侵，或是來自更遠的多瑙河對岸蠻族的入侵，因為帝國中央政府不穩定，總會引發邊境騷動，而我們也剛好得知就在這個時候，阿非利加行省的昔蘭尼加遭到游牧民族大肆攻擊。雅典同時也在這一年被劫掠，或許是在春天。克勞狄烏斯派遣他的同僚將領尤利烏斯・普拉奇狄安努斯（Julius Placidianus）攻入高盧南方，他將某種特殊的指揮權派給後者。克勞狄烏斯自己出發前往巴爾幹半島，他的同謀赫拉克里亞努斯前往東方，或許是去對付澤諾比亞。雖然史料沒有說得那麼明白，但在這種種決心面對眼前多重威脅的軍事活動安排中，我們應該可以看出在這場協同戰略中，三位曾經十之八九有可能共同謀害加里恩努斯的將領，現在都各自負責加里恩努斯無法處理的三個帝國邊境。然而結果卻不如預期。

普拉奇狄安努斯在高盧遭遇令人困惑的狀況。波斯杜姆斯的某個軍官烏爾皮烏斯・科內留安努斯・萊利安努斯（Ulpius Cornelianus Laelianus）叛變，他在上日耳曼尼亞的蒙格提雅庫姆稱帝。波斯杜姆斯迅速擊敗萊利安努斯，但是當他阻止軍隊洗劫該城時，卻立刻遭到兵變。波斯杜姆斯的軍隊殺了他，並且宣布由馬庫斯・奧理略・馬略（Marcus Aurelius Marius）取代他當皇帝。接著輪到馬略被波斯杜姆斯的禁衛軍統領馬庫斯・皮亞沃尼烏斯・維克多里努斯（Marcus Piavonius Victorinus）殺害——由名字判斷，他可能是一位高盧貴族。維克多里努斯和波斯杜姆斯於二六八年共同擔任執政官，現在他正設法把局勢鞏固得比他極其短命的前任更久一些。克勞狄烏斯的同僚帕卡提安努斯的入侵行動遠達庫拉洛村（Cularo），此處是之後四世紀的城鎮格拉提阿諾波利斯（Gratianopolis），也就是現代的格勒諾布爾（Grenoble），但是沒有再往前。或許在克勞狄烏斯發動攻勢的鼓舞之下，在奧古斯托杜努姆（Augustodunum，現代的歐坦）發動叛變，反抗維克多里努斯，但由於沒有來自帕卡提安努斯的支持，奧古斯托杜努姆遭到圍城，並且被維克多里努斯劫掠，這座曾經繁榮的高盧城鎮在這之後失去了大部分的重要性。雖然蒙受損失，西元二七〇年維克多里努斯還是開始第二任執政官任期，沒有受到影響。

同時，在巴爾幹半島的奈蘇斯，克勞狄烏斯打敗斯基泰人，贏得一場戲劇性的勝利，因而在前一年為慶祝戰勝阿拉曼尼人而冠上的「至高至上日耳曼尼亞征服者」稱號之後，他又獲得「至高至上哥德征服者」（Gothicus maximus）稱號。我們不知道二六九年末到二七〇年初克勞狄烏斯在哪裡過冬，不過第二年一開始他展開掃蕩斯基泰人餘黨的戰事；這時候為了方便起見，我們可以稱他們為哥德人。「哥德征服者」這個勝利的頭銜，證明了羅馬人已經開始把跟他們在多瑙河下游對岸打仗的那些人稱為「哥德人」。

在東方，澤諾比亞對赫拉克里亞努斯的到來反應十分激烈。在奧登納圖斯死後，她已經宣布兒子瓦巴拉圖斯擁有「整個東方的糾察官」頭銜，彷彿那是個世襲的稱號。現在她開始以瓦巴拉圖斯的名字鑄造錢幣，這種舉動只能被解釋為反抗、篡位和叛國。錢幣上曖昧不明的銘文或許暗示瓦巴拉圖斯這時被稱為執政官之人（vir consularis）、最備受推崇者（clarissimus）、凱旋將軍（與）羅馬的領袖（imperator (et) dux Romanorum）。果真如此，他幾乎等同於稱帝，但時間也短得可以不被承認——每一個名稱的構成都可以用相當無辜的方式加以解釋。無法辯解的是澤諾比亞的軍隊在她的指揮下，於二七〇年入侵阿拉伯與埃及之舉。她打敗並殺死抵抗入侵、捍衛行省的埃及長官戴納吉諾．普羅布斯（Tenagino Probus）。澤諾比亞指派普羅布斯的副長官尤利烏斯．馬切里努斯（Julius Marcellinus）接替他，但埃及有將近五年的時間落入帕邁拉政權的統治。

事實證明赫拉克里亞努斯無力動搖帕邁拉人在敘利亞和阿拉伯的控制，澤諾比亞的支持者因此大膽進軍安那托利亞。同時，在巴爾幹半島，克勞狄烏斯不久前對抗哥德人的勝利無法使他的軍隊免於遭到更強大的敵人摧毀：瘟疫在冬天爆發，帶走許多人的性命，也包括皇帝自己。說來有些悲哀，數十年來唯一沒有被劍刺死的皇帝，統治期卻如此短暫。不過死亡卻挽救了他的名譽，在後人記憶中的三世紀是戴克里先與君士坦丁之前的黑暗時期，而克勞狄烏斯是唯一在每個不同的歷史傳述中都備受推崇的皇帝，乃至於他似乎值得人們替他編造一支虛假的世系。自從塞維魯和卡拉卡拉之後，就再也沒有哪位皇帝如此受人緬懷。

克勞狄烏斯死後，他的兄弟昆提魯斯（Quintillus）在義大利北部的阿奎萊亞登上皇位，打算當作是過世皇帝遺留的贈禮，不過卻不太成功。一支正在作戰的帝國軍隊沒有皇帝的率領無法存在，克勞狄烏斯的巴爾幹軍團可說是羅馬帝國最強大的兵力。除了自己的選擇，他們不接受其他選項，因此他們選出克勞狄烏斯的騎兵指揮官（dux equitum）馬庫斯．奧理略．奧理略安努斯（Marcus Aurelius Aurelianus，以下稱奧勒良），他和克勞狄烏斯一樣，都跟把加里恩努斯拉下皇位的暴行脫不了關係。奧勒良開始返回義大利，僅僅統治十七天沒有離開阿奎萊亞的昆提魯斯被殺（也或許是自殺），羅馬因此免於另一場內戰。

奧勒良進入義大利，在梅迪奧蘭姆建立根據地，二七〇年底他趕走來襲的尤通吉人；二七〇年底到二七一年初的冬天又趕走汪達爾人。二七一年春天，尤通吉人再度入侵，顯然因為阿拉曼尼人活動地區的主權已經穩固，也或許因為羅馬地方政府從萊茵河與多瑙河另一邊的狄古馬特農墾區撤離，使某些尤通吉人更加放膽在羅馬邊境內謀取利益。不過汪達爾人沒有出現在之前的歷史記載中，奧勒良短暫的戰役是汪達爾人第一次明確出現在我們的史料裡，而不只是在真實歷史之外某個中歐模糊的部族名稱。不像在各方面都是在羅馬帝國邊境形成的哥德部族，這些汪達爾人似乎是從德國中東部遷徙而來，也或許是某一隊特別驍勇善戰的人馬為了四處劫掠而長途跋涉約四百英里。還要再過好幾十年之後，我們才會聽說汪達爾人對羅馬的歷史產生明確的影響，在好幾十年間夸地人和薩爾馬提安人依舊是羅馬軍隊密切注意多瑙河中游的主要原因。

和汪達爾人不同，尤通吉人一直對羅馬帝國造成威脅。西元二七〇年的戰役進行得十分順利，但二七一年開始，在普拉森提亞（Placentia，現代的皮亞琴察）一場戰役中羅馬軍隊大敗，令奧勒良震驚。奧勒良追趕戰勝的敵人，逼迫他們在法努姆（Fanum，現代的法諾）以及之後在提契諾姆（Ticinum，現代的帕維亞）迎戰，並且在提契諾姆擊垮入侵的敵人。此後的數十年間，我們就再也沒有聽到尤通吉人的消息。然而，往南返回羅馬的奧勒良卻遇上叛變，是場帝國鑄幣廠的工人反政府叛變，史料中沒有特別指明他們不滿的原因，混亂的鎮壓行動導致數千名羅馬人橫屍街頭。這件事提醒我們羅馬行政機構變得如何軍事化，因此像鑄幣廠工人這樣技術純熟的工匠都能跟反叛的部隊一樣有效率地組織暴動。

在鎮壓暴動之後，奧勒良與羅馬人民和好，除了原本已經由監管羅馬糧食供應的帝國糧食供應局（annona）提供平民油和麵包之外，他又額外加上豬肉的補助發放。他也以恩賜崇高的官職向元老院示好，例如奧勒良讓某位羅馬大貴族龐波尼烏斯・巴蘇斯（Pomponius Bassus）在二七一年成為他的執政官同僚，二七二年他又指派另外兩位顯貴擔任執政官。雖然奧勒良之後的皇帝沒有刻意將元老排除在執政官職位之外，但皇位頻繁輪替，王朝不斷增加，他們至少要在王朝掌權的第一年必須讓可能的繼承人擔任執政官職務，這表示很少有非皇室出身的人能當上執政官。同樣的，在行省政府中騎士階級職務的擴張，代價就是執政官職務縮減，這也就代表不再像安東尼烏斯・庇烏斯和塞維魯王朝的時代，因為行政需要而提供足夠具有執政官地位的人擔任行省長官。其結果是，開放給羅馬平民菁英的執政官職務機會愈來愈少，因此補任執政官幾乎消失，正規執政官地位提高。奧勒良了解讓這樣的人擔任執政官的重要性；雖然他和三世紀晚期所有皇帝一樣出身於低階軍人，但他知道沒有來自舊時代貴族某種程度的支持，他無法管理帝國。

還在羅馬的奧勒良也開始以前所未有的規模大興土木，他在羅馬城周圍建造了一座巨大城牆，既是為了展現自己的野心，也是為了建築防禦工事。建築城牆所花費的時間占據他整個任期，不過到了西元二七五年，這圈城牆已經包圍所有羅馬城外的山丘，還有戰神廣場和台伯河對岸的一部分，包括賈尼科洛山（Janiculum）大部分地區和現代的特拉斯提弗列區（Trastevere），總長幾乎是十二英里。這十英尺厚、正面以磚覆蓋的混凝土牆，每隔一百英尺就有一座方形塔樓，矗立在地景之上，遺跡直到今天還在。不可否認的是，考慮到實際駐防在羅馬城的軍隊很少，同時軍隊也無法防禦整整長十二英里的城牆，這座城牆絕對無法抵擋敵人的圍城。不過建造城牆的本意也不在此。奧勒良的目的是為了嚇阻敵人，讓他們知難而退，同時在心理上安撫義大利半島上的人民，他們近來一直遭到入侵者不尋常的注意，但對方不是篡位者，而是蠻族軍隊。

來自高盧的好消息擴大宣傳了瓦勒良建造城牆的豐功偉業，據說維克多里努斯在政變中被另一個高盧貴族蓋烏斯・埃蘇維烏斯・泰特里庫斯（Gaius Esuvius Tetricus）殺害，後者和所有之前的高盧人一樣，沒有打算攻擊義大利。義大利也平靜無事，奧勒良就能夠進行摧毀瓦巴拉圖斯和澤諾比亞的計畫。他們主張擁有皇權，並且征服埃及，這一切奧勒良已經不需要、也不能夠再容忍。他領軍越過巴爾幹半島，藉機趕走另一批蠻族掠奪部族，或許是哥德人。奧勒良也將達契亞各行省的羅馬行政中心撤離。

這或許是個明智的調度，使他能在東方戰役展開之前的關鍵時刻獲得更多軍隊，但是這也是個有風險的觀念，因為放棄行省並不是羅馬皇帝常做或容許的事。然而達契亞從來都不值得帝國為了維持它所花的錢，無論是大多數考古研究或歷史研究都顯示出這一點，此外在多瑙河中游與下游前線的局勢轉變中，羅馬已經不再那麼確定他們是否能繼續防禦喀爾巴阡盆地。然而，為了掩飾可能不得人心的舉動，奧勒良設立了兩個新行省，命名為上達契亞和下達契亞；為此把下默西亞行省一分為二。羅馬似乎沒有撤離達契亞的居民，只有清除他們周遭的行政機構。雖然如此，但隨著時間過去，羅馬在該地區的文化基礎逐漸凋零。達契亞和默西亞不同，跟潘諾尼亞差異更大，達契亞一直沒有發展出伴隨軍事、行政與採礦設備而來的民間基礎設施。無論是哪一部分選擇不遷徙的羅馬人口，這些人都缺乏保持行省羅馬文化的能力或想望，他們被併入我們稱之為穆列什河畔聖安娜／

切爾尼亞霍夫的考古文化，並且跟該地區真正哥德霸權的開始有關連。

達契亞的羅馬政府撤離，軍隊得到增援，於是皇帝就能往東移動。此時澤諾比亞和瓦巴拉圖斯已經準備全面開戰，他們終於沒有再鑄造一面是奧勒良、一面是瓦巴拉圖斯的錢幣。實際的篡位變成對帝國公開宣戰。奧勒良無窮的精力和他非凡戰功的消息必定已經早他一步抵達東邊，此外他久享盛名的殘酷無情也已經傳開，例如西元二六九與二七〇年間向澤諾比亞與瓦巴拉圖斯靠攏的帝國官員，現在也投向奧勒良。其中包括亞細亞行省總督維利烏斯・魯普斯（Virius Lupus），他將與皇帝普羅布斯一起擔任執政官，並且在二七八年到二八〇年間擔任羅馬城長官；還有斯塔蒂利烏斯・埃米利安努斯（Statilius Aemilianus），他毫不猶豫重新讓埃及效忠奧勒良，因此能繼續擔任行省長官做為獎賞，即使當時某個名叫菲爾姆斯（Firmus）的人（他顯然是擔任某種騎士階級官職）被指派為官階高於他的行省「糾察官」。奧勒良沒有遭到任何抵抗，直到他抵達卡帕多奇亞的提亞納關上的城門前——據城裡的人說，他看見創造奇蹟的聖人阿波羅尼烏斯（Apollonius）阻止他破壞該城與屠殺市民的景象。

該地區其他城市看來並沒有和提亞納一樣對羅馬軍隊抱持敵意。奧勒良的軍隊通過奇里乞亞的城門進入敘利亞，沒有遭到進一步抵抗。不過在敘利亞，羅馬軍隊在安條克的郊區城市達弗尼與澤諾比亞的將軍們展開一場大戰，這裡很快將成為四世紀和五世紀東方最時髦奢華的地方之一。往南與往東走的奧勒良在埃德薩贏得第二場戰爭；由於埃德薩當地信奉的教派眾所周知與塞維魯王朝有關連，因此受到澤諾比亞的崇拜。因為這個緣故，澤諾比亞一直對這東方宗教熔爐施予慷慨的贊助，她贊助的對象從奇里乞亞城市塞琉西亞的薩爾珀冬神廟（Sarpedonion），到薩摩薩塔的基督教主教，以及當時正在宣道的波斯先知摩尼等。不過這些宗教力量現在對她來說都沒有多大幫助，因為連埃拉伽巴爾神看來都已經投靠奧勒良；奧勒良開始發行一系列榮耀「所向無敵的太陽神」（Sol Invictus）的錢幣，早已說明了這一點。

奧勒良從埃德薩進軍澤諾比亞的大本營帕邁拉，在西元二七二年攻占這座城市。澤諾比亞和瓦巴拉圖斯的一些重要支持者被處決，但是城市本身與城中居民大致上免於浩劫。澤諾比亞被俘虜，並且被帶回羅馬參加凱旋式。她曾經在宣傳中自比為克麗奧佩脫拉七世，但與後者不同的是，澤諾比亞選擇被敵軍俘虜而不是被殺。勝利的奧勒良冠上「至高至上帕提亞征服者」和「至高至上波斯征服者」的頭銜，不過他的戰役和薩珊王朝沒有半點關係。在短命的波斯大王歐馬茲特一世（二七二至二七三年）和瓦拉蘭一世（二七三至二七六年）統治期間，薩珊王朝的宮廷正掙扎於瑣羅亞斯德教的祭司（特別是其中主導者卡狄爾）應該占有如何多重要的位置，以及其他宗教如基督教和摩尼教應該得到如何的寬容。

雖然此刻薩珊王朝國力不振，奧勒良還是選擇不要打這一仗。制伏了一個篡位者（或者可以說是一個分離政權之後），他把注意力轉向高盧的另一個篡位者。當他認為已經完成征服東方的戰役後，奧勒良向西前進。他越過博斯普魯斯海峽抵達拜占庭，這時來自帕邁拉的消息傳到他耳中——該城叛變了。同樣糟糕的是，一向有叛變傾向的埃及城市亞歷山卓再次暴動，或許是與之前埃米利烏斯·埃米利安努斯相較，當地人更不滿於菲爾姆斯進行不合理的集中控制。

西元二七三年一月，奧勒良回頭越過小亞細亞，挺進敘利亞，這一次他洗劫帕邁拉。這座在帝國鼎盛時期商隊往來的大城市，將在下一個世紀淪落為羅馬支隊派駐敘利亞的駐防地。不過就歐亞歷史而言，帕邁拉政權終點代表的意義不只如此，例如在短短三十年間，敘利亞與美索不達米亞草原上三座最重要的城市：哈塔拉、杜拉歐羅普斯和帕邁拉，不是被摧毀就是地位徹底降低。然而無論羅馬政權或薩珊政權的軍隊是否在這個區域內進行戰役，它們都沒有能力取代這些城市菁英分子在當地扮演的角色。其結果就是接下來的幾世紀之間，阿拉伯部落聯盟在更往南的阿拉伯沙漠崛起，成為強勢的新勢力。在本書的敘述結束之後，這些阿拉伯人將成為拜占庭和波斯關係之間不變的重要角色，從中將出現古典時代最後一個偉大的宗教運動，它的追隨者也將從其中產生出伊斯蘭的宗教領袖哈里發。相較之下，東方四十年來的紛擾痛苦彷彿終於結束在奧勒良手中。

第十一章　最後的軍人皇帝

摧毀帕邁拉之後，西元二七三年平靜無事；現在東方似乎已經恢復和平，奧勒良用該年其餘時間打定主意要對付高盧的泰特里庫斯。西元二七四年，奧勒良率軍挺進高盧，泰特里庫斯決定投降。羅馬軍隊已經接近位於現代法國香檳的卡塔隆平原（Catalaunian），將近兩世紀之後的一場戰役會讓這裡聲名遠播，羅馬軍隊在此徹底打敗匈人的首領阿提拉（Attila）。西元三世紀這場在卡塔隆平原的戰役也十分慘烈，但是戰敗的是被奧勒良軍隊屠殺的高盧軍團。高盧叛變問題存在已久，這或許是明智之舉。控制了高盧之後，奧勒良回到羅馬，舉辦盛大的凱旋式，在慶祝儀式中澤諾比亞和泰特里庫斯都得到寬恕。與共和國時期的戰俘不同，這兩人沒有在凱旋式結束後遭到處決。相反的，澤諾比亞嫁給了羅馬貴族，西元四世紀她的後裔還很驕傲地認她為祖先。至於泰特里庫斯，則獲准在義大利南部當個低階行政長官，不讓他有機會礙事。

看來奧勒良大獲成功，數十年來的羅馬皇帝在統治期間都曾遇到反對。奧勒良相對輕鬆地以有限的殺戮就完成統一。更重要的是，在鎮壓高盧和帕邁拉之後，當地沒有冒出新的反叛軍。在這座被宏偉城牆包圍的城市裡，緊接著在凱旋式之後，將發生另一個象徵性的戲劇轉折。羅馬帝國的鑄幣廠工人曾經是第一批挑戰奧勒良統治的人。雖然我們沒有理由把這個事實與他下一個創舉連結在一起，但有趣的是製造羅馬貨幣的這些人竟然在奧勒良如此短暫的統治期間，二度擁有如此顯著的地位，因為奧勒良讓帝國再次統一之後，發行一種新貨幣取代原本羅馬人使用數世紀的奧留斯（aureus）金幣。舊的奧留斯金幣以不同重量和純度在市面上流通，它和第納里烏斯銀幣（denarius）的兌換比例一直都是一比二十五，在錢幣重量與純度波動期間也持續這個比例，或許因此導致某些地區的奧留斯金幣被人當作是金子而不是交易用的錢幣。相較之下奧勒良的新奧留斯金幣純度極高，顯然他的用意是驅逐市場上的劣幣。新奧留斯金幣也不再能跟銀幣形成正式的比率，而是成為鑄印的金塊。單就這件事來說或許影響重大，但奧勒良的貨幣改革並非僅限於此。為了取代這時已經幾乎沒有含銀的安東尼尼安努斯銀幣，他以含銀量百分之五的純度鑄造了新銀幣。新的安東尼尼安努斯銀幣上面印有XXI或XX字樣，或許表示新銀幣的銅幣兌換比例是一比二十一或一比二十。奧勒良一定是打算用新錢幣換掉當時市面上流通的所有前任皇帝和競逐皇位者的貨幣，藉此向全世界宣告他恢復大一統帝國的成就。

可惜的是，他的改革帶來災難性的影響，差點使已經因傳染病而受創的貨幣停止流通。在整個三世紀，銀幣貶值現象（從純度百分之四十降到二七〇年的不到百分之五，根據經濟學理論，這很令人驚訝）並沒有對帝國的經濟穩定有太大的衝擊。也就是說，自從卡拉卡拉將安東尼尼安努斯銀幣面值訂為（理論上來說）雙倍賽斯特提銅幣之後，沒有證據顯示銀幣價值年復一年下降導致普遍的通貨膨脹。錢幣上的帝王肖像，以及熟悉的面額，表示這些銀幣最後成為信用貨幣——人們在艱困的時期會囤積銀幣，尤其是在二五〇與二六〇年代，這時候有極大比例的已知囤積銀幣被儲存起來，甚至在銀幣價值消失後也一樣。奧勒良確實打算改革貨幣，統一重鑄帝國境內的貨幣，他的改革改變了一切，而且是非常慘痛的改變。在某些地方銀幣貶值沒有導致確實可衡量的通貨膨脹，但奧勒良將黃金與早期帝國銀幣和基本金屬貨幣信用體系脫鉤的做法，卻造成通貨膨脹的後果，物價開始攀升。我們可以測量出的地方是埃及，從當地的紙莎草文獻也可以找到貨幣分離造成幾乎是瞬間的破壞。當奧勒良新錢幣從羅馬出口，在各行省間流通時，似乎可以確定上述過程不斷重複，不過我們很難找出文獻紀錄。

奧勒良的新錢幣確實使各地區許多舊錢幣停止流通，但這現象無法徹底進行，即使只是因為他無法夠快供應需求。更糟的是，金與銀的浮動關係，搞砸了銀與內在已經毫無價值的銅幣之間的連結。如果買方與賣方對於一把鑄印皇帝頭像與名字的基本金屬錢幣，擁有一定數量黃金的價值多寡沒有共同的信念，貨幣的信用系統就會瓦解。早期帝國複雜的金融系統也會隨之喪失。現在錢幣的價值就是本地市場認為它們擁有的價值，而這數字總是遠不及錢幣上的面額。要再過二十年，奧勒良施行貨幣改革造成的混亂才得以控制住；在這二十年間，實物支付在近五百年來首次成為羅馬經濟的驅動力，這導致下一位改革貨幣的皇帝戴克里先不得不將實物支付放進他的行政體系中。諷刺的是，唯有在政治局勢似乎已經決定性地好轉之後，帝國才開始面對普遍的經濟問題。不過結果卻是奧勒良生前既沒有看見他軍事勝利帶來的結果，也沒有看見他經濟改革造成的衝擊。

西元二七五年，奧勒良出征高盧，想必應該是前往萊茵蘭和科隆尼亞．阿格里皮納一帶，在這數十年以來沒有義大利皇帝出現過的地區重申他的存在。接著他和部隊經由雷蒂亞來到巴爾幹半島，在當地處理了一場尤通吉人的小規模掠奪行動。我們不知道奧勒良在巴爾幹半島的目的，當地沒有受到「斯基泰人」或哥德人侵擾；他或許朝東部行省前進，沿著高盧人行經路線進行某種「巡視邊界」的做法[1]。總之，在佩林蘇斯到拜占庭這條路上的坎諾弗魯留姆（Caenophrurium）的某個帝國崗哨站，奧勒良的下場跟加里恩努斯很像，都成為暴動的犧牲者。似乎可以肯定的是，軍隊整體上很滿意皇帝的領導，這樁謀殺案只是個令人不悅的意外：某個朝廷官員出於私人因素假造了一封信，暗示皇帝下令處死某些打算謀害他的低階軍官，而一位名叫穆卡普爾（Mucapor）的色雷斯守衛被認定為凶手。穆卡普爾的弒君行為並不受歡迎，因為他或其他在現場的人都沒有宣稱接替奧勒良的皇位，這點指出挫折的軍官們不想為了換人做做看，而眼睜睜看著皇帝死去。最後奧勒良的繼任者克勞狄烏斯·塔西陀（Claudius Tacitus）是個謎樣的人物，少之又少的現存史料將他繼承皇位的始末遮掩在一部怪異的小說裡。

事實只有以下兩點。據推測因為內部意見分歧，有六星期皇位虛懸的時間，敵對派系之間的爾虞我詐現在已無可挽回。最後，原本在義大利南部坎帕尼亞過著退休生活的塔西陀受邀成為皇帝，前往羅馬登基。因為他的名字令人想起帝國早期知名的歷史學家，於是四世紀《羅馬帝王記》作者捏造了一則雜七雜八完全出於想像的故事：在推舉皇帝時軍隊徵詢元老院，元老院徵詢軍隊，然後

1 審定注：作者原意不知何指，或許是指希臘化時代高盧人在西元前二八一年入侵馬其頓，殺死國王「雷霆」托勒密，繼續在西元前二七七年從色雷斯跨海入侵小亞細亞，後來停留在今日安卡拉附近，成為希臘人所謂的加拉太人（Galatians，亦即高盧人），這地區在西元前二五年由羅馬設省，以安卡拉為首府。如果是，那作者或許指的是奧勒良踏隨這些入侵者的足跡前進到小亞細亞。

軍隊又推給元老院，最後元老院選上這位歷史學家的遠房後代成為最後一位元老皇帝，於是這位皇帝在他的詔令中加上一條命令，要求重新抄寫複製他祖先的著作。如果這則童話故事是真的，那麼塔西陀現存的著作（大多數來自單一一份手稿，更多手稿早已亡佚）保存下來的那些貧乏薄弱證據就能更穩固了。因為這則快樂的故事太有魅力，甚至連吉朋都被騙過，更近期的評注者也免不了相信其中某一部分。但是平凡無奇的實際情形卻是克勞狄烏斯・塔西陀不過是來自多瑙河一位垂垂老矣的退休將軍，因此他是個妥協之下的安全皇帝候選人；他很可能是加里恩努斯的將領，我們恰巧缺乏他之前的紀錄。顯然他有既定的名聲，獲得巴爾幹士兵信任，但是他離奧勒良被害的現場太遠，不可能跟謀殺事件有任何關連。這個解釋至少符合現有極少的可信殘餘證據，也就是在六星期後各方一致同意讓塔西陀當皇帝，他可以成功率領巴爾幹的軍隊。整個事件中最值得注意的是，在奧勒良的巴爾幹兵力癱瘓時，其他邊境軍隊都沒有打算推舉自己的皇帝。從這點必定能看出過去軍隊是多麼尊敬、同時也多麼懼怕奧勒良。

塔西陀越過亞洲，指揮去世皇帝的軍團，途中對付斯基泰人（或許是哥德人或半世紀之前出現的赫魯利人）從黑海北方發動的海上攻擊。他的明確目的是逮捕並肅清謀殺奧勒良的凶手，因為其中一些人已經逃往東方。殺害奧勒良的色雷斯人穆卡普爾（若非這次事件我們不會知道此人）被捕後被折磨至死。塔西陀於是派遣一個叫馬克西米努斯的親戚前往安條克，自己則打算回到西方，但是馬克西米努斯太惹人厭，以致於安條克的領導人物和其他還活著的謀害奧勒良的凶手共同密謀將他殺害。接著他們集結軍隊趕上塔西陀，在雖然支持澤諾比亞、但不久前被奧勒良饒恕的城市提亞納一同殺了他。如果純粹根據推測，在這事件中我們有可能目睹的是安條克上層階級報復奧勒良在二七二年的勝利中對達弗尼造成的破壞——如今惡人雖然死了，但還是可以殺了自稱為他復仇的人。在一段很短的時間裡曾經屬於塔西陀的奧勒良手下軍隊現在選擇塔西陀的弟弟，禁衛軍統領阿尼烏斯・弗洛里安努斯（M. Annius Florianus）繼承他的位子。但是可能跟安條克人共謀反對塔西陀的敘利亞軍隊，卻選出馬庫斯・奧理略・普羅布斯（Marcus Aurelius Probus）當皇帝。

普羅布斯是加里恩努斯的另一位將領，看來問題又回到十年前令人熟悉得不能再熟悉的原狀——政變與反政變、暴動與反暴動的力量互相平衡，沒有人是長期的贏家。我們幾乎一無所知的弗洛里安努斯率軍朝敘利亞前進，準備對抗挑戰他的人，但是軍隊染上瘟疫，他必須在奇里乞亞的塔爾蘇斯（Tarsus）停留。或許沒有意願在染病時打仗的軍隊發生叛變，宣布擁立普羅布斯，不想繼續戰事。弗洛里安努斯退位，但很快就被控策劃奪回皇位而遭到殺害。弗洛里安努斯已死，普羅布斯在宴會上處決了其他殺死奧勒良的人。

雖然前途看好，普羅布斯卻沒有奧勒良的領袖魅力。他的統治期是羅馬帝國歷史上記載最不清楚的五年，在這期間帝國各地似乎有一連串持續的暴動。確切來說，最令人驚奇的就是他可以保住皇位整整六年沒有被暗殺。年表無論如何並不準確，但是在普羅布斯統治期一開始，埃及的提貝地區（Thebaid）就與住在埃及行省沙漠邊緣以放牧為生的布雷米斯人（Blemmyes）結盟，攻擊科普特斯（Coptos）。這反映出上埃及南部特殊的政治與社會環境，此處離行省中心地區往上游數百英里，侷限在一條尼羅河上游沿岸的狹長地帶裡，最南端的駐防地象島（Elephantine）就在尼羅河第一個湍流區下。科普特斯城是極繁榮的尼羅河流域最南端的城市，同時也是軍用道路從紅海港口貝雷尼基越過大草原與沙漠抵達尼羅河走廊的駐紮地。這裡本身是相當吸引游牧民族定期掠奪的目標，但在此有趣而且難以完全解釋的是，當地行省居民和游牧民族一起攻擊一個大城鎮。無論我們的證據只是不小心瞥見剛好保留下來的當地鬥爭記載，或者它代表某種更有系統的事物，我們不得而知，但那或許是顯示奧勒良貨幣改革已經在帝國遙遠的角落造成干擾和騷動的跡象。

羅馬軍隊也在多瑙河與哥德人和薩爾馬提安人交戰，但是這已經變成長期但非急迫的問題，要花上多年時間才能有效處理。確實，巴爾幹行省重新面臨來自薩爾馬提安人的威脅幾乎可以確定是哥德勢力擴張的結果，因為數十年來事實證明他們是相當順從的鄰人。普羅布斯在多瑙河流域作戰時，敘利亞總督薩圖爾尼努斯（Saturninus）叛變，自行稱帝，但隨後他自己手下的人突然攻擊他，在阿帕米亞將他殺害。接著在皮西迪亞（Pisidia）的克雷姆納（Cremna）又發生由名叫里狄歐斯（Lydios）的當地知名人士領導的反叛活動，這個城鎮抵擋了在總督特倫提烏斯．馬奇安努斯（Terentius Marcianus）帶領的羅馬軍隊圍城，但最後還是投降了（圍城工事的遺跡是我們研究羅馬軍事工程最好的證據之一）。

可能在同一時間，萊茵河軍隊在科隆尼亞．阿格里皮納先後擁立普羅布斯和波諾蘇斯（Bonosus）為皇帝。軍隊有充分的理由表示不滿，因為自從高盧政權垮台之後，高盧和日耳曼似乎飽受劫掠，卻很少或根本沒有受到來自中央政府的協助。另一方面，有些人主張在回到巴爾幹之前，普羅布斯在日耳曼打了好幾場仗，這些叛變都是在他離開之後發生。史料太過零星，我們難以判斷。最後，名字不詳的不列顛尼亞總督也被軍隊擁立；這一點很不尋常，因為不列顛尼亞基本上在本世紀都維持和平狀態。在這所有例子中，最不尋常的是沒有發現錢幣，這暗示奧勒良的金融改革已經摧毀了貨幣經濟。

話雖如此，奧勒良至少加強帝國的團結以及某種程度的和平。現在這一切好像都已消失無蹤。普羅布斯可以鑄造描繪海克力斯的金幣，但他不打算迎向眼前海克力斯的挑戰。長期性邊境戰事帶來國內不斷輪迴的暴力衝突，帝國境內軍事化地區與大體處於和平狀態地區之間的差距逐漸加大；長久以來成為帝國軍隊往來通道以及有士兵駐紮的狹長地區也是如此。正如以上描述的普羅布斯統治期間發生的事件顯示，這些士兵極容易叛變。儘管緊抓著權力，設法讓自己的統治期比奧勒良更久的普羅布斯在最後也發現這情形。但正如他諸多前任皇帝，事實證明資深軍官陰謀集團的敵意將造成致命後果。西元二八一年普羅布斯在羅馬舉行凱旋式，第二年回到東方，抵達潘諾尼亞的希爾繆姆，一發現他的禁衛軍統領奧理略・卡魯斯（M. Aurelius Carus）被擁立為皇帝，他立刻就被殺了。

卡魯斯是個有意思的人物，即使唯一原因是在三世紀這一系列被軍隊擁立的皇帝之中，只有他不是來自多瑙河流域。他來自高盧南方的那旁高盧行省，他和高階指揮部之間的關係並不明確。我們完全不明白他的權力基礎來源，我們也不清楚在似乎排除所有來自他那地區的人的高度競爭環境中，他是如何脫穎而出。如果他登基的原因和登基的細節狀況不明朗，卡魯斯的家庭至少有建立王朝的可能性：他有個成年的兒子卡里努斯（Carinus），還有個年紀較小的兒子努梅里安努斯（Numerianus），和一個孫子尼格里尼安努斯（Nigrinianus，卡里努斯的兒子）。這個家族建立王朝的野心從一開始就昭然若揭：卡里努斯在潘諾尼亞與夸地人作戰，並且於西元二八二年在梅迪奧蘭姆舉行凱旋式，卡魯斯率領普羅布斯的軍隊打一場波斯戰爭，試圖提升他個人的聲譽。這是個大好時機，因為薩珊王朝陷入與苦惱羅馬帝國數十年類似的內戰。沙普爾一世的父親阿爾達希爾派幾個兒子到帝國各地當國王，沙普爾更加強他的做法。他的長子歐馬茲特被派往亞美尼亞，但是其他幾個兒子分別統治波斯灣口的梅塞納（Mesene）；現今巴基斯坦俾路支（Baluchistan）沙漠中的信德、塞斯坦和圖蘭（Turan）；裏海西南部山區的吉蘭（Gilan）；以及克爾曼和阿迪亞波納。但除了這些地區以外，其他地方還有許多沙普爾的敵人想在他死後繼承他的位子，而西元二七二年他終於死了。他一直沒有充分利用打敗並逮捕瓦勒良所得到的機會，是因為他比瓦勒良之後的羅馬皇帝更嚴肅考慮他的多處邊境；所有瓦勒良的繼任者無不立即重視在東方的邊境，並且同時將應付篡位者的挑戰優先於行省人民可能遭受的傷害。

沙普爾和他父親阿爾達希爾一樣（出於薩珊王朝文獻史料缺乏而無法分析的原因），他占用阿契美尼德王朝大墓地，並且四處宣傳他如何讓三位羅馬皇帝臣服於他，藉此向法爾斯的主要支持者索求名聲與意識形態的合法性。不過就實際策略而言，他把更多時間與軍事重心放在中亞，包括薩珊王朝一直沒能完全掌控的粟特；在他統治期間落入波斯人之手的馬爾吉亞那和巴克特里亞；以及興都庫什山另一邊位於喀布爾的犍陀羅與斯瓦特（Swat），薩珊王朝將最後一批貴霜人移居到這裡。因此，庫珊薩爾成為主要薩珊王朝世系的附庸國，它通常由薩珊王朝的某一支旁系統治，偶爾充當叛變的跳板，並且鑄造我們所知的庫珊—薩珊王朝貨幣（因為這種錢幣以庫珊的金本位鑄造，而不是伊朗原有的德拉克馬銀幣）。正如四世紀歷史將再次告訴我們，貨幣學證據往往能提供我們其他史料缺乏的證據。薩珊王朝征服中亞和西北印度內地的時間過去一向被學者認為遲至一百年後，然而從新發現的錢幣，尤其是經過正確辨識的錢幣，包括巡迴的鑄幣之旅，絕對能斷定征服行動是沙普爾一世所為：在沙普爾統治後期，有愈來愈多銀幣在遠東鑄造，有些雕刻師是來自伊朗心臟地帶，這必定表示巡迴的鑄幣之旅是為了支付多支進行戰役的軍隊。

沙普爾死於二七二年之後，他的長子歐馬茲特繼承皇位，根據記載他在中亞進行戰役。然而歐馬茲特只統治了一年。他的繼承人都是未成年，宮廷由瑣羅亞斯德教祭司卡狄爾把持，他在沙普爾統治的最後幾年間躍居高位，但他的要務似乎是鞏固瑣羅亞斯德教在國內的地位與確保對阿胡拉·馬茲達的崇拜成為薩珊王朝國教。雖然沙普爾自己篤信瑣羅亞斯德教，他卻對其他宗教採取寬容的態度。在瑣羅亞斯德教的世界觀中容得下其他異教徒，也必須如此，因為它的宗教事務與伊朗種族認同緊密連結。基督教和猶太教以各自的方式耕耘其合法但占少數的信仰，尤其有助於永恆的善惡之爭，但這兩者無法讓伊朗貴族皈依，其他宗教社群的領導人物也被期待扮演與瑣羅亞斯德教祭司類似的角色，組織他們自己社群的經濟事務，務必使信徒繳稅。沙普爾的寬容不僅限於此，他甚至鼓勵先知摩尼宣告新的啟示；摩尼的諾斯底教義（Gnosticism）與二元論信仰將繼續在羅馬社會中扮演分裂的角色。有些人提出，在摩尼的啟示中，沙普爾看見的是一個比起他自己的瑣羅亞斯德教更能引起帝國境內從美索不達米亞的基督教與猶太教徒，到東方與東北方的佛教徒等許多非伊朗人共鳴的信仰體系。

之後，隨著沙普爾的死，瑣羅亞斯德教祭司抓住機會，扼殺可能對他們的社會與宗教主導權造成威脅的事物。瓦拉蘭一世（二七三至二七六年）和瓦拉蘭二世（二七三至二九三年）統治期的少數派雖然似乎一方面由瑣羅亞斯德教祭司主導，但另一方面卻由波斯貴族主導。就在這段統治期間，我們發現原本不會為人所知的現象，那就是一個非皇室成員（又是卡狄爾）在公開的皇室文字中刻下他的功績。先知摩尼也在這時候被捕，死在獄中，時間可能是二七六年。接下來的二八〇年代，瓦拉蘭二世的支持者和他的堂兄弟歐馬茲特的支持者之間展開一場內戰。後者依附游牧民族塞迦人（Sakas），從庫珊薩爾徵稅取得支持，鑄造自己的錢幣，或許甚至冠上庫珊—薩珊王朝統治者「庫珊王」（Kushanshah）的稱號。兩個堂兄弟之間的戰爭造成帝國上層貴族的分裂，來自波斯與來自帕提亞背景的大家族現在開始表現出一種的態度，直到薩珊王朝崩解為止：雖然薩珊王室家族統治權不能被撼動，貴族卻保有選擇可能主張皇位的人的權利，在必要時刻偏袒某位成員，因而罷黜另一位。在這兩個帝國的歷史上，第一次但不是最後一次，波斯東邊國境結合了內部的宗教騷動與外部的紛擾，使得二七〇年代到二八〇年代這段期間羅馬不太懼怕這個敵人派出的軍隊。

或許是明白這一點（不過要注意的是羅馬帝國的波斯軍事情報一直都不太完備），卡魯斯於二八三年夏天進軍美索不達米亞，沿底格里斯河而下，來到薩珊帝國首都泰西封。這場戰役十分順利，有傳言說泰西封已經落入羅馬皇帝手中，某一批史料保留著這則故事。但是當時還在泰西封郊外的底格里斯河畔塞琉西亞確實遭到劫掠，正如四世紀可信的史料來源阿米安努斯·馬切里努斯（Ammianus Marcellinus）所證實；他服役於尤利安皇帝時，親眼檢查了當地的斷垣殘壁。

卡魯斯的軍事勝利沒有換來軍隊的效忠做為回報，他和其他許多繼任者一樣被謀殺，不過也有一個故事，當然純屬傳言，說他的帳棚遭閃電擊中。他的軍隊被困在波斯，因此羅馬的首要任務就是從波斯脫身。無論誰殺了他，都沒有人稱帝，於是皇位傳給他的兒子卡里努斯和努梅里安努斯，後者還只是個伴隨父親參加波斯戰役的小男孩。繼任的禁衛軍統領是他的姊／妹夫阿佩爾（Aper），直到軍隊回到敘利亞為止，阿佩爾或許是實際掌權者。波斯人內部的紛擾有助於羅馬軍隊全身而退，幾乎無人受傷，阿佩爾和軍官們很幸運，沒有新任的波斯大王阻擋去路。

羅馬軍隊在西元二八四年三月抵達敘利亞的埃邁沙，在同一年稍後抵達俾斯尼亞的基齊庫斯和尼科米底亞。十一月時，阿佩爾宣布努梅里安努斯的死訊。雖然這男孩之前就生病了，他的死幾乎可以肯定是樁謀殺案。現在只剩下一位皇帝，卡里努斯回到西方，但是他這支的軍隊不可能屈從於西方軍隊之下。卡魯斯的姊／妹夫阿佩爾相信自己應該繼承皇位，但是軍隊並不同意。他們反而選出一位相當資淺的軍官瓦萊里烏斯．戴克雷斯（C. Valerius Diocles），他年約四十，是皇帝旅行時隨行的宮內侍衛官（comes domesticorum）。戴克雷斯接受了軍隊擁立，將原來顯然是希臘人（而且出身微寒）的本名，改為聽起來更像拉丁文的名字：戴克里西安努斯（Diocletianus，即戴克里先）。和全軍見面時，他在所有人面前親自處決阿佩爾，聲稱是為了替努梅里安努斯報仇。接著他宣布自己擔任首要執政官，另一位執政官是元老院貴族凱索尼烏斯．巴蘇斯（L. Caesonius Bassus）。真相一直不為人知。努梅里安努斯或是自然死亡，阿佩爾和戴克里先只是設法從他的死得到好處，也或者是他們其中之一殺了他（我們不需要相信以下故事：他被謀殺後過了一段時間，為了掩飾屍體，軍隊把屍體放在擔架上帶著走，傳言說他罹患眼疾）。沒有人保護的年幼皇帝等於是待宰的羔羊，他的死不可避免，但是戴克里先在尼科米底亞被擁立為皇帝，絕對代表內戰開始。東方軍隊不可能認為卡魯斯活著的兒子，也就是皇帝卡里努斯會默認這結果，因此自行冠上執政官頭銜並且指派另一名執政官同僚的戴克里先，就形同向卡里努斯宣戰。

戴克里先在亞細亞行省過冬，接著越海抵達巴爾幹半島，打算伺機攻擊卡里努斯。卡里努斯從羅馬向東方進軍，他知道自己必須在巴爾幹半島與戴克里先對決，但是他毫無父親卡魯斯的領袖魅力；在兒子尼格里尼安努斯死後，他的王朝也沒了後代。被卡里努斯留在羅馬護衛他兒子的禁衛軍統領薩比努斯・尤里安努斯（Sabinus Iulianus）這時叛變了，因為他認為跟經驗豐富的戴克里先軍隊作戰的卡里努斯不可能活著回來。這場叛變在維洛納被平定，但是接著威尼提行省的糾察官（corrector Venetiae）馬庫斯・奧理略・尤利烏斯（Marcus Aurelius Julianus）也在潘諾尼亞叛變，他在西西亞鑄幣，但在進軍巴爾幹半島時，於二八五年初被卡里努斯擊敗。但卡里努斯的軍隊在馬古斯（Margus）河畔遭遇更可怕的敵人，他新指派的禁衛軍統領提庇留・克勞狄烏斯・奧理略・阿里斯托布魯斯（Tiberius Claudius Aurelius Aristobulus）也立刻背叛他。不只如此，叛變的還有當時擔任廣大的達爾馬提亞行省與巴爾幹內地指揮官的弗拉維烏斯・君士坦提烏斯（M. Flavius Constantius）。君士坦提烏斯之前可能在戴克里先底下擔任宮廷衛隊的軍事護民官（tribune of the domestici）；他將繼續成為之後新政權的主要支持者。正如我們已經見過無數次的情況，三世紀的軍人會立刻拋棄前途黯淡的將軍，因此卡里努斯很快就被自己的人殺掉。她和妻子瑪妮雅・烏爾比卡（Magnia Urbica）遭到記憶抹煞刑罰，卡魯斯和努梅里安努斯也一樣，他們的名字都被人從銘文上鑿掉。

戴克里先輕鬆贏得馬古斯這場戰役，不過從過去數十年經驗看來，一開始的勝利如果沒有之後辛勤耕耘，將無以為繼。戴克里先率領軍隊挺進義大利北方，在梅迪奧蘭姆住下。西元二八五年七月二十五日，他在那裡讓另一個家世並不顯赫的將軍同僚當上凱撒。這位名叫馬庫斯・奧理略・馬克西米安（Marcus Aurelius Maximianus）的將軍是住在希爾繆姆附近一名店主的兒子，在卡拉卡拉頒布詔令之後才獲得羅馬公民身分。戴克里先和馬克西米安一起在軍中往上晉升，兩人都打過卡魯斯的波斯戰役。在這節骨眼上他們都沒大費周章跑去羅馬，因為北方邊境已經有太多問題。到了二八五年秋天，馬克西米安在高盧打仗，卡里努斯的死在那裡引發一場叛變，一個叫阿瑪恩杜斯（Amandus）的人自立為奧古斯都。卡魯斯出身於那旁高盧行省，阿瑪恩杜斯可能是他的某個親戚；之後的史料中也指出這場叛變裡有個人叫埃里安努斯（Aelianus），但是他的身分是個謎，因為現今沒有留下他的真品錢幣，只有現代的偽幣。馬克西米安似乎很有效率地鎮壓了叛亂，在之後的傳述中把阿瑪恩杜斯和埃里安努斯塑造為鄉村盜匪，而不是他們原有的行省貴族身分。不過他們的暴動還是照常引發邊境的不確定局勢，馬克西米安也在萊茵河對岸與法蘭克人或阿拉曼尼人作戰。同一時間，戴克里先則是在多瑙河河灣與薩瑪提亞人打仗，現在這些人已經成為帝國永遠的痛處；他們被困在羅馬帝國與據推測是往多瑙河上游以及在之前的達契亞行省擴張的高盧勢力這兩者之間。我們不知道二八五年底至二八六年初戴克里先在哪裡過冬，但是二八六年三月他回到小亞細亞。高盧則太不平靜，馬克西米安無法離開當地。

一位奧古斯都在一個地方，還有一位年紀和經歷與他相當的凱撒在另一個地方，是一項前所未聞的權宜之計。從來沒有一個人，尤其是他的士兵們，預期馬克西米安會永遠維持臣屬的角色。西元二八六年四月一日，馬克西米安正式宣布成為奧古斯都，戴克里先沒有出面，但是他充分表示贊同。一種嘲諷的解釋是，在這位舊日袍澤面前有一樣最想得到的東西，在他自行取走因而引發內戰之前，戴克里先就先給了他；比較高尚的解讀方式是，戴克里先和馬克西米安展開一項權力共享的大膽實驗，彼此都因而更能鞏固他們贏得的皇帝寶座。可以肯定的是，他們兩人，或者是戴克里先，現在開始捏造出一個煞費苦心的意識形態體系，來解釋所有人眼中這史無前例的關係。戴克里先開始自稱為最能代表羅馬的朱比特神，祂是卡必托里山上三位神祇之首，因此也是羅馬萬神殿中最偉大的神。至於馬克西米安，則是朱比特的兒子也是忠心的下屬海克力斯。兩位皇帝都是奧古斯都，兩位奧古斯都同樣神聖，但是戴克里先是資深的那位，正如朱比特比海克力斯年長。這兩個頭銜明確表達出羅馬傳統的家長主義，但也將神聖的選擇注入誰能當皇帝的問題之中。在此我們可以看見自從安東尼王朝以來，事情有了多大的轉變：在戴克里先當皇帝的一百年前，康茂德曾經因為自比為海克力斯，受到眾人毫不留情的嘲笑；五十年前，埃拉伽巴爾相信自己是神的化身，他的信仰直接使他遭人暗殺。反之，當奧勒良廣為宣傳他和「所向無敵的太陽神」之間的關係時，大家都能接受，而且也覺得相當合理。因此，看來戴克里先和馬克西米安自比為朱比特和海克力斯也很合理。

此外，大家還在觀察沒有王朝血統關係的這兩人之間權力分享的大膽實驗是否能成功，尤其因為馬克西米安有個即將成年的兒子，而戴克里先自己只有女兒。較資淺的奧古斯都有推定繼承人，必定使目前和對未來權力平衡的預期更加複雜。不過在此刻，兩人都還有許多事要做。

西元二八六年，一個叫卡勞修斯（Carausius）的將軍在不列顛叛變，自立為奧古斯都，開始鑄造錢幣。卡勞修斯是梅納皮人（Menapii），來自萊茵河與斯海爾德河（Scheldt）之間的區域，他曾經指揮海峽艦隊（Channel fleet），保護海岸線，抵禦撒克遜與法蘭克海盜的攻擊。他的叛變茲事體大：不只不列顛的部隊，還有許多駐紮在高盧的部隊都支持他，他也開始在羅托馬古斯（Rotomagus，現代的盧昂）鑄造錢幣。二八〇年代後半馬克西米安忙著在高盧東方邊境打仗，無暇應付這場叛變，但這點令人訝異，因為以對帝國造成的威脅來說，篡位的嚴重性勝過蠻族入侵，這幾乎是不證自明的道理。馬克西米安把時間分別花在特里爾（Trier）、蒙格提雅庫姆和科隆尼亞．

阿格里皮納等萊茵蘭的幾個主要城市，或許意味著他懷疑自己是否有能力成功應付卡勞修斯帶來的挑戰；也或許西高盧大部分地區都認同卡勞修斯，而不認同戴克里先和馬克西米安的新政權。因此與其用全副精神面對篡位者，馬克西米安反而在邊境地區展開一場執法行動來撐起他的權威，越過萊茵河對蠻族散播恐懼，並且從法蘭克人之中扶持了一位叫格諾鮑德（Gennobaudes）的國王。勝利替馬克西米安壯了膽，在西元二八八年，他率領一支軍隊對抗卡勞修斯，在羅托馬古斯打了場勝仗，重新奪回西北高盧的控制權。接著他花大半年時間打造一艘戰艦，不料在發動入侵前卻眼睜睜看著它毀於北海的狂風中。卡勞修斯立刻收復他失去的高盧城鎮。從當時局勢看來，三世紀中致命的節奏似乎再度出現。

馬克西米安在高盧時，戴克里先在巴爾幹打仗，西元二八六與二八七年他前往敘利亞觀察波斯局勢；除了卡盧斯進行的短暫戰役之外，波斯問題已經被忽略了十年以上。奧勒良摧毀叛變的帕邁拉，使得敘利亞邊境政局不穩，因為在二八九至二九〇年，我們發現戴克里先在這座商隊舊城與沙漠部族作戰，此外他也造訪塞維魯王朝的重要城市埃邁沙。再往北，沙普爾能力不足的繼位者已經失去對亞美尼亞的控制，戴克里先於是得以扶持梯里達底三世（Tiridates III），數十年前他年紀還小時，就逃亡海外投靠了羅馬人。

整體而言，比起馬克西米安，戴克里先在他的活動範圍內獲得更大的成功。西元二九〇年，戴克里先在前往北義大利途中，先在巴爾幹視察軍團，二九〇年底到二九一年初的冬天他和馬克西米安會面。無論此舉或許有其他意義（這兩位奧古斯都之間互相憎恨，無論他們或許多麼需要彼此），這次在梅迪奧蘭姆的會面是團結的展現。他們接見來自西方各城市的使節，以及來自羅馬的元老。此舉重中之前軍人皇帝爭取首都羅馬貴族支持的傳統，即便無論戴克里先或馬克西米安完全不打算前往羅馬。雖然羅馬與其元老院依舊掌控這象徵性的權力，然而在加里恩努斯到戴克里先這二十五年間的某個時間點，皇帝與永恆城市羅馬之間傳統的連結已經徹底斷裂。事實上，帝國不再有真正的首都，只有一長串重要性或大或小的皇帝行宮：特里爾、梅迪奧蘭姆、尼科米底亞和希爾繆姆是戴克里先與馬克西米安共治的這個階段中最重要的幾座城市，不過將會有其他城市出現。古老崇高的帝國世界樣貌已逐漸模糊不清，仗著後見之明的優勢的我們，可以看見全新的帝國晚期秩序正在萌芽。

在梅迪奧蘭姆會面不久之後，馬克西米安辭去對卡勞修斯作戰的指揮權。指揮官由一位他麾下的將軍接手，也就是那位在二八四年適時背叛卡里努斯，使戴克里先的權力之路更順暢的弗拉維烏斯・君士坦提烏斯；二八九年馬克西米安把自己的女兒狄奧多拉（Theodora）嫁給他做為獎勵。二九一年底和二九二年一整年發生的事件極為模糊，對歷史學家而言幾乎和普羅布斯的統治期一樣不清晰，不過當二九三年又重新出現史料時，就是一連串前所未有的重大改革；或許在中間的兩年，戴克里先設法思考他如何撐起即便現在已經有兩位統治者，卻依然搖搖欲墜的政權。二九三年一開始出現的事情極其特別，當發現兩位皇帝還不足以建立穩定政權，而且不知為何兩人是從加里恩努斯之後在位最久的皇帝，戴克里先和馬克西米安開始大肆整頓羅馬帝國政府，包括從貨幣到軍隊，從行省的行政事務到甚至帝國本身的官職。西元二九三年三月一日，皇帝指派了兩位新的凱撒，戴克里先和馬克西米安的兩帝共治變成了四帝共治（Tetrarchy），包括兩位資深的奧古斯都和兩位資深的凱撒。隨著四帝共治的創舉，羅馬歷史開始了一個再創帝國體質的新階段。

第十二章　戴克里先、君士坦丁與晚期羅馬帝國的創建

理解四帝共治最快的方式就是察看當時的錢幣。隨著西元三世紀向前邁進，稱帝的人一個接著一個速度愈來愈快，錢幣上的肖像複雜度和具代表性的特色逐漸消失。在西元三世紀中期，尤其是在賽斯特提銅幣上，例如德西烏斯等具有個別性的皇帝肖像風格，還可以追溯至希臘化自然主義錢幣肖像傳統，但在這之前，卡拉卡拉與塞維魯．亞歷山大時代的安東尼尼安努斯洗銀銀幣[1]上的肖像，看起來早已是更象徵化與制式化；到了克勞狄烏斯、奧勒良和普羅布斯時期，賽斯特提銅幣已經消失。從安東尼尼安努斯銀幣看來，鑄造銀幣的人已經不打算在上面描繪真人，而只是以制式化的人像表達皇帝的統治權。每一個皇帝的肖像風格都略有改變，但是從肖像上的鬍鬚和盔甲看來，他們不過比象徵帝國權力和威權的抽象圖像具體一點而已。戴克里先早期的肖像大抵也是如此。

1　譯者注：據推測隨著銀幣純度愈來愈低，羅馬人會將這些錢幣塗上一層銀，或在酸性溶液中清洗來溶解錢幣裡的銅，留下銀的成分。這種處理方式叫做洗銀（silver-washed）。

但是在西元二九三年，他和馬克西米安不只找來兩位新的年輕皇帝，還改革了鑄幣廠，引進一種全新的錢幣，沒有人知道它的古代名稱，但我們稱它為弗里斯（follis）。在帝國各個行省一系列新的鑄幣廠裡都鑄造了這種中等大小的青銅幣，它的重量是十公克，是安東尼尼安努斯銀幣的兩倍和舊賽斯特提銅幣的一半。在弗里斯青銅幣上，奧古斯都戴克里先與馬克西米安以及凱撒君士坦提烏斯和伽列里烏斯這四位皇帝的肖像難以分辨誰是誰。在某些種類的錢幣上他們穿著軍裝，在其他種類的錢幣上他們穿著平民服裝，但是他們的肖像都一樣：下巴長滿短鬍鬚，留著軍人典型的髭；厚實的臉部，甚至有寬厚的下顎；他們凝視著前方不遠處，似乎不想被描繪；長著不像是人類反而像是公牛的脖子。做為以統一與無所不在的帝國形象為目的的肖像，四帝共治的錢幣效果好得不能再好了。

不過新錢幣只不過是戴克里先以四帝共治實施更龐大改革計畫的一小部分。這些改革，是四位皇帝為了針對經歷加里恩努斯之後數十年棘手的軍事集團時體驗到的政治創傷，所做出的持續回應，也是當有些事似乎無法成功時，戴克里先以足夠的想像力加以改造所做的回應。四帝共治新計畫中的第一個要素，也就是我們在第十一章結尾時提到的帝國官職增加，以及我們可以稱之為皇帝共治體制的創設。曾經擔任馬克西馬米安的禁衛軍統領、並且在二八九年與他女兒結婚的弗拉維烏斯·君士坦提烏斯，在二九三年三月一日被封為凱撒，可能的地點是梅迪奧蘭姆。他立刻對卡勞修斯在高盧的大本營發動攻擊，將他趕走，甚至還占領博洛尼亞（Bononia，現代法國的布洛涅港）的海軍基地，這裡是航行至不列顛的主要中途站。同樣在二九三年三月一日，或許在巴爾幹半島的希爾繆姆，戴克里先同步宣布伽列里烏斯·馬克西米安努斯（C. Galerius Maximianus）為凱撒，並且在六月把自己的女兒瓦萊莉亞（Valeria）嫁給他。君士坦提烏斯是較為資深的凱撒，正如戴克里先是較為資深的奧古斯都，戴克里先與馬克西米安已經建立好的虛構神聖親屬關係此時再度延伸，君士坦提烏斯加入戴克里先的朱比特世系，而伽列里烏斯加入馬克西米安的海克力斯世系。兩位凱撒都在頭銜中加上新的氏族名「瓦萊里烏斯」，確認他們和戴克里先的關係。有了公開而清楚的意識形態，政府權力劃分更容易讓皇帝前往需要的地點。東方的兩位皇帝將開始對抗波斯人，而西方的兩位皇帝則繼續穩定邊境，制止篡位者，卡勞修斯將不會是最後一個。確實如此，卡勞修斯在戰場上吃了敗仗，導致他被一個名叫阿雷圖斯（Allectus）的人殺害，他承襲卡勞修斯的皇帝頭銜，以他自己的名字鑄幣，但除此之外我們對他所知甚少。

戴克里先明白，在篡位者出現時加以打擊的做法從未能足夠確保政局穩定。他新創的四帝共治用意在於讓篡位企圖在未來更不容易實行。戴克里先一項關鍵的舉動就是重劃行省邊界，管理帝國的行政官員的數目因此增加，他的觀念既是增強對行省的監督，也是削弱任何想惹麻煩或贏得權力基礎、藉此挑戰皇帝的總督的能力。正如我們在十一章所見，隨著三世紀的推進，政府中的軍方勢力已經愈來愈具有主導權，同樣也愈來愈專門化。在尤利烏斯—克勞狄烏斯王朝與安東尼王朝的帝國顛峰期典範中，所有管理階級成員理論上都至少要能夠擔任民政官員與軍事指揮官，這種制度已經演變為職業軍人才能擔任指揮軍事的系統，許多指揮官出身行伍，而且晉升的原因多半是因為能力而非門第。加里恩努斯之後所有皇帝的背景都是如此。至少戴克里先、馬克西米安和君士坦提烏斯這三位皇帝都是在這條職涯的路上晉升。雖然關於伽列里烏斯，除了他的父母以外我們對他所知甚少（他們是住在多瑙河畔的羅穆里安努姆的農民），不過他毫無疑問是在軍中任職。

這種職涯之路十分盛行，因此四世紀的作者可以想像，在三世紀的某個時間點，有某人刻意決定從高官中逐出元老（他們認為是加里恩努斯做出這個選擇，這點十分諷刺，因為比起那個時期的其他皇帝，他更是將自己描繪為傳統元老院脈絡中的角色）。當然，事實上這是個出於處理三世紀各式各樣短期危機所需之下，產生的自然現象。戴克里先了解職業軍隊的價值，他制度化了數十年來浮現的趨勢。他首先完全分開軍事與民事指揮權，也因此區隔出軍官團與民政管理這兩種不同的職涯之路。這項改革產生的立即價值不只是確認指揮官的專業技術，也是確保在戰場上指揮軍隊的人不必同時負責支付軍隊的薪餉。將這兩種功能分開，依靠軍人與官僚之間的競爭意識，戴克里先認為想篡位的人必須花大筆錢支付軍餉；因為沒領錢的軍隊就沒有忠誠度，三世紀反覆出現的篡位威脅將大幅減少。

這項措施十分重要，但改革還不僅止於此。戴克里先大幅修訂帝國的行政地圖，把塞維魯時代的行省分割成一百個小行省（例如里昂高盧和比利時高盧都被一分為二，中北部高盧的行省數增加了一倍）。這些行省由不同階級的民政總督管理；每個行省累積的聲望逐漸發展成非常明確的階級。如此用意是透過龐大眾多的行省，以及幾乎完全依賴地方政府與當地顯要人士傳達地方利益的帝國政府，加強監督各地方事務，提供比奧古斯都、或甚至塞維魯所創造的舊行省制度還要更強的與帝國政府直接連結的行省制度。只要有必要，中央就會指派稱做「軍區司令」（duces）的個別中階軍事指揮官給這些行省，更進一步區分軍政與民政。約在西元二九七到三〇五年間，這些新行省被劃分為幾個大單位，便於由宮廷財庫與禁衛軍統領的幕僚進行財政管理和收稅。這些行省集合而成的單位叫做「管區」（diocese），它們似乎受到行政長官或副長官的特別監督；遲至三一四年，每一個管區都由各自的官員管理，叫做「代理官」（vicarius）。

在戴克里先的體制下，地方行政長官的人數也變多了；因為皇帝不只一個，這是必要的改變。但現在他們已失去大部分軍事功能，成為民政官僚階級中最資深的管理者，這在四世紀的第二個十年間成為決定性的過程。一位禁衛軍統領的行政首長被指派給一位奧古斯都，或許還被指派給每一位凱撒，隨著他的宮廷旅行。因為這些宮廷流動性很大，行政首長的活動範圍與他跟隨的奧古斯都（或凱撒）的活動範圍相同，而且不會固定在同一處。讓最高階的管理者隨行，把一批行省劃分為可以由較低階官員代表行政長官監管的管區，如此四位皇帝就能維持共治的彈性與適應性，但也可以進行官階與地域的監督管理。

帝國其他行政單位的改革腳步也同樣在加速。我們已經提到過在卡拉卡拉公民詔書之後的一段時間法官與律師有多重要，因為當時羅馬法適用範圍延伸到過去沒有實際使用羅馬法傳統的人民。即便在皇位快速交替的最黑暗時期，指導人民在管制他們的新法律下什麼事該做、什麼事不該做的費力工作，還是日復一日進行著。漸漸的，浸淫其中並且回答這些問題的帝國行政單位也有所改變。如果不是更早，也是在卡魯斯時期，安東尼王朝的書記官（ab epistulis）和請願官（a libellis）的名稱已經變成書記管理官（magistri epistularum）和請願管理官（magistri libellorum）。擔任這些官職的人與帝國各地羅馬民法的規範與應用關係最大。

在四帝共治十年的初期，有幾位這樣的管理官主要負責將上一世紀或更早之前的皇帝頒布的法律編纂成法典。分別以馬克西米安和戴克里先的請願管理官命名的《格列哥里安努斯法典》（*codices Gregorianus*）與《赫爾莫吉尼安努斯法典》（*codices Hermogenianus*），收集並整理帝國的法令並編纂成冊。比起收集對某個特定時間地點恰巧可得的文件所做的隨機諮詢，他們的目的是希望能對土地的現行法律提供更全面的陳述。《格列哥里安努斯法典》收集的是四帝共治之前的法令，編纂者相信這些法令在二九一年，也就是法典頒布的那一年依然具有法律效力。幾年後，《赫爾莫吉尼安努斯法典》收集戴克里先頒布的法令，其中有些法令顯然是由赫爾莫吉尼安努斯本人起草。當時這些法令流傳甚廣，不過只有在一本中世紀書籍的封皮裡發現的《格列哥里安努斯法典》，以第五世紀十七小張羊皮紙碎片的形式留存至今。不過這兩本法典收集的法令內容大部分保留在第六世紀皇帝查士丁尼所編的偉大法典中，《查士丁尼法典》逐漸取代前兩者，因此沒有必要再保留。

帝國政府法律部門的改變是為了因應財政管理。昔日公共財庫與皇帝私人財庫分開的方式早已不再正常運作，德西烏斯的財寶在阿伯里圖斯被波斯人奪取，必定加快這兩個財政部門功能失調的速度。取而代之的是兩個新單位皇室財產部（res privata）和國庫部（sacrae largitiones）的設立，不過在四帝共治結束之前，它們的功能是否已經發展至最健全的階段，還有待商榷。國庫部的官員與皇帝的朝廷一起旅行，管理整個帝國的採礦運作，支付士兵薪餉以及任何特殊的賞金支付；他們對貴金屬徵稅，並監管帝國的武器與被服工廠。公共財庫與皇帝私人財庫這兩者則是併入皇室財產部，監管帝國各地的地產，管理租約與收取租金；出於某些原因他們也監控皇帝所沒收的財產。

正如我們在本章一開始所見，這些官員管理的錢財，和政府其他職務一起經歷了徹頭徹尾的改革，新的貨幣在為數眾多的鑄幣廠鑄造。在帝國鼎盛時期，羅馬的鑄幣廠提供整個帝國的官方貨幣；補充性經濟需求則由當地城市貨幣滿足，一直到西元三世紀最後幾十年這些貨幣都持續在東方各行省鑄造。因此，帝國貨幣除了羅馬城以外在所有地方都有鑄造，而且幾乎永遠是篡位或政治危機的徵兆。當然，篡位或政治危機的現象在三世紀次數翻倍，不只地方篡位者，許多合法皇帝都會視情況需要在各行省首府如安條克、西西亞或維米納丘姆等地，鑄造官方帝國貨幣。帝國鑄幣廠大量增加因而多少成為常態，四帝共治時期的鑄幣廠分布之廣非常驚人：諸如隆迪尼姆、特里爾、盧格杜努姆、阿列拉帖（Arelate）、提契諾姆、羅馬、迦太基、阿奎萊亞、西西亞、赫拉克利亞、德薩洛尼卡、基齊庫斯、尼科米底亞、安條克和亞歷山卓；在後四帝共治時期，希爾繆姆也立刻上榜。並不是每個鑄幣廠都鑄造每一種貨幣，也不是每一四帝共治時期的鑄幣廠在這段統治期之後還存在，但許多在戴克里先統治期設立的鑄幣廠，在五世紀與之後都繼續營運。它們存在的目的是緊縮對金錢供應的控制，以及創造理應替國家帶來的稅收。

因此不令人訝異的是，戴克里先在二九六年構想，並且在二九七年創立整個帝國統一施行的新人口普查制度。它以五年為週期進行一次，被登記的人以其人身和土地為統一單位評估需要課徵的稅（caput與iugum，分別代表人頭稅與土地稅）。三次稅務週期構成十五年的「指標」，這十五年的稅務週期變成曆法系統，它在通用拉丁文的羅馬帝國西部存在的時間遠超過羅馬政府本身。稅收一直是政府與其人民互動最可見的方式之一，現在稅收變得更不那麼隨機，而是更可以預測。它也變得更統一，新的財政制度在東方與西方都有非常獨特的深遠影響，我們將會在第十五章討論。

在許多方面，戴克里先的改革都是我們在稍早幾章看到的騎士階級化演進過程的高峰。改革需要對更強的控制與監督的渴望，要明白制度不只是值得嚮往的，也是必要的，最重要的是制度是可以達成的。我們將在四帝共治稍後的歷史中，也就是在試圖協調稅務與固定價格的財政背景中、試圖強行統一宗教活動（即使不是統一信仰）中再次看見這個主題。戴克里先的許多項改革我們都可以在前人的統治中找到先例，尤其在三世紀，但是那些都是為了應付特定時刻發生緊急事件時的權宜之計。戴克里先的實驗讓人最感驚訝與賦予其持久興趣的就是：它打算創造一個可以解釋大部分可能性的全面制度，可以回應所有偶發狀況，從源頭加以中止，即便這回應必須一路向上通報至其中一位行政長官或皇帝，交由他們做出決定。這種追求完整性的渴望可以提供真正的彈性，但它也會造成國家與其權力漸增的誇大性的極權政府辭令（totalising rhetoric），它可以表示為一系列好／壞的二分法。慷慨激昂的修辭學與排他性的語言是四世紀帝國的強烈特色，很顯然這種語言往往塑造出使用者的行動。做為一種文化癖好，在君士坦丁皈依基督教之後它更加誇大，不過它源自於此，就在無所不包的戴克里先改革之中。

要再過好幾年之後，戴克里先所做的許多改變的完整意涵才會讓人有感。立即的效果不是社會和文化上的，而是政治上的：它使四位皇帝的行動發生革命性劇變，皇帝們能夠在多個前線採取許多行動。因此，當上凱撒之後立刻戰勝卡勞修斯的君士坦提烏斯，開始著手進行之前馬克西米安失敗的事——建造一支做為入侵不列顛先鋒部隊的艦隊，並鎮壓將卡勞修斯殺死後繼承他地位的阿雷圖斯。這項計畫進行了足足有一年多之久，這顯示古代的海上作戰有多麼困難。它也提醒我們羅馬對不列顛的控制一直是一項超出原先預期的挑戰。

到了西元二九六年，君士坦提烏斯已經準備好兩支艦隊，他親自指揮其中一支，另一支則由他的禁衛軍統領阿斯克列庇歐多圖斯（Asclepiodotus）指揮，他替君士坦提烏斯所做的，似乎就是君士坦提烏斯曾經替馬克西米安所做的。阿斯克列庇歐多圖斯的戰艦在漢普登陸，君士坦提烏斯的戰艦可能在埃塞克斯或肯特登陸。當君士坦提烏斯攻擊行省首府隆迪尼姆時，阿斯克列庇歐多圖斯與阿雷圖斯開戰，擊潰他的勢力，任由這個篡位者死在戰場上——阿斯克列庇歐多圖斯成為史上有紀錄指揮作戰的最後一位禁衛軍統領。君士坦提烏斯和阿斯克列庇歐多圖斯於是就能將四帝共治的模式套用在不列顛行省劃分上，將塞維魯王朝體制僅有的兩個行省劃分為四個行省（第一不列顛尼亞、第二不列顛尼亞、弗拉維亞・凱撒利亞、馬克西穆・凱撒利亞），我們既不知道行省省界，也不知道它們的位置。雖然如此，我們還是能明白四帝共治的模式如何能在四位統治者延伸其控制權，穩定新區域的治理時，因應情勢，運用新方法做事。

四位皇帝裡軍功最少的馬克西米安，在西元二九三年之後大部分時間都在義大利與北非度過，這些管區在行政上的相配將愈來愈成為帝國四世紀與五世紀初期的特色。北非相較之下一直被三世紀的皇帝忽略，但相對而言它也不受帝國軍事危機的影響。在卡拉卡拉將羅馬公民授予帝國所有人之前，北非是由許多地位不同的社群拼湊出的一塊地方，而且還更加混亂，有殖民地、自治城市和外邦人居住地；相較於帝國其他都市化的地區如西班牙或高盧南部等地，北非這些不同地位的居住區與彼此距離更近。在第三世紀的北非，之前特權較少或沒有特權的社群迅速下定決心要與存在已久的公民殖民地，如迦太基和希波城（Hippo Regius）取得一致的地位。到了四帝共治時期，擁有公民權的都市化阿非利加行省的地景，會與茅利塔尼亞、努米底亞和的黎波里塔尼亞的肥沃飛地愈來愈相似，這些地區的沙漠地帶比北非其他地方更接近地中海。在西邊，摩洛哥的里夫山脈（Rif）依舊是往來無法克服的一道障礙。茅利塔尼亞・廷吉塔納行省（現代摩洛哥的北端）還是比北非其他地方更接近直布羅陀海峽另一端的西班牙，因此戴克里先把它劃入西班牙的行政區，而不是屬於北非的行政區。但是戴克里先重新劃分由北非行省組成的管區：從西到東依序是茅利塔尼亞・凱撒利亞行省、茅利塔尼亞・斯提芬行省（Mauretania Sitifensis）、努米底亞行省、阿非利加延任執政官行省（Proconsularis）、拜扎凱納行省（Byzacena）與的黎波里塔尼亞行省，在接下來的四世紀這裡將會是在知識與經濟方面大放異彩的一區。

然而，正如羅馬人口沒有那麼稠密的邊境常發生的情形，這繁榮的羅馬文明地區沿著邊境創造出模仿與競爭的衝勁。正如我們在北方邊境沿線看見阿拉曼尼人、法蘭克人與哥德人漸增的社會純熟化與組織化，北非的前沙漠（pre-desert）與沙漠邊境、尚未與帝國政府系統合併的毛里人部落等也都是如此，但是這些人和海岸附近的都市地帶有著各式各樣非正式的關係，而且彼此的互動在三世紀末與四世紀變得更加活躍。同一時期，君士坦提烏斯替四帝共治的政府征服了不列顛，馬克西米安在北非與某一支未確切指明的毛里人部族作戰，有可能是昆奎根提亞尼人（Quinquegentanae，它也出現在某份不可靠的史料中，他們支持一個叫尤利安努斯的篡位者，但此人很可能並不存在）。比較可信的史料是保留在一張羊皮紙上一首不完整的詩，它可能是以史詩般的口吻描述馬克西米安的摩爾人戰役。然而，和大多數羅馬邊境戰役一樣，這些被寫成史詩的詩作描述的戰役，不過是無止境重複的維護治安行動之一罷了。除了少數情況之外（這些情況幾乎總是帝國軍隊因內戰而分神），萊茵河、多瑙河與北非前沙漠的部族政體一直無法凝聚到規模足以在戰場上對羅馬部隊構成威脅的有組織兵力。

東方邊境的狀況則完全不同。在沒有因內部挑戰者而分心或東北方轄地沒有遭到攻擊時，薩珊國王往往就能在戰場上打贏羅馬軍隊，他們的軍隊由伊朗貴族的重騎兵、臣屬於他們的部族招募而來的弓箭手、來自大草原上的弓騎兵和從農業地帶徵召的農民等組合而成。在普羅布斯與卡魯斯統治期，以及在戴克里先統治期之初，波斯已經陷入嚴重的內訌。正如我們在第十一章所見到的，沙普爾一世的長子歐馬茲特一世的統治期只有一年，他的繼任者瓦拉蘭一世在位也只有三年。瓦拉蘭一世的兒子瓦拉蘭二世（二七三至二九三年在位）登基時只是個孩子，他的統治一直不穩固。他的堂兄歐馬茲特以東方轄地為根據地公開反抗他，他一直以來也遭到叔叔納賽赫（Narseh）的憎恨所逼。納賽赫是老沙普爾還在世的最小兒子，也一度是亞美尼亞國王：眼看一個不經世故的男孩繼承父親的皇位，令他憤恨不已。不過在短期間內，獲得足夠大封建領主支持年輕的瓦拉蘭，使這問題繼續懸而未決，而瑣羅亞斯德教祭司在國內的大權在握，是二八〇年代波斯王朝最主要的議題。卡狄爾，這位瓦拉蘭的「祭司中的祭司」（效法萬王之王的稱號），是瓦拉蘭統治期間最重要的人物。

第十一章裡已經提過卡狄爾，但是我們在此需要更仔細審視他，因為他在波斯帝國處死非瑣羅亞斯德教信徒的方式，和在羅馬事件的發展直接相關。從美索不達米亞相當早期的歷史開始，近東神廟祭司就有行使大權的傳統。伊朗世界長久以來就已採用這些美索不達米亞傳統，自從阿契美尼德王朝的時代就賦予祭司集團許多帝國管理的功能。阿爾達希爾和沙普爾，雖然後者相對寬容，都仔細培育瑣羅亞斯德教祭司，使得祭司集團隨著沙普爾年事漸高的同時，也累積前所未有的財富以及皇室決策權。不可思議的是，卡狄爾是把畫像和敘述他事蹟的文字刻在納克歇—洛斯塔姆紀念碑上的唯一一位皇室外的人，他在紀念碑上吹噓自己曾經在羅馬人的土地上保護瑣羅亞斯德教徒。沙普爾死後，他運用個人的主導權，在瓦拉蘭的宮廷中強行實施處死波斯基督徒與其他非瑣羅亞斯德教徒的政策，特別是摩尼教徒。

古典時代晚期最有趣的宗教雜燴之一就是摩尼教，它出自於一個人怪異的靈感。西元二一六年，摩尼出生於美索不達米亞的馬爾丁努（Mardinu），不過他的雙親都是波斯人，而且可能是虔誠的諾斯底教義的曼達安教派（Mandaean）信徒。他在十二歲時受到天啟，一對天國的「雙胞胎」出現在他面前，催促他離開出生地；二四〇年當他二十四歲時，又見到同樣的景象。從那時開始，他就全心全意傳播他新發現的真相，那一整年他持續受到天啟，開始傳教，這時正當阿爾達希爾統治末期。他第一個目的地是庫珊薩爾，他在那裡遇見佛教藝術和犍陀羅的文字，之後他回到法爾斯，讓沙普爾的親兄弟米爾沙（Mirshah）改信他的新宗教。在沙普爾統治的第四年，摩尼有了這位萬王之王當他的聽眾，在那之後他在帝國西部省分到處傳教。雖然瑣羅亞斯德教祭司對此極為憤怒，沙普爾還是核准他傳教，並且讓摩尼成為宮廷一員；他會陪同國王前往羅馬的東方行省作戰。摩尼派遣他的主要信徒之一到美索不達米亞的各個城市去讓基督徒改信，派另一位到伊朗東部，如此摩尼教就能從那裡傳播到中亞各地。沙普爾於二七三年死去，他的繼任者歐馬茲特在那之後沒多久也死了，瑣羅亞斯德教祭司於是逮住機會。在美索不達米亞的摩尼被召喚至瓦拉蘭的宮廷裡，由國王親自審問，他指控摩尼犯下各種反社會的行為。二七六年初，全身戴著枷鎖的摩尼在入獄後一個月便因為飢餓和疲累而死。

然而他的教義沒有跟著他消失。摩尼教的訴求和其他救世信仰一樣，都是他們給予信徒的一種途徑，讓信徒可能被信仰所告知的祕密智慧拯救。主要以敘利亞文寫成（有些以帕提亞文）的摩尼教義，試圖解釋在這個人必須居住的二元世界裡的「兩個原則」——善與惡。他的教義類似瑣羅亞斯德教中阿胡拉．馬茲達與阿里曼之間永恆爭鬥的概念，但是其中也融合泛神論的元素與類似基督教關於人的墮落的複雜神話，這點使得摩尼教教義特別吸引基督徒，因為基督教的世界觀已經替摩尼宇宙觀中的許多特點打好基礎。最後，藉由禁欲和天啟到來，墮落的人類於是能與他更高層的自我結合，上升到光的領域。摩尼承認佛陀、瑣羅亞斯德和耶穌都是在他之前的先知，但是他超越了他們，因為他寫下自己的啟示錄。

他的信徒分為「選民」（elect）和「聽眾」（hearers）。選民比聽眾過著更嚴謹的生活：他們必須保持思想和話語的純潔，維持嚴格的素食主義，不能傷害動物，完全戒絕性行為。正是堅定的禁欲主義和克己行為使摩尼聖人的訴求具有吸引力，就像是基督教裡的聖人。聽眾為維持他們在信仰中的地位，必須每週日齋戒，每年齋戒一個月。摩尼的啟示將誇大的來世與拯救的承諾結合在一起，是它與瑣羅亞斯德教不同之處，至於他宗教思想體系中神祕的諾斯底教義成分，以及選民可到達某個地位的階級承諾，對許多基督徒有很大的吸引力。我們將會看見，羅馬皇帝把摩尼的啟示當成是和瑣羅亞斯德教祭司同樣嚴重的威脅，但是對兩者的敵意都不足以壓制摩尼教神學理論從歐亞的一頭傳到另一頭，在過程中不斷發揚光大，最後甚至遠達中國，在許多地方亡軼的摩尼教文字現在都保存在中文翻譯中。

雖然摩尼的死鞏固了瑣羅亞斯德教祭司集團在薩珊王朝的政治地位，它卻沒有讓瓦拉蘭的皇位更穩固。事實上，波斯統治菁英的失序狀況一直要到二九〇年代初才趨於穩定，這時與瓦拉蘭敵對的堂兄歐馬茲特政權終於被壓制下來。現在瓦拉蘭在自己的頭銜上又加了一個「塞斯坦王」（shah of Seistan），表示帝國東邊也臣服於他。就我們所知他是自然死亡，死於二九三年。如果瓦拉蘭的對手歐馬茲特沒有被他打敗，那麼現在的統治者就是他，無論有多麼短暫，而且靠得是他自己的能力；不過他只有統治帝國中部。同時，一群波斯貴族極力要求瓦拉蘭還相當年幼的兒子宣布繼承皇位，主導的貴族叫做瓦胡納姆（Vahunam）。男孩登基，成為瓦拉蘭三世，然而為此事憤怒的貴族和高興的貴族一樣多。或許他們已經預見卡狄爾和他的教士們將持續把持國政，又或者萬王之王的基本功能（萬王之王的統治能力由軍事領導能力界定）根本無法由這麼年幼的男孩執行。其結果是，他們運用自身特權從主張皇位的人之中選出一個替代者。

在另一個位於派庫里（Paikuli）的現存古伊朗石碑上的銘文中，這位被選出推翻年幼瓦拉蘭三世的君主解釋他是如何掌權。他不是別人，正是前亞美尼亞國王和沙普爾大帝還在世的小兒子納賽赫，現在他已步入中年晚期。納賽赫在石碑上的銘文說的不是我們在納克歇—洛斯塔姆看過的歌功頌德的敘述，而是在解釋他取得皇位的行為，或者說是他竭盡全力辯解，向聽眾保證他篡位的舉動其實完全合法。銘文所在地顯示的證據幾乎和文字本身一樣有力，因為派庫里位於亞述斯坦（Asuristan），也就是帕提亞與波斯位於幼發拉底河下游的省分，是都市化的美索不達米亞心臟地帶，也就是萬王之王大多數子民所居住的地方（亞述斯坦這個字的詞源來自於「亞述」，不過亞述斯坦是古代的巴比倫尼亞，遠在亞述人心臟地帶南邊，這裡在古典時代晚期叫做阿迪亞波納）。雖然碑文以中部波斯文而不是以帕提亞文或希臘文寫成，它的意圖卻顯然是盡可能對最廣大的觀眾合理化納賽赫的統治。

這份文字殘缺不全，而且專家們用盡全副精神以各式各樣的方式重組，仍然意見分歧，不過這故事的要點很明白。納賽赫記錄了一群貴族代表如何到亞美尼亞找他，懇求他登上理應屬於他的皇位。他列出的貴族名單非常有趣，因為他們代表的顯然是薩珊王朝的外圍地帶而不是核心地帶：我們發現其中有裏海西南岸的吉蘭，以及直到最近這才支持歐馬茲特對抗瓦拉蘭二世的所有最東邊地區。帕提亞的世襲大家族完全沒有被提及，法爾斯、胡齊斯坦和亞述斯坦等核心區域也沒有出現。即便研究結果含糊不清，我們還是可以推測年幼的瓦拉蘭三世是一個強大宮廷派系推舉出的繼承人，而納賽赫為那些在瓦拉蘭二世統治下被排除在權力中心外的人，提出一個很有吸引力的選項。

納賽赫似乎離開亞美尼亞進入伊朗，然後率軍進入亞述斯坦。在亞述斯坦的派庫里，也就是他之後立碑的地方，許多「波斯與帕提亞」的大領主都來投靠他，包括瓦雷茲（Varez）、凱倫（Karen）和蘇倫（Suren）等氏族成員，還有「祭司中的祭司」卡狄爾。瓦拉蘭三世的支持者潰散，納賽赫繼續挺進泰西封，瓦胡納姆在戰役中被擊敗，瓦拉蘭也被殺死。即便已經上了年紀，納賽赫還是精力充沛。似乎所有波斯帝國的行省和轄地都歸順了他（銘文中提到的地區遠達庫珊薩爾、圖蘭和阿姆河畔的花剌子模，以及阿拉伯的拉赫姆王國），但事實上，在納賽赫大部分統治期間，薩珊帝國內部的歷史是一片空白。然而他與羅馬帝國接壤的邊境倒不是如此，在泰西封打了勝仗，鞏固皇位的兩年之後，他對羅馬帝國發動攻擊。

納賽赫首先在西元二九五或二九六年初入侵亞美尼亞，把戴克里先五年前扶持的梯里達底三世趕跑。接著他往南進入羅馬所屬的美索不達米亞。西元二九六年底或二九七年初，他在當地迎戰一支由凱撒伽列里烏斯親自指揮的羅馬帝國軍隊；伽列里烏斯於二九五年開始就在該地區。史料細節不足，但是顯然伽列里烏斯被徹底擊潰，納賽赫於是占領數十年來由羅馬掌控的底格里斯河與幼發拉底河上游之間的土地。伽列里烏斯慘敗，戴克里先為此匆忙返家，他一回到安條克後就與打敗仗的伽列里烏斯見面，他在自己與伽列里烏斯的軍隊面前舉行一場列隊遊行，戴克里先坐在皇帝的馬車上，而伽列里烏斯則穿著一身皇帝的衣飾在他前面徒步行走。此舉是為了讓戴克里先在他和他的凱撒的士兵面前展現戴克里先的威信，為表明像伽列里烏斯這樣驕傲又危險的男人允許讓自己受到這樣的對待，而他的士兵也能容忍。但是戴克里先無意怪罪軍隊打敗仗，因為四位皇帝是一體的，如果年輕的海克力斯辜負了年長的朱比特，那麼他將以羅馬人應有的方式接受神聖父親給予的懲罰。

伽列里烏斯如今對戴克里先懷恨在心，他將會找時間報復他受到的屈辱。但短期內，皇帝傳達給軍隊團結一致的訊息十分明確，這位打敗仗的凱撒於西元二九七年在多瑙河畔加倍努力重整旗鼓，準備在隔年發動另一次對抗納賽赫的戰役。正如以上所說，戴克里先一部分改革計畫包括統一人頭稅和土地稅的新稅務系統。徵稅之前必須先有新的人口普查資料，但是它與帝國許多地方做事的舊方法截然不同。其中一個地方就是埃及，新的人口普查直接導致篡位。一個叫圖密提烏斯．圖密提安努斯（L. Domitius Domitianus）的人在二九七年八月至十二月間稱帝，他在亞歷山卓鑄造了當地的四德拉克馬幣（tetradrachm），也仿效戴克里先鑄造帝國的弗里斯幣。戴克里先率領軍隊攻打圖密提安努斯，雖然二九七年圖密提安努斯死了，他的糾察官奧理略．阿基留斯（Aurelius Achilleus）卻繼續在亞歷山卓造反。他必定是打著圖密提安努斯的名號暴動，因為他並沒有鑄造自己的錢幣，但是他在亞歷山卓抵禦圍城，直到二九八年春天為止。

西元二九八年戴克里先在埃及作戰的同時，伽列里烏斯重返波斯戰役。他入侵亞美尼亞，之後沿著底格里斯河往下游走，經過米底亞和阿迪亞波納進入亞述斯坦。整場戰役十分慘烈，至少在兩場決戰中羅馬人戰勝納賽赫。在第二場決戰中，伽列里烏斯還占領納賽赫的軍營，捉走他的後宮與一些家人，也奪走大量財寶。他將納賽赫的妻子護送回安條克郊外的達弗尼，並且以皇后應有的尊榮對待她。納賽赫撤退回泰西封，召集援軍，重整軍隊。即便經歷如此慘敗，軍隊也沒有發生推翻他的政變，由此可見他擁有令人訝異的權威。

納賽赫沒有戀戰，而是與二九八到二九九年間在美索不達米亞過冬的羅馬人展開談判。二九九年春天，戴克里先皇帝親自到阿迪亞波納與他會面。代表羅馬人進行和平談判的是西科留斯・普羅布斯（Sicorius Probus），他擔任戴克里先設立的宮廷新職位：帝國祕書（magister memoriae），監管政府文書部門，負責回應任何皇帝特別感興趣的要求與請願，而其他官員則負責管理較日常的政府事務。至於波斯方面，談判的人是納賽赫的親信顧問阿法班（Apharban），以及顯赫的伊朗貴族哈爾格拜德（Hargbed）。他們主張羅馬帝國與波斯帝國就像是人類的兩展明燈：「兩個帝國正如兩隻眼睛，應該使彼此更加明亮，不要總是想摧毀對方。」

或許雙方可以接受將以上說法做為政治理論的聲明，但是西科留斯協商出來的條約完全是單方面對羅馬有利。納賽赫迎回妻子和家人，但是其他方面羅馬少有讓步。羅馬取回長久以來指定亞美尼亞國王的特權，這次的國王又是另一位梯里達底。條約中也要求納賽赫交出自塞維魯時代以來波斯與羅馬不斷爭奪的大片土地——不只底格里斯河與幼發拉底河之間的美索不達米亞草原，還有居高臨下掌控進入亞美尼亞必經道路的索法內涅（Sophanene）、阿爾札內涅（Arzanene）、科杜內（Corduene）、扎布迪切內（Zabdicene）、英吉列內（Ingilene）等山區地帶。尼西比斯將成為兩個帝國之間商人唯一可以接觸的地點，在接下來五十年間它的繁榮眾所周知。以上這些行省並不是每個都一直在羅馬的掌控中，但是亞美尼亞草原成為羅馬軍隊的防禦重心，羅馬在此設置一連串要塞城市，從距離幼發拉底河上游不遠的埃德薩與卡雷，經過哈布爾河（Khabur）畔的瑞塞納，以及阿米達（Amida）和尼西比斯，抵達辛格拉。四世紀大部分時間，羅馬人與波斯人的戰役大多發生在這片廣大的戰略要地上，羅馬依靠這些大城市抵擋波斯軍隊，使他們陷入疲憊不堪的圍城狀態。不過這些衝突發生在未來：伽列里烏斯的勝利帶來世界兩大強權間四十年的和平。

再往南走，戴克里先在敘利亞沙漠建造被稱為「戴克里先之路」（Strata Diocletiana）的複雜防禦工事系統，它是從幼發拉底河畔的雷薩法（Resafa）經過帕邁拉（這座城市的景況已大不如前）進入阿拉伯沙漠北部的一條軍事道路。目前為止已知最早的阿拉伯銘文大約就在這個時間點出現在阿拉伯半島西北邊的布斯特拉（Bostra），這座城市就在戴克里先之路上。完全出於偶然的是，銘文中揭露另一個伽列里烏斯戰勝納賽赫的結果：位於阿拉伯半島上的城市希拉的拉赫姆王國國王卡伊斯一世改變立場。長久以來他都臣服於沙普爾和他的繼任者，現在他與羅馬人合作，將他的權力所在地向西移動到布斯特拉。在其他拉赫姆人治理下的希拉依舊是波斯的附庸國，不過某些阿拉伯人習慣忠於羅馬而有些阿拉伯人習慣忠於波斯的狀況，將成為古典時代晚期主要的政治動態。

西元三世紀末，在伽列里烏斯重大的勝利之後，看來彷彿四帝共治的實驗已經充分實現它大部分明確的目標：雖然戴克里先的野心不是沒有受到挑戰，他協調與統一帝國行政的宏大計畫不只可行，也非常接近完成階段。然而戴克里先顯然不認為他做得夠多。反之，在經濟與國家宗教方面，羅馬宮廷在世紀之交還會制定更多中央集權的規定。

只要審視戴克里先在西元三〇一到三〇三年間的四項措施，就可以明顯看出他重新塑造羅馬政府的野心，由宮廷中的專業法官以誇張風格撰寫的條文現在已經臻於完美。從土耳其卡里亞地區挖掘出許多古蹟的重要城市阿芙蘿黛蒂西亞（Aphrodisias）發現的殘缺銘文可證明，西元三〇一年九月，戴克里先重新訂定錢幣價值。制訂這項措施的飭令中表示，從該年九月一日起，帝國錢幣的價值將是其面額的兩倍；其結果是，在這一天之前積欠帝國國庫的債務可以用舊的價格支付，而在這一天之後積欠的則必須用新價格支付。目前為止一切都沒問題，這項措施想必是為了應付當時重挫經濟的通貨膨脹。然而戴克里先計畫的第二部分更具原創性，卻也產生更多問題。在西元三〇一年十一月底或十二月初，他頒布一項影響深遠的法令，我們稱做「限制最高價格法」（Edict on Maximum Prices），它恰巧是帝國希臘東部最可靠的拉丁文文獻。它保存的這項法律試圖改革帝國經濟（事實證明這是個瘋狂的嘗試），以羅馬晚期法令的標準貨幣的誇張手法，「限制最高價格法」設法規範在不同且精確的製造階段所有種類貨物的價格。這規範的制定是因為個人的邪惡貪欲損害了以保護他們為職責的國家公僕與士兵。也就是說，這又是另一個四帝共治時期以單一、系統化的方式，嘗試在這極其多元政體的各地區規範與調節帝國事務。有些嘗試成功了，有些則否，至於「限制最高價格法」則造成災難性的衝擊。

在地的情況一直會使某些地方的貨物比其他地方便宜。考慮到運輸費用，尤其是陸路運輸的花費使貨物最終價格增加，這種現象在所難免。這表示許多東西原本就在某個地方比在其他地方值錢，除非如新鮮食品等非常容易腐壞的貨物；在冰箱還沒出現的時代，因為有損壞的危險，這些貨物的種類有限。有利可圖的套利機會因此無所不在。依照戴克里先的法令要求帝國境內每項物品都有統一的最高價格，實際上是不可能的，尤其是我們可以計算實際價格，並拿來跟法令中列出的價格比較（法令中主要是埃及的價格），法令中的價格比實際低得多。我們當然也可以解釋為政府試著在許多它時常替自己購買的物品上省點錢，不過那或許是把太多理性經濟思考的功勞賦予一個為了自身利益重視統一的政權。此外，無論出於什麼動機，這項嘗試終告失敗。價格詔令在許多銘文複本中流傳下來，有些完整，有些殘缺，但是提到價格的文獻史料只有一份，那就是徹底厭惡戴克里先的基督徒拉克坦提烏斯的作品。無論拉克坦提烏斯帶有敵意的證詞是否有參考價值，他聲稱這項法令導致人們為了「便宜的小東西」彼此暴力相向，而且使物價持續升高。我們或許相信戴克里先的法令確實使通貨膨脹情形惡化，並且引發各地暴動，但除了拉克坦提烏斯的說法之外，我們很難得知試圖實施這項法令的規模有多大。理論上來說，四帝共治的法律全都以四個皇帝的名義發布，並且適用於整個帝國；實際上法律的施行必須根據四位皇帝為彼此政策背書的意願，更要仰賴行省總督實施法令的意願。這表示「限制最高價格法」或許在各地廣為施行，但在頒布的那一刻它就已經成了作廢的文件，而且在一些有歧異的證據中，這項法令在頒布當年之內就默默廢止。不過傷害已經造成，而且還持續帶來混亂。帝國的經濟，確切來說是帝國貨幣本身的價值，要再花好幾十年才會趨於穩定。

「限制最高價格法」顯示出四帝共治完全掌控帝國的雄心壯志，但是另一項措施的重要性卻更高。眾所周知，戴克里先對帝國各地基督徒發動一般稱之為「大迫害」（Great Persecution）的全面迫害，這是個貼切的名稱。加里恩努斯在他父親被波斯人打敗後對基督徒寬容以待，自從那時開始，基督教信仰急遽擴張。我們無法取得信奉基督教的人數，不過學者隨意散播這數字，薄弱的證據使得爭論永無止境也無法解決。或許在帝國說希臘語的地區基督徒占人口的大多數，在拉丁西方則是在一些都市化地區形成可觀的少數。到了西元三〇〇年初，東方有自行隔離社群存在的證據，有些村莊則完全是基督徒，有些則全部是異教徒，如同在現今的美國郊區居民以種族和政黨傾向自我隔離的群聚方式。

基督教社群中開始出現清楚的神職人員階級制，帝國各地帶領每個基督教社群的主教會與彼此聯絡。在三百年前不久，其裁決（教會法，canon）被保留的首次主教宗教會議是在西班牙南部的艾爾維拉（Elvira）舉行會議，他們針對基督徒在一個有許多其他宗教的世界裡，如何與他人共處的各種議題做出裁決。在帝國受過教育的人口中，基督教只是諸多宗教選擇之一，而且當然並不是大多數人信奉的宗教，即便各種一神信仰現在已經成為菁英分子的信仰標準。但話雖如此，現存證據也並不支持基督教信仰主要侷限於下層社會這種一度流行的看法。的確有許多人信奉基督教，因此軍隊和公職人員中有許多公開的基督徒，據說戴克里先的妻子和女兒也同情基督徒。正是基督徒的可見度導致他們被迫害。

從西元二九九年宮廷的一次事件開始，戴克里先對政府中的基督徒就實施愈來愈嚴厲的懲罰，凱撒伽列里烏斯也從旁鼓動。其結果就是戴克里先頒布詔令，要人民統一向國家的神祇獻祭，並特別禁止基督教崇拜。受到之後基督徒護教的影響，以及從君士坦丁統治期以降反基督教書籍大批被毀，在安條克與尼科米底亞宮廷中反基督教歇斯底里情緒（顯然那就是事實）如何開始，則難以釐清。然而我們知道和許多之前皇帝的宮廷一樣，戴克里先的宮廷是學習的場所，基督徒與非基督徒知識分子都在宮中一起教學，贊助這些知識分子是皇帝重要的職責之一。在帝國其他地方，如安條克、亞歷山卓、凱撒利亞和羅馬，帝國官員會參與著名思想家的晚宴，將這些人的辯論當作適合他們社會階級的一種娛樂。哲學與宗教辯論在某種層面上是文化娛樂，但在另一種層面上卻極度嚴肅，尤其是討論到哲學與宗教重疊之處。當忠誠的信仰也成為知識分子間對立的原因時，學術辯論特有的毒害就會滲入更危險的內容，偶爾且突然間轉為政治化。從尤利烏斯—克勞狄烏斯王朝與弗拉維王朝開始，當斯多噶哲學與反對專制劃上等號時，哲學家與神學家偶爾就能影響政府，或引起政府的憤怒。

四帝共治時期對基督徒的迫害，或許一部分只是由這種政治化的知識辯論所引起。一開始迫害如何發生的基本情節十分簡單。西元二九九年於安條克的軍營指揮部（praetorium）舉行的一場內臟獻祭占卜中，信奉基督教的官員在胸前劃十字，結果占卜師無法從獻祭動物的內臟中卜出吉兆。伽列里烏斯親自出席這場儀式，之後位於達弗尼的阿波羅神諭發表聲明，說「正直的人」，也就是基督徒，迫使祂做出錯誤的神諭。早已與基督徒為敵的伽列里烏斯大為震怒。戴克里先立即的反應是下令鞭打所有拒絕對諸神獻祭的廷臣。西元三〇〇年年初，這項命令擴大到帝國東方的所有軍隊中。其他反基督教神諭（包括多多納的宙斯神諭和幾個黑卡蒂女神的術法神諭）也開始流傳，操弄皇帝的恐懼，他和每個人一樣，相信國家安危完全在諸神手中。伽列里烏斯一直費盡心力說服戴克里先發動全面迫害，但是直到三〇三年在迪迪瑪神廟（Didyma）的阿波羅神諭發出另一個反基督教宣言，戴克里先才被說服。該年二月，他命令基督徒「回到祖先的體制」。戴克里先在所有法庭上放置火盆和祭壇，藉此希望確保包括基督徒在內的所有帝國居民在祭壇上焚香，參加對諸神的獻祭。沒有參加獻祭的人將會受到懲罰。

原始的年表中沒有說明事件的知識背景。顯然在西元二九〇年代，基督教護教者拚命抵抗攻擊他們信仰的哲學思想，其大意記錄在一些史料中。特別是凱撒利亞的優西比烏（Eusebius of

Caesarea）引述異教作家的敵意言論，對方問他，因為基督徒不信神並且叛離國家及先祖信奉的諸神，「有哪種懲罰他們會不公平地去承受呢？」[2]優西比烏引用的這句話作者當然是新柏拉圖主義者波菲利（Porphyry），他將自己定位為真正繼承哲學家普羅提諾學說的希臘知識分子，後者被公認為三世紀最優秀的思想家。普羅提諾是新柏拉圖主義者，和大多數後古典時期哲學的各個學派不同的是，晚近的柏拉圖主義哲學中一直有某方面認為通往真理的道路只有一條。許多人閱讀了波菲利針對基督徒與出於類似思想體系的敵對哲學家的攻擊，他的作品似乎也在東方較有文化的政府官員中廣為流傳，其中有些人成為迫害基督教的強力支持者。我們知道，在西元三〇三年大迫害爆發之前，帝國官員蘇西亞努斯．希羅克勒斯（Sossianus Hierocles，他當時擔任的職位不得而知）和某位可能是波菲利本人的哲學家，在戴克里先之前就已採取反對基督徒的主張。

至於伽列里烏斯，他在帝國另一邊的凱撒同僚就算自己不是基督徒，至少也相當同情在他宮廷與家庭中的基督徒。君士坦提烏斯有個女兒名叫阿娜斯塔西雅（Anastasia，意為復活），這名字具有基督教特徵，如果可以確定這是她出生時就已取好的名字，我們就更能確定君士坦提烏斯本人的信仰傾向。無論如何，君士坦提烏斯在他統治的地區只執行迫害詔令中懲罰最輕的條款。攻擊基督徒或許也有助於削弱君士坦提烏斯的勢力，這對伽列里烏斯十分有利，因為他和戴克里先都沒有兒子，但馬克西米安和君士坦提烏斯有兒子，他們的名字分別是馬克森提烏斯（Maxentius）和君士坦提努斯（Constantinus，不過我們將依照一般慣例稱他為君士坦丁），帝國已經替他們做好繼位的準

2　審定注：亦即任何一種懲罰都是公平正義的。

備，因此如果某一位奧古斯都去世，身為資深凱撒的君士坦提烏斯將會繼承他的位子，並且推舉兩位子嗣中的一位（想必是他自己的兒子君士坦丁）遞補凱撒的空缺，讓伽列里烏斯繼續擔任位階較低的凱撒。但如果基督徒被逐出公眾角色，那麼君士坦提烏斯和他的兒子無疑將失去繼承身分，伽列里烏斯就有了機會。對國家安全的掛慮、哲學家彼此意見不和、知識分子間心胸狹窄的對立，以及帝國繼承等重大政治問題，於是營造出仇恨、誤解與刻意做出不實陳述的有害氛圍。

以上因素導致西元三〇三年二月底羅馬政府於尼科米底亞頒布迫害基督徒的詔令，三月在東方大部分地區、五月在北非以及西方各地實施，這是一道毫不留情的法令。它下令拆毀教堂，焚燒基督教經典，將信奉基督教的自由民貶為奴隸，剝奪基督教政府官員的職位，讓他們承受一樣悲慘的後果。在法律方面，基督徒失去任何追索的訴訟權利，也不能起訴攻擊他們的人。簡而言之，這項詔令的目的就是讓人無法忍受再當基督徒，使基督徒無法對任何控訴提出抗辯，使鄰人們互相陷害，這是告密政權的一貫手法。告密有利可圖，這就是詔令的用意之一。確實，詔令以某種惡性的歡樂感在護界神節（Terminalia）開始生效，這是慶祝保護羅馬疆界安全的節慶，傳統上必須以黑羊獻祭——這是犧牲基督教的可怕笑話，因為基督教的重要人物往往以牧羊人或羔羊的形象呈現。

一如以往，這項詔令的成功必須依靠帝國官員的強力執行，但是廣大帝國各地官員的實施程度不一。凱撒君士坦提烏斯只有實施最低限度的命令，表面上奉行上級同僚頒布的措施，他拆毀教堂，但是沒有焚燒經典，也沒有實施其他禁令。在馬克西米安統治的地區，只有北非的官員確實執法。然而東方官員卻大舉嚴格執行法令，尤其是在尼科米底亞的基督徒在詔令貼出後隨即撕毀，接著放火燒了皇宮之後，政府更加強迫害。縱火行為導致第二道詔令，下令逮捕教堂的主事者，但是它只有在東方倡導，西方完全忽視這項命令。

當然，帝國四處可見受難的人，一些真正的殉教事蹟顯示帝國官員的狂熱與全然冷漠的迫害行為。有些自治城市的官員務必迫使他們之中的基督徒宣告身分；其他官員則是盡全力讓基督徒在形式上而非實際上順從政府，例如接收認識的基督徒拿來焚燒的每一本書，不查核內容。在官員嚴格執法的地方，就會有許多基督徒死亡。在伽列里烏斯與他忠心下屬管轄的巴勒斯坦與敘利亞一帶就發生大屠殺，以致於敘利亞和科馬基尼王國部分地區可能曾經爆發公開叛變。北非的總督阿尼烏斯·阿努利努斯（C. Annius Anullinus）和伽列里烏斯抱持同樣的強烈反基督教情緒，因此該地情況嚴重，遭到迫害的基督徒的行為將造成延續一個多世紀的教會分裂。不過在義大利，基督徒倒是能躲開詔令致命的一面，而在不列顛、高盧和西班牙大部分地區，財產損失無疑超過生命損失。

雖然遭迫害的基督徒人數當然最多，他們卻不是四帝共治時期迫害行動的唯一對象：西元三〇二年三月一日，戴克里先發布迫害摩尼教徒的命令，此舉不只關乎人民是否順從，也是一種仇外的表現。這時期大部分法令只有經過編輯的版本保留在後來的法規中，然而這項法令連同所有繁複誇大的前言全都完整保存下來。自十六世紀以來為人所知的著作《羅馬與猶太法之比較》（*Collatio legume Mosaicarum et Romanarum*），貼切地命名為《天主教導摩西的上帝律法》（*Lex dei quam praecepit dominus ad Moysen*），這是一份四世紀初的猶太文字，它將猶太教經典《妥拉》（*Torah*）中的段落，與二世紀、三世紀羅馬法中的法律文字，以及《格列哥里安努斯法典》裡的帝國詔令並列參照。其中討論占星家、魔術師和摩尼教徒的章節，保存了戴克里先譴責摩尼教的詔令。

摩尼教是東方波斯世界多元文化的產物，也是像沙普爾這樣的君王願意給予支持的成果。在納賽赫成為萬王之王後，他也採取類似的宗教寬容傾向，在摩尼的信徒被卡狄爾和瑣羅亞斯德教祭司迫害的數年之後，可以自由信奉摩尼教。這表示在羅馬人心中，摩尼教似乎不只是外來宗教，而且特別是波斯人信奉的宗教（它就是敵人的宗教），摩尼的信徒被視為波斯大王在羅馬的內部顛覆勢力，他們「墮落的」宗教對羅馬帝國造成威脅。戴克里先的詔令中，這種關連性十分明顯：摩尼教被稱做是一個新興宗教，「最近才從波斯人——我們的敵人中出現」，將「波斯人受到詛咒的法律和習俗」傳給無辜的羅馬人。詔令中宣達的對象是總督尤利安努斯，他應該要將摩尼教領導者連同他們的聖書一起活活燒死，他應該將摩尼教徒砍頭，資產充公；帝國公職人員要被判處前往馬爾馬拉島的費南希安（Phaenensian）與普羅康尼希安（Proconessan）大理石礦場服役的懲罰，這就等同於死刑。就我們所知，羅馬政府一直沒有將這項詔令撤銷，整個四世紀摩尼教徒偶爾還是會遭到異教徒與基督徒迫害。

儘管許多羅馬人一時會想到摩尼教的二元論與救世承諾跟基督教一樣神祕也一樣有吸引力，但帝國法律卻從未停止將摩尼教徒看成威脅帝國的內在勢力，彷彿他們是施黑魔法的巫師。

當代歷史學家會忍不住想輕忽四帝共治的宗教迫害，將它視為伽列里烏斯自私的政治手段，或是基督教作家事後回顧時描述的一陣風暴。但那是不對的。伽列里烏斯的確痛恨基督教，而戴克里先比其他許多羅馬皇帝更投入傳統的羅馬宗教。然而到最後這兩人還是不情願地停止迫害，他們明白基督教傳播得太廣，基督徒太能夠代表有權有勢的人，很難將他們除去。這並不是說伽列里烏斯和戴克里先站在歷史錯誤的那一邊，雖然有些懺悔的歷史學家時至今日還主張上述論點。確切來說，基督教就是個太龐大的現象，無法屈從於其整體的瘋狂之下。西元三〇三年底，政府宣布在整個帝國大赦基督徒，無疑使得較忠誠的迫害者心生不悅。但此時帝國必須慶祝一個節日：在奧古斯都們的登基二十週年慶不能發生流血事件。

西元三〇三年底，帝國各地迫害基督徒的行動暫時中止，戴克里先與廷臣旅行至同為奧古斯都的馬克西米安治理的領地，接著兩人一同前往羅馬城，於三〇三年十一月二十日慶祝他們的二十週年慶——兩位皇帝共治的二十週年慶。馬克西米安和戴克里先以同樣時間計算統治期，這是典型帝國晚期改寫過去歷史的方式，雖然馬克西米安當上奧古斯都的時間比戴克里先整整晚了一年。登基二十週年慶理應是一場快樂的慶典，對許多人來說無疑是如此，因為四帝共治使羅馬帝國度過兩個世代以來都不曾見過的穩定時期。我們並不清楚在羅馬兩位奧古斯都之間發生了什麼事，不過他們確實已經做好未來的打算。雖然許多現代學者針對四帝共治的「政府理論」進行討論，但他們全靠之後的事件進行推論，而這些事件的發生往往是出於偶然而非刻意規劃。很明顯的是有一段時間，或許是從西元二九三年開始，四位皇帝間有一個共識，那就是兩位奧古斯都在某個時間點將會退位，由兩位凱撒繼承皇位，因此必須再指派兩位新凱撒。

我們不知道是否有預期中的退位日期，或者在西元三〇二或三〇三年戴克里先決定時候到了，他現在必須把更多事告知馬克西米安。但是由皇帝們建造的巨大宮殿可以清楚得知他們的退位計畫已經籌備了一段時間。保存得最好、我們也知道得最清楚的，就是戴克里先在達爾馬提亞（今日克羅埃西亞）的斯普利特（Split）建造的宮殿，它必定是用來做為退休後的住處，因為它遠離主要政府中心。伽列里烏斯位於羅穆利亞納（Romuliana，今日塞爾維亞的加姆濟格勒）的宮殿也有類似規模。在西班牙哥多華高鐵車站下方挖出第三座四帝的宮殿之一，大部分遺跡都已被毀，據推測這是馬克西米安的宮殿，但還未能決定。因此看來當時早就打算四位新皇帝將繼續在安條克、尼科米底亞、希爾繆姆、梅迪奧蘭姆與特里爾統治帝國，前任皇帝們則是在遠得不至於造成麻煩的地方過著光榮但僻靜的退休生活。戴克里先有制度的退位計畫將能防止某位奧古斯都意外死亡造成的分裂，但是它也意味著帝國沒有正式的政府理論，或者也有人主張，這代表對皇位世襲繼承制度的不贊成。

戴克里先這人太聰明，他不相信皇位可以傳給有能力的男性子嗣，如果真有男性子嗣的話；他們必定會試圖奪取不被授予的皇位。因此他的退位計畫是，一旦戴克里先和馬克西米安退位，君士坦提烏斯和伽列里烏斯成為兩位奧古斯都，馬克西米安成年的兒子馬克森提烏斯和君士坦提烏斯的成年兒子君士坦丁將成為新的凱撒；於是西元二九〇年代大部分時間君士坦丁和馬克森提烏斯都在戴克里先的宮廷中度過，準備接掌權力。但是在戴克里先與馬克西米安的登基二十週年慶的一年多之後，兩位皇帝於三〇五年宣布退位時，繼承計畫已經改變——一切都對伽列里烏斯有利。

事件的細節並不明朗，但是在羅馬舉辦登基二十週年慶典時，戴克里先生了重病。西元三〇三年十二月二十日他離開第二次也是最後一次造訪的永恆之都羅馬。經由拉溫納回到巴爾幹半島時，戴克里先會見伽列里烏斯，後者沒有前往羅馬參加慶典。到了春天，戴克里先明顯好轉，可以共同指揮一場在多瑙河下游沿岸對抗卡爾皮人的報復性戰事。在戴克里先出發前往亞細亞時，馬克西米安同樣也在幾個月後來到巴爾幹半島，在希爾繆姆與伽列里烏斯會面。兩人激烈爭執，這或許暗示馬克西米安已經知道繼承計畫有變更，他不喜歡新的計畫。發生了這些事的同時，君士坦提烏斯自始至終刻意保持沉默，這表示他要不是老謀深算，就是這是在事後由他勝利的兒子粉飾過的結果。

無論如何，西方的凱撒將在三〇五年五月這命中注定的日子出現在他神聖的父親馬克西米安身旁。在與伽列里烏斯不歡而散之後，馬克西米安回到羅馬，慶祝三〇四年舉辦的百年競技祭典。同年八月戴克里先在尼科米底亞，但除此之外，這段時間發生的事鮮為人知——除了羅馬政府在東方第四次頒布迫害詔令，命令所有人民獻祭，恢復為了敬祝登基二十週年而廢止的政策。

再次進行迫害或許是出於伽列里烏斯之手，他在戴克里先生病之後取得優勢。西元三〇五年五月一日軍隊在尼科米底亞城外集合，聽取特別的宣告，此時伽列里烏斯站在戴克里先身旁。在一根榮耀朱比特的圓柱前方的一座高台上，噙著淚水的戴克里先以年老疲憊為由宣布退位。他將把國事未來的方向留給其他人，並指派新的凱撒人選。君士坦提烏斯的兒子君士坦丁也在現場，聚攏的軍隊必定已經預期接下來由他宣告。然而戴克里先卻宣布凱撒由塞維魯和馬克西米努斯擔任，他們是伽列里烏斯的親戚也是親信。也在現場的馬克西米努斯被帶上前來，他脫下平民的斗篷，之後戴克里先替他穿上自己的紫袍，正式把皇位交付給馬克西米努斯。同一天在梅迪奧蘭姆有一場類似的場景，馬克西米安和君士坦提烏斯替塞維魯披上紫袍，馬克西米安正式退位。統治者自願退位與和平政權轉移是羅馬史上前所未有的事。這真是最不可思議的畫面了。

第十三章　四帝共治制度失敗

在諸多成就之後，一場和平的政權轉移原本將會是戴克里先的最高榮耀。或許在意料中的是，它並沒有成真。將君士坦丁與馬克森提烏斯排除在外是愚蠢之舉，而伽列里烏斯正如之前在波斯戰役中與他在接下來的五年一再如此，他過度高估自己掌控局勢的能力。但短時間內，帝國政局正如以往，緩慢地從體制變革的衝擊中蹣跚前行。戴克里先離開聚集在尼科米底亞城外的軍隊，乘坐皇帝的馬車回到皇宮。從此他決心遠離政局，在達爾馬提亞退隱。伽列里烏斯移居巴爾幹半島，他大部分時間住在希爾繆姆，讓馬克西米努斯治理東方。現在已經是資深奧古斯都的君士坦提烏斯離開梅迪奧蘭姆前往高盧，計畫在不列顛北方進行一場對抗蘇格蘭皮克特人（Picts）的戰役。似乎地位無足輕重的塞維魯留在梅迪奧蘭姆。

然而檯面下的局勢騷動不安。兩位新上任的奧古斯都進入只能稱之為冷戰的狀態。伽列里烏斯擅自霸占奧古斯都的權利，在他統治權以外的部分地區發布詔令；君士坦提烏斯不把他放在眼裡，逕自將君士坦丁當成事實上的凱撒。君士坦丁或許在塞維魯和馬克西米努斯於晚春繼承凱撒地位之後就馬上迅速離開東方。他到潘諾尼亞與父親會合，並陪同他到不列顛。可能同時間曾經在戴克里先宮中的馬克森提烏斯回到羅馬，我們下一次見到他就是在三〇六年的此地。該年年底，在不列顛的哈德良長城外，君士坦提烏斯和君士坦丁共同在皮克特人的領土上打了場勝仗。接著在三〇六年七月二十五日，君士坦提烏斯死於艾柏拉庫姆，軍隊擁立他的兒子為皇帝。

從戴克里先撤銷原本繼承計畫的那一刻開始，這種事就已無法避免，但是君士坦提烏斯意想不到的死亡加速君士坦丁稱帝。要是和伽列里烏斯的關係稍微好一點，君士坦丁稱帝的行為或許看起來就不那麼像是篡位。出乎意料的是，伽列里烏斯沒有立刻對他宣戰，更令人訝異的是，君士坦丁能夠將自己轉變為其中一位合法的共治皇帝。此事提醒我們君士坦丁是歷史上最傑出的人物之一：無論有多少人拚命將他的形象，修正為在各個方面都跟每一位後塞維魯時代的羅馬皇帝一樣（他確實在許多方面的表現都是如此），他廣泛的能力也持續讓人驚訝。就像凱撒的繼承人奧古斯都，君士坦丁因應時勢的能力十分出色：他展現出一種實用主義、甚至是種冷眼看世界的犬儒主義，這與他始終真正相信自己是正確的是相當符合的。也跟奧古斯都相同的是，君士坦丁會依情勢所需持續修改自己過去的做法，這只有在部分歷史紀錄中有跡可循。不過遺憾的是，君士坦丁和奧古斯都唯一無法比較之處，在於現存史料品質上的問題：相較於名聲顯赫的奧古斯都，我們對君士坦丁的生平、行動甚至是君士坦丁統治期年表的了解都少得多。結果，我們往往必須揣測他到底達成多少功績。

已故的君士坦提烏斯是典型的塞維魯帝國的產物。君士坦提烏斯來自巴爾幹半島，雙親不詳，他出身行伍，可能在使加里恩努斯下台的政變發生時進入軍官團。任何與短命皇帝克勞狄烏斯家族扯上親戚關係的，都是之後由君士坦丁捏造的結果，但是西元二七〇年代君士坦提烏斯確實是在奧勒良和普羅布斯的主要軍團中擔任皇帝的私人守衛（protector），因此或許他是衛隊單位軍事護民官。他在卡魯斯揮下擔任中級行省的總督（達爾馬提亞總督）。自從青年晚期，君士坦提烏斯就很熟悉塞維魯軍官階級的背信棄義和背叛行為，反應敏捷的他在戴克里先打敗卡里努斯之前就已經轉而支持他，在戴克里先和馬克西米安麾下，他的事業蒸蒸日上；他擔任馬克西米安的禁衛軍統領，任期內平靜無波，接著在二九三年他升上凱撒的位子。隨著運勢逐漸升高，他離婚又再婚，於二八八年左右成為馬克西米安的女婿。君士坦提烏斯為了成為皇親國戚與君士坦丁的母親海倫娜（Helena）離婚，娶了馬克西米安的女兒狄奧多拉，這段婚姻替他已經成年的兒子君士坦丁帶來由同父異母的弟妹組成的大家庭。

一旦當上皇帝的君士坦丁有能力這麼做，他就把父母的出身大幅神化了。他母親海倫娜卑微的出身被誇大，她與君士坦提烏斯婚姻的真實情形啟人疑竇，幾乎就在死去的那一刻，她就被賦予「發現」基督教聖地地誌的神聖角色；她的事蹟一直流傳至今，啟發英國作家伊夫林・沃（Evelyn Waugh）寫下他唯一一部嚴肅的小說《海倫娜》（*Helena*, 1950）。至於君士坦丁，從他自己所做的模糊宣傳中，我們可以知道他的真實身世單純得多。海倫娜不是傳說中馬廄裡身分卑微的女孩，而是小亞細亞一位帝國驛站管理者（stabularius）的女兒。君士坦提烏斯必定是在參加奧勒良的帕邁拉戰役的路上遇見她；對一個低階守衛來說，這樁婚姻已經夠門當戶對，使他能跟三世紀羅馬帝國分布各處的次要官員階級攀上關係。大概在二七三年，君士坦提烏斯與海倫娜的兒子在默西亞的奈蘇斯誕生，受到妥善的教育（這表示他父親的軍階愈來愈高），他算得上是會希臘文和拉丁文兩種語言。

身為軍官之子，君士坦丁注定要走上優秀的軍旅生涯，他很早就進入菁英衛隊，並迅速升為指揮官——在君士坦提烏斯晉升至禁衛軍統領，與狄奧多拉結婚之後，君士坦丁的前途已經無須有太大變化。不過當君士坦提烏斯成為凱撒之後，事情就不一樣了。正如我們所見，四位皇帝都是很務實且有野心的男人。他們寧可分享權力，也不要在無止境的、適得其反的戰爭中白白浪費了權力。但這並不表示他們喜歡或信任彼此。君士坦提烏斯是馬克西米安的重要資產，但正如他確實是比馬克西米安更卓越的將軍，他也可能是對手。君士坦提烏斯和馬克西米安一樣有個成年的兒子，此人的野心難免會被父親的成功挑起，因此他也是另一個危險。因此君士坦丁沒有追求傳統上的軍旅生涯，反而被父親送往戴克里先的宮中接受進一步教育，一部分是出於法定繼承人的特權，部分是因為他必須當作人質來確保他父親的忠誠。

戴克里先主要的住處在尼科米底亞，這是俾斯尼亞的大城市之一，也是君士坦丁母親的家鄉，她的兒子搬到東方宮廷時，她可能是在這裡退隱。將近十年君士坦丁都在宮中任職，當然他也與宮廷的知識分子圈子打成一片，包括擔任教師的基督教學者拉克坦提烏斯和活躍的演說家——新柏拉圖主義哲學家波菲利。然而君士坦丁在宮廷中受教育的想法不過是個追溯性的迷思，因為這位未來的皇帝之後把他的真實年齡減少了十五歲。事實上，君士坦丁繼續軍旅生涯，在不同的指揮部裡擔任軍事護民官，跟著戴克里先在多瑙河沿岸作戰，也深入波斯領土，參與伽列里烏斯在泰西封的成功戰役。他就是在這個時期與米涅維娜（Minervina）結婚，他們生了個兒子，也就是未來的凱撒克里斯普斯（Crispus）。我們對米涅維娜一無所知，不過據推測她是戴克里先的親戚，可能是他姊妹或女性姻親的女兒。

我們不知道在波斯戰役之後君士坦丁做了什麼，但是在三〇五年戴克里先令人震驚的宣告之前，所有人都預期他是皇位繼承人。他在艾柏拉庫姆被擁立為皇帝，沒有人感到驚訝。不過接下來他的處理方式卻很值得注意：他拒絕稱自己是奧古斯都；他接受了軍隊的歡呼，但宣稱自己只擁有凱撒的位階。這故做謙卑之舉使得伽列里烏斯很難將他貼上篡位者的標籤，而君士坦丁也表示君士坦提烏斯在病榻前就已指定他為凱撒——身為資深的奧古斯都，君士坦提烏斯毋庸置疑有這個權力。才剛成為資深奧古斯都的伽列里烏斯找不到可行的方式反駁君士坦丁的策略，於是他接受了君士坦丁送來的皇帝肖像。現在君士坦丁可以用兩種方式宣稱自己擁有合法的地位——受前任資深奧古斯都在病榻旁的指定，以及在伽列里烏斯在收到皇帝肖像時，受到這位新任資深奧古斯都的指定。軍隊在三〇六年七月那一刻極其關鍵的角色被貶低，再次確認了戴克里先對於唯有資深奧古斯都有決定共治皇帝人選的堅持。

君士坦丁遷往高盧，在他父親之前位於特里爾的宅邸安頓下來，靜觀其變，但他已經顯現出即將永遠改變四帝共治政府型態的獨立思考跡象。西元三〇七年，他在特里爾下令將君士坦提烏斯在短短一年間執行大迫害法令時充公的財產，歸還給基督徒。逐步釐清君士坦丁竄改他過去的各個時期是件徒勞無功的工作——基督教辯論家拉克坦提烏斯是最早的見證人，雖然他的著作《迫害者之死》（*De moribus persecutorum*）中收錄了君士坦丁的宣傳，但它至少是君士坦丁早期的宣傳：書中提出在三〇六年君士坦丁已經修改他父親在世最後幾個月的事情。現實中這對父子在大半年間並肩作戰，然而現在君士坦丁卻開始宣稱，為了保命，他逃離伽列里烏斯的宮廷趕往父親病榻前，而且還為了躲避追趕，把驛站裡馬兒的腳筋都切斷。這故事很精采，但卻是無稽之談。更有把握的證據是錢幣上的肖像，它更能表明這位新皇帝的計畫。當時在塞維魯控制下的羅馬鑄幣廠以君士坦丁是凱撒的名義鑄造錢幣，反映出四帝共治時皇帝的標準形象：粗壯的脖子，冷酷的面貌，留著鬍鬚。但是特里爾的鑄幣廠和隆迪尼姆一樣，是唯一直接在君士坦丁控制下的鑄幣廠，它發行一種新型錢幣，在某些較特別的錢幣上君士坦提烏斯有顯著的鷹鉤鼻，配上的是完全非四帝共治皇帝的形象。錢幣上再也看不到四位皇帝的鬍鬚，也沒有粗壯的脖子和堅毅的表情。取而代之的是一幅非常年輕的肖像，有著光滑的下巴和瘦削的臉龐。唯一不變的只有直視前方的目光。君士坦丁要表現的是，他可以尊重某些四帝共治的典範，只要這典範是適合他的，並且有助於他聲稱自身的合法性，但他也可以自由決定是否完全加以漠視。

另一位被戴克里先摒棄的合法繼承人馬克森提烏斯，也有類似彈性的做法。意料中的是，他怨恨君士坦丁的成功，因為他原本也應該當上皇帝，因此他發動政變。西元三〇六年十月二十八日，擔任羅馬城長官的羅馬貴族阿尼烏斯・阿努利努斯取得元老院的支持。同時，在禁衛軍統領軍營中，馬克森提烏斯在幾位軍事護民官的默許之下稱帝，並且將義大利的代理官（他是塞維魯的黨羽）處死。正如我們之前所見，禁衛軍統領很少需要叛變的理由，但是他們近年來一直很平靜。伽列里烏斯和他的政權將禁衛軍人數減少，他們為此感到憤怒，根據他們的推斷（這是正確的推斷）義大利人將支持他們，因為他們更有理由痛恨新規定：伽列里烏斯把義大利降級為羅馬帝國的一個普通行省。

西元三〇六年初，為了取得下一個稅務週期的稅率基準，伽列里烏斯下令舉辦全帝國人口普查，並且把義大利納入其他行省內。此舉既是增加稅收的手段，也是要刻意挑釁君士坦提烏斯，因為身為資深奧古斯都的君士坦提烏斯理應是唯一能發布詔令的人。自從西元前一六七年開始的幾世紀以來，義大利都可以免除人頭稅與土地稅。在共和國晚期與帝國初期，由於羅馬人統治大部分以非羅馬人組成、但顯然是為了羅馬人利益存在的大帝國，義大利免稅是必然的結果。即便各行省就法律與文化而言變得更羅馬化，以及行省財富愈來愈少為了義大利的利益而流失，義大利半島還是維持它昔日的特權。正如我們之前所見，長久以來皇帝們習於受軍隊擁立稱帝後立刻前往義大利，並且沿路施予榮寵和利益。剝奪義大利的特殊地位令人難以想像。但是到了三世紀中期，爭奪皇位的眾人已經不再直接前往羅馬。有些人根本不想費事走這一趟。三世紀末期，羅馬與義大利半島大部分地方已經失去其結構上的重要性。就近期歷史發展而言，伽列里烏斯將義大利行省化的詔令是可以理解的，因為在最新重整的戴克里先帝國中，義大利不過是另一個行省，只是在梅迪奧蘭姆有一座重要的皇帝居所，以及象徵性的首都羅馬孤伶伶地在半島上，維持其特權。

馬克森提烏斯提出恢復義大利的重要性以及他篡位的前景（他的舉動顯然就是篡位），獲得了各方支持。在君士坦提烏斯死後成為帝國西方合法奧古斯都的塞維魯，一聽到馬克森提烏斯叛變的消息就率軍前往梅迪奧蘭姆，但是他率領的軍隊卻不過在一年前左右還是由馬克森提烏斯的父親馬克西米安統領。或許是意料之中，他們拒絕和昔日將領的兒子作戰，特別是當他們聽說馬克西米安已經從他退隱所在地盧坎尼亞（Lucania）復出，啟程前往羅馬——馬克森提烏斯已經把皇帝的紫袍送去給他，重新授予他「二度成為奧古斯都」（bis Augustus）的頭銜。有些部隊背棄塞維魯，加入叛變。塞維魯試圖撤退，但最後還是在拉溫納投降馬克西米安，交回不到兩年前馬克西米安授予他的紫袍。塞維魯被囚禁在羅馬南方的阿庇安大道上，一年後遭到處決。

伽列里烏斯現在被迫面對為了一己私利改變戴克里先繼承計畫的後果。他視為另一位合法奧古斯都的塞維魯已經被俘虜了。政治手腕比他高明的敵手君士坦丁在西邊的不列顛、西班牙與高盧等管區鞏固權力。現在義大利與北非都落入另一個挑戰者手裡，被前任奧古斯都收回。君士坦丁讓伽列里烏斯保留顏面，維繫其奧古斯都的虛構權威，然而在義大利半島的情形卻不是那麼彬彬有禮。馬克森提烏斯篡位時，沒有任何一個皇位是虛懸的——他從一開始就是篡位者，伽列里烏斯一直沒有承認他的合法性。不過在短期內他的成功還是件麻煩事。馬克森提烏斯的姊姊狄奧多拉在二九三年嫁給君士坦提烏斯，成立家庭，生下君士坦丁同父異母的手足。狄奧多拉死於三〇六年，但同時馬克西米安又生了更多孩子，因此他提議把當時可能只有八歲、一個名叫弗絲塔（Fausta）的女兒嫁給君士坦丁。君士坦丁和米涅維娜離婚；三〇七年八月，當塞維魯還在蹲苦牢、伽列里烏斯占據巴爾幹半島時，馬克西米安和弗絲塔往北朝特里爾前進。

一篇為慶祝這場於八月底或九月初舉辦的婚禮而獻給馬克西米安和君士坦丁的頌辭，拚命以正統性的觀點塑造情況。這篇頌辭暗示馬克西米安從未真正退位，而且是馬克西米安而不是伽列里烏斯指派君士坦丁為凱撒，這凱撒的地位也是合法繼承自君士坦丁的父親君士坦提烏斯。現在，在特里爾，馬克西米安指派君士坦丁為奧古斯都，彷彿在戴克里先退位時他就已經成為皇帝。為闡明這個論點，君士坦丁開始正式認可馬克西米安而非伽列里烏斯為該年的首要執政官。這就是為了讓現實產生意義所必須的意識形態扭曲。然而比意識形態的扭曲更令人驚訝的是，四帝共治的政府模式以及它用來描述合法統治的語彙已經在帝國政府中生根，羅馬人已無法為了支持更古老、更一目瞭然的世襲繼承敘事，放棄四帝共治的統治型態。事實上，他們將永遠拋不開戴克里先的帝國合法統治概念——四帝共治政府中的許多層面將會在四世紀被淘汰，但是由資深皇帝指定帝國共治者的這個概念，一直沒有消失。

婚禮結束，據推測小女孩弗絲塔應該是在特里爾的皇帝居所中被撫養長大，她成婚後馬克西米安才回到羅馬。在羅馬的馬克森提烏斯正進行一項野心勃勃的計畫，要將四位皇帝宏偉的宅邸建築風格引進首都。他也把君士坦丁轄下對基督徒的寬容政策延伸至義大利和北非，但是他還沒有寬大到恢復基督徒被充公的財產。這時在東方，伽列里烏斯和馬克西米努斯繼續迫害基督徒，後者執行得最為積極。西方停止迫害基督徒，是東西方政權最主要的差異，它也造成這兩個政權對彼此的仇視。伽列里烏斯已經表明他不會跟義大利政權妥協，因此馬克西米安和馬克森提烏斯知道彼此將展開一場大戰：西元三〇七年戰爭發生，伽列里烏斯入侵義大利，長驅直入抵達羅馬附近的因泰拉姆納；在此處，他的軍隊和塞維魯的軍隊一樣不願作戰。然而伽列里烏斯是位比塞維魯更優秀的將領，他沒有與叛軍正面衝突，而是撤退到伊利里庫姆，任由士兵劫掠所到之處的義大利鄉間，因而保住軍隊對他的忠誠友好。馬克森提烏斯的反應是殺了監禁中的塞維魯。以目前的情勢看來，政局似乎可能回到四帝共治前軍人之間無止境的混戰，但是伽列里烏斯這時打出一張王牌。

新的一年開始，（至少在東方）由伽列里烏斯和戴克里先共同擔任執政官。藉由讓退位的戴克里先回到政壇，伽列里烏斯提醒所有重要人物，他才是戴克里先創造出的皇位繼承人。君士坦丁已經在他自己治理的領土上指派他自己的執政官，但此事並不相干：戴克里先可以迫使所有人讓步，或許除了馬克森提烏斯之外，他在年初與父親馬克西米安鬧翻。後者一直想協調出和解方案，他無疑是受到戴克里先的催促；前幾年戴克里先避免採取任何行動：假使這位昔日的恩人與長官受夠了混亂的局面，那麼馬克西米安準備傾聽他的意見。或許明白馬克森提烏斯握有權力，因此幾乎沒有可能與他達成協議，馬克西米安試圖罷免親生兒子，但是他曾經交給兒子的義大利軍隊將不會容忍這場政變。馬克西米安逃往女婿君士坦丁所在的特里爾。

西元三〇八年十一月，現在代表君士坦丁而非馬克森提烏斯的馬克西米安，來到多瑙河畔的軍事總部卡儂圖姆，位於今日的維也納附近。十一月十一日，據推測在戴克里先居中協調之下，雙方達成協議；戴克里先看來無意像昔日同僚那樣重新掌權。馬克西米安與戴克里先承認兩人為退隱的奧古斯都，馬克西米安再次脫下紫袍，讓伽列里烏斯指派另一位奧古斯都繼任已死的塞維魯：他就是資深將領瓦萊里烏斯・李錫尼安努斯・李錫尼（Valerius Licinianus Licinius），事實證明他比伽列里烏斯之前的兩個人選能力更強，也更能堅持到底。伽列里烏斯從卡儂圖姆回到希爾繆姆，馬克西米安退隱高盧，戴克里先回到他斯普利特的皇宮，這一次他永遠不再過問政事。在新的權力配置中，伽列里烏斯和李錫尼將是資深與資淺的兩位奧古斯都，而君士坦丁和馬克西米努斯就是凱撒，並獲得「奧古斯都之子」的新頭銜。馬克森提烏斯還是不被承認。這個解決方式絕非完美，但至少可行。

幾位皇帝之間達到某種程度的均勢，因此第二年帝國忙於邊境戰事；在國內局勢幾經動盪之後，對外戰事總是必要之舉。對於權威不穩定的皇帝而言，打擊蠻族是重申自己適合指揮大局最容易的方法。因此在西元三〇七年，君士坦丁在萊茵河下游攻擊一批法蘭克人，他甚至把兩個法蘭西國王丟進特里爾競技場裡餵野獸，並且在三〇八年再次入侵法蘭西亞，同年伽列里烏斯擊敗多瑙河的卡爾皮人。接下來的兩年史料幾乎沒有任何記載——三一〇年君士坦丁在科隆尼亞・阿格里皮納的萊茵河上建造了一座橋，三〇九年與三一〇年李錫尼在多瑙河畔打仗，於是卡爾皮庫斯（Carpicus，卡爾皮征服者）的勝利頭銜一再出現。三〇八年在北非，努米底亞總督圖密提烏斯・亞歷山大（L.

Domitius Alexander）稱帝，逼迫馬克森提烏斯發動遠征軍討伐他，並且在平定叛亂之後於三〇九年繼續對抗更南邊的沙漠部族。馬克西米努斯在三一〇年一整年都在波斯邊境作戰，雖然戰役細節十分簡略，大體上來說羅馬與波斯的和平狀態維持得相當好。以上戰役都確保皇帝們對軍隊展現權威，也大張旗鼓表示他們能捍衛行省居民。

但是相對平靜的政治局勢沒有持續太久。君士坦丁將全副心力放在萊茵河畔，於是馬克西米安靈機一動——因為長期以來缺乏戴克里先的節制約束，他實在無法忍受退位的生活，決定採取行動。自從卡儂圖姆會議以來他的根據地就在南高盧，就在君士坦丁忙於萊茵河戰事時，他在此召集了一些軍隊。他聲稱君士坦丁已經被殺害，而他，馬克西米安，現在成為皇帝。他以馬西里亞（Massilia，現代的馬賽）為根據地，但是君士坦丁聽到叛變的消息立刻趕往南邊鎮壓，馬克西米安守不住這座城市，被馬克西米安說服支持他的那些士兵都叛逃了。馬克西米安在幾天後死去。

關於馬克西米安的死因，現在流傳兩個版本，兩種顯然都是君士坦丁形象管理下的結果。第一個版本是，馬克西米安發現他的謊言將被拆穿，於是自殺。第二個版本是，馬克西米安乞求他鍾愛的女婿寬恕他，而後者也展現寬宏大量，甚至准許他住在他自己宮殿的房間裡，但最後這隻老狐狸卻背叛了好心的女婿。據說馬克西米安溜進君士坦丁的住處打算殺了他，可是已經有人事先警告君士坦丁，因此馬克西米安發現皇帝床上躺的是個奴隸；被逮個正著的馬克西米安，在絕望中當場自縊。在接下來的三十年裡，看得出君士坦丁喜歡捏造奇蹟般逃過遭人背叛的故事，他用這些故事替自己無情剷除親戚與對手的行為開脫。但是他絕不准許馬克西米安在第二次政變後還能活命；這老人一死，君士坦丁也能重新考慮和馬克森提烏斯之間的不穩定和解關係。

第十四章　君士坦丁與李錫尼

君士坦丁面臨的第一個問題是，雖然他是馬克森提烏斯的妹夫，他們卻再也不能同為馬克西米安的兒子。君士坦丁也必須隱匿馬克西米安曾經推舉他從凱撒晉升為奧古斯都的事實，新的神話於是出現：他成為唯一一位死後依舊聲名顯赫的三世紀軍人皇帝克勞狄烏斯二世的後代。我們最早是在馬克西米安死後不久於特里爾發布的一篇頌辭中發現這種說法，而君士坦丁之後一直沒有拋棄他自己捏造的這個祖先。其中隱含的意義是，他否定了繼承人的正統性主要來自於資深奧古斯都指定的四帝共治政治模式，從而宣稱世襲繼承制才能確實保證皇位的合法性。訴諸克勞狄烏斯二世還有另一個效果，而且是具有威嚇性的效果。來到四世紀初，克勞狄烏斯的名字已經與打敗「哥德人」密不可分——也就是現代人對三世紀包含各種不同部族的「斯基泰人」的稱呼。宣稱自己的血統是承襲自擊敗哥德人的皇帝，因此君士坦丁也等於宣稱自己合法繼承巴爾幹半島的行省。

然而，這是替未來著想的計畫。馬克西米安政變立即的餘波就是另一場法蘭克戰役，也或許只是君士坦丁繼續完成在馬克西米安叛變消息傳來後中斷的那場戰役。這趟北返之旅有著驚人的後果。正如三一〇年的頌辭也顯示，返回萊茵蘭的路上，君士坦丁停留在安德西納鎮（Andesina）的阿波羅．格拉努斯（Apollo Grannus）聖壇，位於現今法國孚日的格朗鎮。他在那裡看見由勝利女神陪伴的太陽神本人獻給他月桂冠。君士坦丁或許是在神廟中沉思才引發出這幅景象，但是之後他養成了訴諸奇蹟般的啟示，來解釋自己行動的習慣。據猜測，撰寫頌辭的人其實是附和他所知在君士坦丁宮廷中流傳的一個話題，而君士坦丁的鑄幣廠開始鑄造榮耀「所向無敵的太陽神」（Sol Invictus）的錢幣絕非偶然，祂也是之前幾位軍人皇帝如瓦勒良喜愛的神祇。太陽神崇拜有強烈的一神傾向，因此與同樣吸引君士坦丁的基督教有相容之處，不過當時他還沒有信奉基督教。基督徒和其他宗教的神職人員都在他身邊走動，他顯然也願意考慮不同宗教對事件互相衝突的解釋，尤其是這些事件保證他將在未來擁有榮耀，太陽神阿波羅即是如此。

受到東方發展的鼓舞，君士坦丁也採取一些實際的措施，來改善他的地位。西元三一〇年，馬克西米努斯單方面擅自冠上奧古斯都稱號，促使他與伽列里烏斯公開衝突。但接著伽列里烏斯罹患嚴重的腸癌，因此送命。我們很少能找出古典時期的人自然死亡的確切原因，但這都要歸功於拉克坦提烏斯以伽列里烏斯的病痛為樂，我們因此能診斷出他得的是轉移性的腸癌，癌細胞轉移的情形嚴重到幾乎腸子下半部的大部分都被癌細胞吞噬，之後又受到感染，導致他在痛苦中死去。拉克坦提烏斯的論點是，上帝會適當地以骯髒的死亡方式懲罰迫害基督徒的人——即便他們和伽列里烏斯一樣，之後已經悔改。因為正是生病的伽列里烏斯撤銷迫害詔令，將宗教寬容措施擴大到東方。由於拉克坦提烏斯逐字引用這份文件，它揭露了伽列里烏斯真正的動機：迫害失敗，基督教沒有被消滅。更糟的是從他那中央集權論者與異教徒的觀點看來，「許多人保留了自己的生活方式，而且……他們既沒有好好進行崇拜諸神的儀式，也沒有敬拜基督徒的上帝。」因此國家不僅被剝奪掉妥善真誠敬拜應該帶來的支持，也失去了顯然來自於受到矇騙的基督徒任何可能的協助。正如迫害法令是為了國家利益而頒布，現在它們也是為了國家利益而撤銷。雖然它似乎很奇怪，卻也很符合邏輯。

拉克坦提烏斯當然依舊毫不留情，但我們應該將伽列里烏斯的寬容詔令視為真正的政治家風度的表現。儘管他百般不是，其中最要命的就是他高估自己的能力，但伽列里烏斯守護著戴克里先的遺志，在這方面他沒有獲得足夠的讚揚。他堅持指派塞維魯和馬克西米努斯為凱撒，到頭來是算計錯誤，然而一旦他發現自己顯然犯了錯，就非常努力避免將導致國家局勢重回三世紀的內戰。彷彿他逐漸理解，雖然亟欲達成統一順服對四帝共治的意識形態而言至關重要，但必要時仍應屈就現實掌控的實際目標。馬克西米努斯於西元三一〇違反伽列里烏斯的意願自立為奧古斯都是個問題，但必要時可以與他協商，因為馬克西米努斯基本的合法性一向毋庸置疑，對於他合法性的疑慮不會超過君士坦丁。君士坦丁已經證明自己的傑出表現超過所有合理的預期。將眾所周知君士坦丁施予的宗教寬容措施延伸至各地區，伽列里烏斯藉此拿掉了東方與西方政府之間一項主要差異。這表示君士坦丁又少了一個與伽列里烏斯的友人，也是他所選定的共治奧古斯都李錫尼爭執的理由；伽列里烏斯選擇這男人，就如同戴克里先當初指派馬克西米安。戴克里先和伽列里烏斯一再證明，對他們而言新的四帝共治政權的持久性，重要程度遠大於其組成的個別皇帝。如果寬容政策能減少內戰的可能性，那麼它就是值得施行的政策。

然而這政策卻沒有產生效果。安居在普羅龐提斯海另一邊的東方管區（Oriens），馬克西米努斯至少有部分權利主張自己是奧古斯都，儘管西元三〇八年伽列里烏斯越過馬克西米努斯，直接指派李錫尼。從三一〇年以來，馬克西米努斯都自稱為奧古斯都，雖然伽列里烏斯和李錫尼一直不承認他的頭銜，他還刻意加快迫害境內基督徒的速度，做為對伽列里烏斯寬容詔令的抗議。但他採取的手段卻使他有辦法否認自己正在做這樣的事。

四帝共治依舊在帝國傳統的請願與回應制度內運作，無論皇帝們有多麼渴望能統一掌控帝國。因此馬克西米努斯開始鼓勵想把基督徒從自己居住村鎮趕走的非基督徒提出請願，如此他就能以對自己有利的詔令做出回應。流傳至今的兩篇銘文中有類似請願文字，它們的碎片證實了優西比烏撰寫的教會史中逐字保留的文獻內容。回覆請願的詔書措辭相似度極高，顯然一定有份請願的範本，或許是由馬克西米努斯的請願官起草，提供給想反對基督教鄰居的社群居民使用。馬克西米努斯因此能繼續迫害基督徒，卻又聲稱並無此事。為制訂偏好的政策而鼓勵地方人士請願，這種手法之後也被君士坦丁用來執行基督教相關政策，不過唯有在他已經掌控政治優勢之後才如此。但那距離目前的三一二年還有好一段時間。

西元三一二年李錫尼看起來像是戴克里先遺志的直接繼承人，因為他是在三〇八年受到戴克里先最信任的繼承人伽列里烏斯本人的指派。然而李錫尼面臨了艱巨的政治局面。他掌控潘諾尼亞、默西亞和希臘——這區是帝國重兵駐守的交通要道，也是往來帝國西方與東方的快速通道。這區雖然重要，也即便在過去半個多世紀以來帝國的許多軍事將領都來自於此，這些人卻無法自立。不像帝國其他重兵駐守的地區，例如有北非可供給糧食的義大利與雷蒂亞；有南高盧與西班牙的萊茵蘭；或者本身土地肥沃，也有埃及支援的敘利亞，巴爾幹半島卻沒有豐饒和平的農業腹地，足以餵

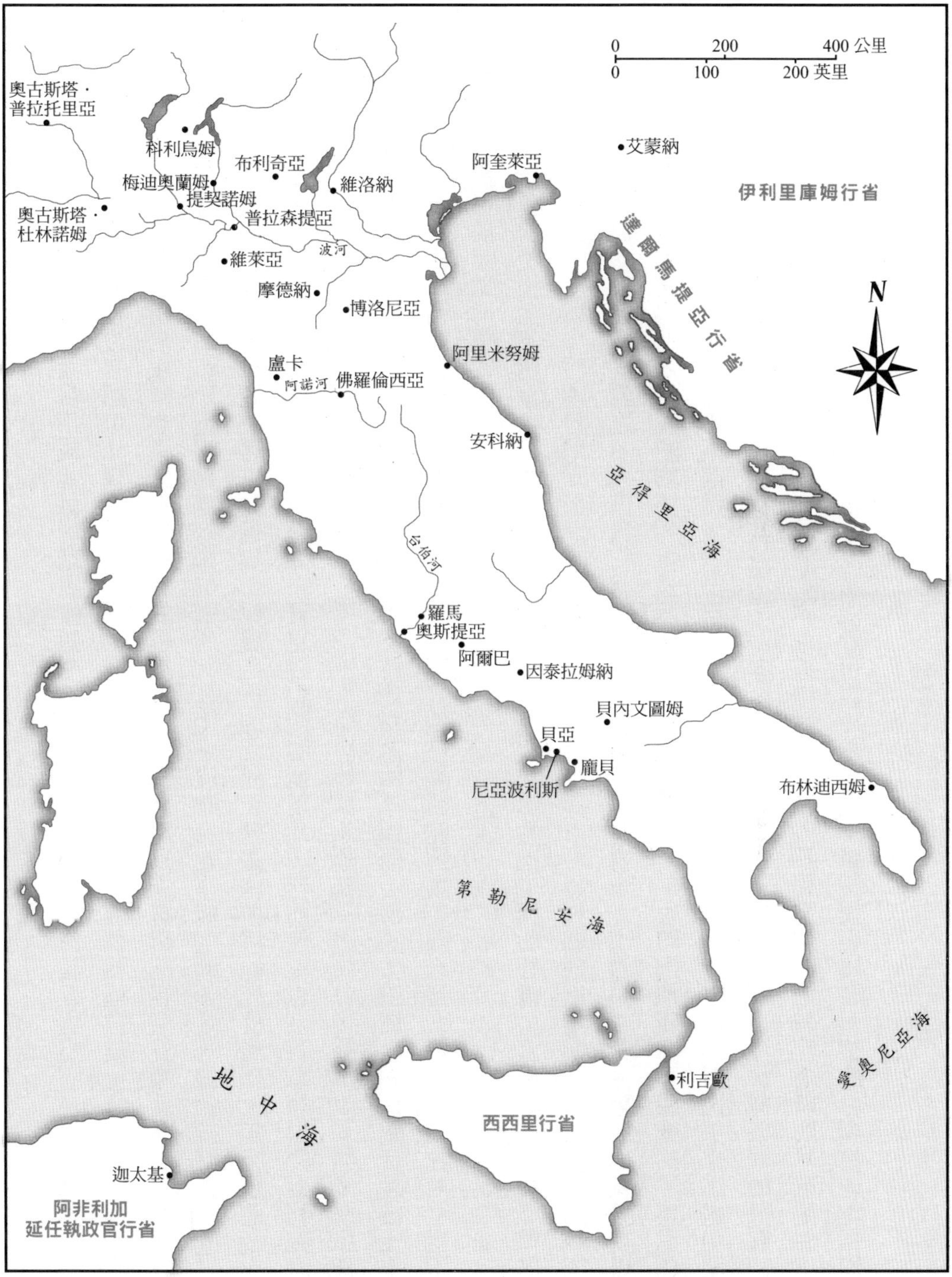
0
200
400 公里
0
100
200 英里
奧古斯塔．
普拉托里亞
科利烏姆
布利奇亞
梅迪奧蘭姆
維洛納
提契諾姆
普拉森提亞
奧古斯塔．
杜林諾姆
波河
維萊亞
摩德納
博洛尼亞
阿奎萊亞
艾蒙納
伊利里庫姆行省
達爾馬提亞行省
N
盧卡
阿諾河
佛羅倫西亞
阿里米努姆
安科納
亞得里亞海
台伯河
羅馬
奧斯提亞
阿爾巴
因泰拉姆納
貝內文圖姆
貝亞
龐貝
尼亞波利斯
布林迪西姆
第勒尼安海
愛奧尼亞海
利吉歐
地中海
西西里行省
迦太基
阿非利加
延任執政官行省

地圖14　義大利

養這民政與軍政都大得不成比例的地方。對李錫尼而言更糟的是，無論君士坦丁、馬克森提烏斯或馬克西米努斯都沒有類似結構性的侷限，因為在最糟的狀況下，他們都能自給自足。李錫尼的宮廷中也不平靜：出於史料中完全無法解釋的模糊理由，伽列里烏斯寡居的妻子瓦萊莉亞和兒子康狄杜安努斯（Candidianus）逃到馬克西米努斯的宮廷中，沒有待在李錫尼的領地。他們一到那裡就遭到非常差的待遇，但是老戴克里先也無力保護自己的女兒和外孫（他可能死於三一一年，或遲至三一三年，我們對他的死亡時間一無所知，就足以說明問題所在，死前他再也沒有離開過斯普利特的宮殿）。如果我們從瓦萊莉亞逃往東方的原因中推斷出什麼，那就是巴爾幹軍隊中的某些黨派與廷臣擁戴伽列里烏斯的兒子康狄杜安努斯，不支持他指派的李錫尼。但除去王朝子嗣這威脅之後，李錫尼必須決定如何才是最能鞏固權力的方式，而且他已經公開與馬克西米努斯為敵，因此君士坦丁似乎是目前能做的選擇。

史料證據並不明確，但看來李錫尼和君士坦丁設計出共治帝國的計畫，君士坦丁支援李錫尼對抗馬克西米努斯，而李錫尼支援君士坦丁對抗馬克森提烏斯。實施伽列里烏斯的宗教寬容詔令或許是兩人協商成功的因素之一，因為它將在該年內發布，成為君士坦丁的主要關注點。現在馬克森提烏斯想得到馬克西米努斯的支持，但是君士坦丁早就搶先一步，表現出他對掌控時機的不可思議敏感度，這是他的註冊商標。西元三一二年君士坦丁率領一隊菁英騎兵從阿爾卑斯山下來，經由塞古肖（Segusio）轉至奧古斯塔．杜林諾姆（Augusta Taurinorum，兩地分別是今日義大利的蘇薩和杜林），擊潰馬克森提烏斯派出的兩個軍團。這場戰役範圍一定相當廣，因為建造時間可確定在這幾年的軍人墓地散布在義大利北部平原，或許可以反映出在文獻證據中沒有記錄的小規模衝突和次要戰役。在禁衛軍統領盧里丘斯・龐培亞努斯（Ruricius Pompeianus）指揮下，馬克森提烏斯的第三個軍團駐紮在阿奎萊亞抵禦李錫尼的攻擊，後者可能佯裝對義大利邊境發動攻擊，以防止馬克森提烏斯將兵力集中。君士坦丁在維洛納附近的布利奇亞（Brixia，今日的布雷西亞）迎戰龐培亞努斯的軍團，也將他擊潰。此外，如果一支入侵軍隊沒有在義大利北部平原被擋下，義大利半島其他地區根本守不住。軍團被挺進的君士坦丁摧毀，馬克森提烏斯別無選擇，只好跟禁衛軍以及他的私人守衛在羅馬等待時機。

西元三一二年十月二十八日，馬克森提烏斯率軍出城迎戰進犯羅馬的君士坦丁。據說馬克森提烏斯事先諮詢西比爾神諭，神諭指示在當天將會有一個羅馬人民的敵人死去，因此他信心大增。如果這故事不僅是君士坦丁的宣傳，那這玩笑反倒是開到馬克森提烏斯自己頭上。君士坦丁的軍隊成功打敗馬克森提烏斯的宮廷軍隊，正如他們曾經打敗他的軍團，馬克森提烏斯在戰役中淹死在台伯河裡。雖然從過去到現在這場在米爾維安橋（Milvian Bridge）的勝仗一直被認為是場關鍵性的戰役，它卻多少有些虛偽的成分：自從馬克森提烏斯的第三軍團被君士坦丁擊敗的那一刻起，他就已經戰敗了。話雖如此，虛假的勝利也能有真實的意識形態力量，就米爾維安橋之役來說的確是這樣，君士坦丁宣稱這場勝仗要歸功於他直接與上帝接觸。傳聞年復一年不斷改變，有時是刻意竄改，有時是因為君士坦丁對於自己經驗的心理層面的理解也在改變。對於以經驗為依據的歷史學家而言，更令人困擾的是君士坦丁聲稱受到神的啟示的次數，以及這決定性景象的本質和見證它的人數，也都會改變。

最簡化的實證論者的解讀如下：西元三一〇年在鎮壓馬克西米安的叛變之後，結束與法蘭克人

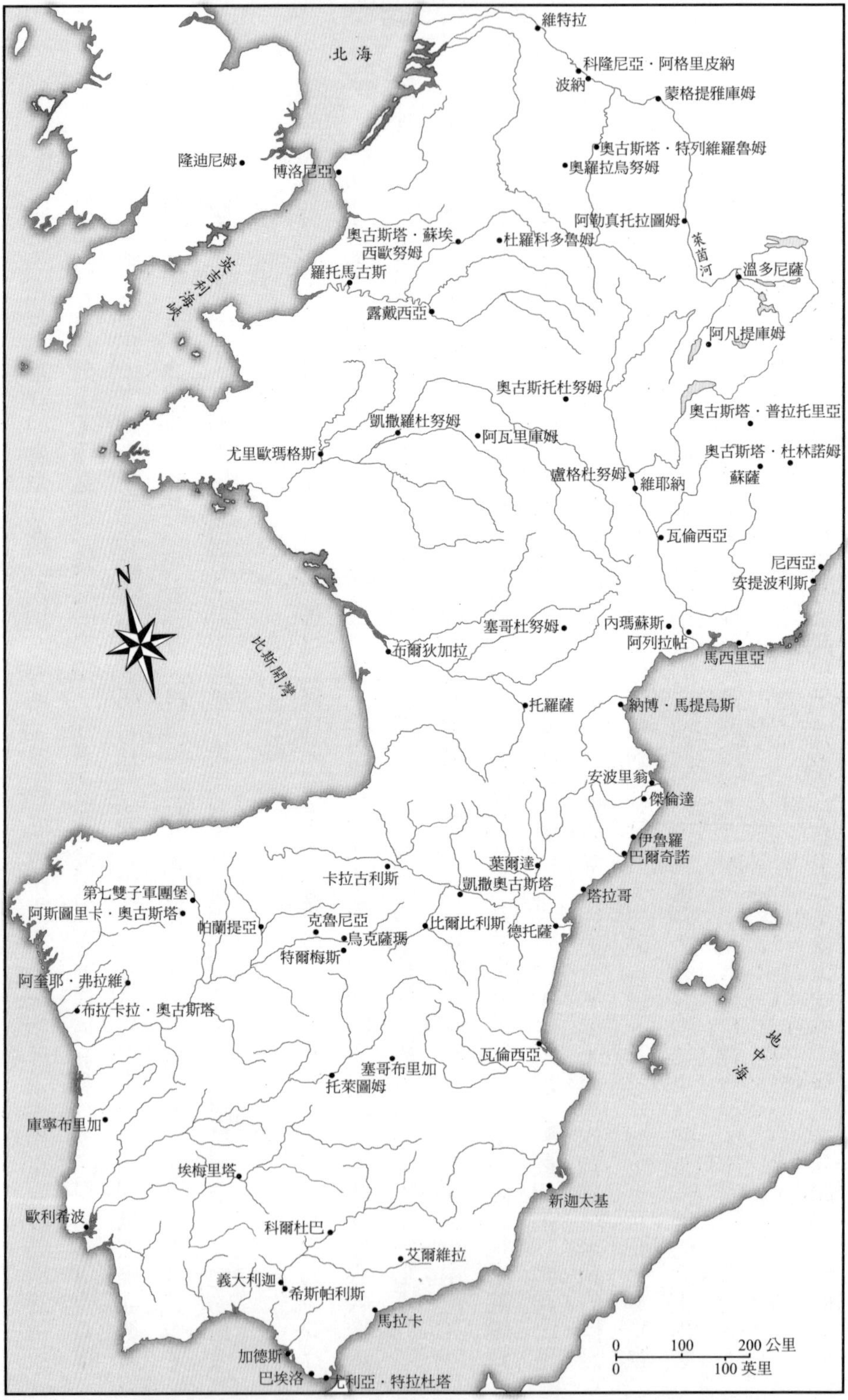
北海
維特拉
科隆尼亞・阿格里皮納
波納
蒙格提雅庫姆
奧古斯塔・特列維羅魯姆
奧羅拉烏努姆
隆迪尼姆
博洛尼亞
阿勒真托拉圖姆
萊茵河
奧古斯塔・蘇埃西歐努姆
杜羅科多魯姆
英吉利海峽
羅托馬古斯
溫多尼薩
露戴西亞
阿凡提庫姆
奧古斯托杜努姆
奧古斯塔・普拉托里亞
凱撒羅杜努姆
阿瓦里庫姆
尤里歐瑪格斯
奧古斯塔・杜林諾姆
盧格杜努姆
維耶納
蘇薩
瓦倫西亞
尼西亞
安提波利斯
N
塞哥杜努姆
內瑪蘇斯
阿列拉帖
比斯開灣
布爾狄加拉
馬西里亞
托羅薩
納博・馬提烏斯
安波里翁
傑倫達
伊魯羅
巴爾奇諾
葉爾達
卡拉古利斯
凱撒奧古斯塔
第七雙子軍團堡
塔拉哥
阿斯圖里卡・奧古斯塔
帕蘭提亞
克魯尼亞
比爾比利斯
德托薩
烏克薩瑪
特爾梅斯
阿奎耶・弗拉維
布拉卡拉・奧古斯塔
地中海
瓦倫西亞
塞哥布里加
托萊圖姆
庫寧布里加
埃梅里塔
新迦太基
歐利希波
科爾杜巴
艾爾維拉
義大利迦
希斯帕利斯
馬拉卡
0 100 200 公里
0 100 英里
加德斯
巴埃洛
尤利亞・特拉杜塔

地圖15　高盧與西班牙

的戰役之前，從馬賽為到萊茵蘭的君士坦丁與他部分軍隊目睹一個罕見的天文現象（日暈），在適當的大氣條件下，它看起來彷彿是個垂掛著星星的十字架。除了君士坦丁以外，也有許多人看見的這個景象，顯然被當作是這位皇帝未來打勝仗的前兆，也有助於解釋他的士兵為何對他如此忠貞不二。然而和所有天文跡象一樣，它的意義並非顯而易見，需要專門的解釋。一個是太陽神，也就是阿波羅崇拜的解釋，因此阿波羅的冥想與幻象才會出現在安德西納的太陽神神廟裡；另一個是基督教的解釋。在第二種分析中，天文現象是真實的，每個人都同意確實有一個前兆，而比起其他解釋，到頭來君士坦丁更喜歡基督教的解釋，因此到了義大利戰役時，君士坦丁清楚記得基督教解釋下的這個景象，然後他夢到自己遇見上帝，祂帶領他在基督教的旗幟下將他的軍隊送上戰場。

從許多方面來說，這簡單的分析是最好的，但是針對它的解釋簡直無窮無盡：君士坦丁利用基督教圖像討好基督徒，因為他知道基督徒在羅馬將是一股主力；或者（後現代主義浮上檯面）他沒有作夢也沒有見到幻象，或者他做了很多夢也見到很多幻象，但重要的是這位皇帝不著邊際地利用宗教形象說服聽者他受到神的寵愛，無論他們想相信的神是哪一個。我們可以理解為何學者們抓住這點不放，但無論多麼努力我們都實在無法進入君士坦丁的內心，而且在某種程度上那根本不重要。我們可以滿足於以下事實（這的確是事實），在西元三一二年之後，君士坦丁自認是一個基督徒，根據他自己的觀點，他的行事就像個基督徒，也在轄下致力於推廣基督教，並且在他控制的領土以外地區堅持施行宗教寬容。他打算採取這種行動是西方歷史上最重要的決定之一，因為他讓一個排外且極度刻板的宗教，成為世上有史以來最大的政體中擁有特權的宗教——而且後來還成為官方宗教。當體驗到他「信仰上的轉變」，以及在這期間他是否經歷到一連串「信仰上的轉變」時，君士坦丁究竟相信什麼，就歷史的結果而言並不重要。只有當我們想從看不見的證據中推論出人類的動機時，它才重要。

但即便如此，在擊敗馬克森提烏斯之後，關於君士坦丁相信或不相信什麼我們並不那麼清楚，我們只知道他打贏了，而且獲得決定性的勝利。元老院與羅馬人民在帝國首都最古老也最神聖的古羅馬廣場邊緣替他建造凱旋門，就足以證明這一點——領導元老院的是一群在馬克森提烏斯政權下地位最高的元老。即便這些元老中沒有半個基督徒，他們還是很重要；雖然曾經侍奉過「僭主」（tyrant），君士坦丁依舊樂意讓他們留任。君士坦丁用的「僭主」這個詞，逐漸被重新定義為「篡位者」，這層含意一直沿用到古典時代結束為止。在他的凱旋門上，元老院尊崇君士坦丁，因為他替羅馬全體公民向「僭主」復仇，「藉由神偉大的智慧，在神的提議下」。銘文的結論是，這是場應得的勝利。特別值得注意的是，在銘文中或者在幾乎算是當代的一篇讚辭中，都沒有指明引導君士坦丁的神的名字。人們顯然知道君士坦丁相信他受到神的啟發，但是他們還沒有了解到他的啟發是來自基督教的神。同時，他也很明智，沒有太過公開澄清這些模稜兩可的問題，雖然有些人認為新皇帝是他們的一分子，至少基督徒是如此，與基督教對立的團體則是立刻開始競相爭取君士坦丁的認同。

基督教社群很難應付。這部分是承襲自在庫姆蘭（Qumran）發現的死海古卷中，揭開針對第二聖殿時期猶太教晚期極端教派主義的激烈爭論。但對於一個更關切人們的想法和信仰勝過行為的宗教而言，這也是必然的結果。在傳統的羅馬宗教裡，為了皇帝安危向朱比特獻祭的人是否達到了效果並不重要，因為獻祭行為本身就已經是有效的。但是對基督徒而言，有效性則是存在於信仰中。

相信錯誤的事，就是放棄拯救的機會；而被指派或自行指派為真正信仰的守護者，就有義務使受他們保護的人免於遭受那樣的命運。但是做為人類，他們當然有許多事意見不和，他們的爭論中，只有極少部分能被重新建構為重要的信仰問題。因此，只要有基督徒社群在的地方，他們內部就有可能分裂；而只要有分裂，就有迫切需要證明一方是對的，另一方是錯的：這攸關信仰的拯救效力。身為四帝共治時代下的產物，君士坦丁憑直覺了解努力使全民順服必定是件好事，而且也做為一名基督徒的他，是基督教信徒爭辯中最理想的新成員。對於自己理解這最深奧問題的能力，君士坦丁也有令人訝異的信心，因此他無視於基督教的複雜程度，興致勃勃地開始處理棘手的神學爭論。

西元三一二年，幾乎是馬克森提烏斯一死，君士坦丁就發現自己受到北非基督徒派系的質問，他們拒絕與彼此溝通，因為有些聲稱擁有教士或主教職權的人曾經與帝國官員合作執行迫害詔令。其中的爭議點是曾經把基督教經典交給自治城市或帝國官員的人，是否還是合法的神職人員：有些北非基督教派將他們貼上「叛徒」的標籤（traditore，這個字的意思是「將聖經交出去的人」，也就是英文traitor的詞源），他們並且認為在採取寬容政策的新君士坦丁帝國裡曾經是叛徒的人，不能擔任主教，或者由叛徒主持的祝聖儀式是無效的。就在君士坦丁打敗馬克森提烏斯之前，迦太基選出一位叫做凱西里安努斯（Caecilianus）的新主教。反對他的人堅稱，曾經替凱西里安努斯主持祝聖儀式的阿普通加的菲力克斯（Felix of Apthunga）是叛徒，因此凱西里安努斯不能成為合法的主教。這群不妥協的人選出他們自己的主教，第一位主教死後他們又選出另一位。這位主教就是多納圖斯（Donatus），他堅決反對凱西里安努斯，最後他的名字成為分裂教派的名稱來源，該教派造成北非教會在接下來一個多世紀中形成兩個敵對的繼承系統。兩邊都訴諸基督徒皇帝的仲裁，皇帝諮詢羅馬主教米提亞德（Miltiades），主教於三一三年做出對多納圖斯派教徒不利的裁決。多納圖斯派拒絕接受裁決結果，他們再次上訴，三一四年君士坦丁在南高盧的阿列拉帖（今日的亞爾）召開會議。這一次的裁決也對凱西里安努斯有利，於是憤怒的君士坦丁下令鎮壓拒絕接受凱西里安努斯的合法地位、並頑強抵抗的多納圖斯教徒。

有人殉教，有人流亡，然而帝國統治集團一直承認凱西里安努斯的繼承人是迦太基真正的主教。但是鎮壓只不過使爭論暫時中止，問題沒有解決。多納圖斯派與凱西里安努斯派的教徒的衝突之後將在君士坦丁統治期間再次爆發，而且在整個四世紀與五世紀初持續成為北非基督教的傷口；就算不是多數，也有許多城鎮在大部分時間裡同時有兩個敵對教派的主教。然而分裂派的分支大致上侷限於北非行省，因為極少有真正的神學議題面臨危險：即便是最聰明也最強硬的北非教徒，也很難在觸及真正信仰的技術細節上表達他們的衝突。因此君士坦丁雖然對多納圖斯教徒的爭議感興趣，他更關切的還是帝國東方，馬克西米努斯在那裡加速迫害基督徒，挑戰對手的宗教寬容政策。出於意識形態與務實的理由，君士坦丁和李錫尼都想以馬克森提烏斯在西方被消滅的同樣方式，結束東方政權。

君士坦丁讓羅馬城維持良好秩序，拉攏貴族，並確實掌控當地事務。雖然他將會有很長一段時間不在這座城裡，確切來說他將會有很長一段時間不在西方，但他投入羅馬城的都市建設，重新修建部分古羅馬廣場，在戰神廣場上增設新門廊，在戴克里先的浴場旁建造新浴場，還將馬克森提烏斯的大會堂（basilica）改建為紀念自己戰勝的紀念性建物；目前收藏於羅馬卡必托里博物館（Capitoline Museum），出現在無數知名照片中的巨大君士坦丁頭像曾經放置在同樣巨大的雕像身體上，坐在已經顏面盡失的前任皇帝馬克森提烏斯最引人注目的大會堂裡。但在君士坦丁在羅馬城中心堅持表達帝國傳統的巨大性同時，他在城市周邊開始贊助基督教教堂，沒多久就動工建造聖彼得大教堂。他以類似的掌控手法打壓禁衛軍，在這獨立部隊存在三百年之後將它解散。禁衛軍支持馬克森提烏斯是君士坦丁的藉口，但是這跟伽列里烏斯對義大利半島強行實施人口普查和徵稅的意思一樣，是非常現實的措施。羅馬或許依舊重要，但現在它的重要性與一百年前全然不同。現在這城市甚至已經不是皇帝的居所，因此軍隊沒有必要長期駐守羅馬，此舉只是個麻煩。因此皇帝的守衛就只限於和他一起旅行的宮廷部隊。三世紀就已存在的御林軍（protectores domestici）起源不明，現在它再次出現，不只做為軍事指揮鏈的一部分，也在政務總管（magister officiorum）的宮廷指揮部之下，不在禁衛軍統領之下。君士坦丁在位期間會規則化在他之前的三世紀羅馬皇帝，以及四帝共治的皇帝們所做的特殊安排與實驗，使其成為永久措施。

掌控羅馬之後，三一二年年底君士坦丁在梅迪奧蘭姆與李錫尼會面。他們同意君士坦丁信奉基督教的同父異母妹妹君士坦提雅（Constantia）將和李錫尼結婚，在那之後不久李錫尼送出一封信給馬克西米努斯，命令他結束在他領土上的迫害行動。正如我們所見，馬克西米努斯可以否認他進行任何迫害，他不過是回應非基督徒社群壓制基督徒的請願。事實上，由於他在詔令中給予各地方行省官員頒布的許可證，才有許多基督徒遭到迫害，從小亞細亞的加拉太到主教彼得遭處決的埃及亞歷山卓都有殉教者；確實，在大部分教徒記憶中，這東方迫害基督教的最後一個階段也是最惡毒的。

西元三一三年四月，馬克西米努斯設法突襲李錫尼，他率軍從小亞細亞橫渡赫勒斯滂海峽

（Hellespont，達達尼爾海峽的古稱）進入色雷斯，但是已經有準備的李錫尼，在色雷斯平原的阿德里亞諾波利斯（Adrianpolis）等著馬克西米努斯。這兩名將領的私人會面十分不順利；四月三十日，先讓軍隊朗誦一篇他以為是基督教的一神教祈禱文之後，李錫尼派軍隊上戰場。馬克西米努斯的軍隊慘敗，他匆忙帶著幾個人逃離戰場。與留在尼科米底亞的家人會合後，他朝托魯斯山脈另一頭的東方管區撤退。他也發布類似伽列里烏斯的寬容詔令，那是他自己的版本，他沒有提到伽列里烏斯，不過他仍然撤銷了戴克里先時代的迫害詔令，下令交回迫害期間從基督徒那裡偷取的財產。李錫尼的軍隊緊追在後，馬克西米努斯只好在奇里乞亞的托魯斯山裡自殺；他的妻子投入奧隆斯特河溺死。

打勝仗的李錫尼進入小亞細亞，停留在尼科米底亞，然後他送了封信給東方各行省的總督，提醒他們必須寬容基督徒與非基督徒，並且聲明羅馬皇帝是在基督教上帝的保護之下。這份詔書裡全都是之前已經在帝國各地頒布的法令，因此無論在法律上或實際實行上來說都是完全無效的。但諷刺的是，逐字保留在拉克坦提烏斯作品裡這份李錫尼的文件，一直到今天還往往被人認為是君士坦丁的詔令。它被稱為米蘭詔令，發布時間是西元三一二年。但正如既不神聖、也不羅馬、也不是帝國的神聖羅馬帝國，所謂的米蘭詔令不是一份詔書，也不是在米蘭發布，時間更不是西元三一二年。確切來說李錫尼和君士坦丁為實施（伽列里烏斯）結束迫害法令而達成的協議，在打敗馬克森提烏斯和馬克西米努斯之後就能確實執行。李錫尼赫赫有名且被誤稱的米蘭詔令，和這件事一點關係也沒有。

三一三年六月，李錫尼在尼科米底亞也宣告馬克西米努斯有罪，下令將他處以記憶抹煞刑罰，同時處決他底下與迫害基督徒關係最為密切的高階官員。再來就是收尾的工作，確保四帝共治的四位皇帝後代留下來的只有君士坦丁和李錫尼的世系。伽列里烏斯的兒子康狄杜安努斯被處決，此外還有塞維魯的兒子塞維利安努斯，馬克西米努斯的兩個孩子，一年後被逮捕的戴克里先的女兒瓦萊莉亞，以及伽列里烏斯的遺孀也都被處決。李錫尼和君士坦丁都打算建立王朝，因此在某種程度上廢除四帝共治的政府體系顯然勢在必行。不過在這點上君士坦丁占了優勢。三一三年李錫尼還沒有男性子嗣，但是君士坦丁有兒子克里斯普斯，他是君士坦丁在第一段婚姻和米涅維娜生下的孩子，而不是第二段婚姻的妻子弗絲塔的兒子。就像之前的君士坦丁一樣，克里斯普斯已經事先做好登基準備；以他的年紀，他絕對是第一繼承順位的子嗣，於是在三一五至三一六年他以特里爾為根據地，展開對法蘭克人和阿拉曼尼人的戰役，收集對羅馬皇帝形象很重要的勝利頭銜。

但是到了三一五年，君士坦提雅生下一個兒子，取名為李錫尼安努斯，有一天他可能挑戰君士坦丁家庭的優勢地位。這也挑起未來帝國西方的王朝血腥鬥爭。已經消滅掉一位岳父的君士坦丁，接下來在三一六年用同樣手段消滅他的妹夫。巴西安努斯是君士坦丁同父異母的妹妹阿娜斯塔西雅的丈夫，他長期以來都是君士坦丁的盟友。三一五年，為因應李錫尼安努斯的出生，君士坦丁將巴西安努斯和克里斯普斯都任命為凱撒。這麼做是確保王朝未來的一種形式，拉攏一個心懷怨恨時可能會造成危險的姻親。然而，當弗絲塔在三一六年八月七日生下兒子君士坦提努斯時，情況又有了一百八十度轉變。巴西安努斯對君士坦丁來說不再是個意義不明的資產，而無疑是個負債，最好的用處就是拿他來挑釁李錫尼。據說李錫尼教唆巴西安努斯的兄弟塞內奇歐（Senecio），塞內奇歐又說服巴西安努斯參加反抗君士坦丁的陰謀，巴西安努斯在試圖殺死皇帝姊夫時被逮個正著，於是被處死，之後塞內奇歐投奔李錫尼。這番說法和馬克西米安臨死前的故事如此類似，兩者都十分令人難以置信，於是我們必須再次檢視君士坦丁在剷除異己時所做的人身攻擊，以及合法但不公正判決的手段。

處死巴西安努斯，讓君士坦丁有必須攻擊李錫尼的藉口，後者拒絕交出塞內奇歐，而且讓人破壞在兩人統治領土交界處艾蒙納（今日斯洛維尼亞的盧布爾雅那）的君士坦丁雕像。君士坦丁迅速入侵李錫尼的領土，這場戰爭常被稱為希巴雷之戰（War of Cibalae，希巴雷位於今日克羅埃西亞的溫科夫奇）。西元三一六年十月八日，君士坦丁在希巴雷打贏對抗李錫尼兩場戰役的第一場，兩位皇帝都是御駕親征。李錫尼於是將他最優秀的軍官瓦倫斯拔擢為奧古斯都，兩人在色雷斯的阿德里亞諾波利斯並肩作戰打第二場對抗君士坦丁的仗，這次同樣是君士坦丁得勝。李錫尼於是往西南撤退，威脅切斷君士坦丁過長的補給線，阻斷他撤退的機會。結果三一七年三月，兩人在塞爾迪卡會面，重新結盟。他們再次將帝國一分為二，但君士坦丁較為有利，他們的新邊界在色雷斯行省邊境。李錫尼幾乎把整個歐洲割讓給君士坦丁，他保留博斯普魯斯海峽與赫勒斯滂海峽的控制權，但是他擁有的土地只剩下比現代土耳其歐洲部分大不了多少。這樣的劃分結果徹底承認李錫尼的弱點，儘管他能透過承認他自己的王朝野心而挽回一些顏面——他把不過是個幼兒的兒子李錫尼安努斯升格為凱撒；妻子弗絲塔生下的兒子君士坦提努斯年紀更小，君士坦丁也讓他和成年的克里斯普斯一樣當上凱撒。不幸的瓦倫斯遭到處決，懲罰他為李錫尼效勞。

就算以時期做為標準看來，在塞爾迪卡簽訂和約之後幾年間的史料紀錄也極為稀少。但是君士坦丁以希爾繆姆做為穩固的基地，這表示他牢牢盯著東方的機會。他把防衛西方的工作留給一直沒有離開當地的克里斯普斯，以及在羅馬負責撫養克里斯普斯同父異母弟弟的弗絲塔；他的做法開啟一項一直維持到五世紀的傳統，也就是皇帝的女性親戚通常會住在羅馬城，替不在現場的皇帝做為王朝與元老院和人民之間居中協調的關係人。君士坦丁統治整個帝國的野心看來毋庸置疑，他持續拿一些小事情激怒李錫尼。

隨著時間過去，弗絲塔的生育力一直很強，君士坦丁和李錫尼的關係愈來愈糟糕。西元三二一年，君士坦丁拒絕承認在東方以李錫尼和李錫尼安努斯為名宣布的帝國執政官，聲稱自己和凱撒克里斯普斯為執政官，藉此故意激怒他的共治皇帝。不肯承認對方執政官的兩位皇帝於三二三年終於鬧翻。該年君士坦丁在坎波納（Campona）打敗一位名叫勞西莫德（Rausimod）的薩爾馬提亞國王，這裡就位在潘諾尼亞境內的瓦萊利亞（Valeria），接著他在上默西亞的多瑙河與摩拉瓦河匯流處又贏得第二場勝利。他發行上面印有「薩爾馬提亞被征服」（Sarmatia devicta）銘文的勝利錢幣，冠上薩爾馬提庫斯的頭銜，以新的角鬥士競技「薩爾馬提亞慶典」（Ludi Sarmatici）慶祝凱旋式。不過是尋常的邊境管理手段，君士坦丁卻大張旗鼓地紀念，這又是為了惹惱李錫尼，這次更是嚴重，因為在追趕薩爾馬提亞人時，君士坦丁已經侵犯了李錫尼的邊界。不出所料，李錫尼拒絕讓印有「薩爾馬提亞征服者」的錢幣在他的境內流通。

或許君士坦丁確實憂心多瑙河邊境外的事態發展。如果在三世紀末這地區在哥德人領導下已經聯合起來，那麼唯有現在哥德人才開始形成王朝。在李錫尼於三一五年贏得一場對哥德人的戰役之後，已經有哥德人在他軍中服役，做為求和的交換條件。這類事情是管理帝國邊境附庸國王的部分標準做法，但它似乎使能幹的哥德領袖更有能力，但反之對卡爾皮人和薩爾馬提亞人卻是一直毫無效果。這給了君士坦丁藉口（當然他用和李錫尼一模一樣的方式在邊境外招募軍隊），聲稱自己是在保護李錫尼無法守衛或無法守衛的帝國。眼看雙方即將開戰，君士坦丁在德薩洛尼卡而不在希爾繆姆過冬。

西元三二四年戰爭開始。七月三日，君士坦丁在阿德里亞諾波利斯再次擊敗李錫尼，李錫尼撤退到拜占庭，等待克里斯普斯和他自己的海軍將領阿瑪恩杜斯（Amandus）進行一場短暫海軍戰役的結果。當克里斯普斯智取阿瑪恩杜斯並將他擊敗時，李錫尼在陸上與海上都無法防守。拜占庭已守不住，他越過博斯普魯斯海峽逃到亞洲的迦克墩。君士坦丁追趕到迦克墩，九月十八日李錫尼帶著殘餘部隊來到克里索波利斯（Chrysopolis）戰場上，他再次慘敗。軍隊投降，李錫尼逃到尼科米底亞（伊茲密特）。他的妻子君士坦提雅懇求她同父異母的哥哥放過丈夫。君士坦丁同意接受敵人無條件投降，並承諾妹妹，她丈夫李錫尼和兒子李錫尼安努斯可以活命，但是他將軟禁他們一輩子。他們被送往德薩洛尼卡嚴加看管，但是一年內君士坦丁故技重施，他指控李錫尼和李錫尼安努斯密謀想取皇帝性命，兩人都被處死。

西元三二四年，君士坦丁大獲全勝。李錫尼的形象被重新塑造為僭主，他制訂的法令規章都被廢除——事實上此舉太過倉促，因為行省居民趁此機會為了自己的利益徹底推翻例行的法律判決。君士坦丁的形象也經過一番大改造。錢幣上不再出現嚴肅的年輕人，取而代之的是一位皮膚光滑的永恆英雄，他的目光凝視上方，彷彿是望向上帝——這不是一幅毫無疑義的基督徒肖像，在不同觀者眼中會有不同意涵。此外，現在這位皇帝頭上戴著象徵王權的頭帶，這不是羅馬而是希臘統治者的特色，而且錢幣上依照希臘風格只有刻出皇帝的頭和脖子，不像傳統羅馬肖像那樣顯示完整的胸像。向上凝視的目光中沒有模稜兩可的意思——君士坦丁是一位希臘化國王，是亞歷山大的繼承者，也是羅馬世界唯一的主人。

君士坦丁很快就會發現，管理帝國東邊的壓力比帝國西邊更複雜；要說有什麼區別，就是他處置東方的方式會變得更極端。但是他已經將羅馬帝國改頭換面。大部分四帝共治時期的基礎建設都還存在，但是這些建設依照君士坦丁堅持一人統治的治國方式全面改造。從戴克里先於二八四年發動政變到君士坦丁於三二四年開始獨自統治的這四十年，是自從塞維魯時代以來羅馬政府變革的頂點。君士坦丁的單獨統治（他的二兒子君士坦提烏斯二世的統治更是如此，雖然只是更為隱晦）是全新羅馬帝國的根基，終有一天會把傳統留給拜占庭，留給第一任伊斯蘭的哈里發，以及西方中世紀的諸王國。

第十五章　君士坦丁統治前後的帝國架構

戰勝李錫尼之後，君士坦丁得以擁有他曾度過成長期，但三〇五年之後就沒有再踏上的那片帝國疆域。現在他決心把這裡當成他的家，以一個新的根據地表明這項事實，也就是一座以他的名字命名、以他自己的形象創建的一座城市——君士坦丁堡（Constantinople）。建築在古代拜占庭之上的君士坦丁堡是歐亞的十字路口，這座新城市的動土典禮於三二四年十一月八日舉行：一如既往，這位皇帝一旦知道他想做什麼就立刻行動。他聲稱自己看見引導他到哪裡建造這座城市的幻象，一位神祇也幫助他籌劃城市的邊界。這座城市在六年後才能居住（啟用典禮將於三三〇年五月十一日舉行），它做為第二個羅馬城的地位則是在數十年之後才得以鞏固。不過到了四世紀末，君士坦丁堡無疑已是東方帝國的首都。

在致力於打造新城市的同時間，君士坦丁也宣布將他和弗絲塔生的第二個兒子，跟克里斯普斯和君士坦提努斯並列為凱撒，他以自己父親的名字替他命名為君士坦提烏斯。君士坦提烏斯將成為君士坦丁活得最久的兒子；君士坦丁創立了一個與奧古斯都、圖拉真或塞維魯統治下截然不同的帝

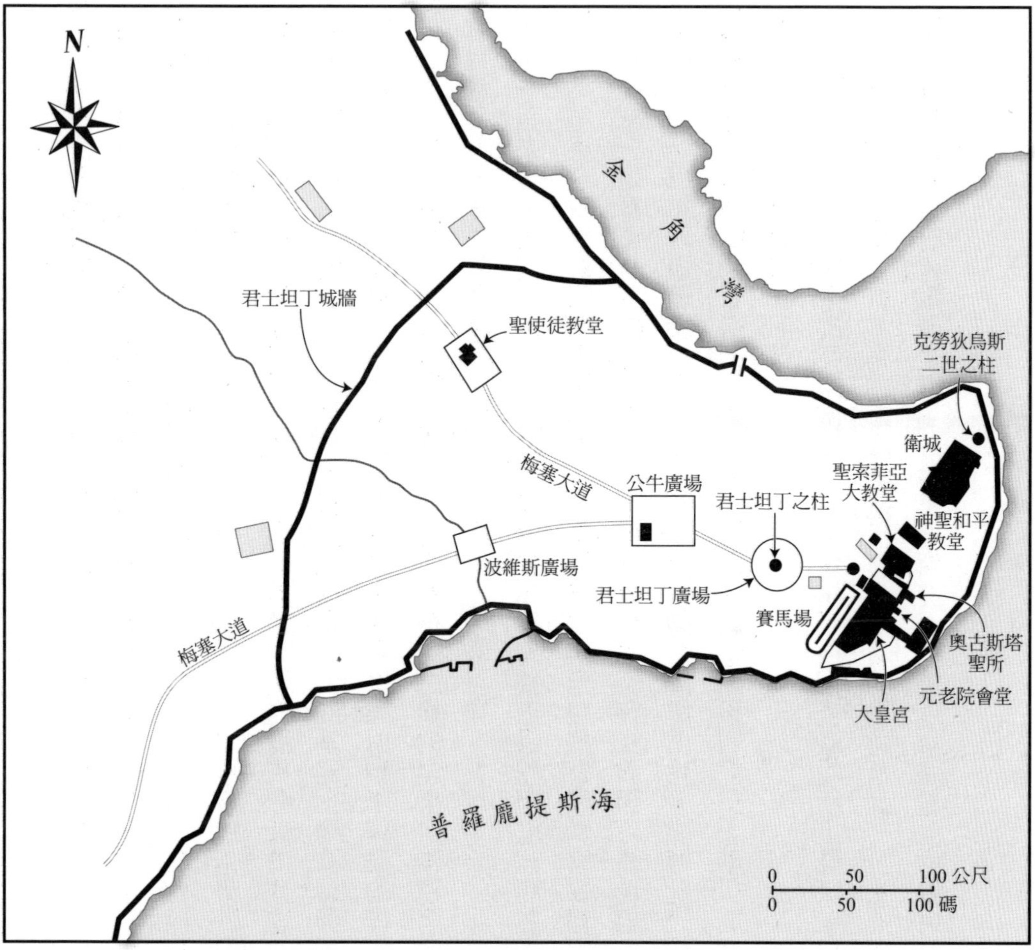

地圖16　四世紀的君士坦丁堡

國，而君士坦提烏斯也最能堅守他父親遺留的志向。在回到君士坦丁的單獨統治期之前，我們值得花些時間去了解他創造的帝國架構，因為這是理解接下來幾章以及本書續作的政治敘事基礎。

君士坦丁打造了一個新的羅馬帝國，這一點毫無疑問。一百年前，在古典時代晚期有其自身歷史動力（historical dynamic）的概念還沒有扎根之前，學者往往將古代和中世的分界年代訂在三一二年。如今我們的區分沒有這麼絕對，時間點也晚得多，不過歷史分期的問題沒有減損我們給予君士坦丁轉換帝國管理方式這角色的評價。他直接在四帝共治的基礎上建立帝國，因此有時我們不容易區分哪些是君士坦丁的創舉，哪些又是戴克里先、伽列里烏斯和李錫尼的措施，又或者哪些是君士坦提烏斯二世將許多父親更權宜的施政系統化與標準化之後的結果。本章將概述從本書開頭的安東尼帝國到君士坦丁時代的帝國晚期在行政管理上的主要差異。

在許多方面來說，我們可以將帝國晚期理解為在本書敘事過程中已經屢屢遇見的騎士階級化冗長過程的自然結果。政府的意識形態與實際運作的方式，已經被官僚和官僚體系的方法徹底改變。這表示政府的統一是真正有可能的前景，而這種可能性並不存在於西元二世紀或之前的時代。此外在卡拉卡拉於二一二年普遍發放公民權之後形成的帝國法律羅馬化，使得統一性似乎更值得嚮往。羅馬帝國晚期意識形態的前景必須仰賴帝國高峰期的騎士階級，而騎士階級的發展又是在二世紀元老與騎士階級勢力平衡的改變之後發生。

在共和國時代，擁有四十萬賽斯特提銅幣卻選擇不從事公職的騎士階級，和從事公職的騎士階級之間有著非常不固定的界線。奧古斯都創造了區分階級的法律基礎，首先他把元老必須擁有四十萬賽斯特提銅幣的最低財產限制提高到一百萬賽斯特提銅幣（這不是一大筆財產，當時一個普通的有錢人年收入可能都大於這個數字），但是他也讓元老地位可以由三代以內的家人繼承。除了新的財產限制，奧古斯都還將元老的人數維持在六百人左右，他修訂《最低年齡法》（*leges annales*，擔任不同官職任職的最低年齡），將元老必須符合的相關規定定型化。有了這些措施，不只有可能維持昔日施行於共和國官員基本的「榮耀之路」，也可以將其納入在其之上建立的新世界，其中權力來自於唯一一人，元老院沒有皇帝的允許不能離開義大利。

奧古斯都改革建立元老院的基本規模和形式，大體上將保留到兩個階級在四世紀合併為止。在整個帝國早期，當然也在我們的故事開始時的哈德良統治之下，元老人數僅剛好足夠達成交付給他們的任務。即便有二十人團中的元老們的兒子和孫子每年加入元老院擔任財務官，元老家族逐漸自然消失的趨勢也難以扭轉，原因是皇帝拔擢有經驗的人直接進入元老院擔任高位，或者拔擢最富裕階級（amplissimum ordinem）之中成功騎士階級官員的兒子，恩准他們得以像生在元老階級家庭中一樣謀求官職。元老所需人數的壓力，既是元老必須扮演個人角色的結果，也是元老院做為集體機構必須發揮許多功能的結果。從帝國開始以來的數世紀，元老持續擔任帝國主要的立法與司法團體，這表示元老的實際法定人數必須永遠是恰當的。在此同時，逐漸擴張的帝國需要元老（前任法務官與執政官）才能治理。在「正規執政官」於該年一月一日上任之後，需要每隔一段期間來另外指派「補任執政官」的原因，是為了提供足夠的卸任執政官，以便擔任帝國行政中執政官等級的管理職務。

在十個「公共」行省裡，延任執政官持續由抽籤選出，任期一年，這是將舊時共和國延任執政官正規化的形式。延任執政官的職責是司法與行政，以及藉由任何駐防行省的輔助兵團維繫行省的和平（正規羅馬軍團不會駐紮在公共行省）。然而幾乎所有皇帝行省也都需要一位元老等級總督，隨皇帝喜好在有限的一段時間內擔任「握有法務官權力的奧古斯都代表（軍團長）」（legatus Augusti pro praetore）。在有不只一個軍團駐防的行省裡需要額外的軍團長，因為如果讓一位總督掌控好幾個軍團，可能會有權力過大的危險。位階至少要是法務官，通常是執政官，才能擔任以上職位。在最大的執政官指揮部，例如塔拉科西班牙、卡帕多奇亞，需要有另外一位法務官等級的行省巡迴法官，來補足執政官等級代表對行省公民執法的有限時間。奧古斯都和提庇留已經替羅馬和義大利創立一整套新的元老職位，包括羅馬城長官（它總是保留給傑出且備受尊崇的執政官等級人物），以及各式各樣財政與司法職位的官員和管理官。在執政官與法務官位階之下，帝國各地無論在公共行省或皇帝行省，都需要有資淺的元老替資深元老長官擔任adiutore，也就是「助理」。

從西元一世紀末開始，出於許多由大量獨立與半自治社群組成的希臘行省的商業壓力，需要經常性指派特殊官員，也就是我們所知的糾察官，監管城市或地區的地方事務。在尤利烏斯．克勞狄烏斯王朝末期，每年已經至少需要有一百四十五位元老等級的官員，到了奧理略於一六一年登基時，元老人數提高到一百六十位。此外，東方出身元老的職涯純粹在東方的趨勢一直到三世紀都直接影響可用的人力。換言之，在以嚴格限制其身分資格以維持元老尊嚴，以及有效管理帝國的必須性之間，持續存在著緊張狀態。

有效管理帝國一直是無法減緩的需求，因為到了二世紀，帝國面積已經到達約兩百萬平方英里，有時候每三十五萬到四十萬居民僅由一位元老等級（或資深騎士階級）官員管理。結果是最初幾位皇帝非常依賴凱撒家室（familia Caesaris）的成員，尤其是他們自己最信任的自由民，也依賴騎士階級。隨著帝國體制的擴張，需要管理帝國的職位也跟著增多。這些職位很難由元老填補，即使元老的人數足夠，但新官職缺乏足夠的威望，因為他們個人必須仰賴皇帝，但對昔日共和國官員而言，這就比較不是明顯的事實，於是他們戳破了帝國實際上並不是專制政府這眾人佯裝不知的真相。此外，起初有些交付給騎士階級的任務（例如羅馬城糧食供應官）需要很長的任期，於是就會妨礙元老在傳統仕途的晉升過程，政府無法要求地位高的元老容忍這種事。使用騎士階級人士來擔任那些被創造出的新職位時，早期帝國那種需要將皇權掩飾在共和體制的門面下的謹慎平衡做法，會變得容易些。正常的羅馬保守主義確保在任何一段時間內職位由某個特定階級的人擔任的做法，通常能繼續下去。因此雖然數世紀以來幾乎所有帝國政府中最位高權重的職位，還是由元老把持，大多數政府中實際的運作卻都落入騎士階級手中。

在共和國時期，想進元老院的年輕人（這些人必須具備騎士階級財產資格）的職業生涯從軍團中的低階軍官開始，通常是軍事護民官。然而在奧古斯都與提庇留創設新的元老階級之後，絕大多數軍事護民官和所有輔助兵團的長官都保留給騎士階級；在克勞狄烏斯統治期間，正式編列出所謂的「三種軍職」（tres militiae），分別是步兵隊長（praefectus cohortis）、騎兵隊長（praefectus alae）與軍事護民官（tribunus militum）。這些職位可以做為填補持續擴張中的帝國統治集團人員的訓練場；到了二世紀中，軍中有多達五百五十個低階指揮官提供給騎士階級。自從禁衛軍統領創設以來，擔任這個職位的兩個人就都是騎士階級，而行政長官（prefecture），包括埃及長官在內，直到這個階級本身消失之前為止，都是最資深的騎士階級職位。

在本書敘述過程中，我們已經提到過許多其他更資淺的騎士階級職位。最接近皇帝身邊的職位包括負責帝國書信往來的書記官（ab epistulis）、與希臘各城市使節應對的官員（ad legations et responsa Graeca）、回覆請願的請願官（a libellis）、調查皇帝感興趣的法律案件的官員（a cognitionibus）和負責帝國財政管理的官員（a rationibus），他們複雜管理內容包括羅馬皇帝的個人財產與鑄幣局（moneta），以及皇帝的遺產稅（hereditatium）與各種統稱為portoria的間接關稅。在二世紀出現一種叫做advocatus fisci新的入門職位，讓騎士階級不用先擔任低階軍官，就能進入財務官僚體系，也讓修辭學者與其他東方有學養的階級成員共享羅馬政府的榮耀，即便那是他們曾經擔任的唯一官職。之前由單一官員負責的任務，這時候也一分為二。例如，分成拉丁區與希臘區各自所屬的書記官，因此能替主要希臘城市受過教育的階級鋪好一條直接通往帝國政府的道路。哈德良或安東尼烏斯・庇烏斯的統治時期設立全新的皇帝私人財產部門，以便區分皇帝家庭的個人財產和自從尤利烏斯—克勞狄烏斯王朝末期以來，就與帝國皇位（imperial purple）而非皇帝本人有關連的帝國自主財產。從那時候起，新成立的皇帝私人財產部門（patrimonium privatum或稱res privata）由義大利與行省各自的騎士階級官員體系擔任，並且在一九三到一九七年隨著擊敗佩斯切尼烏斯・奈哲爾與克洛狄烏斯・阿爾比努斯的內戰，並將兩人財產充公之後，官員人數大為擴張。

羅馬城也提供了騎士階級的成長機會。不將禁衛軍統領考慮在內，最重要的騎士階級官員是負責食物補給的羅馬城糧食供應官，以及負責救火和在禁衛軍不服從或人數不足時偶爾負責維護治安的警消總監（praefectus vigilum）。政府也僱用騎士階級做為帝國角鬥士學校的管理人（procuratores ludi）、帝國圖書館館長（a bibliothecis）、運輸官（praefectus vehiculorum）、負責徵收遺產稅與奴隸解放稅的官員（procuratores vicesimae hereditatium and vicesimae libertatis），以及整合對徵收那些稅項至為重要之行省普查資料的官員（a censibus）。

到了二世紀，元老院管理神廟與水道的管理官都由騎士階級擔任長官。在各行省，埃及長官自從奧古斯都統治的時代以來都由騎士階級擔任，他們擁有相當於延任執政官的統治權，全面接管托勒密王朝設置的行政架構，現在這些職務也同樣由騎士階級擔任。許多小行省也有相當於其他行省元老總督的騎士階級行政長官，雖然只要這種行省一旦具有真正的軍事重要性，騎士階級行政長官就會被替換成由元老擔任的軍團長，以上情形在猶地亞、卡帕多奇亞、色雷斯、諾里庫姆和雷蒂亞等行省都發生過許多次。分別駐守在米塞努姆（Misenum，今日位於那不勒斯灣的巴科利）與拉溫納的第勒尼安海與亞得里亞海戰艦艦長都是騎士階級，此外在行省總督之下至少還有七位經證實為行省戰艦指揮官的職位也都由騎士階級擔任。更普遍的情形是，在皇帝行省有十二位地方財務官，另外在公共行省有十位或以上管理帝國皇產的地方財務官。隨著二世紀礦業成為皇室重要收入來源，指派地方財務官監管來自達爾馬提亞、潘諾尼亞以及最後出現的達契亞等行省的皇室收入變得十分必要，不過在其他行省或許還是由皇帝的自由民擔任這項職務。

之後隨著二世紀向前推進，羅馬公民愈來愈普遍，許多之前沒必要或極少有必要，因此可以由總督的下屬處理的工作，現在都需要從之前僅存在於義大利但現在延伸到其他行省的騎士階級官僚體系處理。負責監察唯有公民必須支付的繼承與解放稅金的官員，是最顯而易見的例子。同樣的，正如官僚政治的自然趨勢，這許多階級發展得愈來愈複雜，需要加倍付出心力，因此我們發現從二世紀以降有更多副行政官（subpraefecti）與副財務官（subprocuratores）。從圖拉真到塞維魯時代之間，光是地方財務官職位就多出兩倍。此外，帝國地方財務官逐漸在公共行省中肩負之前曾經是元老等級財務官（senatorial quaestor）的地位，他們有時也介入與帝國繼承財產或行省稅收無關的行政事務。

意料中的是，隨著騎士階級職位的增加，他們開始形成相當於元老晉升階梯的「榮耀之路」。雖然因為沒有以舊時共和國官階做為它的架構基礎，因此較為彈性，騎士階級的「榮耀之路」到了康茂德的時代無疑也確實成為可被承認的階級制度，當時騎士階級職位是由以下每年薪資級別組成：六萬賽斯特提銅幣（sexagenarii）、十萬賽斯特提銅幣（centenarii）、二十萬賽斯特提銅幣（ducenarii）和三十萬賽斯特提銅幣（trecenarii）。如上所述，正如一位元老被稱為「備受推崇之人」（vir clarissimus），騎士階級被稱為「傑出之人」（vir egregius，希臘文ho krátistos），或者，從奧理略時代開始，還有位階比「傑出人士」更高的「最完美之人」（vir perfectissimus，希臘文ho diasemótatos）。

騎士階級官職的增加，雖然很明顯大規模發生在西元一與二世紀期間，卻很難詳細探查其過程，因為我們的文獻證據大量偏重在元老與皇帝的活動，也因為銘文與紙莎草學證據不夠彌補文獻證據的不足。因此騎士階級職位的第一個證據或許是在它設立之後的數十年才出現，它扭曲了我們對年代紀錄細節的理解，而沒有改變持續擴張的騎士階級職責的整體面貌。騎士階級職位的擴張對帝國各地菁英社會的範圍與前景造成衝擊。元老階級起初是世襲的階級制度，即使它愈來愈常將人才，尤其是那些已經成為皇帝信任的盟友，拔擢至這個階級中。一直到了進入安東尼王朝，身為元老都必然代表一個人與皇帝的關係，無論這位元老是必須將其後代納入考慮的古老家族後裔，或是引起皇帝注意並且被拔擢為元老階級的人。因為一旦受到拔擢，法律上就會要求元老將財產中的一大部分轉移至義大利，並且在那裡居住，因而將這些新的元老家庭鎖定在皇帝的活動範圍中。在元首政治中，即便在奧理略放鬆必須強制住在義大利的嚴格規定之後，元老的任命還是來自皇帝本人簽署的附錄（codicil），或許甚至是由他親手擬定。

相較之下，騎士階級自始至終都是一個經濟階級，他們以金戒指做為身分辨識，正如元老在托加長袍上配戴寬紫綬帶（latus clavus）。替皇帝服務的騎士階級職涯，與皇帝本人在實體與社會上的距離，都比元老的職涯大得多，以下事實就足以說明這一點：騎士階級低階職位的指派命令來自書記官所屬單位發出的書信（epistulae），而不是由皇帝發下的附錄。地位較低的騎士階級來自一般士兵，這些人是曾經擔任部隊中資深士官的首席百夫長（primipilari），對他們而言一份騎士階級的官職就是一段漫長事業的高峰。最終，最富有人脈也最廣的騎士階級可以預期或盼望受到拔擢進入元老院，或至少在獲准進入二十人團之後，可以在生命晚期追求元老的職涯。

絕大多數騎士階級的職業發展居於兩者中間，因為依舊是騎士階級唯一資格的人口普查財產條件一直沒有高得過分。部分出於這個理由，許多騎士階級從未離開他們出生的城市或替皇帝做事；即便如此，如果他們注意到合適的人，他們的兒子也有可能被授予寬紫綬帶，有步上元老的榮譽之路的權利。但是與皇帝親自接觸的需要，以最簡單、最實際的方式塑造並定義元老階級，造成元老在地理分布上的多樣化大為降低。權力大的元老通常聚集在特定行省的特定區域——自尼祿時代以來的南西班牙與那旁高盧行省；自維斯帕先時代之後的亞細亞、亞該亞和俾斯尼亞—本都行省；自奧理略時代以來的阿非利加行省與卡帕多奇亞等遠東行省。騎士階級在帝國的「文明」行省甚至在這些行省以外的地區，在當地擴張得更頻繁，人數或許多達數萬人。部分原因是這種地理上分布廣泛以及與皇室宮廷的距離，想升官的騎士階級成員更依賴往往與皇帝間接幾層關係之遙的恩主—侍從間的垂直關係。可追溯至共和國先例的羅馬上層社會元老階級意識形態，會降低經驗或特殊技能做為官職先決條件的必要性，然而騎士階級由於其人數與地理分布的多樣性，相對而言變得更專業化，他們的晉升至少是較為合理地依據功績，而不只是出身。

出身長久以來依舊是掌握權力的主要因素。一直到二世紀最後，元老階級還是穩坐帝國中最位高權重的官職。最有權力的騎士階級或許可以被授予執政官的信物，也就是所謂的consularibus ornamentis ornati，但是他們甚至沒能當上補任執政官。唯有在塞維魯統治時期，我們才會開始看見替帝國後期打下基礎的改變。其中區隔塞維魯王朝與安東尼王朝最主要的事情之一就是坦然承認騎士階級菁英擔任政府首長的事實。或許這是使元老院分裂與耗竭的嚴酷內戰，以及伴隨塞維魯王朝勝利後的肅清行動導致的必然結果。但我們也很明白的是塞維魯從未真正相信他的元老，塞維魯帝國正目睹政府最高層的元老和騎士階級勢力平衡的巨變。塞維魯大幅擴張舊時的皇帝私人財產部門，以便處理奈哲爾與阿爾比努斯追隨者被充公的財產，而不久之後，這些私人財產又收編帝國皇產部門，成為三世紀國家最重要的財政部門，該部門的幕僚全是騎士階級。在公共行省，普查之前曾經是當地社區的特權，但騎士階級中負責人口普查與收稅的官員（procuratores ad census accipiendos）的任用，現在從皇帝行省擴張至此。尤其在銘文中可以清楚得知，愈來愈常見的情況是：次級的帝國官員（或者從部隊中借調出的軍人，執行並且向財務部門回報）會收取以現金和實物支付的稅，取代了原先包稅人和當地的議會。

如果說上述財務管理上的擴張深入行省生活中，軍事指揮權的改變也同樣劇烈。首次出現從設置之初就以永久的騎士階級擔任「長官」，而不是以元老做為皇帝代表去擔任「軍團長」，是第一、第二與第三帕提亞軍團，它們是為了進行塞維魯的戰爭而募集的軍團。塞維魯以埃及為模範新成立的美索不達米亞行省，任職行省軍團長的是騎士階級行省總督（praeses）和指揮官。正如我們之前所見，次要行省一直是由騎士階級的官員管理，但是塞維魯開始將這種措施延伸到主要軍事行省；表面上所有人佯裝不知，但其實非常清楚，此種直接指派騎士階級的做法不過是「代理」（vice agens）缺席的元老階級軍團長。卡拉卡拉則是毫不避諱地讓大量騎士階級晉升至元老階級，因此使他們有資格擔任元老的官職，即便他們缺乏任何元老「榮耀之路」的經歷或對其沒有感覺。不用多久，連正式史料都開始以praeses的頭銜稱呼皇帝行省和公共行省的總督。

就在這些先例在塞維魯王朝初期扎根，並且由搖搖欲墜的繼任皇帝加以模仿時，不久前才從騎士階級變為元老的家族數目持續上升，而各處奧古斯都與弗拉維時代的貴族都從執政官年鑑（consular fasti）中消失。不過在分隔馬克里努斯失敗的統治期與戈爾迪安三世之死的一個世代之內，像菲利普這樣的騎士階級看起來也能有幾分帝王的樣子。在同一個世代，「代理」總督的行政謊言也被廢止，騎士階級的行省總督取代元老的軍團長。到了三世紀後半，阿拉伯、貝提卡、達爾馬提亞、努米底亞、本都—俾斯尼亞和上日耳曼尼亞等行省都轉為由騎士階級掌控，唯有其中一個設立於二四九至二五〇年的行省弗瑞吉亞—卡里亞指派給元老等級軍團長，也只有幾個設立已久的行省如西班牙塔拉哥納行省繼續由元老等級軍團長治理。

在任職於加里恩努斯統治期間、若非如此則不為人所知的維圖拉修斯・雷提尼安努斯（Vitulasius Laetinianus）和尤利烏斯・撒路斯提努斯・薩圖爾尼努斯・佛爾圖納提安努斯（C. Iulius Sallustinus Saturninus Fortunatianus）兩人之後，我們再也找不到元老背景的軍團長。在加里恩努斯統治下，機動的新騎士部隊成為軍事系統中流砥柱，他們都由騎士階級長官（praepositi）擔任。同樣的，到了加里恩努斯時代，底下帶著一群身分為「最出眾之人」（eminentissimus）的騎士階級最高長官，時常能當上執政官，因此他們不需要擔任元老「榮耀之路」的任何官職，就能改變身分，成為元老階級的「最備受推崇之人」（clarissimus）。在獲得「最備受推崇之人」頭銜之後，這些人幾乎再也沒有繼續追求進一步官職，但此種改變仍然不可能不造成兩者在晉升之路上的混淆，並且最終導致元老階級與騎士階級上的混亂。

隨著元老與騎士階級的「榮耀之路」區隔逐漸模糊，民政與軍政職涯的重疊處也愈來愈少，這預示了君士坦丁之後將民政與軍政職涯明確分開的做法。一直到塞維魯．亞歷山大統治期，已經在軍隊中達到事業頂端的人，之後就會被選入騎士階級文官系統任職，但是隨著三世紀向前推進，這種情形愈來愈少：當上首席百夫長的士兵不再擔任行政長官，據我們所知這麼做的最後一個人，是任職於瓦勒良與加里恩努斯統治期的奧理略．薩比尼亞努斯。比起三世紀初在他之前的那些皇帝，加里恩努斯更習慣於直接讓資淺的騎士階級軍官，當上之前由元老等級軍團長擔任的軍團指揮官，他們的頭銜是行政長官（prefect），階級身分是「傑出之人」（viri egregii），或用軍區司令（duces）指稱類似身分的人——這是一個新的通稱，用來稱呼擁有極大自主權的戰區指揮官。

在這半意外方式之下設立的軍官團終於讓加里恩努斯垮台，因為所有陰謀推翻他的資深軍官，包括奧瑞魯斯、赫拉克里亞努斯、馬奇安努斯、克勞狄烏斯和奧理略安努斯都正是來自於這背景，之後戴克里先的資深凱撒君士坦提烏斯一世也一樣。顯然對世紀中大有影響的幾個邊境上的軍事危機，需要有人採取有經驗且權宜之計的措施；也或許為真的是，在後人印象中是四世紀元老院受害根源的加里恩努斯，正因為他自己的元老背景無可非議，才能如此善用騎士階級擔任元老的官職。

然而其他三世紀的幾位皇帝之中，只有德西烏斯遵循元老的「榮耀之路」，至於其他皇帝，就我們對他們早期職涯所知，在這些人就任或奪取皇位之前都是軍旅出身，之後晉升為騎士階級軍官。

騎士階級專業人士在政府中人數倍增帶來一個新觀念，那就是在各個行省實施基本上可複製與非個人的管理方式是有可能的，無須使用共和國與早期帝國行省管理上特有的因時因地特設性管理方式。到了塞維魯．亞歷山大統治期，可複製且統一的施政開始讓行省管理中難以預測的狀況均一化，部分是因為卡拉卡拉授予所有行省人民公民權，表示羅馬法律延伸到之前鮮為人知的區域。在西元三世紀末，戴克里先和共治的皇帝看見將實際、有管理技巧的治理熱誠，跟意識形態統一整合在一起的制度化價值。在四帝共治末期，早期帝國政治體系中做為個人（privatus）的皇帝、做為元首（princeps）的皇帝，以及皇帝領導的羅馬帝國之間最後一些殘存的差異已經消失。奧古斯都刻意奉為神聖的大部分共和國時期殘存表象也隨之而去。西元三世紀初，次要元老院官職已經開始消失：在加里恩努斯時代之後就無法證實有二十人團、平民護民官和平民市政官的存在，並且以權充場面的財務官當作元老「榮耀之路」的開始。在四帝共治時期，這個財務官職務變成不過是一種形同隱形稅捐的職位，好讓元老的兒子能正式登錄到元老階級；在君士坦丁打壓騎士階級，以元老等級的階層取而代時，也是如此。

西元三世紀遺留後世的另一個做法，是減少世紀中過剩的法務官職務（praetorship），所有之前的法務官職務都變成由騎士階級擔任。在這段期間，我們也不再聽說義大利有舊日的元老糾察官（corrector）和法官（iuridici），這些榮譽的特別任命曾經在一與二世紀提供半島各行政區元老的管理職。取代他們的常任新型態糾察官在普羅布斯統治之下首次經證實開始出現，這意味義大利行省化將會在伽列里烏斯第二次四帝共治時期定型。在這時期，最後幾個執政官行省，諸如西班牙塔拉哥納行省、弗瑞吉亞行省與敘利亞—腓尼基行省，也變成由騎士階級治理；而還是公共行省的亞該亞、克里特與賽普勒斯的首長也都轉變為全由皇帝指派，這是繼普羅布斯與卡魯斯統治時期的馬其頓與呂基亞—旁非利亞行省的轉變之後。

於是君士坦丁繼承了改頭換面的廣大土地，前人已經將西元三世紀許多原本只是特定或臨時的實驗成為永久措施。他自己的改革則是鞏固四帝共治時期已經開始體制化的龐大高壓羅馬帝國。四帝共治的政治模式先是將權力分散給兩位、之後是四位皇帝，以便控制三世紀的政治風暴，然而君士坦丁確保自己握有絕對權力。他保有四帝共治愈來愈侵入性的分層政府，這個政府擁有極大發言權，它的儀式無所不包又無遠弗屆。但是他也認可舊有的安東尼王朝政治模式，在這模式下皇帝可以與能接近他的臣民溝通，以皇帝的仁慈與寬大回應他們的請願。基於這個理由，雖然戴克里先在統治權的表達上堅持帝國官僚中央化，君士坦丁卻開啟一種威嚇的統治風格，承諾保護他的人民不受他自己設立來統治他們的同一批官員欺凌。對於冒犯並掠奪他人民的官員，他會施以殺雞儆猴的嚴厲懲罰，把他們冒犯的行徑當作是對他本人尊貴地位的攻擊。如此他企圖以戴克里先不曾做過的方式直接討好人民，這麼做的同時他卻是以戴克里先和他的法學家曾經開創的漸強情緒化統治風格為手法。對君士坦丁而言，這是他刻意表現出的統治者風範，他利用四帝共治遺留給他的體系治理帝國，但他直接以人民的支持與保護者自居。他大張旗鼓疏遠自己與自己治理的國家（羅馬帝國就代表了他）的官員之間的距離，一部分的功能是可以持續擴張帝國，這擴張現象是他與之後的皇帝統治下最顯而易見的一項特色。

西元四世紀政治體系的底部是行省政府，也就是被戴克里先分割與增加數目的塞維魯時代行省。這些行省存在的主要證據，是份來自君士坦丁與李錫尼共治早期的官僚文件，它被稱為《維洛納行省列表》（*Laterculus Veronensis*），上面列出帝國劃分的一百多個行省。行省總督有不同稱謂，諸如延任執政官、執政官、糾察官等等，它們都是用來表示不同行省的統治層級與威望。做為最古老的共和國元老行省繼承者，依規定阿非利加、亞細亞和亞該亞行省的延任執政官擁有直接向皇帝報告的法定特權，他們不用和行政長官一樣向位階較高的首長報告。在大多數情況下，總督們都有類似職權，他們負責行省所有民事管理，包括法律系統和行省對各種國家財政部門必須盡的義務。行省的邊界與數目相對而言是可替換的，西元四與第五世紀間又增加了新行省，它們的地位與省界也發生各種改變。

四帝共治時期將行省合併成的「管區」，相較之下穩定得多。一開始管區的主要功能似乎是財政上的，目的是把受相同等級稅務官員管轄的區域放在一起。起初這些管區是由禁衛軍統領的下屬治理，他們往往充當副行政官或全權代表。然而到了君士坦丁時期，管區在被稱為代理官（vicarii）的官員治理下變得更有系統；代理官有權審理法律案件，意思是他能代替皇帝（vice sacra）。這麼做的目的既是讓熱心的皇帝所關愛的行省人民更能享有公平正義，也是確保愈來愈複雜的不同層次上訴權能彼此重疊，因而能監督官員以及行省人民。或許出於更強大且更一致性監督的同樣需求，導致君士坦丁將戴克里先的默西亞管區分成達契亞管區和馬其頓管區，而瓦倫斯皇帝則是在四世紀末將埃及從東方管區獨立出來，由自己的代理官治理，叫做奧古斯都長官（praefectus Augustalis，東方管區的代理官也有特殊的名稱，叫做 comes Orientis 而不是 vicarius Orientis）。整個四世紀一直進入到五世紀，管區依舊是帝國的基石，不同皇帝勢力範圍就以這行政層級劃分。此外，代理官一直未獲得不得上訴（inappellate）的終審法律權：正如行省總督的決定可能會上訴到代理官或行政官，代理官的判決也可以被上訴到皇帝或禁衛軍統領。

這些帝國晚期的行政長官，就是我們之前在整本書中見過的帝國早期官員的直系後代。四世紀一開始，他們就已經取得不得上訴權，他們的判決和皇帝的判決一樣不可質疑。在四帝共治之下，每一個皇帝都有各自的禁衛軍統領，這個做法一直持續到君士坦丁統治期，他讓他每一個在帝國不同地區的兒子設立次級法院。在君士坦丁於三一二年打壓禁衛軍統領之後，指揮官已經失去他們殘留的軍事權力，但是他們在帝國內仍然是最有權力的官員，能代替皇帝進行審判，徵收並分配在他們統轄的區內的收入，聽取人民對地方低階官員的上訴。他們肩負龐大的財政責任，因為他們掌管所有帝國民政與軍政的薪資與口糧。因為帝國晚期與早期一樣，它基本上是一個國家機器，將來自行省的稅收重新分配，以現金或實物發放給皇帝的人員和士兵，主要管理這個機器的官員自然擁有極大的權力和責任。除了分配財富的基本職責，這些行政長官還監控基礎建設的養護，維持公共郵政系統和私人運輸網絡，用來運送糧食，以及用現金、實物或無薪勞力來支付徵收的賦稅，看見它們達成以上功能。

到了君士坦丁死時，可以看出史料中行政長官管轄範圍的事實上領土化，這在他兒子君士坦提烏斯二世統治時期變得相當明顯。屬於這些長官管轄的管區或許有時會改換（由於內戰和外敵入侵，四世紀後期與五世紀初時常如此），不過在大約三五〇年間逐漸形成四個相當穩定的大區（prefecture）：高盧大區，大致上從特里爾管理，包含不列顛尼亞、兩個高盧管區和西班牙；義大利與阿非利加大區，包含義大利、說拉丁語的北非昔蘭尼（Cyrene）西部、阿爾卑斯山各行省，有時也包括潘諾尼亞；伊利里庫姆大區，有時與義大利和阿非利加聯合管理，包括馬其頓、達契亞以及往往也包括潘諾尼亞；此外還有東方大區，包括色雷斯、小亞細亞、黎凡特和美索不達米亞與埃及。亞該亞、亞細亞和阿非利加延任執政官行省不受大區長官管轄，不過實際上他們需要在財政事務上與他合作。羅馬（或者在三五九年之後的君士坦丁堡）也不需要，它由聲望極高的元老職位羅馬城長官，以及一般而言與行政官員體系連結的較低階官職羅馬城糧食供應官兩者治理。

除了管理行省的代理官和行政長官（這兩者底下需要二十或甚至數以百計的低階官員），還有圍繞在皇帝本人身邊的官僚體系，也就是與皇帝一起旅行，被稱為「隨從」（comitatus）的政府。最接近皇帝的是他的家臣，也就是在「內侍長」（praepositus sacri cubiculi）管理之下的內侍（cubicularii）。內侍長和他們掌管的大多數內侍都是通常來自於羅馬與波斯邊境的閹人。他們監管皇帝的帳目，打理皇帝與皇后個人私密的需要，監督各種教師、辦事員和僕人，這些人統稱為ministeriales或curae palatiorum。其他主要宮廷官職負責處理皇帝必須進行的公共活動。政務總管（magister officiorum）或許是隨從中權力最大的官僚首長，他們的職責涵蓋皇帝在公共事務所需的各種部門（scrinia）：他的三個低階首長——帝國祕書、請願官和書記官掌管皇帝的通信，接受向皇帝提出的上訴和請願，以及行省管理者的報告（relationes），然後草擬回覆。

這個部門裡還有一批負責外交事務的翻譯者，此外政務總管也掌控帝國政府的機密郵件系統，由辦事員（agentes in rebus，希臘文magistrianoi）管理。在任何時候人數都大約有上千人的辦事員有屬於他們自己嚴格的階級，一開始是信差，不過最後往往成為受高度信任的間諜、機密特務或殺手，執行不能被安全地合法化，但皇帝常必須快速下令和以最低限度公開的特殊勤務。或許令人訝異的是，政務總管是君士坦丁統治之後唯一保留實質軍事功能的文官，他們是宮廷衛隊單位（scholae palatinae）名義上的指揮官，不過每個部隊單位都有皇帝親自挑選的做為軍官的軍事護民官。

另一種宮廷官職「書記」（notarii）在很大程度上複製了政務總管的功能。他們負責記錄廣大帝國各地的官員任命，並且將委任令核發給所有替皇帝服務的官員，部門首長是一位書記長（primicerius notariorum），他有一張稱做主要官員名冊（laterculum maius）的名單，上面列出每一個帝國官員的名字。書記長也核發一份附錄，以此知會接受任命的官員。這項工作需要大批書記，他們是技術性的辦事員，但也時常負責各式各樣特殊的事務，有時也擔任沒有實際職位的管理者，執行任何皇帝需要在某個時間完成的任務，這項任務有時甚至是卑鄙或違法的。

雖然禁衛軍統領透過國家系統監管最大筆的金流，戴克里先新設立的財政部門在君士坦丁統治期及之後規模才逐漸壯大，監督他們的「長官」（comites）一直是「隨從」中的資深成員。早在君士坦丁統治之前，皇帝私人財產部門已經併吞舊的帝國皇產部門，私人財產部門的長官（comes rei privatae）和資深皇帝一同旅行，監管五個不同的部門，這五個部門負責管理皇帝不同類別的財產，從稅務與租賃到銷售與充公。私人財產部門因此以地區與行省層級的管理機構代表每個行省。

國庫部（sacrae largitiones）掌控鑄幣廠，包括位於希爾繆姆與塞爾迪卡的新君士坦丁鑄幣廠，以及四帝共治時期延續至今的鑄幣廠。它也監管屬於國家的金銀礦以及國營工廠（fabricae），軍官團的武器和盔甲在這裡製造，並以貴重金屬裝飾。最後，所有收到以金或銀支付的稅金都會來到這個部門；包括各種不同的通行費和其來有自的港口稅；將徵兵稅折合成金子的稅收（aurum tironicum）；

都市轄區在皇帝登基與每五年登基紀念日時「自願」捐給皇帝的獻金（aurum coronarium）；元老的獻金（aurum oblaticium），支付時間同上；元老支付的一筆年度費用（collatio glebalis）；以及對所有商人課的稅（collatio lustralis，或希臘文chrysárgyron），每五年徵收，最初以金或銀支付，之後只以金支付。在國庫部裡總共有十個部門，而且也和皇帝私人財產部門一樣，在省與宮廷裡也常複製這些部門。

除了政務總管的特殊異常狀況，以及他掌管宮廷衛隊（scholae palatinae）指揮權之外，君士坦丁將帝國的軍事與民政階級徹底分離。廣大帝國的軍事指揮權比民政階級簡單得多。中央野戰軍（comitatenese）和行省邊境部隊（limitanei，或稱ripenses）之間逐漸有區別。雖然有證據顯示這兩種軍隊形式存在戰鬥性質的差異，兩者間卻絕對沒有固定的第一或第二等級的階級之分。中央野戰軍由兩名資深將軍指揮，一般在皇帝的「隨從」單位服役，因此被稱做御前軍隊首長（magistri militum praesentales）。資深指揮官是「步兵長」（magistri peditum praesentalis），資淺指揮官是「騎兵長」（magister equitum praesentalis）；此外，雖然以上頭銜翻譯為英文分別是步兵長與騎兵長，但其實兩者指揮的部隊中都有騎兵和步兵，統稱為magistri militum，也就是「軍隊首長」的意思。如果是在皇帝共治的情形下，每一個皇帝的「隨從」中都會複製這些指揮部，然而隨著時間過去（也隨著地方行政長官的發展），逐漸設立了野戰軍團的地方指揮部。

到了四世紀中，除了野戰軍指揮官，也逐漸出現高盧指揮官（magister per Gallias）、伊利里庫姆指揮官（magister per Illyricum）與東方指揮官（magister per Orientem），每一個指揮官都率領大致穩定但可能會隨著地區軍事狀況變動的野戰軍核心部隊。邊境常設駐軍由長官或軍區司令這兩種指揮官率領，指揮不同的邊境部隊，不過這些部隊有時會分散到行省各地，而且他們不僅是士兵，也擔任維護治安與管理邊境的官員。一支皇帝身邊的御林軍（protectores domestici），成員來自有特權與背景的政府官員與軍隊高階人員的兒子，會加入皇帝御駕親征，擔任軍官的訓練軍團，訓練那些要加入晚期帝國軍官團在階級、背景迥異的人員。這些御林軍隸屬於宮內侍衛官（comes domesticorum，皇帝隨從的高階成員），我們必須分辨他們與一般侍衛之間的區隔；後者在職涯晚期從邊境軍或野戰軍晉升，然後被指派各種不同特殊的監管任務，而他們往往被派駐到遙遠的行省，做為長期卓越表現的獎賞。正如之前已經提到過，宮廷衛隊不受野戰軍指揮官指揮，而是隸屬於政務總管。皇帝從這些特別的衛隊中挑選他的私人保鏢，這些人叫做「白軍」（candidati），因為他們的制服是白色的（candidus的意思是「閃亮華麗的」）。每一支宮廷衛隊大約有五百名士兵之多，由一名皇帝親自選出的軍事護民官指揮。

來自安條克軍人世家的阿米安努斯·馬切里努斯就是上述皇帝的御林軍之一，他在四世紀中退休，多虧了他寫下現存最偉大的拉丁文歷史，我們得以史無前例地深入理解本章中概述的龐大複雜管理系統是如何實際運作。軍政與民政階級劃分，以及宮廷、行省、財政與管理部門重疊的君士坦丁帝國，早已遠離我們故事一開始時敘述的安東尼王朝。於是，一層相對稀薄的帝國主權位於地區與行省風貌之上，某些地方的面貌與它們被納為帝國領土之前相較僅有極少改變。到君士坦丁死去時，整個羅馬帝國整合為一個運作起來緩慢且累贅的政府體系，無論是誰剛好當上皇帝；它由帝國菁英集團一肩扛起，這些人之所以存在不是由於元老身分，而是他們在永恆的國家機器中扮演的角色。事實上，君士坦丁已經催生了全新的羅馬帝國。

第十六章　君士坦丁的帝國

西元三二四年，君士坦丁得以完全掌控帝國。戰勝李錫尼代表國內已經沒有其他能與他對抗的敵人，除非是來自於他自己的家庭。勝利也使君士坦丁能掌控波斯薩珊王朝的邊境，並且得以盤算對新而更廣大的範圍的擴張想像。這是波斯史上一個有趣的時期，因為年輕的波斯大王沙普爾二世才剛成年。雖然他即將證明自己和三世紀的沙普爾一樣是位傑出統治者，成年前的日子他卻過得很辛苦。納賽赫死於三〇二或三〇三年，之後由他的兒子歐馬茲特二世繼位。我們對於歐馬茲特二世統治下的波斯所知很少，因為近期阿拉伯史料裡只有極少可信的資訊。他一死，或許在一場叛變之後，皇位就由沙普爾二世繼承，三〇九至三一〇年間他只是個嬰孩。他的登基看起來像是某些貴族與教士對歐馬茲特年紀較大的兒子們所發動的一場政變。雖然三一〇年代在波斯歷史上一片空白，到了三二〇年代初，沙普爾二世開始主張自己的權威。約在三二四或三二五年他的兄弟歐馬茲特（羅馬人稱為歐米斯達斯〔Hormisdas〕）流亡到君士坦丁的宮廷裡，或許就在沙普爾二世親自率軍深入阿拉伯半島，懲戒那裡的薩珊王朝附庸國，也或許是企圖破壞羅馬對遠東貿易路線掌控的不久之後。在那次遠征中，或至少或許和遠征有關，波斯人和羅馬人在阿拉伯人的防線上（也就是我們在第十二章討論過的戴克里先之路）發生了一些衝突，羅馬人似乎損失慘重。在大多數情況下，沙普爾二世首先致力於鞏固他在帝國中轄地的權力，但漸漸地他和君士坦丁即將進入持續一個世代以上的衝突。

君士坦丁在東方發現了一個和他離開的西方截然不同的世界。除了顯而易見的希臘文化與拉丁文化的對比，這兩個地方在前一世紀的宗教迫害經驗也截然不同。在東方不僅基督徒比西方多，他們受的苦既深且久。此外，希臘基督教比拉丁基督教複雜得多。有一部分是語言因素——希臘文比拉丁文細緻得多，藉由從現有語法學結構鑄造新字，它幾乎能創造出無限意義的變形。字彙較少、較難創造新詞的拉丁文，遠不及希臘文適合表達神學或哲學上的差異，同一個字往往可以用來代表許多不同的東西。基於這樣的理由，在帝國早期，連以拉丁文為母語的人往往都選擇以希臘文撰寫哲學方面的文章，例如皇帝奧理略在斯多噶學派哲學筆記裡寫給自己看的，我們已經看過這個現象。基於同樣理由，希臘思想家很少覺得有學習拉丁文的必要。但是這個語言上的複雜性也對希臘基督教造成了一些後果。

正如我們所見，君士坦丁的新信仰以信念為基礎的成分大過於實踐，而無法實踐正確的信念將危及拯救。定義上的深奧問題，本來是哲學家，甚至是教條主義的柏拉圖主義者間激烈爭論的問題，如今對基督教神學家卻成了生死交關的問題，因為這些問題可能代表基督徒靈魂之死，而細膩的希臘文可以創造出種種意義上的變化，替不同命題提供幾乎無限的空間。正確的信念當然不是等著被人發現，而是在騷動的神學爭論中被建構出來的成品。在理念的戰爭中失敗的構想將被斥為異端、錯誤的信仰，但這是有問題的：不僅某個教士的異端是另一個教士的正統教義，而且從人們接受某個構想表述的正統性，或某個問題看起來已經塵埃落定的那刻起，這個結論就會產生新的問題，從而帶來新的、而且往往是引起不和的構想表述。

當君士坦丁打敗李錫尼，接管東方時，他發現自己置身於其中一個神學爭論中。這個問題圍繞著基督教三位一體：聖父、聖子和聖靈三者之間的關係，尤其是聖父和他的兒子的關係。提出質疑的人是一位名叫亞流（Arius）的埃及教士，隨之而來的冗長神學論戰就是現在一般所知的亞流爭論（Arian controversy）。和他之前與北非多納圖斯派有限的交手不同，君士坦丁對亞流爭論的介入大膽得令人震驚，簡潔而有決斷力；它將對羅馬帝國在政治上與文化上產生重大的後果。

埃及與亞歷山卓的主要主教，遭遇和在北非造成多納圖斯分裂教派類似的問題：教會哪還容得下在大迫害期間跟羅馬政府妥協的哪些人可以回到教會。但跟在北非不同的是，在埃及，「交出經書者」的叛教問題被其中一方投機取巧地與一個真正的神學問題結合，而產生爭議。在安條克研究神學的亞流，反對亞歷山卓主教亞歷山德（Alexander）在三位一體中聖父與聖子相像的觀點。亞流主張，如果是聖父「生出」聖子，那麼必定會有一段時間聖子並不存在，其結果是他們倆不可能有同樣的本體，而是聖子必須既與聖父不同，也順服於聖父。受到質疑的亞歷山德流放並且隔離亞流，他認為亞流的看法不僅不服從教會，而且還是異端，但是亞流四處尋找，於是在東方其他教會找到強有力的政治支持者。

一旦描述三位一體中的聖父與聖子關係孰是孰非的知識問題被政治化，它就不能只以純粹的知識問題探究，也必須以任何社會中左右思考的友誼與恩庇者網絡為根據。在君士坦丁擊敗李錫尼的那刻起，這每一個網絡就包圍著他的宮廷，他知道他們不僅會要求他做出強制裁決，而且做為他們信仰的一分子，他也有義務這麼做。如果君士坦丁同樣依賴會議做出裁決，就像他試圖平息西方多納圖斯教派的爭論那樣，在東方不僅會使知識問題也會使其政治面向惡化，因為這會神聖化一個本質上充滿危險的建構正統性手段：宗教會議要求一群習於掌控自己社群的主教，在風險大到極點的問題上尋求妥協。聰明而野心勃勃的人於是肆意表現出嫉妒虛榮與不可一世，這些人可以宣稱，而且他們大抵上也相信，其他人的靈魂必須仰賴他們在信仰上的正確。理論上，宗教會議的決定不只有約束力，而且受神性啟發。實際上，他們做出的既是神學上的決定，也是政治上的決定，而且伴隨著痛苦和指責，這是許多失敗的一方總會產生的過程。在三世紀，基督徒不是被羅馬帝國忽視就是被迫害，宗教會議或主教的決定唯有透過社群信徒相互同意才能實施。君士坦丁皈依基督教，以及他決定以羅馬帝國的全副力量支持宗教會議的決定，立即使教會政治變得去銳化。

我們在為了處理亞流的教義爭論所召開的尼西亞會議（Council of Nicaea）中，可以見到上述情形。君士坦丁長久以來都是聽取西班牙科爾杜巴主教荷西烏斯（Hosius，亦稱歐西烏斯〔Ossius〕）的建議，十之八九就是此人說服皇帝他在高盧的幻象是基督教預兆，而不是太陽神預兆。眼見贊成與反對亞流的主教彼此對立，荷西烏斯建議召開一場會議，帝國所有主教都受邀參加。會議在小亞細亞的尼西亞舉行，這個地點方便東方大部分主教前往。教規認可的與會主教人數是三百一十八位，但是我們不可能得知真正的人數。凱撒利亞的優西比烏之後將撰寫第一部教會史，它較晚的版本裡以尼西亞會議告終；優西比烏不只是我們最重要的資料來源之一，也是我們知道曾經出席會議的眾多主教之一。出席者包括兩位尚未從戴克里先宗教迫害的傷痛中平復心情的年長基督教領袖，他們也是帝國東方最神聖的主教代表：亞歷山卓與安條克的主教。雖然安條克的歐大邱（Eustathius）親自出席，亞歷山卓的亞歷山德卻以年老為由派了一名年輕的執事亞他那修（Athanasius）代表他參加。由於尼西亞會議想處理的主要爭論與亞歷山德自己的教士亞流有關，把這件事的決定交付一名年輕且帶有邪惡政治意圖的下屬，事後將證明造成極大的影響。

然而君士坦丁與荷西烏斯顯然試圖使雙方達成協議，建立真正的信仰，因此他們撒下大網：從高盧、西班牙、北非、達爾馬提亞到義大利等西方主教都參與會議，此外還有尼科米底亞的主教優西比烏，此人的重要性在於他的資歷，以及他的主教轄區位於皇帝在小亞細亞的主要居所。優西比烏是亞流的支持者之一，兩人師出同門，此外，雖然他們在尼西亞顯然是少數，他們卻在皇帝面前引發一場激烈的爭論：君士坦丁堅持在辯論時雙方主教人數相等。這是大膽但也是君士坦丁典型的一步棋。

我們無須深究尼西亞會議上的神學辯論細節，部分原因是數世紀以來早已有人以準確、但沒有信仰上的成見（confessional partis pris）來重新建構。話雖如此，我們同時也應該強調其重要性，因為即便是二十一世紀最虔誠的信徒，也難以喚起古典晚期基督徒賦予神學正確性的意義。我們只需這麼說：在大量的辯論、知識立場的公開，以及政治支持的號召之後，亞流提出的論點是，聖子是上帝第一個創造物，因此他的「存在」或「實體」（希臘文是ousia，拉丁文是substantia）與聖父不同；上述論點被駁回。取而代之的是強行訂定另一個聖父與聖子的存在或實體都相同的教義，也就是希臘文的「本體同一」（homoousios是由「相同」〔homos〕與「存在」〔ousia〕組合成的複合字）。尼西亞會議設立的這個規範，絕對排除父與子之間「實體」差異的可能性，儘管後者由前者創造；如果讀者懷疑這是悖論，就必須在思想上改弦更張加以克服。話雖如此，新的規範在當下立刻成功：它滿足那些相信亞流是無可救藥地違背正統，以及務必提出一個他不可能同意的神學解答的那些人；它也滿足只想討好這位東方新皇帝，並且從論戰中全身而退的人，既然皇帝顯然認為《尼西亞信經》是個成功的提議；即使那些認為本體同一的規範在知識上站不住腳的人（例如尼科米底亞的優西比烏就是其中主要人物），也認為對當下的需要來說它已經足夠。事後證明他們沒有錯。除了三位主教以外，其他人都簽署了會議決議的信經，亞流與其他頑強反抗的人流亡他處，這件事理應塵埃落定。

當然，就像北非的多納圖斯教派分裂事件一樣，這件事並沒有了結。不僅發自內心同意亞流的人覺得《尼西亞信經》令人尷尬，連許多認為亞流大錯特錯的人，也覺得本體同一的解決辦法是錯的，即使它錯的方式不同。它是解決目前衝突的處方，但衝突卻又因它而起。亞歷山卓的亞他那修和與他意見相同並贏得辯論的那些人，投入大量政治政治資本，好讓《尼西亞信經》的規範能夠對抗所有挑戰。當亞他那修於三二八年繼任亞歷山德的埃及主教地位，就注定要引來永久的麻煩。尤其是尼科米底亞的優西比烏與君士坦丁皇帝非常親近，在君士坦丁年老之後更是如此。在君士坦丁的統治期間，優西比烏盡可能確保讓其他同情亞流觀點的人填滿東方主教的位子。這些主教被對手戲稱為「亞流派信徒」（Arian），但就他們宣揚的教義而言，更好的稱呼是「相像派」（homoians）。他們提議，與其說聖父和聖子有相同的實體，其實他們實質上是相像的（homoios）。到了君士坦丁死時，皇帝自己已經看見亞他那修和他的追隨者不僅就神學理論而言比對手更錯得離譜，而且還是更危險的障礙。

我們可以繼續長篇大論好幾頁，敘述在尼西亞會議之後的政治與神學陰謀，而神學爭論也確實是古典晚期歷史及其遺留下來的文獻史料最主要的議題之一。但日前對我們而言最關鍵的是結構性的重點。尼西亞會議和之後的餘波蕩漾，是皇帝與他的官員必須主張某種形式的基督教信仰來對抗另一種信仰的原因。這跟例如德西烏斯統治下實施的獻祭十分不同；德西烏斯獻祭的目的是強調獻祭作為的一致性，而不是強調信仰。君士坦丁和他的官員致力於推動的並不是某種容易證明的事物。參與基督教爭論的人了解這一點，他們緊抓住它的政治功用。長遠看來，羅馬帝國被迫花費龐大資源在定義與強制實施人們可能自稱信奉的信仰，這過程創造出一整個階級的人，他們被排除在國家與國家的保護之外，因為他們沒有遵守由皇帝背書的基督教信條。

正統信仰的發現與推行不是君士坦丁偏袒教會的唯一措施。君士坦丁派出官員到東方各地搜刮異教神廟裡的財寶並進行編目。神廟是巨大財富的匯集處，長期以來它的功用就是集希臘世界的銀行與博物館於一身；許多神廟存放的贈品年代可追溯至五百、六百或七百年前。君士坦丁拿走神廟裡的所有金銀財寶，用來資助他最野心勃勃的兩項計畫：建造君士坦丁堡，與我們將在本章稍後提到的貨幣改革。將神廟財寶充公並不是刻意打壓異教信仰的手段。如果是，君士坦丁就不會讓一位身分崇高的異教徒——艾盧西斯祕儀導師，雅典的尼卡戈拉斯（Nicagoras of Athens）負責從埃及尋找珍貴的紀念碑。然而，在所有君士坦丁對付傳統希臘化宗教的措施中，許多偉大神廟一夕之間破產造成的傷害最大。其他措施之一是引起極大爭議的來源，因為它非常難以記錄，像是君士坦丁很有可能禁止異教徒公開獻祭，不只是血祭，還包括象徵性在神明的祭壇上焚香。沒有當代史料能明確證實這種禁令，但是一首希臘詩作暗示祭壇上再也沒有焚香，此外由君士坦丁的兒子君士坦斯於三四一年頒布的一條法律禁止人們公開獻祭，並聲稱君士坦丁在過去已經這麼做過。因此就可能性的衡量下，確實暗示君士坦丁曾禁止公開獻祭，但同樣也暗示這項禁令沒有嚴格實施——這很類似大迫害時的情形，該禁令必定大量依據現場官員的態度。西元三二四年，君士坦丁做出另一項對基督教信仰的表態，他宣布在奉獻給太陽的這一天，不應該進行公共事務，因此發明了週末（只有務農的人還是必須每天工作，這是延續昔日希臘─羅馬時代的有趣觀念，唯有住在由政治明確界定市區裡才是「真正的人」）。

在這各式各樣偏袒基督徒的表示中，尼西亞會議顯然依舊是君士坦丁故事轉變的樞紐，不只出於它的重要性，也因為現存證據的分布：在會議結束後，除了期間偶爾的驚鴻一瞥，君士坦丁統治的敘事歷史變得難以描繪。最戲劇性的時刻就是凱撒克里斯普斯遭處決，弗絲塔失蹤或也被處死。西元三二六年五月，克里斯普斯在波拉（Pola）被殺；這肇因於君士坦丁召喚他到宮廷，回應某些沒有具體說明的指控。因為君士坦丁善於操弄自身名譽，後人無從得知事實真相。在一份四世紀晚期的異教史料中，尤納皮烏斯（Eunapius，內容藉由比他更晚的希臘異教歷史學家左西莫斯〔Zosimus〕所寫的《新歷史》〔*Historia Nova*〕一書流傳後世），暗示克里斯普斯和弗絲塔兩人發生戀情，在克里斯普斯被處決後，君士坦丁過於悲痛，因此也殺死了弗絲塔。另一個版本是弗絲塔遭到流放，在克里斯普斯死後幾年也死了。看來當代人對這件事知道得很少，結果是我們知道得更少。克里斯普斯與弗絲塔私通絕非毫無可能（他們倆年紀相仿），不過更有可能的是君士坦丁害怕發生政變。克里斯普斯在對抗李錫尼的戰役中表現極佳，十年來他也一直為成為羅馬政府的門面，替自己在西方接掌權力做好準備。對於不滿既遙遠、且也許是激進基督徒的君士坦丁的西方人來說，克里斯普斯比較像是位有魅力的皇帝。君士坦丁懷疑他兒子有篡位野心或許是對的，又或者他可能受人欺騙，因而殺了一位忠心的左右手。可以確定的是三二六年七月和八月君士坦丁人在羅馬，克里斯普斯就是這時候在波拉被處決。遭到記憶抹煞刑罰的凱撒克里斯普斯一直沒有被恢復名聲，但是在她的兒子繼承皇位之後，弗絲塔的名字終究又重新回到帝國世系的名單中。

君士坦丁在西元三二〇年代晚期的行動，可以從他頒布法令的地點來追溯。三二六至三二七年冬天他在巴爾幹半島，之後三二七年晚春他經由德薩洛尼卡和君士坦丁堡來到小亞細亞，據推測是為了察看新城市建造的進度。三二七年十二月到三二八年一月間，他在尼科米底亞參加一場解決尼西亞會議進一步裁決結果的基督教會議。同時他或許也將尼科米底亞附近一座叫德雷帕努姆（Drepanum）的俾斯尼亞城市重建為海倫波利斯（Helenopolis），以紀念他的母親海倫娜，這時海倫娜已經成為基督教主保聖人，享有崇高的公眾地位。然而到了五月，君士坦丁已經離開小亞細亞前往巴爾幹半島：我們發現五月中他在塞爾迪卡，然後前往歐斯庫斯（Oescus，這是一個現在已經無人居住的小鎮，位於保加利亞的普列文西北部），接著又在秋天前往萊茵蘭，據推測是要去安撫惋惜克里斯普斯之死的當地菁英分子。他在特里爾過冬，但也在萊茵河另一頭進行了幾場戰役，或許是對抗某一群法蘭克人。三月他回到巴爾幹半島，在那裡度過了將近三年，包括一整年住在於三三〇年五月十一日正式舉辦啟用典禮的君士坦丁堡。三三一年他往返於君士坦丁堡與尼科米底亞，主要是為了處理教會議題，但在三三二年初他回到多瑙河，發動一場對往後歷史事件帶來極大後果的戰役。

比起大多數晚期帝國邊境的戰鬥，我們對君士坦丁的哥德戰役知道得更多，但是某方面來說我們所知，與其說能提供資訊，不如說是吊人胃口。到了西元三二〇年代晚期，從古代人所稱的麥奧提斯湖（Lake Maeotis，今天我們稱做亞速海）到裏海，都在哥德人霸權之下，當時羅馬人稱他們為哥德人，他們也自稱為哥德人。但即使在最後一場四帝共治時期對抗卡爾皮人的戰爭之後，不再有人提及非哥德人的政體，但這並不表示大多數當地人都是「哥德人」。在一個包含許多不被認為是哥德人民的社會裡，哥德人似乎還是主要族群，不過他們都擁有被稱做穆列什河畔聖塔娜／切爾尼亞霍夫的特殊物質文明。存在較久的族群，如卡爾皮人、達契亞人、之前的羅馬行省人民和薩爾馬提亞人沒有消失，但現在都由哥德人統治，羅馬人的史料將他們區分為兩個主要族群：泰爾溫吉人（Tervingi）與格列烏通吉人（Greuthungi）。正如我們之前所見，這些哥德人並不是從他處移民來的同種族群，而是羅馬邊境各種外圍文化交融之下的結果。哥德人在這時期逐漸壯大的真正證明，是君士坦丁統治期接近尾聲時，希臘化的博斯普魯斯王國終於衰落，最後在四世紀中消失。難怪我們正好在此時發現多瑙河左岸被稱做 ripa Gothica（「哥德人的河岸」）。

我們並不十分清楚是什麼在西元三三〇年代造成君士坦丁對哥德人開戰。他或許打算懲罰哥德人在最後內戰中替李錫尼打仗，或者可能四帝共治時期羅馬人支持哥德人對抗卡爾皮人和薩爾馬提亞人，使得泰爾溫吉人迅速鞏固勢力的情形，讓他有所警覺。君士坦丁大興土木，他為此募集資金的證據就是從三二〇年代晚期當地青銅幣供應量大為增加。這些工程包括在羅馬尼亞鐵門峽附近的波雷奇（Porecka）河谷上的城牆系統，以及一座野心勃勃、橫跨多瑙河從歐斯庫斯到蘇奇達瓦（Sucidava）的新橋，於三二八年完工。蘇奇達瓦的基地在「哥德人的河岸」設立了帝國的橋頭堡，以一座所謂「四棟塔樓的堡壘」（quadriburgia）持續進行四帝共治時期增強多瑙河邊界防禦工事的計畫。這座堡壘是座小型堡壘，內部大小不到兩英畝半，四邊各有一棟塔樓。這些堡壘蓋在第二默西亞行省的斯基提亞（Scythia）以及多瑙河對岸，君士坦丁又在達弗尼的特蘭斯馬里斯卡（Transmarisca，今日保加利亞的圖特拉）的多瑙河對岸建造了一座新的塔樓堡壘。經證實三二八年和三二九年，多瑙河左岸曾經發生戰役。

接著在西元三三〇年，一些泰法利人（Taifali，他們是規模較小的族群，史料裡稱他們是「哥德人」）入侵巴爾幹行省，或許他們是從泰爾溫吉人那裡逃出來，因為沒多久就有一名來自薩爾馬提亞人的使者要求羅馬帝國幫他們對抗泰爾溫吉人。君士坦丁之後在「薩爾馬提亞人領土」上的哥德戰役，由他的長子，也就是繼克里斯普斯之後擔任資深凱撒的君士坦提努斯進行。這場戰役以羅馬帝國大獲全勝告終，哥德人交出人質，包括一位名叫亞律亞里克（Ariaric）的泰爾溫吉國王的兒子，這位國王顯然統治一個實質的政體，他可能是之後將在三六〇年代與羅馬皇帝瓦倫斯打成僵局的哥德國王阿塔納里克一世（Athanaric）的祖父。羅馬人趁勝追擊，與他們的薩爾馬提亞盟友作戰，後者可能已經違反跟羅馬皇帝的協議。即使在二十年之後，君士坦提努斯的勝利在後人記憶中還是相當盛大，它確保了多瑙河畔三十多年的和平狀態。

學者根據極其貧乏的四世紀證據替這個和平條款建立複雜的假說，它往往回溯呈現出與三三二年無關的六世紀證據。對當代人而言，「哥德人終於學會順服於羅馬人」。他們向皇帝進貢，替帝國戰役提供儲備部隊，整個多瑙河邊境沿岸也開放通商。這是很不尋常的現象，因為在羅馬長遠的歷史中一直限制羅馬人的技術出口，但在多瑙河兩岸發現存在於三三〇到三六〇年代的大量青銅幣，暗示當地商業活動激增，哥德人已經完全融入羅馬的貨幣經濟體系。同時，羅馬人與哥德菁英分子的外交關係，也經由通常大量被發現一堆堆分散在整個哥德領土各處的銀幣證實。既然銀在羅馬經濟中已經不再有任何重要的地位，這些銀幣可能拿來鑄造銀塊，當作送給哥德首領的禮品津貼，或者當作在羅馬軍隊中服役的哥德士兵的退役酬勞之一：做為往東方進入大草原和薩珊王朝的交易品，銀非常有用，因為這些地方完全使用銀本位貨幣制。果真如此，這就是羅馬的行事方式可以融入歐亞情境中的證明。

君士坦丁對哥德人感興趣的最後一項結果是基督教在邊境以外散布。在帝國境內，君士坦丁採用各種措施對抗異教徒，但他沒有積極鼓勵人民改信基督教。但在帝國境外，他忙著讓人皈依基督教。在羅馬帝國以外，他把自己視為一名主教，接受召喚要傳福音給邊境之外的外邦人，但他也將皈依基督教做為外交工具，將信仰者和帝國以及皇帝個人宗教信仰結合在一起。然而可預見的是，這種行動讓基督徒看起來像是在非羅馬領地內（不只是在哥德人的領地）的羅馬間諜。君士坦丁支持基督徒到帝國境外各個不同的王國傳教。在三一三或三一四年李錫尼統治期間，亞美尼亞國王梯里達底二世受到卡帕多奇亞主教格列戈里（Gregory，人稱啟蒙者）的啟發皈依基督教。亞美尼亞的影響或許帶動了高加索伊比利亞王國（Caucasian Iberia）大批人皈依基督教，這個王國位在黑海東岸的希臘化王國科爾基斯（Colchis），也就是現在稱做拉齊卡（Lazica）的南邊。

與總是夾在羅馬和波斯之間兩面為難的亞美尼亞不同，伊比利亞王國長久以來都在伊朗的勢力範圍內，它的統治菁英大致上支持鄰近阿薩希德王朝和薩珊王朝信奉的瑣羅亞斯德教。接著，一名施行奇蹟的基督教神聖婦女讓伊比利亞國王皈依基督教；這位國王可能是梅利班斯三世（Meribanes，亦稱米利安〔Mirian〕），他是羅馬帝國堅定的盟友，於是他開始讓王國的人民皈依基督教：君士坦丁的使節團在伊比利亞受到極大歡迎，君士坦丁於是資助伊比利亞傳教和建造教堂，導致之後在四世紀伊比利亞與波斯之間的衝突。羅馬與伊比利亞結盟的重要性有另一個原因，因為幾乎可以確定的是，在君士坦丁統治期最後十年或在那之後不久，在伊比利亞發現截至當時為止都不為人知的優質金礦；這新的東方金礦對四世紀經濟以及對五世紀東方與西方帝國的命運造成深遠的影響。

有宣教熱誠的君士坦丁另一處宣教場合是阿克蘇姆王國（Axum），也就是古代的衣索比亞。根據最近研究顯示，包括一是阿克蘇姆王國，二是希木葉爾王國（Himyar）也就是現代葉門的紅海地帶，比之前所認為的與羅馬和波斯世界關係更密切。希木葉爾王國是一個年代久遠的猶太王國，對於之後伊斯蘭教興起與古典時代的結束有著極大重要性。然而在君士坦丁時期，阿克蘇姆王國與伊比利亞王國皈依基督教的時間相同。故事是說有兩個基督教奴隸，他們的主人是名叫梅洛庇烏斯（Meropius）的雲遊哲學家，這兩人發現自己身在阿克蘇姆，他們在當地成為自由民，其中一人替國王工作，另一人回到羅馬帝國成為泰爾主教，與昔日夥伴保持聯繫。這位夥伴名叫弗魯門塔里烏斯（Frumentarius），他讓阿克蘇姆國王埃札納（Ezana）皈依基督教，來自羅馬帝國的基督徒於是獲准享有對阿克蘇姆的貿易特權。

我們在本章稍早前提過的尼西亞會議中的老練辯士亞歷山卓的亞他那修，聲稱自己有責任維護阿克蘇姆的正統教義。正如君士坦丁在尼西亞會議上的干預所顯示，正統教義關乎帝國政治。薩珊王朝的興起逐漸使羅馬帝國與廣大歐亞歷史接觸；同樣的道理，帝國早期務實的宗教信仰被積極的帝國基督教取代，羅馬帝國於是將目光延伸至有基督徒需要保護或管理的每個角落。

透過層層虔誠的虛構故事與感染來自遠方所有希臘—羅馬敘事的扭曲傳奇，伊比利亞王國與阿克蘇姆王國皈依的情節經過篩選來到我們面前。人們得知這些故事主要是透過商人口中各種混雜的傳說、極少數的外交使節，以及古典神話和希臘化傳奇故事的重疊體。哥德人的皈依相較之下有相當明確的證據，例如三三二年簽訂的條約中沒有規定亞律亞里克統治下的哥德人必須信奉基督教，不過到了他死後，君士坦丁贊助一位名叫烏爾菲拉（Ulfila），有時也被稱為伍爾菲拉（Wulfila）或烏爾菲拉斯（Ulfilas）的哥德主教。我們手上的烏爾菲拉資訊來源有兩種：他的門徒奧克森修斯（Auxentius）寫的一封信，以及五世紀菲洛斯托吉烏斯（Philostorgius）所寫的《教會史》的節錄版。[1]烏爾菲拉是卡帕多奇亞人的後代，他的祖先在加里恩努斯統治期的斯基泰人掠奪行動中被俘虜，然而他卻有個哥德人的名字。他來自哥德人的居住地，以使節身分晉見皇帝（或許是君士坦丁，又或者是君士坦提烏斯二世），他在三三六年或三四一年由尼科米底亞的優西比烏和其他主教祝聖。正如我們之前所見，優西比烏是尼西亞會議之後的「相像派」神學擁護者，這是君士坦丁在晚年愈來愈支持的神學理論。將烏爾菲拉祝聖的主教們顯然認為他也是相像派神學的一分子，因此哥德人最早的福音傳道是以相像派的信仰形式將基督教傳給哥德人。哥德的同類主義神學之後在瓦倫斯統治時期被再次強調，哥德語言中的相像派教義與禮拜儀式直到六世紀都一直是羅馬人與哥德人之間的區別因素。

受祝聖之後的烏爾菲拉理應要成為所有哥德人居住地上的基督徒的主教，但我們不知道有多少人和烏爾菲拉一樣是羅馬俘虜的後代，以及在邊境以外有多少人皈依基督教。但是在烏爾菲拉抵達後的十年內，哥德領袖愈來愈擔心基督徒人數逐漸增加，於是開始迫害他們。我們將會在本書續集中看見哥德人皈依基督教的結果，不過在此我們可以在基督徒對阿克蘇姆、亞美尼亞和伊比利亞等王國傳教的脈絡中了解烏爾菲拉的故事。這一切都是四世紀帝國歷史新現象的徵兆：沒有實際上被羅馬帝國設立行省加以管理地區的菁英，也逐漸成為羅馬帝國菁英的一分子，他們對帝國管理的參與和受帝國管轄的行省地區菁英並無二致。我們將會有不只一次的機會思忖這個由君士坦丁開啟的帝國政治結構性的改變，這表示在本世紀稍後，法蘭克人和阿拉曼尼人、來自北非草原的毛里人、伊比利亞人和薩拉森人、流亡的波斯皇族和哥德人，他們全都能在羅馬帝國政府中謀得好職位，有些人在退休後回到邊境外的家鄉，有些地位顯赫的人就在羅馬境內定居。這個世界早已與我們故事一開始時以元老菁英組成的安東尼王朝時代相去甚遠。

回到我們對君士坦丁最後十年殘缺不全的敘事，他打敗哥德人的短期結果只不過是把注意力轉移到一群新的蠻族敵人身上。西元三三四年，正如我們之前所見，君士坦丁與薩爾馬提亞人作戰，這些薩爾馬提亞人或許就是一開始請求君士坦丁協助他們打哥德人的那些人。據說薩爾馬提亞人領土上的奴隸反抗奴隸主，許多薩爾馬提亞人（根據某個史料來源，有三萬人之多）投奔羅馬，替羅馬人效勞。這提醒了我們羅馬帝國在管理大批移居人口時是多麼有效率，然而為此它必須留心監視並準備面對蠻族舊有權力階級被打亂的狀況。我們應該將這場薩爾馬提亞人的移居行動，理解為四帝共治時期哥德人權力興起的最後一項主要結果。事實上，直到三七〇年代之後，多瑙河以外的地區才再次出現類似紛擾。

1　審定注：此人是亞流教義信徒，因此會提及此書。

在西元三三四年的戰役之後，在備受讚譽的「至高至上哥德征服者」頭銜以外，君士坦丁又冠上「至高至上薩爾馬提亞者征服」的勝利頭銜。他也冠上「至高至上達契亞征服者」的頭銜，或許代表他宣告已收復圖拉真的達契亞行省。舊行省的喀爾巴阡山地區當然沒有再次被併吞，它受羅馬管理，但派駐在橫跨多瑙河的四棟塔樓的堡壘和其他小堡壘的駐軍，卻也說明這項宣告有其道理。三三五年是君士坦丁登基三十週年慶典，人在現場的凱撒利亞的優西比烏向我們的描述當時情形；根據為數眾多出席慶典的蠻族大使形容，君士坦丁是邊界之外既熟悉又令人恐懼的力量。我們在慶典上不只發現預期中會見到的哥德人和薩爾馬提亞人，還有來自上埃及羅馬邊境以南的布萊明斯人（Blemmyes），以及衣索比亞人和印度人。說印度人出席慶典並非有些人想的那樣牽強附會，因為我們將會看見在君士坦丁統治末期，印度確實備受君士坦丁宮廷的注意。

君士坦丁的登基三十週年慶典是一樁隆重的事件，因為已經有很長一段時間沒有任何羅馬皇帝能活到慶祝登基三十週年。在慶典中，君士坦丁跟弗絲塔的次子君士坦提烏斯，與君士坦丁同父異母的弟弟尤利烏斯．君士坦提烏斯的女兒舉行了華麗盛大的婚禮。然而最值得注意的事或許是慶典舉辦的地點，也就是君士坦丁堡。即便是對羅馬城只有最低限度興趣的戴克里先和馬克西米安，西元三〇三年也覺得必須要到羅馬城慶祝他們的登基二十週年慶。現在，不過就在三十多年後，君士坦丁已經覺得沒有那種動力。君士坦丁堡直到三八〇年代才正式成為新的羅馬城，不過鮮少有其他事比君士坦丁選擇這座城市慶祝如此重大的場合，更能彰顯它做為帝國第二大城市的地位。

在登基三十週年慶典之後，君士坦丁只繼續統治了羅馬兩年，這兩年他都在計畫皇位繼承事宜以及另一場波斯戰爭。戰爭從三三四年就開始醞釀，當時波斯大王沙普爾二世的弟弟逃到羅馬帝國的領土內，君士坦丁將他納入保護之下。在之後的許多年，這位希臘人稱為歐馬茲特、羅馬人稱為歐米斯達斯的波斯人是羅馬帝國東方宮廷重要人物，但是羅馬包庇一個覬覦皇位的人，卻大大冒犯了沙普爾，尤其是因為大約在沙普爾寫信祝賀君士坦丁打敗李錫尼，並歡迎他加入君王行列，成為自己夥伴的同時，君士坦丁卻收留了歐米斯達斯。君士坦丁在同信中威嚇沙普爾，說他有需要保護他的基督教子民，也指責波斯宮廷中信奉的瑣羅亞斯德教是不正確的宗教。伊比利亞王國皈依基督教，是對波斯勢力範圍的再次入侵，因此使沙普爾更加懷恨在心，但是如同過去多次發生的狀況，波斯戰爭的直接導火線是一場亞美尼亞王國繼承危機。

基督徒國王梯里達底三世死於三三〇年，他唯一的兒子尚未成年。在許多次王位繼承中扮演決定性角色的亞美尼亞貴族分為親波斯派與親羅馬派兩個派系，親羅馬的貴族選出梯里達底三世的兒子阿薩希斯，但其他人卻派人去請沙普爾給他們一位國王。亞美尼亞爆發內戰，阿薩希斯逃往君士坦丁堡，沙普爾入侵亞美尼亞，劫掠最東邊的羅馬帝國行省。君士坦丁讓阿薩希斯避難，但沒有設法恢復他的王位，而是宣布他同父異母弟弟弗拉維烏斯．達爾馬提烏斯（Flavius Dalmatius）的小兒子漢尼拔里安努斯（Hannibalianus）為「本都王國國王暨萬王之王」。他的宣告是戰爭的近因，不過在緊接著君士坦丁登基三十年慶典，以及他在典禮上向世人展現自己是全世界的統治者之後，據說沙普爾偷了印度統治者因為承認君士坦丁是他們三十年來的統治者，而送給羅馬的禮物。即使把這則謠言中君士坦丁典型的政治宣傳意味打個折扣，我們也不應該懷疑他認為他能征服波斯。君士坦丁和許多羅馬皇帝一樣，他夢想超越亞歷山大，遠征至東方海洋（無論那是哪裡），更何況他已經贏得許多場戰役，有理由認為自己能使夢想成真。他把沙普爾領土內的基督徒命運當作藉口，這和其他任何說法一樣方便，三三五年登基三十年慶典時發生的亞美尼亞王位繼承安排，正流露出他的野心：君士坦丁替漢尼拔里安努斯冠上借來的「萬王之王」頭銜（他的拉丁文頭銜 rex regum 就是借自波斯文的 shahanshah），這既是挑釁，也是投機。

除了與尤利烏斯・君士坦提烏斯結為姻親，藉此鞏固自己的後裔和同父異母弟弟旁系的關係之外，登基三十年慶典也明確表達這位皇帝想傳位後代的處置。至少自從克里斯普斯被處決之後，君士坦丁跟弗絲塔所生的三個兒子就已經在替登基做準備，他們和四十年前的君士坦丁相同。君士坦提努斯獲准在三三〇年代初的哥德戰爭中功成名就，而在三三五年君士坦提烏斯的年紀已經快要能肩負政治角色。君士坦斯年紀還小，不能指揮軍隊，但現在是他在義大利貴族面前做為王朝的代表；他住在梅迪奧蘭姆，與君士坦丁權力最大的禁衛軍統領弗拉維烏斯・阿布拉比烏斯（Flavius Ablabius）的女兒奧林匹亞絲（Olympias）訂婚。

相較於弗絲塔的孩子們，君士坦丁的同父異母手足以及他們的後代，包括君士坦提烏斯一世與狄奧多拉的兒女與孫兒們則不受到重視。直到君士坦丁登基三十年慶典改變了政治算計之前，他們似乎一直很明智地支持勝利的同父異母哥哥，同時也與他保持距離。無論是出於好大喜功或只是現實野心的考量，君士坦丁已經決定，征服世界是最恰當不過的事；他的三個兒子人數還不夠讓他實現夢想，因此他父親的旁系子嗣要不是構成威脅，就必須把他們當成資產。一直到他的登基三十年慶典之後，這計畫才逐漸明朗：正如我們之前所見，君士坦丁同父異母弟弟達爾馬提烏斯的兒子漢尼拔里安努斯被封為萬王之王，但是他也娶君士坦丁的女兒君士坦提娜（Constantina）為妻。達爾馬提烏斯的另一個兒子和父親一樣叫做達爾馬提烏斯，他在三三五年之前都還是跟著有名的高盧修辭學家納博的埃克斯佩里烏斯（Exsuperius of Narbo）學習的小男孩，現在已經晉升至凱撒。他和他的哥哥因此獲得與君士坦丁自己兒子同等的地位，而且小達爾馬提烏斯有可能跟君士坦丁最小的女兒海倫娜結婚。君士坦丁皇位繼承計畫的細節就是，他這四個擔任凱撒的兒子有各自的住所與禁衛軍統領：君士坦提努斯住在特里爾，君士坦斯住在梅迪奧蘭姆，小達爾馬提烏斯或許住在希爾繆姆，而君士坦提烏斯住在安條克。君士坦提烏斯將監管戰役軍隊的召集，同時君士坦丁進行征服波斯的戰役，在途中他前往巴勒斯坦（Palaestina）的約旦河畔受洗；這場戰役會讓沙普爾的波斯皇位由年輕的萬王之王漢尼拔里安努斯接手。

西元三三七年初，君士坦丁從君士坦丁堡出發前往安條克。他預計在他安排如此戲劇性而耀眼的登基大典舉行之前，自己還有好幾年凱旋的時光，然而他的期待落空了：從尼科米底亞啟程之後他生了重病，身體虛弱得無法旅行。他病臥在一間帝國的驛站，由長期受他寵信的主教尼科米底亞的優西比烏替他受洗，之後死於五月二十二日。君士坦丁的次子君士坦提烏斯接到消息後盡快從安條克趕去。同時，他們將君士坦丁的遺體塗上防腐香油，隆重地送回君士坦丁堡，一等君士坦提烏斯抵達就舉行盛大葬禮。

君士坦丁葬在聖使徒教堂的陵墓，這座教堂是由他親自委託建造，蓋在以他的名字命名的城市裡：至少在他自己心裡，他是第十三位使徒。我們不知道他的葬禮到底何時才完成，或者他到底在哪裡下葬，但是九月九日，君士坦提烏斯和他哥哥君士坦提努斯，以及弟弟君士坦斯都被立為奧古斯都。他們的堂弟漢尼拔里安努斯和小達爾馬提烏斯卻沒有和他們同樣快樂的結局，或是得到伯父君士坦丁在他登基三十年慶典時承諾讓他們繼承的地位——這兩人都死了，和他們所有男性親戚一起被謀害，除了兩個年幼的孩子伽魯斯（Gallus）和尤利安（Julian），一個是君士坦提烏斯妻子的親弟弟，一個是她同父異母的弟弟。君士坦丁與弗絲塔的三個兒子共同繼承皇位，這表示已故皇帝自己擬定的計畫在他死後不到三個月就實現。一場精心安排的大屠殺揭開新時代的序幕，它被貼切地稱之為「血腥之夏」。

第十七章　君士坦丁的兒子們

君士坦丁死於三三七年五月。直到九月九日之前，嚴格來說他依舊是實際統治的奧古斯都，他的兒子或將領們沒有人宣稱自己是奧古斯都。他的兒子們所作所為都是出於凱撒的身分。君士坦丁的遺囑由內侍長隱藏起來，他就是長久以來忠於君士坦丁次子君士坦提烏斯的黨羽優西比烏。這表示君士坦提烏斯是兄弟中最能夠在不知會其他人的情況下安排帝國事務的一位。屠殺不是君士坦丁和弗絲塔所生的其他男性親屬，鞏固了這三兄弟的權力，包括君士坦丁同父異母的弟弟尤利烏斯·君士坦提烏斯和弗拉維烏斯·達爾馬提烏斯（老達爾馬提烏斯），以及後者的兒子小達爾馬提烏斯和漢尼拔里安努斯都死了。尤利烏斯·君士坦提烏斯的兩個同父異母的兒子伽魯斯和尤利安活了下來，但這不表示他們受到信任：這兩人都被軟禁在尼科米底亞的皇宮裡，他們在尼科米底亞主教，也就是臨終前在君士坦丁身邊的優西比烏的嚴密監視下。尤利安（伽魯斯很可能也是）接受一位名叫馬多尼烏斯（Mardonius）的閹人文法學家的訓練，他啟發這名男孩對古典希臘文學與神話學的喜愛，之後這份喜愛將會使他改信傳統異教信仰。

君士坦丁和弗絲塔所生的次子君士坦提烏斯，是煽動大屠殺的主要人物，事後他證明了自己和父親之前一樣，是操控歷史敘事的能手。凱撒利亞的優西比烏於三三八年替他的英雄君士坦丁撰寫了一部《君士坦丁傳》（*Life*），其中將達爾馬提烏斯和漢尼拔里安努斯，以及君士坦丁同父異母弟弟的歷史紀錄完全消除，他竟然斷言君士坦丁決心只由他的兒子們來統治帝國。一份甚至提到大屠殺的主要史料來自奧理略・維克多（Aurelius Victor），他在君士坦提烏斯還在世時撰寫的《凱撒簡史》（*De Caesaribus*）是一部極簡版的羅馬皇帝史。書中大言不慚的敘述必定是官方說法：軍隊堅持唯有君士坦丁的兒子才應該統治帝國，並且強行處決達爾馬提烏斯。更好的是，它以君士坦丁典型的方式暗示達爾馬提烏斯和漢尼拔里安努斯都曾經在君士坦丁死前設計反對他，甚至他還有可能因此而死。唯有推敲錢幣的順序才能得到真相。即使君士坦提烏斯的兄弟贊同他的手法，獨自下令展開這場屠殺的還是他一人；而且這三兄弟在九月初公開宣布他們是奧古斯都之後，他們在默西亞的維米納丘姆會面並協商如何共治；此外在他們的父親於三三五年做出安排之後，這片領土本來應該是交由達爾馬提烏斯統治。至少有一支東方駐軍對王朝謀殺事件的反應是發動叛變，在失去他們認定的國王漢尼拔里安努斯之後，亞美尼亞公開反叛，因此新政治安排的穩定性依舊存疑。

當然這三兄弟並不信任彼此。君士坦提努斯、君士坦提烏斯和君士坦斯都沒有擔任三三八年的執政官，他們把職位交給兩位資深將領弗拉維烏斯・烏爾蘇斯（Flavius Ursus）和弗拉維烏斯・波勒米烏斯（Flavius Polemius），他們默許政變，因此軍隊中能平靜無波。但這只是象徵性的平靜，真正的權力還是在家族中。君士坦提努斯（或有時被稱君士坦丁二世，錢幣收藏家尤其會這麼稱他）是長子，他保留帝國的西部，這是君士坦丁在三三五年原本的分配方案中指派給他的領土。最小的君士坦斯還沒有成年，但他和君士坦提烏斯一起治理達爾馬提烏斯原有的領土。君士坦斯將色雷斯分給君士坦提烏斯，他自己拿走潘諾尼亞、馬其頓和達契亞等地區，後兩區由君士坦丁從四帝共治時期的默西亞管區分割出來。這項改變的主要受益人是君士坦提烏斯，他分得的領土裡有君士坦丁新建立的君士坦丁堡以及整個東方。他稱帝後的第一個動作就是處死打造君士坦丁政府的要角之一阿布拉比烏斯，他在老皇帝三三七年五月去世時擔任禁衛軍統領。阿布拉比烏斯是跟君士坦丁過從甚密的基督徒，君士坦丁死時他已經很謹慎地退隱到俾斯尼亞的大莊園，但是低調隱匿還不夠，他惹禍上身或許是因為他親近在尼科米底亞被軟禁的伽魯斯和尤利安，也或許是因為他有穩固的權力基礎。與阿布拉比烏斯有來往的人，以及許多可能傾向於三三五年君士坦丁而不是君士坦提烏斯安排的繼承人，都遭到肅清。

然而君士坦提烏斯無情的手段還不足以維持和平狀態。他個人或許可以高枕無憂，然而在西方君士坦提努斯和君士坦斯兩兄弟的關係很不穩定，哥哥試圖把年幼的君士坦斯當成凱撒而不是奧古斯都，他對君士坦斯的官員下達指令，但卻不敢對君士坦提烏斯這麼做。雖然事態不明朗，在特里爾與梅迪奧蘭姆的政權卻和三兄弟在維米納丘姆的會議結果不一致。到了三四〇年，局勢大壞，君士坦提努斯以我們不知道的藉口入侵義大利。君士坦斯的將領在阿奎萊亞迎戰入侵者，君士坦提努斯在戰場上被殺。現在只剩下兩位皇帝，君士坦提烏斯年長得多，然而君士坦斯占有的帝國卻比君士坦提烏斯的面積更大也更穩固。

接下來的十年比我們想像中的更像是一則宗教政治故事，雖然活在當下的那些人感受是否如此是另一回事。直到三五〇年代初期，史料對世俗世界的歷史幾乎沒有任何記載，使我們不得不接受上述觀點。因此政治史在此可以簡短帶過。君士坦提努斯死後他的帝國原封不動，於是對高盧的建設一無所知的君士坦斯別無選擇，只能與君士坦提努斯的顧問與支持者合作。他似乎盡全力如此，在三年內的大部分時間裡他忽略義大利與巴爾幹半島，於三四〇年到三四二年間住在特里爾，隨軍打了至少兩場對抗法蘭克人的戰役，並巡視不列顛的軍隊。接下來兩年他往返於特里爾和巴爾幹半島，然後在他感到最舒適的希爾繆姆定居——這項決定使得高盧與巴爾幹半島兩地高階指揮部之間的敵對情形更加惡化。兩方的敵對將在四世紀不斷產生致命的後果，不過短期內，君士坦斯必須在巴爾幹半島處理與兄長君士坦提烏斯政權之間的緊張關係。

在三三七年的王朝大屠殺之後，君士坦提烏斯在波斯遭遇問題。沙普爾已經在三三七年明白君士坦丁的好戰程度，君士坦丁死時他正準備迎戰在安條克集結的羅馬軍隊。與其坐以待斃，沙普爾先發制人，攻擊美索不達米亞尼西比斯的防禦城堡。正如一再發生的情形，波斯軍隊因忙於圍城，而被牽制困在尼西比斯，無法迅速掃蕩羅馬軍隊，只好在三三八年初退回波斯領土。君士坦提烏斯沒有乘勝追擊，只是派出一支軍隊進入亞美尼亞弭平當地叛變，並且任命一個順服的阿薩希德王朝後代登上王位。他也與羅馬與波斯領土間沙漠裡的一些阿拉伯部族結盟。接下來雙方發生佯攻與邊界的小規模衝突（從某個史料看來君士坦提烏斯和沙普爾進行了九次戰役，其中有兩場戰役由兩位皇帝親自指揮），直到三四四年，羅馬人在辛格拉死傷慘重，沙普爾其中一個兒子也被殺了。這是一場慘烈、但不是決定性的戰役，東方行省好整以暇準備抵擋波斯另一次入侵。確實，對沙普爾的恐懼是許多東方主教沒有出席三四二年於巴爾幹半島塞爾迪卡一場大規模宗教會議的藉口。正是這場塞爾迪卡會議導致皇室兩兄弟之間第一次重大危機。

我們對三四〇年代所知最大的一部分就是宗教爭議，這是因為君士坦提烏斯個人對神學問題相當感興趣。他和君士坦斯面臨的困難都是無法堅守尼西亞會議的決議：亞流在流亡期間死去（根據與他敵對的目擊者說法，他因出血性腹瀉死在廁所裡），但是同情他對於聖父與聖子關係解釋的主教們擬出一個新術語，來反駁在尼西亞會議上發布對亞流原始教義的反對意見——他們說聖父與聖子在各方面都是「相像」或類似的，但他們不是完全一樣的。這些「相像派」（這是誹謗他們的人對他們的稱呼）找上尼科米底亞的優西比烏做為領導者，也就是君士坦丁最喜愛的人，他也是俾斯尼亞一座城市的主教，歷史上這座城市一直與尼西亞互相競爭。君士坦丁晚年顯然支持相像派的說法，而正如我們所見，三三七年就是尼科米底亞的優西比烏在他的病榻前替他受洗。尼西亞的極端主義者中最有名的就是亞歷山卓的主教亞他那修，他於三二八年繼他的恩庇者亞歷山德之後成為主教，他主張優西比烏以及與他意氣相投的主教們的信條，不過是亞流派的偽裝，與真正的尼西亞信仰不符——只有神性本質全然相同，也就是三二五年發表的「本體同一」，才是令人滿意的理論。

君士坦丁參與的最後一次宗教爭論之一，就是三三五年亞他那修的審判與流放。這位亞歷山卓主教極具政治手腕，他利用君士坦丁之死的機會回到亞歷山卓，在城裡公開挑戰現任主教卡帕多奇亞的格列哥里；已故皇帝在亞他那修遭流放之後任命他為主教。亞歷山卓毫無疑問有著公開不服從政府的惡名，數世紀以來都是如此，但是亞他那修竟明確鼓動支持者反叛，攻擊對手。這件事提醒我們，由於君士坦丁公開替基督教背書，人們多麼輕易就能用神學理論的爭執做為公開暴動的藉口：確實古典時代晚期「神聖暴力」在某種程度上，是可能在歹徒與盜匪活動中找到宣洩出口的暴力行動，但其犯罪行為卻藉由宗教說辭合理化。在三三七年的鬥爭中，亞他那修與支持者獲勝，但是他無法應付新皇帝的態度，後者和亞他那修自己一樣存心不配合。

君士坦提烏斯比他父親更深信「相像派」，在統治期間他將會花極大精力試圖找出相像派理論的某種變化形式，好讓帝國所有主教團結一致。在漫長的統治期間，據說他召開六次具有約束力的基督教全體會議，地點分別在安條克（三四一年）、塞爾迪卡（三四二年）、希爾繆姆（三五一年）、阿列拉帖（三五三年）、梅迪奧蘭姆（三五五年）、阿里米努姆（Ariminum，今日義大利的里米尼）與塞琉西亞（三五九年）。在上述所有會議中，他親自起草教義，打算讓所有人都接受這些教義，也因此能廣為施行。但是他的雄心壯志每一次都無法達成，部分原因是他試圖掩蓋的神學差異太過廣泛，也因為深植於後尼西亞主教團中的黨派政治。不過部分責任也在君士坦提烏斯自己身上，他持續處決與流放拒絕遵照相像派教義的尼西亞極端主義主教。他最早的一步棋是把君士坦丁堡的尼西亞派主教保羅，換成尼科米底亞的優西比烏。保羅被流放到本都，但帝國軍隊將他逮捕，引發街頭暴動，某個叫荷默金尼斯（Hermogenes）的帝國官員遭私行處死。君士坦提烏斯於是將矛頭指向亞他那修。

三三七年流亡結束之後，亞他那修一直遭到在埃及召開的宗教會議中敵對主教的譴責。亞他那修拒絕接受當地會議宣告的罪名，他的敵人向皇帝上訴，皇帝同意在凱撒利亞接見亞他那修。這位亞歷山卓主教不只從希臘也從拉丁西方召集大量同情他的支持者，此舉對帝國政治造成致命的後果。然而君士坦提烏斯依舊抱持敵意，他在安條克召開會議，審判這個案子：三三九年四月十六日，亞他那修再次被判刑並流放，這一次是在君士坦斯的宮廷中。西方皇帝君士坦斯在宗教事務上不願意支持哥哥，他在統治期間一直援助尼西亞派人士。兩兄弟同意贊助三四二年於塞爾迪卡舉行的會議，但只是為了處理亞他那修的問題，不打算再次考慮《尼西亞信經》的三位一體語彙。然而君士坦斯准許由當時已年老的科爾杜巴的歐西烏斯，率領不願妥協的尼西亞派拉丁主教組成的代表團出席會議。他們甚至拒絕坐在東方主教旁邊，這場會議徹底失敗。之後，君士坦斯送出一封語帶威脅的信給哥哥，要求他讓遭到流放的主教們（在此解讀為亞歷山卓的亞他那修）返回他們的轄區。君士坦提烏斯拒絕，為了報復對方，兩位皇帝於三四四年指派了不同的執政官。

三四五年，君士坦提烏斯宣布與君士坦斯聯合擔任執政官，他自己是較資深的執政官，但後者直到夏末才願意承認，這時亞他那修已經獲准回到亞歷山卓。唯有在這時，也就是十月二十一日，西方與東方才宣布兩位皇帝聯合擔任執政官的消息。君士坦提烏斯改變心意的原因不明，但或許是波斯邊境無止境的戰鬥使他沒有進行內戰的心情。修補與弟弟之間的關係至少能讓他集中在穩定波斯戰事的狀態。君士坦斯無意協助哥哥繼續波斯戰事，即便他指揮的軍隊編制遠比君士坦提烏斯大，在東方邊境更能有一番做為。他反而繼續住在希爾繆姆，為將來可能的衝突做準備。就在這些年裡，君士坦斯在巴爾幹半島建立穩固的根據地，君士坦提烏斯在東方邊境，這時帝國發生一項重大的行政轉變：之前的禁衛軍統領伴隨在皇帝身邊，因此他們沒有固定的地理管轄區，現在發展出一套新的地區行政長官系統，使禁衛軍統領能代替皇帝行使行政權。

這項轉變有著政治上的重要性，部分原因是它在君士坦斯垮台一事上扮演重要角色。在君士坦丁與君士坦提努斯統治期間，高盧的民政與軍政體制一直由居住在當地的奧古斯都或凱撒管理。但是君士坦斯遠在巴爾幹半島，而且在明顯有偏袒競爭對手的高階指揮部的情況下，高盧軍團覺得自己被忽略而感到反感。自三四一年以來就擔任高盧的禁衛軍統領，因此是擔任該職位時間最長的法比烏斯·提提安努斯（Fabius Titianus）成為陰謀集團的核心人物，他們聯合西方各行省的軍政與民政統治階級，與巴爾幹半島的統治階級對抗。密謀者還包括資深的西方財務長官，也就是管理皇帝私人財產的長官馬切里努斯，以及即將率眾策動政變的高盧軍團高級將領弗拉維烏斯·馬涅修斯（Flavius Magnentius）。提提安努斯的任期如此之長說明了他備受信任，他決定與這些人共同謀反或許是出於對君士坦斯的政務總管尤金尼烏斯（Eugenius）的敵意，後者和提提安努斯一樣是資歷很深的高官，但他卻與多瑙河高階指揮部關係密切。

到了三四九年底，君士坦斯回到高盧，就在這時政變者設下陷阱。三五〇年一月十八日，他出外打獵，馬涅修斯身穿皇帝的紫袍出席馬切里努斯兒子的生日宴會，並且在宴席間稱帝。君士坦斯沒有與他們正面對決，反而試圖逃跑，但一月底他被一個名叫蓋索（Gaiso）的軍官追上後殺害——他的報酬就是於三五一年和皇帝馬涅修斯共同擔任執政官。有些學者認為一些忠於君士坦斯的人從他被殺害的高盧村莊海倫娜，將他的屍體取走後送往庇里牛斯山桑特切勒（Centcelles）的豪華陵墓中埋葬。

各處都有忠心人士，皇室兄弟的一個遠房表弟在羅馬稱帝。贊助這場羅馬政變的人是歐特羅皮雅（Eutropia），她是君士坦丁的同父異母妹妹，在君士坦提烏斯的大屠殺中逃過一劫。她的兒子尤利烏斯·尼波提亞努斯（Julius Nepotianus）被披上紫袍，他立刻開始以自己的名字鑄造錢幣。但是他的地位並不穩固。君士坦丁的改革使羅馬已經沒有重要的兵力駐守，也沒有能支持新皇帝的禁衛軍。尼波提亞努斯必須仰賴一支由角鬥士組成的臨時軍隊，當馬涅修斯派軍隊越過阿爾卑斯山前去鎮壓他時，沒有正規軍隊的他完全束手無策。馬涅修斯的軍隊屠殺了他和他的支持者，不過留了歐特羅皮雅活口。這不是唯一一場政變。君士坦斯在默西亞的軍事首長維特拉尼歐（Vetranio）在高盧政變後也穿上紫袍稱帝。

這場政變令人困惑，幾乎可以肯定的是史料隱藏了真相。史料告訴我們，聽說弟弟的死以及馬涅修斯篡位的消息，君士坦提烏斯與君士坦斯的姊姊君士坦提雅慫恿維特拉尼歐披上紫袍。年長的維特拉尼歐是皇室家族信任的舊識，他是尤利烏斯．君士坦提烏斯（君士坦丁的同父異母弟弟）第一任妻子的兄弟，因此也是皇室姻親；他會維護王朝的利益，因此獲得忠於君士坦斯的伊利里庫姆行政長官弗爾卡丘斯．盧非努斯（Vulcacius Rufinus）的首肯。盧非努斯親自將君士坦提雅寫的一封信帶到東方埃德薩的堡壘中，君士坦提烏斯正在這裡進行波斯戰役。身為資深奧古斯都的君士坦提烏斯接受維特拉尼歐成為共治皇帝，並且送給他一頂象徵皇權的頭帶。史料上是這麼說的。或許這一切都曾經發生，也或許這個故事是為了掩蓋巴爾幹半島高階指揮部的一場政變。我們永遠無從得知，不過從君士坦提烏斯的角度，高盧與巴爾幹半島的軍團追隨不同君主，好過馬涅修斯控制伊利里庫姆、高盧與義大利。

西方篡位者維特拉尼歐指派他的弟弟德桑修斯（Decentius）擔任凱撒，讓他監督萊茵河邊境，他自己則掌控義大利的政府。君士坦提烏斯無能為力，因為他發現自己再次面臨波斯入侵，由沙普爾親自領軍。波斯軍隊和之前一樣在尼西比斯圍城時受挫，羅馬人苦撐四個月之後沙普爾才終於撤軍。這時君士坦提烏斯才開始考慮到巴爾幹半島晦暗的局勢，以及顯然有來自廣大西方各地菁英支持的一場政變。三五〇年，君士坦提烏斯領軍返回歐洲，維特拉尼歐在塞爾迪卡與他會面，擺出顯然意圖和解的姿態。無論篡位因何而起，也不管兩人之間達成什麼協議，三五〇年十二月二十五日

（這一天還沒有變成聖誕節這特殊的節日）他們一起出現在奈蘇斯，為了這個場合他們召來巴爾幹半島與東方軍隊進行盛大遊行，就在君士坦提烏斯開始向集合的士兵演說時，他們也開始齊聲吶喊要維特拉尼歐退位。這一切都是根據事先安排好的計畫，這位老人順從而謙恭地讓君士坦提烏斯將紫袍從他肩上脫下。這是個特殊、史無前例而且令人難以理解的一刻，但它挽救了君士坦丁王朝。維特拉尼歐在俾斯尼亞的普魯沙（Prusa）退隱，這是個破敗的希臘化市集小鎮，他不受打擾地在此生活了六年。

現在君士坦提烏斯指揮兩支正規軍隊，馬涅修斯只有一支部隊，但是過去一年來發生的事件證明，缺少足夠的王朝成員監督領土，對他來說會是多麼危險的事。野戰軍的軍官集團現在已經和地區行政長官的民政體系緊密相連，因此他們更喜歡皇帝就在當地，而不想接受在帝國遙遠另一頭的唯一統治者。君士坦提烏斯於是決定把被軟禁在尼科米底亞的弗拉維烏斯・伽魯斯（Flavius Gallus）召回政府中。伽魯斯是尤利烏斯・君士坦提烏斯和嘉拉（Galla）的長子，嘉拉就是協調君士坦提烏斯與維特拉尼歐和解的盧非努斯的已故姊妹。伽魯斯在三三七年的大屠殺中活了下來，因為他現在已經死去的姊姊是君士坦提烏斯的第一任妻子。現在，三五一年三月十五日，君士坦提烏斯將他的堂弟伽魯斯晉升至凱撒，並且派他去安條克做為王朝代表，他的出現也對波斯進犯有嚇阻作用。

為鞏固雙方關係，二十五歲的伽魯斯與比他年長得多的君士坦提烏斯的大姊君士坦提娜結婚，她之前嫁給在三三七年被殺害的漢尼拔里安努斯。理論上這是個好計畫，不過這對皇室夫妻在他們住在安條克的三年之中極度厭惡對方——雖然東方行政權依舊牢牢掌控在忠於君士坦提烏斯的官員手中，尤其是禁衛軍統領塔拉修斯（Thalassius）。

然而短時間內，指派一位新凱撒表示君士坦提烏斯可以去對付馬涅修斯。他走一般的入侵路線，從巴爾幹半島經過艾蒙納與阿奎萊亞越過尤利安阿爾卑斯山，但是馬涅修斯卻能在當地阻止入侵者，不讓他們在北義大利自由行動。就在君士坦提烏斯的軍隊撤退並重新整軍時，馬涅修斯追趕他們進入潘諾尼亞。馬涅修斯的一些將領投奔了君士坦提烏斯，包括之後被任命為高盧指揮官，並且成為皇帝懼怕謀反的妄想下的犧牲者西爾瓦努斯。兩軍在穆爾沙（今日克羅埃西亞的奧西耶克）開戰，這裡就在通往希爾繆姆的大道上的希巴雷城鎮外。希巴雷戰役成為後人記憶中四世紀最慘烈的戰爭，雙方都死傷慘重。東方軍隊是勝利的一方，儘管他們有將近一半的人橫屍戰場，馬涅修斯的軍隊有三分之二被他們殲滅，馬涅修斯則被迫撤退到義大利。勝利軍隊受到的重創引來多瑙河邊境的騷動，君士坦提烏斯必須向薩爾馬提亞人發動報復性戰爭，提醒他們羅馬帝國還是很有能耐。

之後在三五二年，皇帝越過尤利安阿爾卑斯山，這一次沒有遇到敵人，他控制了北義大利平原。半島其餘地區在秋初也落入他手。他在義大利過冬，然後在三五三年戰爭季節開始時越過阿爾卑斯山進入高盧。在塞琉古山（Mons Seleucus，今日法國境內的阿爾卑斯山）的戰役中他打敗馬涅修斯，戰敗不久後的馬涅修斯於八月十日自殺。他的弟弟德桑修斯在色諾尼亞（Senonia，今日的桑斯）自縊。碰巧這一年是君士坦提烏斯晉升至凱撒的三十週年紀念。和父親一樣，他沒有大費周章前往羅馬慶祝，而是在君士坦丁偶爾居住的阿列拉帖舉辦慶典。阿列拉帖正到達其榮景的頂峰，這個時代南高盧的貴族在拉丁文學表現上展現出前所未有的奔放才華與藝術的優越性。以作家及政治家聞名的高盧詩人奧索尼烏斯（Ausonius）這時事業才剛起步，之後他將稱頌阿列拉帖為Gallula Roma，意思是「高盧的小羅馬」。

南高盧將繼續在西方帝國歷史上扮演關鍵角色，而在馬涅修斯戰敗之後，羅馬帝國晚期政治另一項重複發生的特色首次浮現：雖然馬涅修斯不過是另一個失敗的篡位者，他被人重新塑造為入侵的蠻族。他的父親是法蘭克人，母親是不列顛人，史料在這一點上大做文章，暗示他其實不是羅馬人，而是個異族敵人。當然，馬涅修斯活著時沒有人注意到這些事，對支持他政權的無可挑剔的高盧—羅馬貴族來說，他的背景不成問題。即便今日，還有些作者把馬涅修斯的出身當作羅馬菁英蠻族化的證據，但他們搞錯了重點：西元四世紀統治階級組成相當多樣化，人們看得出他們的地區與種族背景，但那並不是蠻族化或「代表羅馬特質」的標記。與長久以來公眾對一位皇帝的記憶可以被抹去（也就是處以記憶抹煞刑罰）同樣道理，篡位者在政治上失敗之後就會被「蠻族化」，重新被後人當成羅馬帝國永遠的外人。

我們能深入理解以上過程，或許部分原因是，君士坦提烏斯戰勝馬涅修斯之後，相較於四世紀稍早之前我們突然更能知悉帝國政治史，這要歸功於阿米安努斯．馬切里努斯遺留下來的《羅馬史》（*Res Gestae*），這是偉大古典風格拉丁歷史最後的著作之一，也是最後流傳於世的一部。阿米安努斯是來自於敘利亞某個大城市的希臘人，可能是來自安條克。他家世良好，因此他的家庭可以免除在當地市鎮議會任職的義務，而能與更大的帝國行政部門緊密聯繫。換句話說，他是那個時代的典型產物：人脈廣、充滿野心，他優越的社會地位要歸功於家庭對國家機器的參與。年輕時的阿米安努斯擔任御林軍，也就是執行各種不同特殊任務的菁英士兵，而且往往在皇帝身邊值勤。

這個單位可以被視為某種軍官訓練學院，將背景互異、語言與文化鮮有共通點的年輕人社會化，以便擁有共同的軍事性格：在御林軍之中，像阿米安努斯這樣受過教育的都市人學會不只和像自己同樣背景的人共事，也要和僅僅一個世代之前才解除農事，以及來自法蘭西亞、阿拉曼尼亞和伊比利亞受寵的貴族共事。他們都學會用軍中共通語言拉丁文溝通，軍中也教導他們基礎、刻板印象的希臘與羅馬歷史，好讓沒有受過妥善教育的人還是能以軍官的身分悠遊於菁英社會中。也因此這些為了在軍營、宮廷與城鎮生活做準備的御林軍，通常在往後的日子裡會繼續指揮現役的軍事單位。基於同樣理由，御林軍緊跟在皇帝本人與高階將領身邊，他們之中不只一位後來自己也當上皇帝。

基於以上種種理由，阿米安努斯親自參與多個備受矚目的任務，最後他參與三六三年由君士坦丁的繼承人尤利安發動的入侵波斯戰役。但是尤利安被殺，他的大好前途也隨之戛然而止，於是他選擇投身於研究羅馬帝國的歷史——這是他獻給後人的一份禮物，我們一直以來都十分仰賴他的著作。我們知道他旅行足跡遍及各處，他從出生地希臘遷移至羅馬。他大部分的作品都成書於當地，或許是在其中一位顯赫的元老家族的贊助之下完成。成書時間大概是在三九〇這一年之內，阿米安努斯或許不久後就死了。他的《羅馬史》混合了帝國政治史與形形色色離題之事，而且對古代歷史學家而言，最不尋常的就是其中還摻雜阿米安努斯個人的往事追憶。原書從涅爾瓦（九六至九八年）到瓦倫斯（三六四至三七八年，但是其中大部在古典時代就已亡軼，現存的文字從三五三年夏天的事件開始。整部《羅馬史》由三七八年降臨在瓦倫斯皇帝身上的災難構成，在這場哈德良堡（Adrianople）戰役中，大批東方軍團在一個下午被殲滅。所有故事都是透過對這場戰役回顧的意義以及深沉的陰鬱氛圍的濾鏡陳述，但幸虧有這本書的殘缺部分，在塔西陀的《歷史》（*Historiae*）敘事於西元六八年中斷之後，相較於羅馬帝國史的其他階段，我們對於三五三年到三七八年發生的事更能詳細研究。

現存的阿米安努斯敘述文字從三五三年開始，我們突然落入馬涅修斯戰敗與自殺之後的景況中。君士坦提烏斯找了個令人生畏的官員名叫保盧斯．卡特納（Paulus Catena，意思是「鎖鍊保羅」），負責將支持篡位的人趕盡殺絕（我們知道的細節很少，只有軍隊首長格拉提安，也就是未來皇帝瓦倫提尼安一世和瓦倫斯的父親，因為這時退休，才幸運地躲過一劫）。保羅是個書記，替書記長工作。書記隸屬宮廷祕書，不過和在政務總管之下擔任祕密警察的辦事員一樣，書記經常被選去擔任形形色色、但令人反感的任務。因為書記以及在技術上負責帝國郵政通訊的辦事員，往往會因為他們的謹言慎行、忠心不二和願意執行別人不願做的事，而獲得皇帝周邊親近官員的注意，而這意味著他們經常會被借調去從事機敏或特殊任務。但因為他們那定義不明、卻在實際上相當廣泛的權力，書記自然會被政府大多數其他部門所厭惡。

在阿米安努斯的敘述中，保羅的無情與殘暴將恐懼深植於他調查對象的心中。對阿米安努斯來說，他是君士坦提烏斯寵愛的典型人物，這位歷史學家也描繪出皇帝令人心寒的一面：性格陰沉，有偏執狂，懼怕有人在暗中祕密謀反，以為他信任的每個人都會背叛他。有皇帝撐腰的保羅徹底剷除同情或只是默許馬涅修斯篡位的人；看在阿米安努斯眼裡，這顯示君士坦提烏斯是以何種變態的心理統治帝國。

阿米安努斯沒有直說，但他顯然認為君士坦提烏斯在基督教事務上浪費龐大的精力：他用輕蔑的語氣將君士坦提烏斯支持辦理的基督教會議，斥之為耗盡時間與資源的一件事，在讓主教們往返各個開會地點時動用公帑，壅塞帝國郵務系統和公共道路。這麼說確實有些道理。我們已經見到君士坦提烏斯在他直接管轄的帝國領土裡強行實施「相像派」教義，其程度之嚴重使得他和弟弟君士坦斯關係惡化。因此三五一年，就在穆爾沙戰役結束之後，君士坦提烏斯不只重新整軍繼續打仗，也立刻在希爾繆姆召開宗教會議，以便擬定東方與西方主教都能接受的教義。他失敗了，但光是這樣的嘗試就能使我們明白君士坦提烏斯對國事的優先順序。三五三年，鎖鍊保羅追捕反叛人士時，君士坦提烏斯再次於阿列拉帖召開一場宗教會議，迫使尼西亞頑強抵抗分子同意希爾繆姆會議的決議。有些人，例如皮克塔維姆（Pictavium，今日法國普瓦捷）主教西拉略（Hilarius），就不肯同意，因此遭到流放；其他人則勉強接受。君士坦提烏斯統治期的教義爭論根本無法結束。

同時在東方，凱撒伽魯斯的行為加深了君士坦提烏斯的偏執狂，他很快就後悔這項指派。君士坦提烏斯不能忍受他的凱撒實際行使權力——他和君士坦提烏斯的大姊君士坦提娜本應只是王朝的門面，而不是實際的代理人。但是三五二年，當政府必須撲滅某個叫奧菲圖斯（Orphitus）的人為了支持馬涅修斯發動的叛變時，伽魯斯真正嘗到肩負責任的滋味。同年他也鎮壓一場猶太人暴動。接著在三五三年，伽魯斯和君士坦提烏斯指派的東方行政官員產生衝突，這些官員占了上風。阿米安努斯強調伽魯斯的專制與易怒，顯然伽魯斯的確下令處決了一名亞歷山卓的議員（bouletes），這項命令由克雷馬提烏斯（Clematius）執行，他是東方管區的代理官（comes Orientis），代理官這個職位在帝國其他地方叫做vicarii。東方的禁衛軍統領塔拉斯修斯訓斥克雷馬提烏斯，並直接向君士坦提烏斯報告。伽魯斯對塔拉斯修斯早已心生怨恨，但現在他們徹底決裂。伽魯斯試著鼓動安條克的暴民，讓他們與行政官員作對，暗示行省總督提歐菲路斯（Theophilus）囤積穀物。糧食短缺是羅馬都市生活不幸、但時常發生的特色，它永遠能讓暴民走上街頭。暴民以私刑處死提歐菲路斯，塔拉斯修斯要求皇帝好好管束伽魯斯。

當塔拉斯修斯突然自然死亡時，伽魯斯以為他贏了，但是他低估他皇帝堂哥的憤怒。君士坦提烏斯指派一名新的禁衛軍統領圖密提安努斯（Domitianus）給伽魯斯，讓他帶著訓斥的信件，將凱撒伽魯斯召回宮廷，解釋他的行為。宮廷衛隊與圖密提安努斯隨行，護衛伽魯斯。伽魯斯公然反抗命令，於是三五四年大部分時間雙方關係冷淡，這時君士坦提烏斯正從勞烏拉庫姆（Rauracum，也就是今日瑞士的奧格斯特，位於巴塞爾附近）的基地出發，越過多瑙河進行戰役。當圖密提安努斯再次設法強制執行皇帝命令時，伽魯斯將他的私人衛兵殺害。於是皇帝下令讓東方的資深指揮官烏西奇努斯（Ursicinus）捉拿伽魯斯，將他送回西方宮廷。君士坦提娜在他們之前出發，希望能平息弟弟的怒火，但是她在途中就自然死亡。伽魯斯在漫長的西行之旅中拖拖拉拉，在君士坦丁堡逗留了一陣子觀看戰車競賽，而且還坐在皇帝包廂的皇位上。他如此放肆的態度等於簽下了自己的死刑令。

三五四年秋天，橫越經由奈蘇斯、西西亞和希爾繆姆到伊斯特里亞（Histria）這條沿著巴爾幹半島的軍用大道時，伽魯斯被自己的侍衛長巴勒巴提歐（Barbatio）逮捕，他做為凱撒標誌的皇袍被人脫下。他們將他送到波拉，由君士坦提烏斯的內侍長優西比烏手下的軍事護民官審判，和被控使他墮落的三個朋友一起遭到處決。從伽魯斯事件顯示出共治政府的複雜性提醒我們，是君士坦提烏斯以他父親和四帝共治時期的創新為基礎，將帝國官僚制度完全轉變為形式完整的國家機器。同樣值得注意的是內侍長優西比烏在這場審判中的角色。內侍長是皇帝家臣之首，但是他們和皇帝本人的親近關係表示皇帝會交付他們許多敏感的任務。正是優西比烏為了君士坦提烏斯的利益隱瞞君士坦丁的遺囑，在這位皇帝一生中他都忠心侍奉。內侍往往是閹人，優西比烏也是；由於羅馬帝國禁止公民閹割，閹人幾乎全是外邦人，主要來自波斯或高加索地帶。這一點使閹人增添邪惡的氣息，凶險氛圍在內侍部門中揮之不去，即使有時內侍長不是閹人；而這也是優西比烏和君士坦提烏斯的親信如「鎖鍊保羅」一樣令人痛恨的原因之一。

伽魯斯死後，皇帝必須調查與他有關係的人，這項任務再次交付給保羅。三五五年冬天，君士坦提烏斯自己在梅迪奧蘭姆過冬，直到次年都沒有證據顯示他離開北義大利。無疑他在梅迪奧蘭姆時對波斯前線的發展感到焦慮，但同時他也發現高盧有其他事必須憂心。三五五年，名叫西爾瓦努斯的高盧指揮官據說已經稱帝。事實上，所謂的篡位是子虛烏有，只是一場悲劇性的騙局，由宮廷官員中的敵對黨派捏造而來。西爾瓦努斯和阿米安努斯．馬切里努斯以及其他許多人一樣，因為家庭中有人替皇帝做事，在年輕時就仕途順利：他父親邦提烏斯（Bontius）曾經在對抗李錫尼的戰役中服役於君士坦丁麾下，此外也和阿米安努斯一樣的是，西爾瓦努斯的職涯在很年輕時就起步，我們或許可以推測他是在御林軍中任職。就在平步青雲的同時，他在宮廷與軍事管理階層中打造了一套支持他的人際網絡。從阿米安努斯的描述中我們可以獲得清楚的基本概念，明白這些四世紀政治網絡是如何以一系列地方派系的方式操作，這些錯綜複雜的派系聯盟遍布帝國各處及鄰近的邊境，不同群體偏袒來自自己地區的人，同時也向外擴張，在其他地區建立結盟網絡。即便我們把焦點放在皇帝個人與他的行動，像這樣黨派敵對的複雜背景正足以解釋許多帝國晚期的歷史。西爾瓦努斯事件眾所周知，只因為阿米安努斯親身參與；這個事件可以做為宮廷黨派如何造成犧牲者的例子。

看來發生了如下的事情：西爾瓦努斯還是一名相當資淺的軍官時，馬涅修斯政變提供他升官的機會。他和許多多西方統治集團中的高盧與法蘭克人情形類似，他們發現自己不受君士坦斯統治下的巴爾幹政權重視。就在穆爾沙大屠殺發生之前，當時擔任衛隊軍事護民官的西爾瓦努斯機靈地轉換陣營，在君士坦提烏斯打了勝仗之後讓他當上高盧軍隊步兵長做為獎賞。他因此成為高盧的高階將領，在他位於科隆尼亞．阿格里皮納的宅邸掌控西方軍務。君士坦提烏斯可不笨。在選擇西爾瓦努斯時，他推測高盧軍隊對於自己內部軍官的反應，會比某個曾經和君士坦提烏斯一起進軍西方的人要來得好。但這表示君士坦提烏斯要略過自己更信任的支持者來提拔西爾瓦努斯，而軍人對於忽略軍階和優先權十分敏感。

君士坦提烏斯的騎兵長阿爾比提歐（Arbitio）立刻開始圖謀對抗西爾瓦努斯，他知道要操弄君士坦提烏斯的妄想是多麼容易。他教唆一名叫做戴納米烏斯（Dynamius）的低階軍官，向西爾瓦努斯要一封推薦信；要來之後戴納米烏斯除去信的內容，只留下簽名，然後重寫內容，暗示西爾瓦努斯陰謀叛變。君士坦提烏斯當時的禁衛軍統領是凱歐尼烏斯．魯菲烏斯．弗魯西安努斯．西格諾．蘭帕迪烏斯（C. Ceionius Rufus Volusianus *signo* Lampadius），他是一位身分高貴的義大利貴族，也是阿爾比提歐的同夥（*signum* 也就是某人自願被人稱呼的綽號，是四世紀義大利貴族特有的偏好）。蘭帕迪烏斯偷偷收下這封信，再私下拿給君士坦提烏斯，後者勃然大怒，召開御前會議（consistorium）。在大臣們面前，他斥責西爾瓦努斯以及在戴納米烏斯偽信中提到的謀反者，但是兩個法蘭克人軍事護民官馬拉利丘斯（Malarichus）和馬洛鮑德斯（Mallobaudes）極力抗辯，主張事必有誤，因此皇帝將案子擱置了一段時間。在這期間戴納米烏斯又捏造第二封偽信，設法把馬拉利丘斯也牽扯在內，還拐彎抹角暗示宮中的法蘭克黨派人士也密謀反抗皇帝。馬拉利丘斯得知後把事情告訴皇帝，於是皇帝召開調查委員會，以便深入了解事件始末。他們很快就發現信件是偽造的，戴納米烏斯受到應有的懲罰。然而在高盧發生的事情其實更糟糕。

因為阿米安努斯與高盧事件有共謀關係，他很有理由掩蓋不堪的真相，因此他大肆宣揚前後矛盾且難以置信的官方版本。根據阿米安努斯的說法，阿波德米烏斯（Apodemius），也就是把伽魯斯處決的消息帶給君士坦提烏斯的那位辦事員，被派往高盧召喚西爾瓦努斯前去受審，但他卻放話說西爾瓦努斯已經被判死刑。聽到這可怕的消息（而且根據皇帝的個性看來他也信以為真），西爾瓦努斯稱帝了。現在公開叛變的西爾瓦努斯等著高階同僚、皇帝的代表也是阿米安努斯的長官烏西奇努斯的到來。烏西奇努斯接到命令鎮壓西爾瓦努斯的叛變，他也這麼做了。不可否認的是，兩位將領惺惺相惜，悲嘆著他們自己在君士坦提烏斯這種皇帝底下做事面臨何種命運。但烏西奇努斯還是公事公辦：在復活節那一天，虔誠的西爾瓦努斯正離開教堂，不疑有他，烏西奇努斯的守衛襲擊他，阿米安努斯也是其中之一，他們公開斥責西爾瓦努斯是篡位者。

但他不是，以上故事純屬虛構。西爾瓦努斯根本沒有憤怒地拿劍對著君士坦提烏斯，當然他也從來沒有稱帝。他沒有鑄造錢幣。篡位者做的第一件事永遠是以自己的名字鑄造錢幣：我們唯一得知三世紀那些如曇花一現皇帝的方式就是透過他們鑄造的錢幣，即便是四世紀短暫稱帝的圖密提烏斯．亞歷山大（三一一年）或尼波提亞努斯（三五〇年），都有留下大量錢幣供現代錢幣學者反覆研究。但西爾瓦努斯卻什麼也沒留下，如果以為他的根據地在科隆尼亞．阿格里皮納，他無法在短短幾週的統治期內鑄造錢幣，這種說法行不通。像是在馬涅修斯政權的尾聲，這個地區出現大量不合法／不規則的錢幣（Notmünzen，德語對非正式的緊急時期錢幣的簡稱），附近有特里爾的鑄幣廠，而且羅馬帝國晚期其他每一位篡位者都鑄造了臨時錢幣，不可能只有西爾瓦努斯無法處理這問題，這表示他從未稱帝，而是被一群皇帝手下最得意的將領率領的皇帝守衛殺害，他之所以被殺害是因為謠言一旦到達某個程度，到底是真是假就再也不重要：像君士坦提烏斯這樣一位皇帝，即使知道類似指控是假的，他還是會為了殺雞儆猴將西爾瓦努斯判刑。但即便如此，這樣的皇帝還是無法得到安全感。疏離、嫉妒、野心都是篡位者的溫床，伽魯斯和西爾瓦努斯兩人都是假警報，在某個時間點真正的威脅就會到來。因此，雖然有伽魯斯的先例，君士坦提烏斯還是再次找上了一位親戚。

第十八章　君士坦提烏斯、尤利安和之後的羅馬帝國

在「鎖鍊保羅」調查西爾瓦努斯的親信，和一些阿拉曼尼人趁機攻擊科隆尼亞．阿格里皮納的同時，君士坦提烏斯還在義大利。三五五年十一月六日在梅迪奧蘭姆，他將他僅存的一位男性親戚（他的堂弟尤利安，已故伽魯斯的同父異母弟弟）地位提升至凱撒。

我們最後一次提到尤利安，是在「血腥之夏」後三三七年的尼科米底亞。在往後的回憶中，尤利安在閹人馬多尼烏斯的照顧之下，在尼科米底亞優美的田園風光中度過童年，之後他被移交給主教卡帕多奇亞的格列哥里，受到不愉快的看管，他等於被軟禁在馬切盧姆（Macellum）的皇室大莊園裡。直到三四八年，尤利安才重獲自由，可以自己做決定。於是他前往君士坦丁堡，和基督徒赫齊波留斯（Hecebolius），以及異教徒尼科萊斯（Nicocles）和戴米司提烏斯（Themistius）學習，後者是四帝共治時期的重要人物；然後他又到帕加馬向哲學家艾狄修斯（Aedesius）學習，他是新畢達哥拉斯主義哲人楊布里科斯（Iamblichus）的弟子；最後他來到雅典，術法大師馬克西穆斯（Maximus）成了他的心靈導師。之後發現，尤利安漸漸放棄了他痛恨的伯父君士坦丁的基督教信

仰，轉而擁抱生氣蓬勃、極其誇張的傳統異教儀式主義。他將上述異教儀式與三世紀奧祕且特色互異的神祕主義與神智學融為一爐。三五五年，他將這深刻的皈依經驗與伴隨其中的強烈反基督教心態深藏在心裡。與其是之後那個狂熱的異教徒，這時的尤利安反而看起來就像個任性的知識分子，往往不修邊幅且好與人爭辯，然而他也是君士坦提烏斯可能仰賴的最後一位王朝成員——雖然君士坦提烏斯不太情願，而且只在妻子優西比雅（Eusebia）的催促下才這麼做。

最後，君士坦提烏斯把正在雅典研讀哲學的尤利安召來宮廷，在梅迪奧蘭姆讓他當上凱撒。共處一個月之後，君士坦提烏斯叫人護送他離開，把高盧交給他管理。和伽魯斯一樣，君士坦提烏斯希望尤利安只是有名無實的統治者，他的官員只能由君士坦提烏斯、而不是由他自己挑選。與伽魯斯不同的是，君士坦提烏斯會給他一些表現機會，讓他學習指揮軍隊，他之前毫無相關經驗；不過他必須在君士坦提烏斯更信任的人監控之下。優西比雅給了他一本凱撒的《高盧戰記》，以便教導他即將前往的這片土地上的種種事情，然而君士坦提烏斯竟然親自寫好一份備忘，記錄他希望堂弟必須服從的事項。他只准許尤利安其中一位密友以及四名昔日僕役隨行，其他都是任由君士坦提烏斯支配的人。之後隨著尤利安愈來愈一帆風順，以上限制將使兩人關係惡化，但在三五五年，羅馬帝國看來平靜無波。

在這種情況下，君士坦提烏斯再次開始強行實施他的基督教教義觀點。許多西方主教拒絕簽署希爾繆姆會議的信條，數年來令君士坦提烏斯沮喪不已，但現在，西元三五五年，他讓辦事員脅迫主教配合。羅馬主教利貝留斯（Liberius，目前他還不像將來的羅馬主教那樣是「教宗」，或是西方的基督教會領袖）被召來梅迪奧蘭姆覲見皇帝，他因為拒絕配合希爾繆姆的教令而被恫嚇。利貝留斯在羅馬城是很有勢力的一號人物，他也是第一位完整傳達他做為使徒彼得公認繼承人的羅馬主教，因此賦予他在道德權威之所具有的特殊主張。君士坦提烏斯在該年放逐了他。

大約在同一時間，亞歷山卓的亞他那修再一次被君士坦提烏斯免職與放逐，他把亞他那修視為整個羅馬帝國拒絕「相像派」教義的精神領袖。君士坦提烏斯樂得騷擾但不處死教會領導者，他似乎真的不了解為何他想要他們配合自己的那些人，沒幾個願意順服他。使君士坦提烏斯更挫折的是他顯然公開想當個好基督徒皇帝的用心——在某方面來說這點他更勝過他父親，不過他從未能複製後者解救受迫害基督徒的地位。然而君士坦提烏斯盡力嘗試。三五六年初，他公布了向異教神祇形象獻祭的人必須處死的詔令，不過他沒有拆除異教神廟，異教祭司也依舊保留他們的財產，只是他們不能再進行任何崇拜神祇的儀式。君士坦提烏斯也明白要求所有羅馬人放棄獻祭行為。他明顯的企圖徹底結束了羅馬傳統宗教儀式。

三五七年四月二十八日，他以凱旋之姿造訪羅馬城，慶祝他在波斯以及尤利安在高盧的勝利。刻薄的當代人吹毛求疵地說他唯一真正的勝利就是和他的同胞羅馬人作戰，但如果將東方戰爭包括在內，尤利安在高盧的勝仗貨真價實。阿米安努斯·馬切里努斯對君士坦提烏斯進入羅馬城的敘述，是古典時代晚期文獻中的經典之作；儘管他十分厭惡這位皇帝，但也不禁崇拜君士坦提烏斯的自制與沉著，他不折不扣就是一位只可遠觀、道貌岸然的世界霸主。在羅馬的君士坦提烏斯將勝利女神的聖壇和雕像從羅馬元老院移走，這是向基督徒同胞示好的舉動，也象徵他將不會在依舊向異教神祇獻祭的地方處理羅馬帝國的事務。搬遷事宜沒有遭到太大反抗，這表示帝國政府和地方官員正以驚人的速度成為基督徒。

尤利安的異教哲學信仰在高盧持續發展，君士坦提烏斯的詔令對這位堂弟而言是個打擊，雖然前者渾然不知。尤利安替一次進軍阿拉曼尼亞的大型戰役打下基礎，他的運勢蒸蒸日上。三五六年夏天，尤利安伴隨一批由君士坦提烏斯的將軍馬可盧斯與烏西奇努斯率領的軍隊，經由第一日耳曼尼亞行省（Germania Prima）入侵阿拉曼尼亞，並且在途中加強科隆尼亞．阿格里皮納的防禦。之後羅馬軍隊回到冬天的營地，四散在北高盧各地，而沒有駐紮在如特里爾等主要皇帝行宮。這或許是因為對抗馬涅修斯的內戰造成太大損害，軍團無法在單一地點持續獲得補給。尤利安和他的衛隊在深入北高盧內地的色諾尼亞過冬，距離高盧的軍事與行政中心都很遙遠。這或許是因為尤利安選擇故意公然反抗堂哥的將領們，又或者是將領們設法讓他遠離他或許能號召同情他的士兵和官僚的地方。無論如何此舉造成災難，因為整個北高盧依舊不安全——內戰使得當地缺乏駐防部隊，西爾瓦努斯還沒有機會恢復邊境的秩序。結果，尤利安發現自己被一大群法蘭克戰士包圍在色諾尼亞，必須在城牆後方堅守數月。尤利安責怪馬可盧斯與烏西奇努斯，並說服君士坦提烏斯把兩人換成權力小得多的騎兵長塞維魯。

然而君士坦提烏斯沒有讓尤利安對抗法蘭克人，反而命令他執行從他當上凱撒以來就開始的阿拉曼尼亞入侵計畫。帶著尤利安的塞維魯越過萊茵河進入阿拉曼尼亞人的領土，君士坦提烏斯的資深步兵長巴勒巴提歐則是在第二雷蒂亞行省（Raetia Secunda）渡過多瑙河上游。然而兩軍無法如計畫中會師，因為尤利安在萊茵蘭停下來，他打贏幾場小型戰役，沒有聽從塞維魯的指令執行原本的計畫。結果巴勒巴提歐從阿拉曼尼亞撤退；雖然阿米安努斯暗示他這麼做是為了刻意使尤利安置於險境，一旦羅馬人的鉗形攻勢失敗，就顯示出他良好的策略判斷力。眼見情況如此，阿拉曼尼亞國王克諾多馬留斯（Chnodomarius）轉向尤利安，在阿勒真托拉圖姆（Argentoratum，今日的史特拉斯堡）迎戰他，尤利安發現羅馬軍隊在數量上居於劣勢，雙方人數大約是一萬三千人對上三萬五千人，不過後者的數字無疑過於誇大。羅馬的大獲全勝提醒我們蠻族軍隊在開闊的戰場上鮮少能戰勝訓練有素的羅馬部隊：尤利安讓士兵以縱隊進攻，先以騎兵騷擾阿拉曼尼亞人的步兵，再發動步兵攻破阿拉曼尼亞人的防線，阿拉曼尼亞人全數潰敗。

我們會說尤利安做了以上的事是因為史料（特別是他自己的敘述）這麼告訴我們。或許更可能的是，大部分真正的計畫由老塞維魯負責，但在這場勝仗之後，君士坦提烏斯開始容許尤利安擁有更多轉圜的餘地，甚至還在一次是否要額外徵稅以支付三五七年財政不足的爭論中，支持尤利安，而反對自己的禁衛軍統領。表面上看來，令他自己也吃驚的是，君士坦提烏斯發現尤利安是個有用的夥伴。雖然身為奧古斯都，他理所當然在羅馬的凱旋式中將高盧的勝利歸功於他自己，但卻不再覺得必須像過去一樣時時嚴密監控尤利安。尤利安在露戴西亞（Lutetia，今日的巴黎）過冬，再次證明他偏愛里昂高盧內地行省勝過傳統的萊茵蘭行政中心。這時他幾乎確定開始密謀對抗堂哥。在阿勒真托拉圖姆的勝仗，使得部隊向他個人展現全新的忠誠。接下來三五八年在法蘭西亞一場輕鬆的勝利（與其說是戰役更像是武力展示和演習），再一次鞏固他與部隊間的關係。

然而，君士坦提烏斯對於他堂弟逐步的計畫，或者更確切來說是尤利安祕密的異教信仰與對術法的興趣，渾然未覺，君士坦提烏斯有其他問題需要擔心。沙普爾準備對羅馬領土發動另一次攻擊，波斯前線再次騷動，君士坦提烏斯與捉摸不定的西方主教間的關係更加惡化。拉丁教會決定拒絕希臘教會繼續對「存在」（ousia，或拉丁文中的「實體」〔substantia〕）進行術語上瑣碎的爭論，他們堅持《尼西亞信經》已經沒有什麼需要改善。但是君士坦提烏斯依舊堅持所有教會人員必須同意相同的教義，即便他終於明白將東方與西方主教齊聚一堂不只毫無意義，也適得其反。於是他決定召開兩場會議，一場在北義大利的阿里米努姆（今日的里米尼），另一場在卡利卡德努斯河畔的塞琉西亞（Seleucia-on-the-Calycadnus，今日土耳其南部的錫利夫凱），後者是當時伊蘇利亞（Isauria）最重要的城市。君士坦丁在阿里米努姆提出的教義，由最受皇帝信賴的巴爾幹主教穆爾沙的瓦倫斯（Valens of Mursa）提交，其中去除了「實體」等備受爭議的字眼。雖然如此，來自義大利與高盧的主教還是非常不信任巴爾幹的主教：後者與皇帝太過親近，他們對皇帝唯命是從，不會表現出宗教獨立的態度。西方主教正式拒絕阿里米努姆教義，重申《尼西亞信經》已經夠完備，並且將瓦倫斯和他的兩名支持者逐出教會。君士坦提烏斯人在遠處，他在多瑙河另一頭與薩爾馬提亞人作戰，前去希爾繆姆通知他會議結果的西方主教只好等待數月。

在這段期間，其他西方主教被皇帝的軍隊拘留在阿里米努姆，不准他們回到教區，這無疑使君士坦提烏斯原本對妥協所做的努力徒勞無功。不過就短期而言，壓制主教似乎是有效的做法。不顧在阿里米努姆的主教，在希爾繆姆等待君士坦提烏斯回來的主教撤銷逐出教會的命令，接受阿里米努姆會議的教義，只要能讓他們回家就好。君士坦提烏斯於是沒有和來自西方會議的主教見面，而是在戰役一結束之後，直奔君士坦丁堡。他在當地接見兩位而非一位來自伊蘇利亞的塞琉西亞會議上的代表，這場會議和阿里米努姆的會議一樣沒有成功。由安那托利亞中部勢力龐大的安卡拉（Ancyra）主教貝希勒（Basil）所領導的某一派系，不只堅持討論「存在」這個尖銳敏感的字眼，他們的做法還很容易被形容為新亞流派。凱撒利亞的阿卡丘斯（Acacius of Caesarea）在塞琉西亞會議上，大肆宣揚在拉丁西方由穆爾沙的瓦倫斯發起的官方教義，雙方僵持不下，因而他們要求君士坦提烏斯親自裁決。三五九年十二月底，君士坦提烏斯接見敵對的主教代表，並引用貝希勒派對阿里米努姆教義的擁護意見。三六〇年初，他在君士坦丁堡召開另一場會議，宣布阿里米努姆教義為統一的帝國教義。有史以來第一次，少有人提出異議，遭流放的人數也較平常少，但是這虛假的意見一致在君士坦提烏斯還在世時就已結束，神學爭議的餘波蕩漾將在本書續集繼續反覆出現。

君士坦提烏斯人還在薩爾馬提亞時，尤利安繼續在高盧前線作戰。他又在露戴西亞度過三五八至三五九年的冬天。下一次戰爭季節開始時，他在蒙格提雅庫姆（美因茨）渡過萊茵河，大敗幾個阿拉曼尼亞國王，並且公開宣傳他們的投降。一如既往多疑的君士坦提烏斯已經無法忍受尤利安這種自我宣傳。他召回尤利安最信任的一些官員，尤其是尤利安的司法大臣（quaestor sacri palatii）薩路提烏斯・塞孔都斯（Salutius Secundus），另派給他一群新的宮廷顧問，包括令人討厭的「鎖鍊保羅」，以及潘塔狄烏斯（Pentadius）和高登修斯（Gaudentius），前者在三五四年使伽魯斯垮台的事件中十分活躍。君士坦提烏斯的挑釁之舉導致原本謹慎經營其野心的尤利安公開叛變。他政變的時間點抓得非常好。如果再早一些，君士坦提烏斯就能從東方行省抽身，來打擊他這位不受管束的親戚。然而在三五九年，波斯再次出現問題。

雖然三五〇年代早期，羅馬與波斯定期恫嚇對方，但雙方統治者威脅進行的決定性戰役卻從未成真，主要是因為沙普爾二世帝國遙遠的中亞邊境發生的分裂。這是帝國更往東邊的中國西北河西走廊上發生的巨大改變所致，我們將會在本書續集中花些篇幅討論。大致上來說，他們代表著各種大草原游牧民族廣泛的軍事行動，這些人都聲稱是匈奴（或匈人）的後代。三五〇年代，無論波斯人或羅馬人都不知道在東方歐亞草原上發生的事情，但三五〇年代的沙普爾一直忙於處理東方邊境。然而到了三五八年，沙普爾已經制伏了最急迫的挑戰，至少有一個匈人氏族與他結盟，成為波斯的附庸。沙普爾立刻著手召集軍隊，兌現攻擊羅馬邊境的計畫，奪回爭議已久的領土。三五九年大部分時間雙方都在進行談判，但是沙普爾拒絕放棄他對君士坦提烏斯交出羅馬東方行省的要求。這是第一次我們有充分的證據證實一位薩珊王朝統治者，確實宣稱自己是阿契美尼德王朝的大流士與薛西斯的繼承人，並且利用大流士帝國的範圍正當化自己的索求。

君士坦提烏斯再次指派烏西奇努斯擔任高階指揮部的騎兵長，要他負責準備迎戰入侵的敵人。阿米安努斯參加了這場戰役，而且翔實敘述波斯包圍阿米達時羅馬軍隊的艱辛，我們因而能得知許多戰役中發生的事。顯然羅馬軍隊在波斯人開始入侵時沒有妥善部署，因為烏西奇努斯在視察邊境防禦時差點被波斯騎兵突襲。不過正如以往的常態，美索不達米亞的大城市顯然能就地阻擋波斯軍隊；阿米達的駐軍殺死沙普爾的附庸國國王古魯姆巴茨（Grumbates）的兒子，沙普爾直到不久之前還在和他們作戰。根據阿米安努斯的說法，古魯姆巴茨是一位「匈尼特人」國王，不過我們不能確定他指揮的是哪一支匈人氏族。為了讓古魯姆巴茨滿意，沙普爾同意在三五九至三六〇年冬天全面包圍阿米達，然而阿米達駐軍頑強抵禦波斯人達數月之久，迫使沙普爾撤退，準備來年再度發動攻擊。

尤利安應該是在波斯前線一有狀況就立刻得知。一位名叫歐大邱的哲學家是他的密友，兩人曾經一起在帕加馬求學；歐大邱是未能防止波斯入侵的大使成員之一。於是，在三六〇年二月或三月，人還在露戴西亞軍營中過冬的尤利安接到君士坦提烏斯的命令，要他在西方招募協助波斯戰役的軍隊，而且軍隊規模可不小，包括四支騎兵部隊以及來自高盧部隊中每一種其他部隊的三百名士兵。從君士坦提烏斯面臨的威脅看來，這是合理的要求，然而尤利安用它來當作稱帝的藉口。他顯然早有預謀，從抵達高盧後，他第一次指定露戴西亞為作戰部隊的冬季駐防地，而不只有他的貼身侍衛。依慣例，尤利安一直宣稱他十分不情願接受奧古斯都的地位，他只是為了回應士兵自發性的要求。但事實上所有高盧軍隊都支持他稱帝，從這點可以看出，早在部隊進駐戴露西亞的冬季駐防地之前一切就已準備妥當，冬天時尤利安挑選出的軍官已經著手策劃政變。兩支番號為凱爾特（Celtae）和皮圖藍特斯（Petulantes）的菁英部隊率先在戴露西亞擁立尤利安為奧古斯都，高盧其他部隊立刻紛紛響應。

尤利安必定明白君士坦提烏斯會與他作對，但是他沒有立刻逼迫君士坦提烏斯接受，而是讓軍隊在法蘭西亞四處進行報復性襲擊。君士坦提烏斯也小心翼翼。他接見一名尤利安派出的使節，這名使節暗示尤利安應該擔任西方的皇帝，但在東方他還只是凱撒——君士坦提烏斯拒絕了這項提議，他要求尤利安聲明放棄奧古斯都頭銜，安分地做他的凱撒。根據君士坦提烏斯的標準，這還算是溫和的反應，不過此刻由於波斯情勢，他也只能如此。

三六〇年夏天，沙普爾的軍隊已經占領辛格拉和貝札卜德（Bezabde），逼近羅馬領土的最邊緣，掃蕩辛格拉，然而西方援軍被奪走的君士坦提烏斯不能向沙普爾反擊。三六〇至三六一年冬天，羅馬軍隊奪回貝札卜德，但與沙普爾全面開戰已經在所難免，問題是何時會發生，因為此刻內戰陰影也逐漸逼近。三六〇年十一月，尤利安在維耶納（Vienna，在今日法國的維埃納）慶祝他的登基五週年慶，這個城市是重要的維耶納行省（Viennensis）的首都。在典禮上他身穿全套奧古斯都服裝，也以奧古斯都頭銜鑄造錢幣，他很清楚君士坦提烏斯將無法容忍。君士坦提烏斯在埃德薩過冬，搖擺在外患波斯與內戰衝突之間。

三六一年初，尤利安動員軍隊，表面上是為了再次襲擊阿拉曼尼亞。他在阿拉曼尼亞抓了名叫瓦多馬留斯（Vadomarius）的國王，他是君士坦提烏斯個人的附庸國王，現在尤利安聲稱君士坦提烏斯命令瓦多馬留斯攻擊自己。這個戰爭藉口當然是虛假的，但這樣對尤利安來說就已足夠。他在盛夏沿著多瑙河進軍巴爾幹半島，事先把軍隊用船載往下游，夏末時他已經攻占所有主要城市，遠及希爾繆姆。他的騎兵長內維塔（Nevitta）和大多數信任的將領走主要陸路經由雷蒂亞和諾里庫姆，沿著薩瓦河往下游走，進入巴爾幹半島中部。

他們的計畫是占領伊利里庫姆西部，迎戰君士坦提烏斯可能派出的先行部隊，同時也派出一些小隊進入義大利，越過尤利安阿爾卑斯山，攻占北義大利平原。策略上來說這是個好計畫，只不過其中有兩支部隊在前往義大利的途中叛變，他們受君士坦提烏斯特務的唆使，占領阿奎萊亞的堡壘。現在尤利安可能必須在兩個前線開戰，要不然他與忠於他的高盧行省之間的補給線就會被切斷。因此他停在希爾繆姆等待時機，幾個他留在高盧的部隊挺進北義大利，占領當地駐防城市。尤利安自己則忙著寫信給東方行省人民，辯解他的行為，控訴君士坦提烏斯的種種惡行。君士坦提烏斯別無選擇，只好放著東方前線不管，先處理他叛變的堂弟。三六一年十月，他率軍西行，但只到奇里乞亞就生了病。他死於十一月三日，為了表現出偉大的政治家風範，臨死前他指名尤利安為合法繼承人。由於沒有其他人稱帝，尤利安開始獨自統治羅馬帝國，當上君士坦丁王朝最後一任皇帝。

＊＊＊

君士坦提烏斯的死替本書的敘事劃下句點，它是晚期帝國轉折的樞紐。君士坦提烏斯最重要的貢獻，是鞏固他父親在劃時代統治期間的帝國結構力量與政治動力。四帝共治使三世紀權宜之計的實驗成為永久措施，並且將我們花許多時間談論到的帝國騎士階級化逐漸轉變的過程帶到頂點，君士坦丁將制度化比以往羅馬世界所知更廣大、更侵入性與更複雜的國家。君士坦提烏斯長久且極為穩定的統治期確保境內沒有反革命發生，四世紀早期的官僚國家得以在接下來的數十年日漸壯大。在宗教事務上，君士坦提烏斯也使父親遺留後世的措施永久存在。以「叛教者尤利安」（Julian the Apostate）的稱號聞名後世的尤利安，雖然試圖廢除他的親戚信奉、並在帝國逐步推行的基督教，但他只能想像一個反基督教的帝國，不能真正返回前君士坦丁時期的宗教面貌。他登基為帝國唯一皇帝不久之後就死去，如果與之前有所差別，這表示做為帝國正統核心的基督教政治與教會機構進一步確立。

尤利安雖是個出奇厲害的人，但也是個不切實際的理想主義者。繼承堂哥登基之後他首先就是興匆匆地大舉入侵波斯，這是可怕的錯誤。羅馬軍隊必須付出龐大代價才能從敵人領土撤退，這顯示軍隊的高階指揮部、宮廷的行政官僚與禁衛軍統領機構已經變得相當強大：四世紀後期是集團政府的偉大年代，地方與官僚的寡頭彼此鬥爭，同時確保當上皇帝的人，包括約維安、瓦倫提尼安一世、瓦倫斯、狄奧多西一世都是即便有能力也有權威，但卻無法以其意志改變事態發展的資淺軍官。在君士坦丁與君士坦提烏斯統治期播下的其他種子，也在四世紀後期開花結果。基督教會的意識形態、政治經濟勢力和教士階級的確立，以及它的分布愈來愈依據帝國的地理形式，這一切到本世紀中為止臻至成熟，此外教會法典逐漸成形，也引導並將基督教信徒團結在一起。

帝國東方與西方開始在許多事務上分道揚鑣；從此之後，希臘與拉丁基督教顯現出的思想與習慣上愈來愈多根本的差異再也無法弭平。自從三六〇年代以降，東方與西方帝國在政治上和經濟上的差異也愈來愈明顯。君士坦丁堡對希臘世界有愈來愈大的主導權是原因之一，不過東方帝國掌控了西方帝國無從取得的高加索地區新金礦礦脈，也能解釋帝國的分裂。其中的結果之一意義重大：東方統治菁英與國家的結構更加緊密結合，他們比西方統治菁英更加壟斷貨幣供給；如果硬是要求他們，西方社會最上層階級可以在沒有得到政府機構太多協助的情況下自行處理。這一點最能解釋五世紀中期西方帝國政府長達一個世代的崩壞，而東方政府基本上安然無恙。它也能解釋西方帝國為何較不能像東方帝國那樣因應更廣大歐亞版圖上的變革，這件事發生在短暫但隨之而來的數十年間，當時不同的匈奴或匈人帝國重新打造從中國到印度，乃至於中歐的政治邊界。

兩百五十五年前，英國史家吉朋在大約與本書相同的地方，也就是他視為安東尼王朝的黃金時代，開始敘述他的《羅馬帝國衰亡史》，他是如此著迷於筆下使帝國垮台的「野蠻主義與宗教」，因此他繼續往下訴說超過一千年之後君士坦丁堡被穆罕默德二世（Ottoman Mehmet II）征服的故事。我們這些所有撰寫羅馬帝國晚期的人，或廣義來說撰寫現在我們稱之為古典時代晚期文化世界的人，跟著吉朋的腳步，受到他豐富的學識、優美的散文體和寫作的野心所庇蔭。但是今天沒有人會試著與他宏偉的視野匹敵。這本書與接下來另一本書涵蓋從羅馬帝國早期到東方的希臘羅馬帝國，以及與羅馬同時存在的後帝國的西方世界，這是很獨特的一連串歷史進程。我們已經從一個由羅馬人統治的帝國，進入到一個住滿羅馬人的帝國；從一個它的範圍多少是從古典地中海世界往外擴張的羅馬，到古代全球化時代裡歐亞四大文明之一的羅馬。

我們將在下一本書中談論古典時代晚期後半段的羅馬帝國，它已經與哈德良時代的羅馬帝國截然不同，然而這後期羅馬帝國卻承襲自首先由塞維魯、接著由戴克里先打下基礎並由君士坦丁重新塑造的帝國，因此可以辨認其中相似處——至少戴克里先能想像自己恢復了哈德良也會認可的、羅馬嶄新的過去。在此我們不需要決定那憧憬與現實符合的程度，就像我們在下一本書裡也不需要決定，君士坦提烏斯與尤利安之後的皇帝，對於他們緩慢重新創造的帝國是君士坦丁與他那開創性統治的產物，他們知道的到底有多少。他們的理想與行動就足以構成故事。

謝詞

進行如此大規模的研究調查過程中，要感謝的人總是多不勝數且難以界定，幾乎每一個曾經教了你些什麼的人都該感謝，而這份名單長得永無止境。我首先要感謝委任我撰寫本書的John Davey和Profile出版社的Penny Daniel，以及該出版社與哈佛大學出版社促成本書出版的傑出工作團隊。賓州大學的Erin Eckley讓我能完成日常工作的同時還能找時間寫書。我很感謝來自我任教的大學以及普林斯頓高等研究院（Institute for Advanced Study）史學研究基金（Fund for Historical Studies）的研究支持，我在該研究院以歷史研究學院研究員身分度過了愉快的一年，本書的定稿也是完成於此時。

更廣義來說，我想感謝那些教授我大多數知識的人，即便我在多年後才明白自己曾經學到這些事——即便有些人大概會說我一件事也沒學到，尤其是以下這些人：Tim Barnes, Palmira Brummett, Jack Cargill, Angelos Chaniotis, Todd Diacon, Martin Dimnik, Jim Fitzgerald, Patrick Geary, Walter Goffart, Maurice Lee, Lester Little, John Magee, Ralph Mathisen, Sandy Murray, Walter Pohl, Roger

Reynolds, Danuta Shanzer, Alan Stern, David Tandy and Susan Welch。此外還要感謝我的家人，特別是我的祖母與外祖母，以及奧利佛與馬文。

同樣感謝的是朋友與同事，以下諸位的共同點就是他們以各種不同的方式激勵我：David Atwill, Bob Bast, Mia Bay, Joe Boone, Kim Bowes, Sebastian Brather, Tom Burman, Craig Davis, Deborah Deliyannis, Bonnie Effros, Hugh Elton, Catherine Higgs, Gavin Kelly, Maura Lafferty, Chris Lawrence, Hartmut Leppin, Mischa Meier, Eric Ramírez-Weaver, Josh Rosenblum, Kathy Salzer, Sebastian Schmidt-Hofner, Tina Shepardson, Denise Solomon, Roland Steinacher, Paul Stephenson, Ellen Stroud, Carol Symes, Philipp von Rummel, Ed Watts, Clay Webster, David Wiljer and Christian Witschel。我要特別感謝Nicola Di Cosmo與Michael Maas邀請我於二〇一三年普林斯頓高等研究院舉辦的「變動中的世界」（Worlds in Motion）研討會上發表論文（研討會論文之後集結成書：《古典時代晚期的歐亞帝國》〔*Eurasian Empires in Late Antiquity*〕）；這次經驗使我大開眼界，看見一個全新且難以想像的豐富歷史世界。寫作本書的數年間我任職於賓州州立大學，我在此要向我的同事們致十二萬分謝意，感謝他們容忍我時而粗心大意，也感謝他們持續以大大小小的方式提醒我作用在每一個管理體系上的結構與社會的侷限。雖然以上已提及許多朋友與同事，我還是要特別感謝三位歷史學家，他們對我在史學、歷史學家的專業以及學者的社會責任上的思考影響深遠，以致於我甚至很少意識到這一點，直到我發現自己不經意想起，並永誌不忘。Richard Burgess、Guy Halsall和Noel Lenski，感謝你們。

謹以本書獻給艾倫與大衛。最後我要感謝他們，我從未預期能交到比他們更棒的朋友。

羅馬皇帝列表[1]

奧古斯都（Augustus, 27 BC-AD 14）
提庇留（Tiberius 14-37）
卡利古拉（Caligula, 37-41）
克勞狄烏斯（Claudius, 41-54）
尼祿（Nero, 54-68）
加爾巴（Galba, 68-69）
奧托（Otho, 69）
維特留斯（Vitellius, 69）
維斯帕先（Vespasian, 69-79）
提圖斯（Titus, 79-81）
圖密善（Domitian, 81-96）

涅爾瓦（Nevra, 96-98）
圖拉真（Trajan, 98-117）
哈德良（Hadrian, 117-138）
安東尼烏斯・庇烏斯（Antoninus Pius, 138-161）
馬庫斯・奧理略（Marcus Aurelius,161-180）
盧基烏斯・維魯斯（Lucius Verus, 161-169）
康茂德（Commodus, 177-192）
佩提納克斯（Pertinax, 193）
迪迪烏斯・尤利安努斯（Didius Julianus, 193）
塞提米烏斯・塞維魯（Septimius Severus, 193-211）
卡拉卡拉（Caracalla, 198-217）
傑塔（Geta, 210-211）
馬克里努斯（Macrinus, 217-218），狄亞杜門尼安努斯擔任凱撒（Diadumenianus, 217-218）
埃拉伽巴爾（Elagabalus, 218-122）
塞維魯・亞歷山大（Severus Alexander, 222-235）
馬克西米努斯一世（Maximinus I, 235-238），馬克西穆斯擔任凱撒（Maximus, 236-238）

1 編按：括號內數字是在位年。

戈爾迪安一世（Gordian I, 238）
戈爾迪安二世（Gordian II, 238）
普皮埃努斯與巴爾比努斯（Pupienus and Balbinus, 238）
戈爾迪安三世（Gordian III, 238-244）
菲利普一世（Philip I, 244-248），與菲利普二世共治（Philip II, 247-249）
圖拉真・德西烏斯（Trajan Decius, 248-251），與赫倫尼烏斯・伊斯特魯斯庫斯共治（Herennius Etruscus, 251），荷斯提里安努斯擔任凱撒（Hostilianus, 251）
特雷波里安努斯・伽魯斯（Trebonianus Gallus, 251-253），與弗魯西安努斯共治（Volusianus, 251-253）
埃米利安努斯（Aemilianus, 253）
瓦勒良（Valerian, 253-260）
加里恩努斯（Gallienus, 253-268），與薩洛尼努斯共治（Saloninus, 260）
克勞狄烏斯二世（Claudius II, 268-270）
昆提魯斯（Quintillus, 270）
奧勒良（Aurelian, 270-275）
塔西陀（Tacitus, 275-276）
弗洛里安努斯（Florianus, 276）
普羅布斯（Probus, 276-282）
卡魯斯（Carus, 282-283）

卡里努斯（Carinus, 282-285）
努梅里安努斯（Numerian, 283-284）
戴克里先（Diocletian, 284-305）
馬克西米安（Maximian, 285-305），篡位者（306-308, 310）
君士坦提烏斯一世（Constantius I, 293-306）
伽列里烏斯（Galerius, 293-311）
塞維魯二世（Severus II, 305-307）
君士坦丁（Constantine , 306-337）
馬克西米努斯二世（Maximinus II, 305-313）
李錫尼（Licinius, 308-324），與瓦倫斯共治（Valens, 316-317）
君士坦提努斯（Constantinus, 337-340）
君士坦提烏斯二世（Constantius II, 337-361）
君士坦斯（Constans, 337-350）
尤利安（Julian, 361-363）

波斯大王列表

阿爾達希爾一世（Ardashir I, 222-242）
沙普爾一世（Shapur I, 240-272）
歐馬茲特一世（Ohrmazd I, 272-273）
瓦拉蘭一世（Varahran I, 273-276）
瓦拉蘭二世（Varahran II, 276-293）
瓦拉蘭三世（Varahran III, 293）
納賽赫（Narseh, 293-302）
歐馬茲特二世（Ohrmazd II, 302-309/310）
沙普爾二世（Shapur II, 309-379）

圖片出處

彩圖

1. Hadrian’s Wall. Photo: Ian Robertson on Flickr
2. Ribchester Helmet. Photos: © The Trustees of the British Museum
3. Ludovisi Battle Sarcophagus. Photo: © AGTravel/Alamy Stock Photo
4. A Sarmatian Horseman
5. Library of Celsus. Photo: Ali Karaalioglu/EyeEm/Getty
6. Theatre of Leptis Magna. Photo: Wikipedia
7. Roman Military Diploma. Photo: © Genevra Kornbluth
8. Herodes Atticus. Photo: Universal History Archive/Contributor/ Getty
9. Mithras. Photo: DEA/A. Dagli Orti/Getty
10. A Parthian Noble. Photo: © B. O’Kane/Alamy Stock Photo
11. Fulvius Plautianus. Photo: © Lanmas/Alamy Stock Photo
12. Septimius Severus. Photo: DEA/A. Dagli Orti/Getty

13. The Severan Tondo. Photo: © Neues Museum, Berlin
14. The Licinius Cameo. Photo: © Bibliothèque nationale de France
15. Maximinus. Photo: Leemage/Getty
16. Pupienus coin. www.cngcoins.com
17. Balbinus coin. www.cngcoins.com
18. A Roman Tunic. Photo: © Genevra Kornbluth
19. Lamp in the shape of a Nubian. Photo: © Agora Museum, Athens
20. Kushan Fresco. Photo: © The Metropolitan Museum of Art
21. Kushan (Gandharan) Buddha. Photo: © The Trustees of the British Museum
22. Palace of Ardashir at Firuzabad. Photo: Wikipedia
23. Victory of Shapur, Naqsh-e Rustam. Photo: © Richard Slater/Alamy Stock Photo
24. The Aurelian Wall of Rome. Photo: Luigi Strano on Flickr
25. Deeds of the Priest Kardir, Naqsh-e Rajab. Photo: The Circle of Ancient Iranian Studies (CAIS)
26. Maximian. Photo: Chris Hellier/Getty
27. Edict on Maximum Prices. Photo: Wikimedia Commons
28. Fausta. Photo: DEA/A. Dagli Orti/Getty
29. The Tetrarchs. Photos: www.cngcoins.com
30. Shapur II Hunting Boar. Photo: © The Smithsonian Museum of Asian Art
31. Sasanian Royal Bust. Photo: The Metropolitan Museum of Art
32. Constantius II. Photo: © Peter Horree/Alamy Stock Photo
33. Julian. Photo: DEA/A. Dagli Orti/Getty
34. Porphyry Sarcophagus of Helena. Photo: © Genevra Kornbluth
35. The Judgement of Paris (detail) from the Atrium House, Antioch. Photo: DEA/A. Dagli Orti/Getty

延伸閱讀

原始文獻資料

幾乎所有希臘羅馬時代重要作家的著作都收錄在「洛布古典叢書」（Loeb Classical Library）中，原典的英文翻譯在對開頁面的另一頁呈現。讀者可以在這套叢書中找到相關文字，其中除了極少例外，其餘在二十世紀初出版的文獻都已更新（一般而言內容已經大為改善）。洛布古典叢書在西元三世紀晚期之後較不齊全，鮮少收錄基督教作者的著作。利物浦大學出版社（Liverpool University Press）出版的Translated Texts for Historians叢書以優異的附注解譯文彌補其中不足。讀者也可以參考另外兩套叢書Fathers of the Church和Ancient Christian Writers：後者的譯文品質整齊優秀；前者的譯文品質則參差不齊。錢幣是研究羅馬帝國史不可或缺的主要非文字史料，基本的參考書仍是十卷本的Roman Imperial Coinage (London, 1923-)。除此之外，Classical Numismatic Group網站（http://www. cngcoins.com）上的research頁裡有古典時代除了最稀少錢幣種類以外的所有錢幣彩圖。

參考書

對羅馬史非常感興趣的人，手邊都應該有兩本基本的參考書，分別是第三版也是最好的一版*Oxford Classical Dictionary* (Oxford, 1996)，以及由Richard Talbert編輯的*The Barrington Atlas of the Greek and Roman World* (Princeton, 2000)，本書地圖涵蓋的範圍、其細節與美感都令人讚嘆。

通史

許多教科書都涵蓋了本書提到的範圍，但由於對象是課堂上的學生，教科書往往寫得死氣沉沉。其中最優秀的一本是以美國大學生為對象的*The Romans from Village to Empire* (2nd ed., New York, 2011)，由Mary T. Boatwright、Daniel Gargola、Noel Lenski與Richard Talbert合著。讀來更有趣的是由Mary Beard所著*SPQR: A History of Ancient Rome* (London, 2015)，書中提及的社會史比目前出版的所有羅馬史書籍涵蓋範圍更廣泛，不過只敘述到卡拉卡拉為止。此外還有Greg Woolf, *Rome: An Empire's Story* (Oxford, 2012)。目前已有新版取代舊版的Fontana History of the Ancient World叢書中包括一些經典的概論；Colin Wells, *The Roman Empire* (2nd ed., London, 1995)則仍值得閱讀。在過去十年中，隨著學術出版社爭相以圖書館為銷售管道，大部頭的指南、厚重的手冊與冗長的字典數量激增。我算了算，探討本書涵蓋時代的某個面向或這段時期的某個作者的書籍有四十本以上（而且我絕對還漏算了一些），此外雖然每一本裡都收錄了很有用的論文，但也幾乎每一本裡的論文也都有品質不一、涵蓋範圍不均的狀況。在此建議讀者審慎使用。

David Potter, *The Roman Empire at Bay, ad 180–395* (London, 2004)一書中有精湛的注解和極佳的知識與文化史。市面上也持續出版了許多德文與法文的羅馬帝國第三世紀相關著作：例如，沒有一本英文著作可與Michel Christol優秀的L'empire romain du IIIe siècle (Paris, 1997)相較。論及戴克里先之後的羅馬帝國，最基本的著作依舊是（而且將一直是）A. H. M. Jones, *The Later Roman Empire, 284–602* (4 vols., Oxford, 1964; 2 vols., Oxford, 1973)。Peter Brown, *The World of Late Antiquity* (London, 1971)使數世代的學者讚嘆並深受啟發，本書在近半世紀之後的今天依舊令人折服。

各時期的一手與二手史料

從哈德良到康茂德之死

這段時期的一手史料相當稀少。《羅馬帝王記》（*Historia Augusta*，可在洛布古典叢書中找到，書名是*Scriptores Historiae Augusta*）是從哈德良到卡魯斯與卡里努斯的傳記文集，由四世紀晚期的一位作者編纂，但傳說其實是由六位四世紀初的作者所寫。書中收錄某位三世紀傳記作家忠實記錄從哈德良到卡拉卡拉之間所有正統羅馬皇帝生平事蹟的著作，但現已亡軼。不過其中敘述當時的凱撒與篡位者的部分沒有參考價值，所有在卡拉卡拉之後的皇帝事蹟也一樣不可信。卡西烏斯・狄奧的歷史著作（也收錄在洛布古典叢書中）是這時期的重要作品，即使它只保留了斷簡殘篇。第四世紀羅馬帝國的簡短歷史（Eutropius, *Breviarium*和Aurelius Victor, *De Caesaribus*，兩者都收錄在Translated Texts for Historians叢書）也提供了一些基本訊息。

然而這段時期的非歷史文獻著作也十分豐富（包括格利烏斯的拉丁文著作，以及阿利安、阿特納奧斯、蓋倫和其他人的希臘文著作，許多作品在洛布古典叢書都找得到）。關於安東尼王朝文化，見：C. P. Jones, *The Roman World of Dio Chrysostom* (Cambridge, 1978); Leofranc Holford-Strevens, *Aulus Gellius: An Antonine Scholar and His Achievement* (revised edn., Oxford, 2005); D. A. Russell, ed., *Antonine Literature* (Oxford, 1990); and David Braund and John Wilkins, eds., *Athenaeus and His World* (Exeter, 2000)。關於被稱為「第二辯士學派」（Second Sophistic）的希臘修辭學和哲學運動，見：Glen W. Bowersock, *Greek Sophists in the Roman Empire* (Oxford, 1969); Graham Anderson, *Philostratus* (London, 1986) and E. Bowie and Jas Elsner, eds., *Philostratus* (Cambridge, 2009)，這兩本書提到創造該名詞的思想家；與談論整個第二辯士學派現象的Graham Anderson, *The Second Sophistic* (London, 1993)。關於很難以有趣的方式描述的羅馬帝國藝術，見Ja　Elsner, *Imperial Rome and Christian Triumph* (Oxford, 1998)，本書的闡述與分析既成功且容易閱讀。

關於羅馬帝國的政府與官僚，Andrew Lintott, Imperium Romanum: *Politics and Administration* (London, 1993)是可讀性最高的入門著作。探討皇帝角色最優秀的著作依舊是Fergus Millar, *The Emperor in the Roman World* (Ithaca, 1977)，不過與這本經典著作所主張的相較，今日學者認為羅馬皇帝就統治風格而言較採取干預主義，而較少主動反應。關於這段期間統治菁英的意識形態在J. E. Lendon, *Empire of Honour* (Oxford, 1998)一書中有敏銳的探查，而Richard J. A. Talbert, *The Senate of*

Imperial Rome (Princeton, 1984)則對元老院有徹底的研究。

關於羅馬貨幣，見David L. Vagi, *Coinage and History of the Roman Empire*, 2 vols. (Sidney, OH, 1999)，雖然目標讀者群為錢幣收藏家，而非歷史學家或錢幣學者，本書或許是對錢幣這種重要歷史證據最簡單、也最易讀的入門書。學術性較高但同樣易讀的是Andrew Burnett, *Coinage in the Roman World* (London, 1987)，以及許多列為本書參考書目的權威研究著作。

關於政治史，皇帝傳記依舊是個有吸引力但不必然常用的方式。這段時期有幾本優秀的傳記，尤其是Anthony R. Birley, *Hadrian: The Restless Emperor* (London, 1997)和同一作者的*Marcus Aurelius* (2nd ed., New Haven, 1987)。Olivier Hekster, *Commodus: An Emperor at the Crossroads* (Amsterdam, 2002)讀來刺激有趣，但有時沒有足夠論據佐證。Thorsten Opper, *Hadrian: Empire and Conflict* (Cambridge, MA, 2008)是一本面面俱到的入門著作，選用的圖片相當精采。

關於社會與經濟史，Peter Garnsey and Richard Saller, *The Roman Empire: Economy, Society, and Culture* (Berkeley, 1987)有點舊了，但可讀性還是很高，整體而言也是最好的入門著作。Walter Scheidel, Ian Morris and Richard Saller, eds., *The Cambridge Economic History of the Greco-Roman World* (Cambridge, 2007)內容參差不齊，但包含最新資訊。關於安東尼王朝流行的瘟疫與其影響，見Elio Lo Cascio, ed., *L'impatto della "peste antonina"* (Bari, 2012)收錄的論文，其中有幾篇是英文。關於加里恩努斯之前的羅馬軍隊，見Roy Davies, *Service in the Roman Army* (New York, 1989); Hugh Elton, *Frontiers of the Roman Empire* (London, 1996); Ian Haynes, *Blood of the Provinces: The Roman Auxilia and the Making of Provincial Society from Augustus to the Severans* (Oxford, 2013)——這本書的內容非

常好，書名卻很蠢；以及Graham Webster, *The Roman Imperial Army* (3rd ed., New York, 1985)。J. E. Lendon, *Soldiers and Ghosts: A History of Battle in Classical Antiquity* (New Haven, 2005)研究古代心理學與戰爭，充滿引喻與挑釁；本書值得仔細閱讀，即便並非所有結論都有說服力。

以下是並非專門研究羅馬史的一般讀者也會感興趣的行省與地方研究，關於東方行省的著作有：Warwick Ball, *Rome in the East: The Transformation of an Empire* (London, 2000); Simon Goldhill, ed., *Being Greek under Rome: Cultural Identity, the Second Sophistic and the Development of Empire* (Cambridge, 2001); William Horbury, *Jewish War under Trajan and Hadrian* (Cambridge, 2014); Benjamin Isaac, *The Limits of Empire: The Roman Army in the East.* (revised ed., Oxford, 1992); and Fergus Millar, *The Roman Near East, 31 BC-AD 337* (Cambridge, MA, 1993)。關於西方行省的著作，不易讀但重要的：David Cherry, *Frontier and Society in Roman North Africa* (Oxford, 1998)，以及Greg Woolf, *Becoming Roman: The Origins of Provincial Civilization in Gaul* (Cambridge, 1998)，後者是有史以來談論「羅馬化」現象最優秀的英文著作。

從康茂德之死到馬克西米努斯一世之死

這段時期的主要一手史料來源是希羅狄安和卡西烏斯・狄奧，兩人的作品在洛布古典叢書中都有英譯。關於卡西烏斯・狄奧，見Fergus Millar, *A Study of Cassius Dio* (Oxford,1964)。在Olivier Hekster, *Rome and Its Empire, AD 193–284* (Edinburgh, 2008)一書中有許多重要的一手史料。這段時期的皇帝傳記較少，可見Anthony R. Birley, *Septimius Severus: The African Emperor* (2nd ed., New

Haven, 1988)。這段時期還是可以參考上一節提到關於經濟、軍事和行省歷史的著作。關於文學，見Simon Swain, Stephen Harrison and Jas Elsner, eds., *Severan Culture* (Cambridge, 2007)。關於法律，見Tony Honoré, *Emperors and Lawyers* (2nd ed., Oxford, 1994) and *Ulpian: Pioneer of Human Rights* (2nd ed., Oxford, 2002)，不過這兩本書的初版差異很大，需各自慎重考慮。

關於歐亞的發展，文獻繁多、差異性大，以下只是少數例子。Edward A. Alpers, *The Indian Ocean in World History* (Oxford, 2014)是一本很好的入門概要。Rachel Mairs, *The Hellenistic Far East: Archaeology, Language, and Identity in Greek Central Asia* (Berkeley, 2014)和Grant Parker, *The Making of Roman India* (Cambridge, 2008)比較專門，但很精采。Steven E. Sidebotham, *Berenike and the Ancient Maritime Spice Route* (Berkeley, 2011)的內容比書名親切多了。從John M. Rosenfeld, *The Dynastic Arts of the Kushans* (Berkeley, 1967)一書出版至今，關於貴霜帝國少有其他可靠的英文著作，不過從David Jongeward and Joe Cribb, *Kushan, Kushano-Sasanian and Kidarite Coins: A Catalogue of the Coins from the American Numismatic Society* (New York, 2015)這本書可見此領域已大有進展，主要是基於新的錢幣學資訊。Vidula Jayaswal, ed., *Glory of the Kushans: Recent Discoveries and Interpretations* (New Delhi, 2012)內容最新但很難懂。David Sinor, ed., *The Cambridge History of Early Inner Asia* (Cambridge, 1990)較舊但還是現有最全面性的入門書。Christoph Baumer所著兩卷插圖精美的*History of Central Asia* (London, 2012)可以做為入門書，但內容太不尋常，令人無法信任。Barry Cunliffe, By Steppe, *Desert, and Ocean: The Birth of Eurasia* (New York, 2015)更簡潔不浮誇，而且較為可信。Nicola Di Cosmo, *Ancient China and Its Enemies: The Rise of Nomadic Power in East Asian*

History (Cambridge, 2002)雖然一開始彷彿在談論中國，但和本書主題卻更相關。

關於波斯薩珊王朝，D. T. Potts, ed., *The Oxford Handbook of Ancient Iran* (Oxford, 2013)是近來最好的一本概論，但開創性的*Cambridge History of Iran*相關幾卷內容需要更新。關於瑣羅亞斯德教，Mary Boyce, *Textual Sources for the Study of Zoroastrianism* (Chicago, 1984)依舊是一本很好的附注釋文選。關於羅馬帝國與波斯帝國的關係，見Michael H. Dodgeon and Samuel N. C. Lieu, *The Roman Eastern Frontier and the Persian Wars* (London, 1991)翻譯文選和Beate Dignas and Engelbert Winter, *Rome and Persia in Late Antiquity: Neighbours and Rivals* (Cambridge, 2007)中種類更多的史料與評論。重要的專論包括Matthew P. Canepa, *The Two Eyes of the Earth: Art and Ritual of Kingship Between Rome and Sasanian Iran* (Berkeley, 2009), M. Rahm Shayegan, *Arsacids and Sasanians: Political Ideology in Post-Hellenistic and Late Antique Persia* (Cambridge, 2011) and Richard E. Payne, *A State of Mixture: Christians, Zoroastrians, and Iranian Political Culture in Late Antiquity* (Berkeley, 2015)。David Stronach and Ali Mousavi, *Ancient Iran from the Air: Photographs by Georg Gerster* (Mainz, 2012)令讀者發思古之幽情。

關於這兩大帝國之間的地區發生的事，見Peter M. Edwell, *Between Rome and Persia: The Middle Euphrates, Mesopotamia and Palmyra under Roman Control* (London, 2008) ;David Kennedy and Derrick Riley, *Rome's Desert Frontier from the Air* (London, 1990); Andrew M. Smith, *Roman Palmyra: Identity, Community and State Formation* (Oxford, 2013)。關於阿拉伯，見：D.T. Potts, *The Arabian Gulf in Antiquity, Volume II: From Alexander the Great to the Coming of Islam* (Oxford, 1990); Greg Fisher, ed.

Arabs and Empires Before Islam (Oxford, 2015)，本書以全面性為主要目的。

關於黑海與歐洲大草原，見：David Braund, *Georgia in Antiquity: A History of Colchis and Transcaucasian Iberia, 550 BC-AD 562* (Oxford, 1994); Roger Batty, *Rome and the Nomads: The Pontic-Danubian Realm in Antiquity* (Oxford, 2007)。Ellis H. Minns, *Scythians and Greeks: A Survey of Ancient History and Archaeology on the North Coast of the Euxine from the Danube to the Caucasus* (Cambridge, 1913)出版已逾一世紀之久，但目前沒有人試圖做類似的研究。

關於歐洲蠻族，列在本書書目的E. A. Thompson著作是當時的研究先鋒，不過現在請看John Drinkwater, *The Alamanni and Rome, 213-496* (Oxford, 2007)，這是最好的一本羅馬—蠻族關係史出版品。我所寫的*Rome's Gothic Wars from the Third Century to Alaric* (Cambridge, 2007)探討多瑙河流域與黑海的蠻族，可做為一般人研究羅馬—蠻族接觸問題方法論的入門書。Malcolm Todd, *The Early Germans* (Oxford, 1992)的探討方式非常老派，但是圖片豐富，對考古學也有許多著墨。I. M. Ferris, *Enemies of Rome: Barbarians Through Roman Eyes* (Stroud, 2000)一書令人振奮，對於蠻族圖像的描繪也很有啟發性。

馬克西米努斯一世到伽列里烏斯之死

這段時期的一手史料，見以上第二節提到Hekster的文集。我們的史料非常少，政治敘述大量依靠第四世紀簡史（見第一節）。四帝共治的主要辯論史料是由J. L. Creed翻譯，拉克坦提烏斯的《迫害者之死》（*De mortibus persecutorum*），收錄在Oxford Early Christian Texts, (Oxford, 1984)。收錄在本書書目中的Martin and Grusková以及Mallan and Davenport的著作，翻譯並討論近數十年來最重要的歷史發現之一——雅典歷史學家德克西普斯遺留的斷簡殘篇。

可惜的是，針對危機四伏的西元二三五年到二三八年間，最好的研究著作還是一篇難讀的德國論文：Karlheinz Dietz, *Senatus contra Principum: Untersuchungen zur senatorischen Opposition gegen Kaiser Maximinus Thrax* (Munich, 1980)。三世紀皇帝的大多數傳記或研究都過於仰賴《羅馬帝王記》，令人難以接受。例外的是一本英文著作，Lukas de Blois, *The Policy of the Emperor Gallienus* (Leiden, 1976)不過書目中也收錄近年來對個別皇帝所做的優秀德文著作。可說是二十世紀最偉大的以英語為母語的羅馬史學家Ronald Syme著作等身，但他的著作其中又有極大比例是他對那份三世紀令人惱怒的《羅馬帝王記》所做的研究。在*Emperors and Biography: Studies in the Historia Augusta* (Oxford, 1971)一書中，他將《羅馬帝王記》字裡行間中找得到任何可信的內容獨立出來，即便只有極低的可信度。

Ramsay MacMullen, *Roman Government's Response to Crisis* (New Haven, 1976)至今仍舊引發爭議，但卻是這個時期的必讀書單。Hendrik W. Dey, *The Aurelian Wall and the Refashioning of Imperial Rome, AD 271-855* (Cambridge, 2011)涵蓋內容廣泛，但不會言過其實。關於四帝共治，A. H. M. Jones, *The Later Roman Empire, 284–602* (introduction, above)的基本知識正確無誤。Stephen Williams, *Diocletian and the Roman Recovery* (New York 1985)雖然傳統，但卻是易讀的傳記。關於卡勞修斯和阿雷圖斯事件，P. J. Casey, *Carausius and Allectus* (New Haven, 1993)依舊是在有限證據之下完成的優秀研究。William Leadbetter, *Galerius and the Will of Diocletian* (London, 2009)盡可能替這位皇帝

說話。關於四位皇帝的皇宮，見J. J. Wilkes, *Diocletian's Palace, Split: Residence of a Retired Roman Emperor* (2nd ed., Exeter, 1996)。

在經濟與意識形態上，錢幣做為第三世紀史料的重要性日漸增加。最重要的研究是法文與德文著作，已收錄在書目中，英文著作見Erika Manders, *Coining Images of Power: Patterns in the Representation of Roman Emperors on Imperial Coinage, A.D. 193–284* (Leiden, 2012)。我們可以仰賴C. E. V. Nixon and Barbara Saylor Rodgers, *In Praise of Later Roman Emperors: The Panegyrici Latini* (Berkeley, 1994)書中將歌功頌德的演說辭譯為英文並附上注解，我們得以藉此了解四帝共治的皇帝們與君士坦丁的動機。關於帝國修辭學與其演變，以下是艱深但必讀的三本書：Averil Cameron, Christianity and the Rhetoric of Empire (Berkeley, 1991); Simon Corcoran, *The Empire of the Tetrarchs: Imperial Pronouncements and Government, AD 284-324* (2nd ed., Oxford, 2000); and John Dillon, *The Justice of Constantine: Law, Communication, and Control* (Ann Arbor, 2012)。關於古典晚期的邊境關係，A. D. Lee, *Information and Frontiers: Roman Foreign Relations in Late Antiquity* (Cambridge, 1993)依舊有其創新地位。

關於基督教數世紀以來的傳播，學者沒有明確的一致看法，不過可見William V. Harris, ed., *The Spread of Christianity in the First Four Centuries: Essays in Explanation* (Leiden, 2005)論文集。Robin Lane Fox, *Pagans and Christians in the Mediterranean World from the Second Century AD to the Conversion of Constantine* (Harmondsworth, 1986), Keith Hopkins, *A World Full of Gods: The Strange Triumph of Christianity* (Harmondsworth, 1999) and T. D. Barnes, *Early Christian Hagiography and*

Roman History (Tübingen, 2010)等書中有相當多差異極大、但很有價值的觀點。Henry Chadwick, *The Church in Ancient Society from Galilee to Gregory the Great* (Oxford, 2002)中關於教會史的概述雖老套但內容詳盡。關於哲學家在反基督教爭論中扮演的角色，見Elizabeth DePalma Digeser, *A Threat to Public Piety: Christians, Platonists, and the Great Persecution* (Ithaca, 2012)。至於哲學文化概論，見G. R. Boys-Stones, *Post-Hellenistic Philosophy: A Study of Its Development from the Stoics to Origen* (Oxford, 2001)。關於非基督徒信奉的一神教，見Polymnia Athanassiadi and Michael Frede, eds., *Pagan Monotheism in Late Antiquity* (Oxford, 1999)。關於摩尼教，見Samuel N. C. Lieu, *Manichaeism in the Later Roman Empire and Medieval China: A Historical Survey* (Manchester, 1985)。

第二次四帝共治到尤利安

在本書敘述的時代即將結束之際，也就是從西元三五三年開始，由於有了阿米安努斯・馬切里努斯現存於世的文字，一手史料證據可信度大為提高。洛布古典叢書的翻譯難以閱讀又不太可靠；企鵝出版社的譯文很好但卻刪節原文，這對讀者毫無幫助。我和同事Gavin Kelly目前正在合寫一本新的譯文並加上完整注釋（由牛津大學出版社出版，書名為*The Landmark Ammianus Marcellinus*）。第四世紀簡史（見第一節）和拉克坦提烏斯的著作（見第三節）對於研究君士坦丁的統治還是十分重要。凱撒利亞的優西比烏所寫的教會史（可在洛布古典叢書與企鵝叢書中找到英譯本）提供了一些訊息，但有時摻雜個人偏見。一般認為出自他之手的三份與君士坦丁的基督教相關文件由Mark Edwards翻譯，譯本為*Constantine and Christendom* (Liverpool, 2003)。在同一套利物浦大學出版社書系中有兩本書提到關於多納圖斯派的爭議，請見*Donatist Martyr Stories and Optatus of Milevis, Against the Donatists*。

關於君士坦丁已有大量書目，而且還在持續增加，各種語言都有，但一般而言應避免傳記體的論述：Paul Stephenson, *Constantine: Roman Emperor, Christian Victor* (London, 2009)是值得注意的例外。T. D. Barnes, *Constantine and Eusebius* (Cambridge, MA, 1980)雖然不好讀，但是是基本的讀物，不過他的*Constantine: Dynasty, Religion and Power in the Later Roman Empire* (Maldon, 2011)更能引發爭論，更需一讀。Noel Lenski, ed., *The Cambridge Companion to the Age of Constantine* (Cambridge, 2005)收錄許多重要的論文。Dillon, *Justice of Constantine*（見第三節）也有關連性。Averil Cameron and Stuart G. Hall, eds., *Eusebius: Life of Constantine* (Oxford, 1999)優秀地翻譯出凱撒利亞的優西比烏所寫君士坦丁極其偏頗的生平記事，並加上嚴謹的注釋，此外在Samuel N. C. Lieu and Dominic Montserrat, eds., *From Constantine to Julian: Pagan and Byzantine Views* (London, 1998)一書描繪古代變動中的君士坦丁觀點。對君士坦丁的讚辭，見Nixon and Rodgers的著作（見第三節）。

關於君士坦提烏斯（他是個非常不討人喜歡的角色）和他的對手亞他那修（此人更糟），見T. D. Barnes, *Athanasius and Constantius* (Cambridge, MA, 1993)。Polymnia Athanassiadi-Fowden, *Julian and Hellenism: An Intellectual Biography* (Oxford, 1981)中生動描述尤利安在知識圈的活動，G. W. Bowersock, *Julian the Apostate* (Cambridge, MA, 1978)則敘述他的生平。Lendon的*Soldiers and Ghosts*（見第一節）在尤利安的部分寫得非常精采。John Matthews, *The Roman Empire of Ammianus* (London, 1989)這本經典研究就從本書最末尾的時代接續下去。

關於基督教如何融入羅馬人的生活，最好的入門書是Gillian Clark, *Christianity and Roman Society* (Cambridge, 2004)。亦見Michele Renee Salzman, *The Making of a Christian Aristocracy* (Cambridge, MA, 2002)。Brent D. Shaw, *Sacred Violence: African Christians and Sectarian Hatred in the Age of Augustine* (Cambridge, 2011) 徹底改變我們對宗教暴行的理解。Jairus Banaji, *Agrarian Change in Late Antiquity* (revised ed., Oxford, 2007) 一書中對經濟變革有極具啟發性的討論；同樣重要的著作是Chris Wickham, *Framing the Early Middle Ages* (Oxford, 2005)雖然以中世紀初期為主，它同樣闡述了本書涵蓋的年代。Claude Brenot and Xavier Loriot, eds., *L'Or monnayé* (Paris, 1992) 一書中的論文是基本讀物。關於羅馬帝國晚期的軍隊，M. J. Nicasie, *Twilight of Empire* (Amsterdam, 1998)雖無趣但是很好的入門書；目前依舊沒有其他著作能超越A. H. M. Jones, *Later Roman Empire* (introduction, above)講述軍隊的第十七章內容。

參考書目

以下書目是我寫作本書時善用的二手史料。相關的一手史料請見已妥善英譯的延伸閱讀內容；學者將能明瞭應諮詢哪些重要版本，如遇較隱晦的文字，查找*Oxford Classical Dictionary*應可得到答案。在寫作期間，多年來的閱讀已經不知不覺發揮作用，如有未察覺而使用資料，並且不小心遺漏某些人的著作，我謹在此致歉。

Absil, Michel. *Les préfets du prétoire d'Auguste à Commode, 2 avant Jésus-Christ-192 après Jésus-Christ*. Paris, 1997.

Alcock, Susan E. *Graecia Capta: The Landscapes of Roman Greece*. Cambridge, 1993.

Alföldi, Andreas. *Studien zur Geschichte der Weltkrise des 3. Jahrh. nach Christus*. Darmstadt, 1967.

Alföldy, Géza. *Konsulat und Senatorenstand unter den Antoninen*. Bonn, 1977.

Alpers, Edward A. *The Indian Ocean in World History*. Oxford, 2014.

Alram, Michael and D. E. Klimburg-Salter, eds. *Coins, Art and Chronology: Essays on the Pre-Islamic History of the Indo-Iranian Borderlands*. Vienna, 1999.

Alram, Michael, D. E. Klimburg-Salter, et al., eds. *Coins, Art and Chronology II: The First Millennium C.E. in the Indo-Iranian Borderlands*. Vienna, 2010.

Anderson, Graham. *The Second Sophistic*. London, 1993.

Ando, Clifford. *Imperial Ideology and Provincial Loyalty in the Roman Empire*. Berkeley, 2000.

Athanassiadi-Fowden, Polymnia. *Julian and Hellenism: An Intellectual Biography*. Oxford, 1981.

Athanassiadi, Polymnia and Michael Frede, eds. *Pagan Monotheism in Late Antiquity*. Oxford, 1999.

Ausbüttel, Frank M. *Die Verwaltung des römischen Kaiserreiches von der Herrschafts des Augustus bis zum Niedergang des weströmischen Reiches*. Darmstadt, 1998.

Austin, N. J. E. and N. B. Rankov. *Exploratio: Military and Political Intelligence in the Roman World from the Second Punic War to the Battle of Adrianople*. London, 1995.

Back, Michael. *Die sassanidischen Staatsinschriften* (Acta Iranica VIII). Leiden, 1978.

Bagnall, Roger S. *Egypt in Late Antiquity*. Princeton, 1993.

Bagnall, Roger S., ed. *Egypt in the Byzantine World, 200–700*. Cambridge, 2007.

Bagnall, Roger S., Alan Cameron, Serh R. Schwartz and K. A. Worp. *Consuls of the Later Roman Empire*. Atlanta, 1987.

Baldini, Antonio. *Storie perdute (III secolo d.C.)*. Bologna, 2000.

Ball, Warwick. *Rome in the East: The Transformation of an Empire*. London, 2000.

Banaji, Jairus. *Agrarian Change in Late Antiquity*. Revised ed., Oxford, 2007.

Bang, Martin. *Die Germanen im römischen Dienst bis zum Regierungsantritt Constantins I*. Berlin, 1906.

Barbieri, G. *L'albo senatoriale da Settimio Severo a Carino (193–285)*. Rome, 1952.

Barceló, Pedro A. *Roms auswärtige Beziehungen unter den Constantinischen Dynastie (306–363)*. Regensburg, 1981.

Barnes, T. D. *Constantine and Eusebius*. Cambridge, MA, 1981.

Barnes, T. D. *The New Empire of Diocletian and Constantine*. Cambridge, MA, 1982.

Barnes, T. D. *Athanasius and Constantius*. Cambridge, MA, 1993.

Barnes, T. D. *Early Christian Hagiography and Roman History*. Tübingen, 2010.
Barnes, T. D. *Constantine: Dynasty, Religion and Power in the Later Roman Empire*. Maldon, 2011.
Batty, Roger. *Rome and the Nomads: The Pontic-Danubian Realm in Antiquity*. Oxford, 2007.
Baumer, Christoph. *The History of Central Asia, Volume One: The Age of the Steppe Warriors*. London, 2012.
Baumer, Christoph. *The History of Central Asia, Volume Two: The Age of the Silk Road*. London, 2012.
Behrwald, Ralf and Christian Witschel, eds. *Rom in der Spätantike: Historische Erinnerung im städtischen Raum*. Stuttgart, 2012.
Bell, H. I., et al., eds.. *The Abinnaeus Archive: Papers of a Roman Officer in the Reign of Constantius II*. Oxford, 1962.
Bemmann, Jan and Michael Schmauder, eds. *Complexity of Interaction Along the Eurasian Steppe Zone in the First Millennium CE*. Bonn, 2015.
Birley, Anthony R. *Marcus Aurelius*. 2nd ed., New Haven, 1987.
Birley, Anthony R. *Septimius Severus: The African Emperor*. 2nd ed., New Haven, 1988.
Birley, Anthony R. *Hadrian: The Restless Emperor*. London, 1997.
Bleckmann, Bruno. *Die Reichskrise des III. Jahrhunderts in der spätantiken und byzantinischen Geschichtsschreibung: Untersuchungen zu den nachdionischen Quellen der Chronik des Johannes Zonaras*. Munich, 1992.
Bowersock, G. W. *Julian the Apostate*. Cambridge, MA, 1978.
Bowersock, G. W. *Hellenism in Late Antiquity*. Ann Arbor, 1990.
Boyce, Mary. *Textual Sources for the Study of Zoroastrianism*. Chicago, 1984.
Boys-Stones, G. R. *Post-Hellenistic Philosophy: A Study of Its Development from the Stoics to Origen*. Oxford, 2001.
Braund, David C. *Rome and the Friendly King: The Character of Client Kingship*. London, 1984.
Braund, David, ed. *The Administration of the Roman Empire, 241 bc–ad 193*. Exeter, 1988.
Braund, David. *Georgia in Antiquity: A History of Colchis and Transcaucasian Iberia, 550 bc–ad 562*. Oxford, 1994.
Brenot, Claude and Xavier Loriot. *L'Or monnayé* (Cahiers Ernest-Babelon). Paris, 1992.
Breyer, Francis. *Das Königreich Aksum: Geschichte und Archäologie Abessiniens in der Spätantike*. Mainz, 2012.

Brown, Peter. *Power and Persuasion in Late Antiquity: Towards a Christian Empire.* Madison, WI, 1992.

Brunt, P. A. *Roman Imperial Themes*. Oxford, 1990.

Bruun, Patrick. *Studies in Constantinian Numismatics: Papers from 1954–1988* (Acta Instituti Romani Finlandiae 12). Rome, 1991.

Burgess, R. W. 'The date of the persecution of Christians in the army', *Journal of Theological Studies* n.s. 47 (1996): 157–8.

Burgess, R. W. *Studies in Eusebian and Post-Eusebian Chronography* (Historia Einzelschriften 135). Stuttgart, 1999.

Burgess, R. W. 'The summer of blood: The "Great Massacre" of 337 and the promotion of the sons of Constantine', *Dumbarton Oaks Papers* 62 (2008): 5–51.

Burnett, Andrew. *Coinage in the Roman World*. London, 1987.

Bursche, Aleksander. 'The battle of Abritus, the imperial treasury and aurei in Barbaricum', *Numismatic Chronicle* 173 (2013): 150–70, with Plates 32–37.

Caldelli, Maria Letizia and Gian Luca Gregori. *Epigrafia e Ordine Senatorio, 30 Anni Dopo* 2 vols. (TITVLI 10). Rome, 2014.

Callu, J.-P. *La politique monétaire des empereurs romains de 238 à 311*. Paris, 1969.

Callu, J.-P. *La monnaie dans l'antiquité tardive: Trente-quatre études de 1972 à 2002*. Bari, 2010.

Cameron, Alan. *The Last Pagans of Rome*. Oxford, 2010.

Cameron, Averil. *Christianity and the Rhetoric of Empire*. Berkeley, 1991.

Cameron, Averil and Stuart G. Hall, eds. *Eusebius: Life of Constantine*. Oxford, 1999.

Canepa, Matthew P. *The Two Eyes of the Earth: Art and Ritual of Kingship Between Rome and Sasanian Iran*. Berkeley, 2009.

Carlà, Filippo. *L'oro nella tarda antichità: aspetti economici e sociali*. Turin, 2009.

Casey. P. J. *Carausius and Allectus: The British Usurpers*. New Haven, 1994.

Chadwick, Henry. *The Church in Ancient Society from Galilee to Gregory the Great.*

Oxford, 2002.

Chastagnol, André. *La préfecture urbaine à Rome sous le Bas-Empire*. Paris, 1960.

Chastagnol, André. *Les fastes de la préfecture de Rome au Bas-Empire*. Paris, 1962.

Chaumont, Marie-Louise. *Recherches sur l'histoire d'Arménie de l'avènement des Sassanides à la conversion du royaume*. Paris, 1969.

Cherry, David. *Frontier and Society in Roman North Africa*. Oxford, 1998.

Christensen, Arthur. *L'Iran sous les Sassanides*. 2nd ed., Copenhagen, 1944.

Christol, Michel. *Essai sur l'évolution des carrières sénatoriales dans la 2e moitié du IIIe s. ap. J.-C.* Paris, 1986.

Christol, Michel. *L'empire romain du IIIe siècle*. Paris, 1997.

Clark, Gillian. *Christianity and Roman Society*. Cambridge, 2004.

Clauss, Manfred. *Der magister officiorum in der Spätantike (4–6. Jahrhundert)*. Munich, 1981.

Corbier, Mireille. *L'aerarium saturni et l'aerarium militare*. Paris, 1974.

Corcoran, Simon. *The Empire of the Tetrarchs: Imperial Pronouncements and Government, ad 284–324*. 2nd ed., Oxford, 2000.

Corcoran, Simon and Benet Salway. '*Fragmenta Londiniensia Anteiustiniana*: preliminary observations', *Roman Legal Tradition* 8 (2012): 63–83 http:// romanlegaltradition.org/contents/2012/

Creighton, J. D. and R. J. A. Wilson, eds. *Roman Germany: Studies in Cultural Interaction*. Portsmouth, RI, 1999.

Crook, J. A. *Consilium Principis: Imperial Councils and Counsellors from Augustus to Diocletian*. Cambridge, 1955.

Cunliffe, Barry. *By Steppe, Desert, and Ocean: The Birth of Eurasia*. New York, 2015.

Dabrowa, Edward, ed. *Ancient Iran and the Mediterranean World: Studies in Ancient History*. Krakow, 1998.

Dagron, Gilbert. *Naissance d'une capitale: Constantinople et ses institutions de 330 à 451*. Paris, 1974.

Dauge, Yves Albert. *Le Barbare: Recherches sur la conception romaine de la barbarie et de la civilisation*. Brussels, 1981.

Davies, Roy. *Service in the Roman Army*. David Breeze and Valerie Maxfield, eds. New York, 1989.

De Blois, Lukas. *The Policy of the Emperor Gallienus*. Leiden, 1976.

Degrassi, A. *I fasti consolari dell'impero romano*. Rome: Storia e Letteratura, 1952.

De Laet, Siegfried. *Portorium: Étude sur l'organisation douanière chez le romains, surtout à l'époque du Haut-Empire*. Bruges, 1949.

Delbrueck, Richard. *Spätantike Kaiserporträts von Constantinus Magnus bis zum Ende des Westreichs*. 2 vols. Berlin, 1933.

Delmaire, Roland. *Largesses sacrées et Res Privata: L'aerarium impérial et son administration du IVe au VIe siècle*. Rome, 1989.

Delmaire, Roland. *Les responsables des finances impériales au Bas-Empire romain (Ive-VIe s.)*. Brussels, 1989.

Demandt, Alexander. *Die Spätantike: Römische Geschichte von Diocletian bis Justinian 284–565 n. Chr.* (Handbuch der Altertumswissenschaft III.6). Munich, 1989.

Demandt, Alexander, Andreas Goltz and Heinrich Schlange-Schöningen, eds. *Diokletian und die Tetrarchie: Aspekte einer Zeitenwende*. Berlin, 2004.

d'Escurac, Henriette Pavis. *La préfecture de l'annone, service administratif impérial, d'Auguste à Constantin*. Paris, 1976.

Devijner, Hubert. *The Equestrian Officers of the Roman Imperial Army*. Amsterdam, 1989.

Dey, Hendrik W. *The Aurelian Wall and the Refashioning of Imperial Rome, ad 271–855*. Cambridge, 2011.

Dietz, Karlheinz. *Senatus contra Principum: Untersuchungen zur senatorischen Opposition gegen Kaiser Maximinus Thrax*. Munich, 1980.

Digeser, Elizabeth DePalma. *A Threat to Public Piety: Christians, Platonists and the Great Persecution*. Ithaca, 2012.

Dignas, Beate and Engelbert Winter. *Rome and Persia in Late Antiquity: Neighbours and Rivals*. Cambridge, 2007.

Dillon, John. *The Justice of Constantine: Law, Communication, and Control*. Ann Arbor, 2012.

Dittrich, Ursula-Barbara. *Die Beziehungen Roms zu den Sarmaten und Quaden im vierten Jahrhundert n. Chr*. Bonn, 1984.

Dobson, Brian. *Die Primipilares: Entwicklung und Bedeutung, Laufbahnen und Persönlichkeiten eines römischen Offizierranges*. Bonn, 1978.

Dodgeon, Michael H. and Samuel N. C. Lieu. *The Roman Eastern Frontier and the Persian Wars*. London, 1991.

Donciu, Ramiro. *L'empereur Maxence*. Bari, 2012.

Dörries, Hermann. *Das Selbstzeugnis Kaiser Konstantins*. Göttingen, 1954.

Drijvers, Jan Willem. 'Ammianus Marcellinus 30.7.2–3: Observations on the career of Gratianus Maior', *Historia* 64 (2015): 479–86.

Drinkwater, John. *The Gallic Empire: Separatism and Continuity in the North-western Provinces of the Roman Empire, ad*

260–274. Wiesbaden, 1987.
Drinkwater, John. *The Alamanni and Rome, 213–496*. Oxford, 2007.
Duncan-Jones, Richard. *Structure and Scale in the Roman Economy*. Cambridge, 1990.
Edwell, Peter M. *Between Rome and Persia: The Middle Euphrates, Mesopotamia and Palmyra under Roman Control*. London, 2008.
Eich, Peter. *Zur Metamorphose des politischen Systems in der römischen Kaiserzeit. Die Entstehung einer "personalen Bürokratie" im langen dritten Jahrhundert*. Berlin, 2005.
Elsner, Jaś. *Imperial Rome and Christian Triumph*. Oxford, 1998.
Elton, Hugh. *Frontiers of the Roman Empire*. London, 1996.
Ensslin, Wilhelm. *Zur Ostpolitik des Kaisers Diokletian*. Munich, 1942.
Felix, Wolfgang. *Antike literarische Quellen zur Aussenpolitik des Sasanidenstaates, erster Band (224–309)*. Vienna, 1985.
Ferris, I. M. *Enemies of Rome: Barbarians Through Roman Eyes*. Stroud, 2000.
Fischer, Svante. *Roman Imperialism and Runic Literacy: The Westernization of Northern Europe (150–800 ad)*. Uppsala, 2006.
Fisher, Greg. *Between Empires: Arabs, Romans and Sasanians in Late Antiquity*. Oxford, 2011.
Fornasier, Jochen and Burkhard Böttger, eds. *Das Bosporanische Reich*. Mainz, 2002.
Frank, R. I. *Schola Palatinae: The Palace Guards of the Later Roman Empire*. Rome, 1969.
Frézouls, Edmond and Hélène Jouffroy, eds. *Les empereurs illyriens: Actes du colloque de Strasbourg (11–13 Octobre 1990)*. Strasbourg, 1998.
Gagé, J. *Recherches sur les jeux seculaires*. Paris, 1934.
Garnsey, Peter and Richard Saller. *The Roman Empire: Economy, Society, and Culture*. Berkeley, 1987.
Ghirshman, Roman. *Les Chionites-Hephtalites*. Cairo, 1948.
Gibbon, Edward. *The Decline and Fall of the Roman Empire*. D. Womersley, ed. 3 vols. London, 1994.
Göbl, Robert. *Dokumente zur Geschichte der iranischen Hunnen in Baktrien und Indien*. 4 vols. Wiesbaden, 1967.

Goffart, Walter. *Rome's Fall and After*. London, 1989.

Goffart, Walter. *Barbarian Tides*. Philadelphia, 2006.

Goldhill, Simon, ed. *Being Greek under Rome: Cultural Identity, the Second Sophistic and the Development of Empire*. Cambridge, 2001.

Goldsworthy, Adrian and Ian Haynes, eds. *The Roman Army as a Community*. Portsmouth, RI, 1999.

Grey, Cam. *Constructing Communities in the Late Roman Countryside*. Cambridge, 2011.

Grig, Lucy and Gavin Kelly, eds. *Two Romes: Rome and Constantinople in Late Antiquity*. New York, 2012.

Grosse, Robert. *Römische Militärgeschichte von Gallienus bis zum Beginn der byzantinischen Themenverfassung*. Berlin, 1920.

Gurukkal, Rajan and Dick Whittaker. 'In search of Muziris', *Journal of Roman Archaeology* 14 (2001): 335–50.

Haklai-Rotenberg, Merav. 'Aurelian's monetary reform: between debasement and public trust', *Chiron* 43 (2013): 1–39.

Halfmann, Helmut. *Itinera principum: Geschichte und Typologie der Kaiserreisen im römischen Reich*. Stuttgart, 1986.

Hall, Jonathan M. *Hellenicity: Between Ethnicity and Culture*. Chicago, 2002.

Hansen, Ulla Lund. *Römischer Import im Norden: Warenaustausch zwischen dem römischen Reiche und dem freien Germanien*. Copenhagen, 1987.

Harl, Kenneth W. *Coinage in the Roman Economy, 300 bc to ad 700*. Baltimore, 1996.

Harper, Kyle. 'Pandemics and passages to late antiquity: Rethinking the plague of *c*. 249–70 described by Cyprian', *Journal of Roman Archaeology* 28 (2015): 223–60.

Harris, William V. *Rome's Imperial Economy: Twelve Essays*. New York, 2011.

Hasebroek, Johannes. *Untersuchungen zur Geschichte des Kaisers Septimius Severus*. Heidelberg, 1921.

Haynes, Ian. *Blood of the Provinces: The Roman Auxilia and the Making of Provincial Society from Augustus to the Severans*. Oxford, 2013.

Heather, Peter. *Goths and Romans, 332–489*. Oxford, 1991.

Hedeager, Lotte. *Iron-Age Societies: From Tribe to State in Northern Europe, 500 bc–700 ad*. John Hines, trans. Oxford, 1992.

Hekster, Olivier. *Commodus: An Emperor at the Crossroads*. Amsterdam, 2002.

Hekster, Olivier. *Rome and Its Empire, ad 193–284*. Edinburgh, 2008.

Hirschfeld, Otto. *Die kaiserlichen Verwaltungsbeamten bis auf Diocletian*. Berlin, 1905.

Hodgson, N. 'The abandonment of Antonine Scotland: Its date and causes', in W. S. Hanson, ed., *The Army and Frontiers of Rome: Papers Offered to David J. Breeze*. Portsmouth, RI, 2009, 186–93.

Honoré, Tony. *Emperors and Lawyers*. 2nd ed. Oxford, 1994.

Honoré, Tony. *Ulpian: Pioneer of Human Rights*. 2nd ed. Oxford, 2002.

Hopkins, Keith. *Conquerors and Slaves* (Sociological Studies in Roman History 1). Cambridge, 1978.

Hopkins, Keith. *Death and Renewal* (Sociological Studies in Roman History 2). Cambridge, 1983.

Hopkins, Keith. *A World Full of Gods: The Strange Triumph of Christianity*. Harmondsworth, 1999.

Horbury, William. *Jewish War under Trajan and Hadrian*. Cambridge, 2014.

Howe, L. L. *The Pretorian Prefect from Commodus to Diocletian*. Chicago, 1942.

Isaac, Benjamin. *The Limits of Empire: The Roman Army in the East*. Revised ed. Oxford, 1992.

Jacques, François. *Le privilège de liberté: Politique imperiale et autonomie municipale dans les cités de l'Occident romain (161–244)*. Paris, 1984.

Janiszewski, Pawel. *The Missing Link: Greek Pagan Historiography in the Second Half of the Third Century and in the Fourth Century ad*. Warsaw, 2006.

Jayaswal, Vidula, ed. *Glory of the Kushans: Recent Discoveries and Interpretations*. New Delhi, 2012.

Johne, Klaus-Peter, ed. *Die Zeit der Soldatenkaiser*. 2 vols. Berlin, 2008.

Johnson, Aaron P. *Religion and Identity in Porphyry of Tyre: The Limits of Hellenism in Late Antiquity*. Cambridge, 2013.

Johnson, Scott Fitzgerald, ed. *The Oxford Handbook of Late Antiquity*. New York, 2012.

Jones, A. H. M. *The Later Roman Empire, 284–602*. 4 vols. Oxford, 1964.

Jones, C. P. *The Roman World of Dio Chrysostom*. Cambridge, 1978.

Jongeward, David and Joe Cribb. *Kushan, Kushano-Sasanian and Kidarite Coins: A Catalogue of the Coins from the American Numismatic Society*. New York, 2015.

Katsari, Constantina. *The Roman Monetary System: The Eastern Provinces from the First to the Third Century ad*. Cambridge, 2011.

Kennedy, David, ed. *The Roman Army in the East*. Ann Arbor, 1996.

Kennedy, David and Derrick Riley. *Rome's Desert Frontier from the Air*. London, 1990.

Keyes, Clinton Walker. *The Rise of the Equites in the Third Century of the Roman Empire*. Princeton, 1915.

Khazanov, A. M. *Nomads and the Outside World*. Cambridge, 1984.

Kienast, Dietmar. *Römische Kaisertabelle: Grundzüge einer römischen Kaiserchronologie*. 2nd ed. Darmstadt, 1996.

Kim, Hyun Jin. *The Huns, Rome and the Birth of Europe*. Cambridge, 2013.

King, Anthony and Martin Henig, eds. *The Roman West in the Third Century*. 2 vols. Oxford, 1981.

Kolb, Frank. *Diocletian und die erste Tetrarchie: Improvisation oder Experiment in der Organisation monarchischer Herrschaft?* Berlin, 1987.

Kolendo, Jerzy. 'Plat avec répresentation du cirque lors des jeux séculaires de Philippe l'Arabe', *Bayerische Vorgeschichtsblätter* 50 (1985): 463–74.

König, Ingemar. *Die gallischen Usurpatoren von Postumus bis Tetricus*. Munich, 1981.

Körner, Christian. *Philippus Arabs: Ein Soldatenkaiser in der Tradition des antoninischseverischen Prinzipats*. Berlin, 2002.

Kuhlmann, Peter Alois. *Die Giessener literarischen Papyri und die Caracalla-Erlasse: Edition, Übersetzung und Kommentar*. Giessen, 1994.

Lambrechts, Pierre. *La composition du sénat romain de l'accession au trône d'Hadrien à la mort de Commode (117–192)*. Antwerp, 1936.

Lambrechts, Pierre. *La composition du sénat romain de Septime Sévère a Dioclétien (193–284)*. Budapest, 1937.

Lane Fox, Robin. *Pagans and Christians in the Mediterranean World from the Second Century ad to the Conversion of Constantine*. Harmondsworth, 1986.

Leadbetter, William. *Galerius and the Will of Diocletian*. London, 2009.

Lee, A. D. *Information and Frontiers: Roman Foreign Relations in Late Antiquity*. Cambridge, 1993.

Lendon, J. E. *Empire of Honour*. Oxford, 1998.

Lendon, J. E. *Soldiers and Ghosts: A History of Battle in Classical Antiquity*. New Haven, 2005.

Lenski, Noel, ed. *The Cambridge Companion to the Age of Constantine*. Cambridge, 2005.

Lepper, Frank and Sheppard Frere. *Trajan's Column: A New Edition of the Cichorius Plates, Introduction, Commentary and Notes*. Gloucester, 1988.

Leppin, Hartmut. *Von Constantin dem Grossen zu Theodosius II: Das christliche Kaisertum bei den Kirchenhistorikern Socrates, Sozomenus und Theoderet*. Göttingen, 1995

Leunissen, Paul M. M. *Konsuln und Konsulare in der Zeit von Commodus bis Severus Alexander (180–235 n. Chr.)*. Amsterdam, 1989.

Lieu, Samuel N. C. *Manichaeism in the Later Roman Empire and Medieval China. A Historical Survey*. Manchester, 1985.

Lieu, Samuel N. C. and Dominic Montserrat, eds. *From Constantine to Julian: Pagan and Byzantine Views*. London, 1998.

Lieu, Samuel N. C. and Dominic Montserrat, eds. *Constantine: History, Historiography and Legend*. London, 1998.

Lintott, Andrew. *Imperium Romanum: Politics and Administration*. London, 1993.

Lo Cascio, Elio, ed. *L'impatto della 'peste antonina'*. Bari, 2012.

Löhken, Henrik. *Ordines dignitatum: Untersuchungen zur formalen Konstituierung der spätantiken Führungsschicht*. Cologne, 1982.

L'Orange, H. P. *Studien zur Geschichte des spätantiken Porträts*. Oslo, 1933.

MacDonald, David. *An Introduction to the History and Coinage of the Kingdom of the Bosporus*. Lancaster, PA, 2005.

MacMullen, Ramsay. *Soldier and Civilian in the Later Roman Empire*. Cambridge, 1963.

MacMullen, Ramsay. *Roman Government's Response to Crisis*. New Haven, 1976.

MacMullen, Ramsay. *Paganism in the Roman Empire*. New Haven, 1981.

MacMullen, Ramsay. *Christianizing the Roman Empire, ad 100–400*. New Haven, 1984.

Madsen, Jesper Majbom. *Eager to be Roman: Greek Response to Roman Rule in Pontus and Bithynia*. London, 2009.

Maenchen-Helfen, Otto J. *The World of the Huns: Studies in Their History and Culture*. Berkeley, 1970.

Magie, David. *Roman Rule in Asia Minor*. 2 vols. Princeton, 1950.

Mairs, Rachel. *The Hellenistic Far East: Archaeology, Language, and Identity in Greek Central Asia*. Berkeley, 2014.

Mallan, Christopher and Caillan Davenport, 'Dexippus and the Gothic invasions: interpreting the new Vienna Fragment (*Codex Vindobonensis Hist. gr.* 73, ff. 192v– 193r)', *Journal of Roman Studies* 105 (2015): 203–26.

Manders, Erika. *Coining Images of Power: Patterns in the Representation of Roman Emperors on Imperial Coinage, ad 193–284*. Leiden, 2012.

Markwart, Josef. *Wehrot und Arang: Untersuchungen zur mythischen und geschichtlichen Landeskunde von Ostiran*. Leiden, 1938.

Martin, Gunther and Jana Grusková. '"Dexippus Vindobonensis". Ein neues Handschriftenfragment zum sog. Herulereinfall der Jahre 267/268', *Wiener Studien* 127 (2014): 101–20.

Martin, Gunther and Jana Grusková. '"Scythica Vindobonensia" by Dexippus(?): New fragments on Decius' Gothic wars', *Greek, Roman, and Byzantine Studies* 54 (2014): 728–54.

Matthews, John. *The Roman Empire of Ammianus*. Baltimore, 1989.

Mattingly, David J. *Tripolitania*. Ann Arbor, 1994.

Maurice, Jules. *Numismatique Constantinienne*. 3 vols. Paris, 1908.

Mazza, Mario. *Lotte sociali e restaurazione autoritaria nel terza secolo d. C.* Catania, 1970.

Mazzarino, Santo. *Il basso impero: Antico, tardoantico ed èra costantiniana*. 2 vols. Bari, 1974.

McCormick, Michael. *Origins of the European Economy: Communications and Commerce, ad 300–900*. Cambridge, 2001.

McGill, Scott, Cristiana Sogno and Edward Watts, eds. *From the Tetrarchs to the Theodosians: Later Roman History and Culture, 284–450 CE* (Yale Classical Studies 34). Cambridge, 2010.

McGovern, William Montgomery. *The Early Empires of Central Asia: A Study of the Scythians and the Huns and the Part They Played in World History with Special Reference to the Chinese Sources*. Chapel Hill, 1939.

Mecela, Laura. *Dexippo di Atene: Testimonianze e frammenti*. Rome, 2013.

Mennen, Inge. *Power and Status in the Roman Empire, ad 193–284* (Impact of Empire Volume 12). Leiden, 2011.

Meslin, Michel. *Les Ariens d'Occident, 335–430*. Paris, 1967.

Mickwitz, Gunnar. *Geld und Wirtschaft im römischen Reich des vierten Jahrhunderts n. Chr.* Helsingfors, 1932.

Migl, Joachim. *Die Ordnung der Ämter: Prätorianerpräfektur und Vikariat in der Regionalverwaltung des römischen Reiches von Konstantin bis zur Valentinianischen Dynastie*. Frankfurt, 1994.

Miles, Richard, ed. *Constructing Identities in Late Antiquity*. London, 1999.

Millar, Fergus. *A Study of Cassius Dio*. Oxford, 1964.

Millar, Fergus. *The Emperor in the Roman World.* Ithaca, 1977.

Millar, Fergus. *The Roman Empire and Its Neighbours*. 2nd ed., London, 1981.

Millar, Fergus. *The Roman Near East, 31 bc–ad 337*. Cambridge, MA, 1993.

Minns, Ellis H. *Scythians and Greeks: A Survey of Ancient History and Archaeology on the North Coast of the Euxine from the Danube to the Caucasus*. Cambridge, 1913.

Mitchell, Stephen. *Anatolia: Land, Men, and Gods in Asia Minor. Volume I: The Celts and the Impact of Roman Rule*. Oxford, 1993.

Mitchell, Stephen. *Anatolia: Land, Men, and Gods in Asia Minor. Volume II: The Rise of the Church*. Oxford, 1993.

Modéran, Yves. *Les Maures et l'Afrique romaine (iv-e–vii-e siècle)*. Paris, 2003.

Nelson, Bradley R. *Numismatic Art of Persia. The Sunrise Collection Part I: Ancient – 650 bc–ad 650*. Lancaster, PA, 2011.

Neri, Valerio. *Medius princeps: Storia e immagine di Costantino nella storiografia latina pagana*. Bologna, 1992.

Nicasie, M. J. *Twilight of Empire*. Amsterdam, 1998.

Nixon, C. E. V. and Barbara Saylor Rodgers. *In Praise of Later Roman Emperors: The Panegyrici Latini*. Berkeley, 1994.

Okon, Danuta. *Septimius Severus et Senatores: Septimius Severus' Personal Policy Towards Senators in the Light of Prosopographic Research*. Szczecin, 2012.

Opper, Thorsten. *Hadrian: Empire and Conflict*. Cambridge, MA, 2008.

Palanque, J. R. *Essai sur la préfecture du prétoire du Bas-Empire*. Paris, 1933.

Parker, Grant. *The Making of Roman India*. Cambridge, 2008.

Parker, H. M. D. *The Roman Legions*. 2nd ed., London, 1957.

Paschoud, François and Joachim Szidat, eds. *Usurpationen in der Spätantike* (Historia Einzelschriften 111). Stuttgart, 1997.

Passerini, Alfredo. *Le coorti pretorie*. Rome, 1939.

Payne, Richard E. *A State of Mixture: Christians, Zoroastrians, and Iranian Political Culture in Late Antiquity*. Berkeley, 2015.

Peachin, Michael. *Iudex vice Caesaris: Deputy Emperors and the Administration of Justice During the Principate*. Stuttgart, 1996.

Perea Yébenes, Sabino. *La Legión XII y el prodigio de la lluvia en época del emperador Marco Aurelio/ Epigrafía de la Legión XII Fulminata*. Madrid, 2002.

Peter, Hermann. *Wahrheit und Kunst*. Leipzig, 1911.

Pfisterer, Matthias. *Hunnen in Indien: Die Münzen der Kidariten und Alchan aus dem Bernischen Historischen Museum und der Sammlung Jean-Pierre Righetti.* Vienna, 2012.

Pflaum, H.-G. *Les procurateurs équestres sous le Haut-Empire romain*. Paris, 1950.

Pflaum, H.-G. *Les carrières procuratoriennes équestres sous le Haut-Empire romain*. 4 vols.

Paris, 1960–61.

Pietri, Charles. *Roma Christiana*. 2 vols. Paris, 1976.

Plass, Paul. *Wit and the Writing of History: The Rhetoric of Historiography in Imperial Rome*. Madison, 1988.

Pohl, Walter, ed. *Kingdoms of the Empire: The Integration of Barbarians in Late Antiquity*. Leiden, 1998.

Pohl, Walter and Gerda Heydemann, eds. *Strategies of Identification: Ethnicity and Religion in Early Medieval Europe*. Turnhout, 2013.

Pohl, Walter and Helmut Reimitz, eds. *Strategies of Distinction: The Construction of Ethnic Communities, 300–800*. Leiden, 1998.

Potter, Davis S. *Prophecy and History in the Crisis of the Roman Empire: A Historical Commentary on the Thirteenth Sibylline Oracle*. Oxford, 1990.

Potter, David S. *The Roman Empire at Bay ad 180–395*. London, 2004.

Potter, David S., ed. *A Companion to the Roman Empire*. Oxford, 2006.

Potts, D. T. *The Arabian Gulf in Antiquity, Volume II: From Alexander the Great to the Coming of Islam*. Oxford, 1990.

Potts, D. T. *Nomadism in Iran from Antiquity to the Modern Era*. Oxford, 2014.

Potts, D. T., ed. *The Oxford Handbook of Ancient Iran*. Oxford, 2013.

Reddé, Michel. *Mare Nostrum: Les infrastructures, le dispositif et l'histoire de la marine militaire sous l'empire romain*. Paris, 1986.

Richardson, John. *The Language of Empire: Rome and the Idea of Empire from the Third Century bc to the Second Century ad*. Cambridge, 2008.

Riggs, Christina, ed. *The Oxford Handbook of Roman Egypt*. Oxford, 2012.

Rives, J. B. 'Christian expansion and Christian ideology' in W. V. Harris, ed., *The Spread of Christianity in the First Four Centuries: Essays in Explanation*. Leiden, 2005, 15–41.

Rosenfeld, John M. *The Dynastic Arts of the Kushans*. Berkeley, 1967.

Rowan, Clare. *Under Divine Auspices: Divine Ideology and the Visualisation of Imperial Power in the Severan Period*. Cambridge, 2012.

Russell, D. A., ed. *Antonine Literature*. Oxford, 1990.

Salzman, Michele Renee. *The Making of a Christian Aristocracy*. Cambridge, 2002.

Samuel, Alan. *Greek and Roman Chronology*. Munich, 1972.

Šašel, Jaroslav. Opera Selecta. Ljubljana, 1992.

Schallmayer, Egon, ed. *Niederbieber, Postumus und der Limesfall: Stationen eines politischen Prozesses: Bericht des ersten Saalburgkolloquiums*. Saalburg, 1996.

Scheidel, Walter, Ian Morris and Richard Saller, eds. *The Cambridge Economic History of the Greco-Roman World*. Cambridge, 2007.

Schmidt, Erich F. *Persepolis III. The Royal Tombs and Other Monuments*. Chicago, 1970.

Schmidt, Ludwig. *Geschichte der deutschen Stämme: Die Ostgermanen*. 2nd ed., Munich, 1938.

Schulte, Bernhard. *Die Goldprägung der gallischen Kaiser von Postumus bis Tetricus*. Aarau, 1983.

Schwartz, Eduard. *Kaiser Constantin und die christliche Kirche: Funf Vorträge*. Darmstadt, 1969.

Seeck, Otto. *Regesten der Kaiser und Päpste für die Jahre 311 bis 476 n. Chr*. Stuttgart, 1919.

Sellinger, Reinhard. *The Mid-Third Century Persecutions of Decius and Valentinian*. Frankfurt, 2002.

Seston, William. *Dioclétien et la Tétrachie I: Guerres et réformes (284–300)*. Paris, 1946.

Shaw, Brent D. *Sacred Violence: African Christians and Sectarian Hatred in the Age of Augustine*. Cambridge, 2011.

Shayegan, M. Rahm. *Arsacids and Sasanians: Political Ideology in Post-Hellenistic and Late Antique Persia*. Cambridge, 2011.

Sherwin-White, A. N. *Roman Society and Roman Law in the New Testament*. Oxford, 1963.

Sherwin-White, A. N. *The Roman Citizenship*. 2nd ed., Oxford, 1973.

Sherwin-White, Susan and Amélie Kuhrt. *From Samarkand to Sardis: A New Approach to the Seleucid Empire*. Berkeley, 1993.

Sidebotham, Steven E. *Berenike and the Ancient Maritime Spice Route*. Berkeley, 2011.

Sinnigen, William Gurnee. *The Officium of the Urban Prefecture During the Later Roman Empire*. Rome, 1957.

Sinor, David, ed. *The Cambridge History of Early Inner Asia*. Cambridge, 1990.

Skjaervo, Prods O. *The Sassanian Inscriptions of Paikuli, Part 3.1: Restored Text and Translation*. *Part 3.2: Commentary*. 2 vols. Wiesbaden, 1983.

Smith, Andrew M., II. *Roman Palymyra: Identity, Community and State Formation*. Oxford, 2013.

Smith, Andrew, ed. *The Philosopher and Society in Late Antique Society*. Swansea, 2005.

Sondermann, Sebastian. *Neue Aurei, Quinare und Abschläge der gallischen Kaiser von Postumus bis Tetricus*. Bonn, 2010.

Speidel, Michael Alexander. *Heer und Herrschaft im römischen Reich der hohen Kaiserzeit*. (MAVORS 16.) Stuttgart, 2009.

Speidel, Michael P. *Roman Army Studies I*. (MAVORS 1.) Amsterdam, 1984.

Speidel, Michael P. *Roman Army Studies II*. (MAVORS 8.) Stuttgart, 1992.

Stallknecht, Bernt. *Untersuchungen zur römischen Aussenpolitik in der Spätantike (306–395 n. Chr.)*. Bonn, 1967.

Staviskij, B. Ja. *La Bactriane sous les Kushans: Problèmes d'histoire et de culture*. Paris, 1987.

Ste Croix, G. E. M. de. *The Class Struggle in the Ancient Greek World from the Archaic Age to the Arab Conquests*. Ithaca, 1983.

Stein, Arthur. *Der römische Ritterstand*. Munich, 1927.

Stein, Ernst. *Histoire du Bas-Empire 1: De l'état romain à l'état byzantin*. Paris, 1959.

Stephenson, Paul. *Constantine: Roman Emperor, Christian Victor*. London, 2009.

Straub, Johannes. *Vom Herrscherideal in der Spätantike*. Stuttgart, 1939.

Straub, Johannes. *Regeneratio Imperii: Aufsätze über Roms Kaisertum und Reich im Spiegel der heidnischen und christlichen Publiztik*. Darmstadt, 1972.

Straub, Johannes. *Regeneratio Imperii. Aufsätze über Roms Kaisertum und Reich im Spiegel der heidnischen und christlichen Publiztik II*. Darmstadt, 1986.

Strobel, Karl. *Das Imperium Romanum im 3. Jahrhundert: Modell einer Krise?* (Historia Einzelschriften 75). Stuttgart, 1993.

Stronach, David and Ali Mousavi. *Ancient Iran from the Air: Photographs by Georg Gerster*. Mainz, 2012.

Swain, Simon. *Hellenism and Empire: Language, Classicism, and Power in the Greek World, ad 50–250*. Oxford, 1996.

Swain, Simon and Mark Edwards, eds. *Approaching Late Antiquity: The Transformation from Early to Late Empire*. Oxford, 2004.

Swain, Simon, Stephen Harrison and Jas Elsner, eds. *Severan Culture*. Cambridge, 2007.

Syme, Ronald. *Tacitus*. 2 vols. Oxford, 1958.

Syme, Ronald. *Danubian Papers*. Bucharest, 1971.

Syme, Ronald. *Emperors and Biography: Studies in the Historia Augusta*. Oxford, 1971.

Syme, Ronald. *Roman Papers*. A. R. Birley, ed. 7 vols. Oxford, 1979–91.

Szidat, Joachim. *Usurpator tanti nominis. Kaiser und Usurpator in der Spätantike (337–476 n.Chr.)*. (Historia Einzelschriften 210.) Stuttgart, 2010.

Talbert, Richard J. A. *The Senate of Imperial Rome*. Princeton, 1984.

Talbert, Richard J. A., ed. *The Barrington Atlas of the Greek and Roman World*. Princeton, 2000.

Tarpin, Michel. *Vici et pagi dans l'Occident romain*. Rome, 2002.

Thompson, E. A. *The Early Germans*. Oxford, 1965.

Thompson, E. A. *The Visigoths in the Time of Ulfila*. 2nd ed. with a foreword by Michael Kulikowski, London, 2008.

Todd, Malcolm. *The Early Germans*. Oxford, 1992.

Toynbee, J. M. C. *Roman Medallions*. New York, 1944.

Vallet, Françoise and Michel Kazanski, eds. *L'Armée romaine et les barbares du IIIe au VIIe siècle*. Paris, 1993.

Vallet, Françoise and Michel Kazanski, eds. *La noblesse romaine et les barbares du IIIe au VIIe siècle*. Paris, 1995.

Van Berchem, Denis. *L'armée de Dioclétien et la réforme constantinienne*. Paris, 1952.

Vannesse, Michaël. *La défense de l'Occident romain pendant l'Antiquité tardive*. Brussels, 2010.

Vogler, Chantal. *Constance II et l'administration impériale*. Strasbourg, 1979.

Vondrovec, Klaus. *Coinage of the Iranian Huns and Their Successors from Bactria to Gandhara (4th to 8th century CE)*. 2 vols. Vienna, 2014.

von Haehling, Raban. *Die Religionszugehörigkeit der hohen Amsträger des römischen Reiches seit Constantins I: Alleinherrschaft bis zum Ende der theodosianischen Dynastie*. Bonn, 1978.

von Reden, Sitta. *Money in Classical Antiquity*. Cambridge, 2011.

von Rummel, Philipp. *Habitus barbarus: Kleidung und Repräsentation spätantiker Eliten im 4. und 5. Jahrhundert*. Berlin, 2007.

Waas, Manfred. *Germanen im römischen Dienst im 4. Jahrhundert nach Christus*. Bonn, 1965.

Watts, Edward J. *City and School in Late Antique Athens and Alexandria*. Berkeley, 2006.

Weaver, P. R. C. *Familia Caesaris*. Cambridge, 1970.

Weber, Wilhelm. *Untersuchungen zur Geschichte des Kaisers Hadrianus*. Leipzig: Teubner, 1907.

Webster, Graham. *The Roman Imperial Army*. 3rd ed., New York, 1985.

Wells, Peter, ed. *Rome Beyond Its Frontiers: Imports, Attitudes and Practices*. Portsmouth, RI, 2013.

Wenskus, Reinhard. *Stammesbildung und Verfassung: Das Werden der frühmittelalterlichen gentes*. Köln-Vienna, 1961.

Whitby, Mary, ed. *The Propaganda of Power: The Role of Panegyric in Late Antiquity*. Leiden, 1998.

Whittaker, C. R. *Frontiers of the Roman Empire: A Social and Economic Study*. Baltimore, 1994.

Whittaker, C. R. *Rome and Its Frontiers: The Dynamics of Empire*. London, 2004.

Wickham, Chris. *Framing the Early Middle Ages*. Oxford, 2005.

Wilkes, J. J. *Diocletian's Palace, Split: Residence of a Retired Roman Emperor*. 2nd ed., Exeter, 1996.

Willger, Hermann-Joseph. *Studien zur Chronologie des Gallienus und Postumus*. Saarbrücken, 1966.

Williams, Hugh. *Carausius*. Oxford, 2004.

Williams, Stephen. *Diocletian and the Roman Recovery*. New York, 1985.

Winkelmann, Friedhelm. *Ausgewählte Aufsätze: Studien zu Konstantin dem Grossen und zur byzantinischen Kirchengeschichte*. Wolfram Brandes and John Haldon, eds. Birmingham, 1993.

Witschel, Christian. *Krise-Rezession-Stagnation? Der Westen des römischen Reiches im 3. Jahrhundert n. Chr*. Frankfurt, 1999.

Wolff, Hartmut. *Die Constitutio Antoniniana und Papyrus Gissensis 40 I*. 2 vols. Cologne, 1976.

Wolski, Jozef. *Seleucid and Arsacid Studies: A Progress Report on Developments in Source Research*. Krakow, 2003.

Wood, Philip, ed. *History and Identity in the Late Antique Near East*. Oxford, 2013.

Woolf, Greg. *Becoming Roman: The Origins of Provincial Civilization in Gaul*. Cambridge, 1998.

Yavetz, Zvi. *Plebs and Princeps*. Oxford, 1969.

Zöllner, Erich. *Geschichte der Franken bis zur Mitte des 6. Jahrhunderts*. Munich, 1970.

【Historia歷史學堂】MU0050

帝國的勝利：從哈德良到君士坦丁的羅馬世界

Imperial Triumph: The Roman World from Hadrian to Constantine (AD 138–363)

作　　者❖麥可．庫利科斯基（Michael Kulikowski）
譯　　者❖何修瑜
封面設計❖許晉維
排　　版❖張彩梅
校　　對❖魏秋綢
總 編 輯❖郭寶秀
責任編輯❖邱建智
行銷業務❖許芷瑀

發 行 人❖涂玉雲
出　　版❖馬可孛羅文化
104台北市中山區民生東路二段141號5樓
電話：02-25007696
發　　行❖英屬蓋曼群島商家庭傳媒股份有限公司城邦分公司
104台北市中山區民生東路二段141號11樓
客服服務專線：(886) 2-25007718；25007719
24小時傳真專線：(886) 2-25001990；25001991
服務時間：週一至週五9:00～12:00；13:00～17:00
劃撥帳號：19863813　戶名：書虫股份有限公司
讀者服務信箱：service@readingclub.com.tw
香港發行所❖城邦（香港）出版集團有限公司
香港灣仔駱克道193號東超商業中心1樓
電話：(852) 25086231　傳真：(852) 25789337
E-mail：hkcite@biznetvigator.com
馬新發行所❖城邦（馬新）出版集團 Cite (M) Sdn. Bhd.(458372U)
41, Jalan Radin Anum, Bandar Baru Seri Petaling,
57000 Kuala Lumpur, Malaysia
電話：(603) 90578822　傳真：(603) 90576622
E-mail：services@cite.com.my
輸出印刷❖中原造像股份有限公司
初版一刷❖2022年3月
定　　價❖780元

ISBN：978-986-0767-75-9

城邦讀書花園
www.cite.com.tw

國家圖書館出版品預行編目（CIP）資料

帝國的勝利：從哈德良到君士坦丁的羅馬世界／麥可．庫利科斯基（Michael Kulikowski）著；何修瑜譯. -- 初版. -- 臺北市：馬可孛羅文化出版：英屬蓋曼群島商家庭傳媒股份有限公司城邦分公司發行, 2022.03
面；　公分 --（Historia歷史學堂；MU0050）
譯自：Imperial triumph: the Roman world from Hadrian to Constantine (AD 138–363)
ISBN 978-986-0767-75-9（平裝）
1. CST：羅馬帝國　2. CST：歷史
740.2238　　111000116

Imperial Triumph: The Roman World from Hadrian to Constantine
by Michael Kulikowski